北京古籍叢書

[清]鄂爾泰 編纂
左步青 點校

國朝宮史

上册

圖書在版編目（CIP）數據

國朝宫史：共2册 /（清）鄂爾泰編纂；左步青點校. — 北京：北京出版社，2018.2
ISBN 978-7-200-13459-9

Ⅰ. ①國… Ⅱ. ①鄂… ②左… Ⅲ. ①宫廷—史料—中國—清前朝 Ⅳ. ① K249.06

中國版本圖書館 CIP 數據核字（2017）第 266552 號

項目策劃：安　東　　項目統籌：許　可
責任編輯：喬天一　許　可　　責任印製：宋　超
裝幀設計：郭　宇

北京古籍叢書
國朝宫史
共2册
［清］鄂爾泰　編纂　左步青　點校

出　版　北京出版集團公司
　　　　北京出版社
地　址　北京北三環中路六號
郵　編　一〇〇一二〇
網　址　www.bph.com.cn
總發行　北京出版集團公司
經　銷　新華書店
印　刷　北京虎彩文化傳播有限公司
開　本　八八〇毫米×一二三〇毫米　三十二
印　張　二二點五
字　數　四三二千字
版　次　二〇一八年二月第一版
印　次　二〇二三年五月第二次印刷

書號　ISBN 978-7-200-13459-9
定價　138.00 圓（共2册）

出版説明

「國朝宫史」三十六卷，乾隆七年（一七四二年）清高宗弘曆令内廷大學士鄂爾泰、張廷玉等編纂。乾隆二十四年（一七五九年），令蔣溥等詳細校正，重加編輯。乾隆二十六年（一七六一年）又派于敏中等幫同校録。乾隆三十四年（一七六九年）十二月全書告成，收入四庫全書史部。這部清代前期的宫史，彙編和記載了乾隆二十六年以前的宫闈禁令、宫殿苑囿建置、内廷事務和典章制度等資料，「凡有關掌故者備識兼該」。以後，乾隆三十九年（一七七四年）竇光鼐、朱筠等奉敕撰「日下舊聞考」一百二十卷，其中苑囿等門，不少是參考這部宫史。就是後來纂修的「會典」、「會典事例」等書，有關宫廷事務、典章制度，也以此爲依據。這部書把康熙、雍正、乾隆三朝有關宫廷史料彙集在一起，使人們能够得到比較詳細、系統的素材，因此，對研究清史有一定的參考價值。

弘曆命儒臣纂修這部宫廷史，其用意十分明顯。他在爲此發佈的上諭中説，因爲看到記載明朝宫廷事實的明朝宫史一書，很有感慨。他認爲，明代之亡，並非亡於宦官。使宦官得志攬權、肆毒海内的，主要是人君的過失。他指責明代中葉以後，皇帝長期不接見羣臣，聽任宦官「導諛縱逸，愈溺愈深」，「遂使是非由其愛憎，刑威恣其燔炙，兵事任其操縱，利權歸其掌握。倒持太阿，授之以柄」。他歷數亡明內廷的各種弊端，如「明代內監多至萬餘人，冒濫名器，蟒玉盈廷；子弟親族，盤據窟穴；政府言路，憑藉奧援；羽翼腹心，勢燄薰灼，馴至不可收拾。」甚至「京城內外以及西山琳宮、梵宇，大璫修建者十居八九。塋域封樹，制擬山陵，華表豐碑，大書屹立，工費率鉅萬計，自非恣侵漁而廣賄賂，何所取諸？」他誇耀清代自順治入關，歷經康熙、雍正及於己身，已百有餘年，對宦官的嚴加管束，「從無一人能竊弄威福者，固由於法制之整肅，而實由於君德之清明」。弘曆列舉清代在內廷管理方面比明代高明之處，並說：「不有成書，奚以行遠？」他決定纂修本朝宮史，使「後嗣子孫，世世遵循。當其知所則效，知所警戒。」從弘曆發佈的上諭可以看出，他是有政治用心的。

歷史上王朝更迭，新登上皇帝寶座的封建統治者，引前朝興亡的史迹作爲鑒戒，力求避免重蹈覆轍，這是歷史的進步。明末太監勢力極爲猖獗，多爾袞入關後，太監在宮廷中仍有很大的勢力。甚至順治二年（一六四五年）「內監仍故明例，每遇朝參，行禮在文武諸臣之前。」多爾袞曾採取措施，兩次打擊太監的氣燄。經過順治、康熙、雍正、乾隆幾朝的經營，統一的多民族國家進一步鞏固，社會經濟有較大的發展。這幾代皇帝鑒於歷代專制統治的經驗和明朝亡國的教訓，都非常警惕閹宦朋黨爲禍，認爲必須嚴密内廷法制，嚴禁宦官竊權干政，才能使「乾綱獨攬」的皇權不受干擾。弘曆在纂修這部宮史中，首列「訓諭」一門，輯録從順治至乾隆有關「永禁内監不得干預朝政」的上諭，「願我子孫守之弗替」，「永永勿斁」。例如，順治十年（一六五三年）上諭稱：「各衙門官品雖有高下，寺人不過四品」，「非奉差遣，不許擅出皇城」，「職司之外，不許干涉一事」，「不許招引外人，不許交結外官」，「不許假弟姪等人名色置買田産，因而把持官府，擾害民人」，違者處以死刑。順治十二年（一六五五年）命工部在交泰殿立鐵牌：「朕今裁定内官衙門及員數、執掌，法制甚明。以後但有犯法干政，竊權納賄，囑托内外衙門，交結滿、漢官員，越分擅奏外事，上言官吏賢否者，卽行凌遲處死。」玄燁卽位後，曾斥責太監「最爲下賤」，「蟲蟻一般之人」，「良善者少」，嚴禁太監賭博、酗酒、鬥毆、結黨聚盟。胤禛整肅吏治，對宦官交結外官深惡痛絶。掃院太監傅國相向奏事太監劉裕探聽外邊有一廢官欲圖開復，不知道是否已經保奏，事發後，涉及這一案件的人犯皆被鎖拏治罪。宮史還記載了胤禛諭令吏部、户部和直隸州縣，遇有太監之父兄、弟姪在地方「不無生事」，應卽呈報總督或内務府懲治。這些措施，改變了歷代漢族封建政權對宦官的重用，反映出清前期幾個皇帝的明智。新興的愛新覺羅王朝意圖保持入關時生氣勃勃的前進勢頭，嚴厲打擊了明末沿襲下來的太監勢力，應當説，這在中國歷史上也堪稱是有聲有色的值得肯定的篇章。到了晚清，太監安得海、李蓮英輩受到慈禧的寵信。安得海漸干國政，同治八年（一八六九年）秋，往南方採辦宮中用物，乘樓船由運河南下，一路張揚跋扈，招權納賄，被山東巡撫丁寶楨以「宦豎私出，非制」，拘捕上奏，隨即誅於濟南。這時正是慈禧掌權不久。以後太監李蓮英以善梳新髻受到慈禧寵信，由梳頭房太監擢總管太監，居然「賜二品頂戴」，在宮中數十年，干預國政，廣植私黨，反對戊戌變法，構陷帝黨及維新派，這時已是清王朝江河日下，崩潰在即了。

宮史中「典禮」一門也是值得注意的。這部份内容很豐富，它詳細輯録了有關禮儀、宮規、冠服、儀衛等規制。從這裏可以看到，「典盛禮崇」，「有典有則」，正是封建宗法社會意識形態和典章制度的集中反映。皇帝高踞於封建宗法秩序的頂端，以下差等有別，莫敢逾僭。清朝入關之初，軍事方殷，衣冠禮樂未遑制定，大多「姑依明式」。以後，表示上下之分、貴賤之別的禮制逐步完備，就特别强調所謂「定位號，辨等威」，「服御器飾之末，趨走使令之常」，必須「釐然各當」。在「宮規」這一卷，開頭就排列出定制嚴明的後宮號位。皇帝的祖母尊爲太皇太后，母親尊爲皇太后，已故皇帝的妃嬪都尊爲太妃、太嬪。皇帝的正嫡稱皇后，居中宮，「主内治」。皇后以下有皇貴妃一人，貴妃二人，妃四人，嬪六人，分居東、西十二宫，「佐内治」。嬪以下還有貴人、常在、答應，人數俱無定額。這麽人數衆多的后妃羣「位次各有差等，須各依本分位次，謙恭和順，待上以敬，待下以禮。」她們的冠服、儀衛，不僅異常繁細，而且有鮮明的區别。這種「奉我一人」的后妃制度，完全是適應專制皇權的需要。而那些繁文縟節的儀注，從御門聽政、常日視事到各種祭祀、筵宴、上徽號、册立册封、三大節慶賀，没完没了的「跪，叩，興」，彷彿彌漫着一種莊敬恭誠、威嚴肅穆的氣氛，實質上是對至高無尚的皇權的炫耀，是維護封建專制統治的手段。至於堂子立竿祭天，「於古無徵」，反映了滿族貴族入關前的風俗習慣。

「宫殿」一門，記載宫殿苑囿的建置、沿革，並穿插有文辭精煉的景物描繪。清定都北京後，宫禁之地，自外朝至内廷，雖説保持了明代的格局，但在紫禁城内外修建、擴建的宫室、殿堂、園林也蔚爲大觀。這些建築羣的設計和營造，雄偉壯觀，精巧綺麗，各有千秋，是無數能工巧匠高超技藝的傑作，代表了當時土木建築的輝煌成就。宫史中分爲外朝、内廷、西苑和雍和宫分别敍述。外朝從皇城外圍牆起，直到太和殿、保和殿，這一建築羣體量宏偉，堂皇富麗，顯示出封建帝王南面獨尊的非凡氣勢。内廷從乾清門起，經東、西六宫直到神武門，大多是皇帝和后妃居住的地方。西苑在西華門之西，入苑門卽太液池，「夾岸多槐柳，池中蒲藻交紛，禽魚翔泳，爲仙洲勝地」；上跨金鰲、玉蝀橋，橋北爲北海，廣寒宮殿近瑤池，「太液秋風」爲燕山八景之一，是皇家賞心悦目的游豫之地。雍和宮因爲是胤禛卽帝位前的「潛邸」，對乾隆一朝有着特殊的意義，故單列一篇。宮史的編纂者就這些龐大建築羣的徑路相屬，依次敍述，並詳列各處的禁匾楹帖，這對我們研究宮廷建築的歷史，仍然有重要的參考價值。試按書中排列的路線去瀏覽紅牆黄瓦的「大内禁垣」，領略昔日水木清華的御苑風光，將會發現，這些記載無疑是一幅翔實的導游圖。至於輯録的大量御制詩文，無非是封建帝王附庸風雅之作。這些廟堂文學或宣揚「盛世」，或誇耀「皇恩」，舞文弄墨，本無足取，但從一些詩文中也可以看出歷史的一個側面。如弘曆的「豐澤園記」，記述玄燁在豐澤園旁有小屋數間，親自在這裏養蠶種稻，「勸課農桑，或親御耒耜」，這在封建帝王中也是罕見的。

關於内廷經費，按清初定制，由内務府總司皇室財政，收入主要靠官吏獻納和大量皇莊的田畝納糧，不敷時支取户部庫糧。玄燁比較崇尚儉約，禁止奢靡，他在許多詔旨中都希望後世子孫也能「鑒往規來，禁浮返樸」。其實，康熙末年，封建統治階級生活逐步走向浮華。特别是自詡爲有「文治武功」的弘曆，中年以後，自恃府庫充裕，更肆意揮霍。從宮史「經費」一門可以看出，内廷的鋪陳器皿、衣服飲饌、年例日用諸費，都是排場闊綽，備極紛華。弘曆的母親、皇太后鈕祜禄氏年例費用黄金二十兩，白銀一千兩，過生日時進白銀一萬兩。乾隆十六年（一七五一年）皇太后六十大慶，於年例之外每日恭進壽禮「九九」，凡五日；乾隆二十六年，七十大慶，每日恭進壽禮「九九」，凡十一日。宫史詳細列出這些禮品的名稱、數量，凡金玉珠寶、犀象瑪瑙、佛像佛經、綢緞服飾、古玩珍奇，無不是璀璨瑰麗、工巧精致的曠世精品。讀這份禮品單，使今天的人們深切地感受到封建末世統治階級追求享樂、誇耀豪富的那種「烈火烹油、鮮花着錦之盛」。乾隆中期，號稱有清一代鼎盛，自此以後，國勢每下愈況，一步一步走向衰敝，也是整個封建制度趨於腐朽没落的必然結果。

「官制」一門，主要指内官之制。清朝官修的有關典章制度的書籍中，從來不立宦官這一門，只在宫史中「約舉規條，取明職守」。其中「額數職掌」這一卷，主要是臚列宫廷苑囿範圍内，每處任使役的太監若干人，他們的品級、錢糧數額和掌管的傳宣、奉御、陳設灑掃等事。其中御膳房一處，除總管三名、首領十名外，太監達一百名之多。帝王之尊，厚自奉養，窮極逸侈，於此可見一斑。「官制」中輯録的條例有「宫殿監處分則例十一條」、「各處首領太監處分則例十六條」、「宫殿監凡例四條」，雖然都標榜「奬其勤勞，儆其懈惰」，實際上還是以懲法爲主。我們從宫史中可以看到，許多太監動輒就被重責四十大板、六十大板，或是重鞭一百、枷號三個月。犯有偷盜罪，不分爲首爲從之人，「不拘綁赴城外何處，傳齊衆太監觀看」，當場活活打死。有的太監看到其他太監受責，「竟有含忿之意」，僅此一絲傷感，就被發往黑龍江給與披甲人爲奴。玄燁在晾鷹臺筵宴諸王大臣，太監王進等不知規矩，坐於棚下，每人被抽了八十鞭。透過這些記載，使人看到皇宮之内，黑暗、殘酷的血腥統治。

「書籍」一門也是宮史的重要内容。康、雍、乾時期的幾位皇帝，都有較深的文化素養。玄燁自己好學敏求，能優容文人，他提倡學術，不遺餘力。弘曆承其餘緒，也以稽古右命自命。宮史「書籍」一門，將這一時期官修的重要書籍的篇名、編書緣起、内容梗概和御制序文集中在一起，洋洋大觀，篇幅幾乎佔到全書的四分之一。這一門下面分爲「實録」、「聖訓」、「御制」、「方略」、「典則」、「經學」、「史學」、「儀象」、「志乘」、「字學」、「類纂」、「總集」、「目録」、「類書」、「校刊」、「石刻」，共十六項，反映了當時大批儒臣長期被指授從事編史修書的盛況。試舉其數端：經學方面，因爲封建帝王認爲「六經皆治世之書」，「尊崇經學，啟牖萬世之盛心」，足以「修齊治平，助成德化」，所以特别予以重視，「周易折中」、「性理精義」、「朱子大全」等書，卷帙浩繁，整理、校勘、刻印都見精細。這一時期所編纂的類書也斐然可觀。如「古今圖書集成」，從康熙四年（一六六五年）開始編纂，雍正四年（一七二六年）完成，計六千一百零九部，凡一萬卷，分「曆象」、「方輿」、「明倫」、「博物」、「理學」、「經濟」六篇，正如胤禛在序文中所説：「成册書之鉅觀，極圖書之大備」，成爲我國最大的一部類書（因爲宫史輯録的材料下限在乾隆二十六年，「四庫全書」的編纂工作尚未開始）。康熙四十三年（一七〇四年）開始修纂的「佩文韻府」，七年之後全書告竣，計一百零六卷，被稱爲「韻學之盛未有過於此書者」，玄燁硃批盛讚「此書刻得好到極處」。「淵鑒類涵」係康熙四十九年（一七一〇年）校刊，四百五十卷，博採明代嘉靖以前文章事迹，凡古今詞藻、典故，無不備閲。「字學」中，如收字達四萬七千多字的「康熙字典」，滿文分類辭典「清文鑑」（以後又增補蒙文、藏文、維吾爾文的釋文），也都是超越前代或前所未有的。其他如「全唐詩」，收集唐、五代二千二百餘人、詩四萬八千餘首，附有唐、五代詞，按時間排列，並繫作者小傳。這一時期纂修的書籍難免蕪雜謬誤，但不少書籍直到今天在學術上仍有重要的參考價值。

尤其可貴的是關於自然科學的書籍。康、雍、乾時期，比較重視自然科學。玄燁對天文、曆象、數學、地理等都饒有興趣。當時我國出現了許多優秀的科學家，他們在繼承祖國傳統文化的同時，吸取西方科學技術的成果，不斷取得新的進步。「書籍」一門中列有「儀象」一卷，重要的著作有康熙時曆算家梅瑴成主持編纂的「律曆淵源」一書，共一百卷，由「曆象考成」（論述天文曆法）、「數理精蘊」（論述數學）和「律呂正義」（論述音樂原理）三部份所構成，條理清晰，結構嚴密，是清代天算曆象科學發展的里程碑，玄燁自豪地稱爲「朕集數十年之功始近告成」，這在我國自然科學史上也有着重要地位。乾隆七年（一七四二年）編定的「授時通考」，是一部集歷代農業生産技術大成的巨著，分天時、土宜、穀種、功作、勸課、蓄聚、農餘、蠶桑八門，對我國農學的發展有很大影響，反映了封建統治者「崇敦本業」，比較重視農業生産。宮史中存目的書有「御刻三希堂法帖」三十二卷，乾隆時勒石，其珍貴「足爲墨寶大觀」。這些都是我們民族文化遺産中閃耀光華的瑰寶。

「國朝宮史」書成之後，「繕録三册，一貯乾清宮，一貯尚書房，一貯南書房」，清時向無刻本。辛亥革命後，這部深藏宮中的珍貴史料才爲人發現。這次排印是根據一九二五年（民國十四年）天津博愛印刷局的鉛印本，改正了個別明顯的錯字。

本書的標點工作是由中國社會科學院「歷史研究」編輯部左步青同志担任的。

一九八四年二月

乾隆七年十一月二十二日，奉上諭：朕近檢閲宫中陳編，得明朝宫史一書，凡五卷。作者曰蘆城赤隱，不著其名氏。蓋勝國晚季中涓所爲，詞雖淺俚，而所紀皆宫庭事實，使後有所考。芻蕘之言，聖人擇焉者，此類是也。論者率謂：明亡，不亡於流賊，而亡於宦官，似矣。而朕不謂然。宦官之禍，漢唐來已然。顧其使宦官得志擅權、肆毒海内者，伊誰之咎也？明代皇城以内，外人不得入；紫禁城以内，朝官不得入。奏事者至午門而止，中外阻絶，判若天人。人君所與處者，若輩耳。凡監役、監軍，要地、要務，非若輩弗任也，非若輩之言弗信也。導諛縱逸，愈溺愈深。中葉以後，羣臣有數十年不得望見顔色者，而鬼蜮之計得行。遂使是非由其愛憎，刑威恣其燔炙，兵事任其操縱，利權歸其掌握。倒持太阿，授之以柄，其失皆由於不與士大夫相接耳。我朝列聖家法，事事超越往古，而内庭法制尤爲嚴密。世祖章皇帝御極之初，即立鐵牌於内務府，永禁内監不得干預朝政。迄今百有餘年，從無一人能竊弄威福者，固由於法制之整肅，而實由於君德之清明。略舉數端，願我子孫守之弗替。我列祖勤政親賢，乾綱獨攬。朕恪承丕緒，罔或敢怠。自朝以至日中，視事者十數刻，召對廷臣者十數刻，披閱本章者十數刻。若乾清宮，若弘德殿，若養心殿，皆大内禁廷，大學士、九卿日接跡其間，咨詢延訪，外至末僚微弁、外藩遠使，人人舉得進見。明目達聰，燭幽遐而決壅蔽，雖欲窺伺盜竊，其何隙之乘？此其當守者一也。明内廷取用有曰鷓鴣炭、馬口柴者，薪炭微末，乃爨下職耳，而巧立名色，誅求横索如此。其他宣入備用金錢紈綺之屬，更不知幾何。至今京城内外以及西山琳宫、梵宇，大璫修建者十居八九。塋域封樹，制擬山陵，華表豐碑，大書屹立，工費率鉅萬計，自非恣侵漁而廣賄賂，何所取諸？我朝則錢穀兵刑，若内若外，各有專司，修其職業。下至薪蒸蔬果，悉入月奏，隨時裁汰，務歸省約。一芻一粟，不得擅取。此其當守者又一也。明代内監多至萬餘人，冒濫名器，蟒玉盈廷；子弟親族，盤據窟穴；政府言路，憑藉奥援；羽翼腹心，勢燄熏灼，馴至不可收拾。我朝初制，内璫不設官階，皇考以其給事左右，體制攸關，定宮殿監侍等官，名秩不過四品，以杜僭越。朕復限以人數，通計御前暨壽康、寧壽以至各宮，外及苑囿，纔二千餘人，後此不得增額。防閑易周，豢養省約，且無傷陰陽之和。此其當守者又一也。謹小慎微，顰笑不假，稍踰繩檢，法在必行。近御執事，罔敢希倖恩澤。此其當守者又一也。夫祖宗立綱陳紀、垂之典則者若此。朕之防微杜漸、謹其操柄者，又若此。不有成書，奚以行遠？朕意欲輯本朝宮史一編，首載勅諭誥誡，諸如宮殿、輿服、典禮、爵秩、經費，凡有關掌故者備識兼該。内廷大學士鄂爾泰、張廷玉、徐本率南書房翰林等詳慎編纂。書成繕録三册，一貯乾清宮，一貯尚書房，一貯南書房。我後嗣子孫，世世遵循。尚其知所則效，知所警戒，聰聽列聖之明訓，永永勿斁。特諭。

乾隆二十四年十一月十七日，奉諭旨：從前所修宮史，閱時既久，且多草率缺略之處。著即將原書再加詳細校正，增修妥協，陸續進呈。令蔣溥、裘曰修、王際華、錢汝誠董其事，以專責成。欽此。

乾隆二十六年十二月初十日，奉諭旨：重辦宮史，著添派于敏中，並著陳孝泳幫同校録。欽此。

臣于敏中、臣王際華、臣裘曰修謹奏：臣等奉勅纂輯國朝宮史告成。欽惟我皇上懋德綏猷，斂時建極，雉門布令，美洽於暢垓、溯埏；象魏頒章，治達乎航瀛梯嶂。凡惇大成裕之久，道積於躬，皆謹小慎微之幾，化行自近。先於乾隆七年諭大學士率南書房翰林等，恭纂國朝宮史一書，所以彰列祖之鴻嬂，昭萬禩之燕貽，綜治要於聖言，申憲章於家法。克勤克儉，備在禹謨；必欽必臧，取諸冏命。臚四端之法守，挈一德之清明。比効編摩，經成卷帙。嗣以史筆士言之紀載，歲月有加；况經武功慶典之光昭，儀章益備。續於乾隆二十四年申命臣等重加編輯者。臣等才謝淹通，遇叨優渥，幸依身於中禁，時橐筆於西清。仰宵衣旰食之勤，規模倍肅；欽聲律身度之則，顰笑必嚴。官禮垂型，不遺於箴銘；户牖中和，藴德恒飭乎灑掃、寢興，紀言動於聖人，身真親見。誌宮庭之盛事，書未前聞。緗帙備登，瓊籤載輯。遞塵乙覽，悉指示於睿謨；排類六門，務周詳夫法制。訓諭傳於宮正，如綍如綸；典禮具於掌儀，有倫有則。表宸居之宮殿，式示鴻規；稽内費之經常，率由儉德。職詳贄御，宮官限四品之班。道在圖書，柱史藏萬家之富。三十六卷，協羲畫之分宫；億萬斯年，奉周官之馭内。義緣事舉，典以時昭。釦砌風清，辰極御居中之運；宫壺春永，薇垣備大順之祥。真莫罄夫形容，要舉端於本則。是皆由我皇上鴻勳懿孝，德盛禮崇。傳爲治内之經，文成謨典；式作齊家之訓，守約治平。導善則於端居，青緗表臬；範化基於祕府，彤管流華。勒苕琬以長貽，實球圖而並重。謹將纂成國朝宫史訓諭四卷，典禮六卷，宫殿六卷，經費三卷，官制二卷，書籍十五卷，統三十六卷。裝成四函，具摺恭進，伏候欽定。謹奏。

乾隆三十四年十二月二十四日

國朝宮史目録

國朝宮史卷之一

訓諭

記有之：「王言如絲，其出如綸。王言如綸，其出如綍。」明乎由小及大，自邇暨遠。古帝王發號施令，敷之則爲政治，載之則爲典謨，固莫不四方仰之，萬世傳之也。至於深嚴邃密之地，左右史所未能記者，稽諸曩牒，略矣無聞。詩周南爲王化所基，顧關雎、麟趾諸篇，類皆宮中頌揚歸美之詞。而當日所以端本善則、垂訓於寢門以内者，亦罕有述焉。我朝内政修明，垂裕奕葉。世祖章皇帝親政之初，即創立戒詞，範金樹則，鑒前代之已事，昭家法於無窮。仰惟聖祖、世宗，繼承光顯，紹庭陟降之際，崇訓聿彰。我皇上懋修化原、肅勤内治。臨御以來，飭紀釐工，體國經野。凡灼微鑒遠之謨，惇大久長之計，炳著於出納傳宣者，固已薄海内外，咸奉皇極之敷言。乃教本乎身，化行自近，即起居之地，執御之人，其所職司，不過灑掃使令之役，而晨興夙寤，諄誡所及，雖纖悉而必謹，亦顰笑之皆嚴禁。侍謹輯而識之。臣等恭與編纂，備載成帙，然後知我國家聖聖相承，言成官禮。嚴宮府以昭肅清，範禮法以辨等秩，明賞罰以示勸勉，崇節儉以戒踰越。不遺於一人，不懈於一事。誠邁古而端齊治之源，垂典以立訓行之準也夫。敬拜手稽首，録世祖訓諭爲一卷，聖祖訓諭爲一卷，世宗訓諭爲一卷，皇上訓諭爲一卷。

訓諭一

世祖章皇帝諭旨

順治十年六月二十九日，諭内院：朕稽考古制，唐、虞、夏、商，未用寺人。自周以來，始具其職，所司者不過閽闥、灑掃、使令之役，未嘗干預外事。秦、漢以後，諸君不能防患，乃委以事權，加之爵禄，典兵干政，流禍無窮。豈其君盡闇哉？緣此輩小忠小信，足以固結主心；日近日親，易致潛持朝政。且其伯叔弟姪、宗族親戚，實繁有徒。結納縉紳，關通郡縣，朋比夤緣，作奸受賄。窺探喜怒，以張威福。當宫庭邃密，深居燕閒，稍露端倪，輒爲假托。或欲言而故默，或借公以行私，顛倒賢姦，混淆邪正。依附者巧致雲霄，忤抗者謀沈淵穽。雖有英毅之主，不覺墮其術中。權既旁移，變多中發，歷觀覆轍，可爲鑑戒。但宫禁役使此輩，勢難盡革。朕酌古因時，量爲設置。首爲乾清宫執事，次爲司禮監、御用監、内官監、司設監、尚膳監、尚衣監、尚寶監、御馬監、惜薪司、鐘鼓司、直殿局、兵仗局，滿洲近臣與寺人兼用。各衙門官品雖有高下，寺人不過四品。凡係内員，非奉差遣，不許擅出皇城。職司之外，不許干涉一事，不許招引外人，不許交結外官，不許使弟姪親戚暗相交結，不許假弟姪等人名色置買田産，因而把持官府，擾害民人。其在外官員，亦不許與内官互相交結。如有内外交結者，同官覺舉，院部察奏，科道糾參，審實一併正法。防禁既嚴，庶革前弊。仍明諭中外，以見朕酌用寺人之意。内院卽傳諭該衙門遵行。著刊刻滿、漢字告示，自王以下及官吏軍民人等咸宜知悉。

順治十二年六月，命工部立内十三衙門鐵敕，諭曰：中官之設，雖自古不廢，然任使失宜，遂貽禍亂。近如明朝王振、汪直、曹吉祥、劉瑾、魏忠賢等，專擅威權，干預朝政；開廠緝事，枉殺無辜；出鎮典兵，流毒邊境；甚至謀爲不軌，陷害忠良，煽引黨類，稱功頌德。以致國事日非，覆敗相尋，足爲鑑戒。朕今裁定内官衙門及員數、執掌，法制甚明。以後但有犯法干政，竊權納賄，囑托内外衙門，交結滿、漢官員，越分擅奏外事，上言官吏賢否者，卽行凌遲處死，定不姑貸。特立鐵板，世世遵守。

順治十五年三月，上諭吏部曰：内監吴良輔等，交通内外官員，作弊納賄，罪狀顯著，研審情真。有王之綱、王秉乾，結交通賄，請託營私。良輔等已經供出，即行逮問。其餘行賄鑽營，有見獲名帖書柬者，有餽送金銀幣帛者，若俱按跡窮究，株連甚衆，姑從寬免。如此情弊，朕已洞悉，勿謂姦弊隱密，竊幸朕不及知。嗣後務須痛改前非，各供厥職。凡交通請托、行賄、營求諸弊，悉宜斷絶。如仍蹈前轍，作姦犯法者，必從重治罪。

國朝宮史卷之二

訓諭二

聖祖仁皇帝諭旨

康熙十二年九月十六日，上諭總首領太監：宮內首領及各執事太監，進宮五年有餘，尚未考察勤惰。爾等查明，分别等次具奏。

康熙十三年六月初三日，上諭：設立内藥房，原以防急用藥餌，乃嚴肅之地。今視脈煎藥，肆慢不前，並容匿閒雜之人，甚非設立初意。卽著移出外藥房去。外藥房相去原亦不遠，待用藥之際，臨時再傳。著總首領傳宣。

康熙十三年六月十一日，上諭：宮内衆太監及宮中行走人等，如家中有出痘疹之人，好者在家住一個月，不好者在家住一百日。若鄰居甚近之家出痘疹，好者忌半月，不好者忌一個月，再入宮行走。

康熙十五年二月初六日，上諭：朕在花園，有哈哈珠子往來奏事，必先著太監各處傳知，然後遞行領送。嚴密關防，不可忽略。

康熙十六年三月初一日，上諭顧問行、崔薹忠、翟霖：嗣後凡各官並養心殿等處庫中取用錢糧等物，卽奉有旨意，亦當告之司房。應覆奏者，爾等卽行覆奏；或無庸覆奏實係應取者，方准給與。此事關係太監等性命，爾等傳與衆太監知之。

康熙十六年三月初五日，上諭顧問行：凡大臣進宮奏事、講書時，先曾傳過不許放女人行走。今朕親見女人仍有潛避行走者，成何體制！必係看守各門太監不行禁止。爾等再傳，如有仍前不改者，著哈哈珠子參奏。

康熙十六年五月初九日，上諭總首領太監：以後宮内各處有上傳將本處所管物件動用賜給某人，其經管之人必隨手登記本處底簿，務將受賜人之姓名逐一開寫清楚，仍將物件另謄寫一紙，移送懋勤殿，不得有誤。倘若物件開寫不清，姓名參差不一者，必從重治罪，決不輕恕。爾等卽行傳示。

康熙十六年八月初一日，上諭：著内務府總管傳與二十家内管領：宮内一應服役行走女人，凡有事進宮，公事畢卽應出外，不許久停閒坐，將外間事入内傳説，並竊聽宮内事往外傳説。種種情弊，皆所不免。除已往不究外，嗣後如有此等，一經察出，必重處不赦。該管領一並治罪，決不輕恕。

康熙十八年十二月初三日，上諭：宮内各處燈火最爲緊要。凡有火之處，必著人看守，不許一時少人。總管等不時巡察。

康熙十九年四月二十四日，上諭：凡放匠之處，著總管用心關防，妃、嬪、貴人等不許行走，俟晚間放匠後方許行走。如有錯誤，必重懲爾等，毋貽後悔。

康熙二十年正月初六日上諭：太監最爲下賤，蟲蟻一般之人，如何見大人、侍衛竟不站立？且斜身踞坐，甚無規矩。嗣後俱著恭敬站立。如有仍前不遵者，必重處不饒。著通傳申飭。

康熙二十年二月十四日，上諭：宫中女子，不知禮體，每有聲高角口者，爾總管俱罷軟不能管束，一味瞻徇，不知禁約。嗣後遇有不守宫規仍前喧詬者，爾等指名據實參奏。如徇私隱蔽，察出一體治罪。

康熙二十一年七月初八日，上諭：昨日在晾鷹臺筵宴諸王大臣，尚未坐，有太監王進、程昬之、楊進章、霍承培，俱不知規矩，竟坐於棚下。著交該管議處具奏。總管顧問行等議將王進等各鞭五十。奉旨：每人著鞭責八十。

康熙二十三年十月初一日，上諭：奉太皇太后懿旨，今隆冬有風之際，各宫燈火著用心謹慎，不許任意喫烟。著不時嚴察。

康熙二十四年正月二十二日，上諭内務府總管：吉徵房爲三宫女子養病而設，如何在皇城外窵遠之處，又复污穢不堪。既係養病之所，必當嚴密潔淨。此皆爾等所司之事，何得如此粗率！著將養病房移在皇城内幽僻處所，掃除潔淨。

康熙二十四年二月，上諭：滿洲家奴及太監家奴有逃走在外私自淨身者，不宜内用。其已經内用者，查交禮部發回原主。嗣後著嚴禁止。

康熙二十八年三月二十五日，上諭：太監每月所關銀米，自皆足敷衣食。披甲人等錢糧尚須贍養身家，兼備盔甲、器械、鞍馬、帳房。太監乃一身一口，又不置辦各項，竟爾破衣爛帽，形同乞丐，深爲可惡！此由賭博之故。可傳與内務府總管嚴行鑾輿衛、掌儀司等處禁止賭博。該管首領實心稽察，如有仍然不顧身體，賭錢花費，定行嚴拏重處。並傳知各處太監。

康熙二十八年四月，上諭：太監賭錢、酗酒、鬬毆、恣横等事發，該管頭目内管領人等併領催等一併治罪。

康熙二十九年四月十二日，上諭：蒼震門乃緊要門户。大公主係已出嫁之人，凡進内必須告之總管奏明，方可放進。何得竟不阻攔，任令出入，殊屬非禮。嗣後凡各處太監俱不許走蒼震門，只許阿木孫章京、祭神房太監等行走。

康熙三十二年二月十五日，上諭：朕見宮内太監衣服甚是襤褸，若賞伊等幾月錢糧，到手卽行花費，亦非經久之計。朕思若照八旗之例，借給官銀。或隨侍出外，急切需銀，或死喪急用，借銀二十兩者，每月扣一兩。借十兩者，每月扣五錢。遇病故，免其退扣。如此或者可以永久。爾等總管詳確妥議具奏。其外圍太監俱交與掌儀司總首領經管。總管太監等公議：查照旗下借銀之例，支銀三千兩。查明實係出外置辦之用，或白事急用，或誠實太監置買衣服之用，借二十兩者每月扣銀一兩一錢。借十兩者，每月扣銀五錢五分。算一分扣利，以補逃亡之數，日久庶不致虧缺。其外圍太監交與掌儀司首領經管。具奏。奉旨：好，依議。奉宸苑、營造司等處太監，著掌儀司官並首領經管。慈寧宮、寧壽宮、南薰殿太監，著總管並司房經管。宮内銀兩，向自鳴鐘處支領。外圍向廣儲司支領。再：查各太監有賣錢糧及私債逋負者，俱查明代伊清還。凡領借官銀，須用保人，不許通同作弊。倘有虛冒，卽令保人代賠，仍治其罪。若私借銀兩察出，將銀入官，本人重處。嗣因總管太監口奏：自鳴鐘支過銀一千兩，敬事房扣除公費銀三百兩，俱已放完，尚有不敷。今再支銀三千兩，掌儀司亦支三千兩。奉旨：内外廣儲司共暫借銀六千兩。如有餘及收還者多，陸續交送還庫。卽先支過銀兩，亦係暫借，其收還餘賸，一併陸續照原數交還。

康熙三十三年閏五月十四日，三法司題：太監錢文才打死民人徐二，應絞監候。奉上諭：凡太監殺人，斷不可宥，尤宜加等治罪。朕觀古來太監良善者少，要在人主防微杜漸，慎之於始。苟其始縱容姑息，侵假事權，迨其勢既張，雖欲制之亦無如何。漢之十常侍，唐之北司，竊弄威權，甚至人主起居服食皆爲所制，此非一朝一夕之故，由積漸使然也。太監原屬陰類，其心性與常人不同，有年已衰老而言動尚若嬰兒，外似謹厚，中實叵測，必人主英明，此輩始無由弄權。朕聞明代諸君將本章批答委之司禮監，司禮監委之名下内監，此輩素無學問，不知義理，委之以事，其能免於舛謬耶？錢文才此案，爾等記之，至秋審時勿令倖免。

康熙三十三年十月十四日，上諭：皇太后乘輿，關係甚重，爾等總管自當細心查點。朕見請轎太監高矮不齊，大小不等，又使年老首領督領攏撥，此輩自顧走路不暇，豈能出力幫扶？卽扶掖轎桿，轉致累墜。掌儀司、鑾儀衛太監頗多，爾等細心查點，將身量高者配爲一班，稍矮者配爲一班，每撥用强壯首領一名督領，不時演習，必須請轎平穩，不許聲高説話。爾等或一二月查點一次。自此派定撥數，不許頂名更替。或有告病等事，必量其身材頂補。

康熙三十六年九月初二日，刑部以太監劉進朝逃出訛詐，奏請議罪。奉旨：劉進朝乃禁中役使之人，逃出已屬可惡，況又於所逃處嚇詐有司，宜照光棍例議罪。嗣後太監有與同罪者，以此爲例。

康熙三十七年正月初一日，上諭：宫内太監甚雜，各執事處首領俱應時時稽察。雖同係太監，各有執掌，不得擅離職守，任意往來攙越。凡一應太監行走，各門俱應嚴查去向，如不應行走地方，即拏交重處。嗣後朕若遇見，或經查出，將首領總管一併治罪。

康熙三十九年九月十五日，上諭皇太子：朕從不用便捷伶俐、言語不謹、狎詐之太監。用太監，不過取其當差勤謹老實，寡言穩重。即如梁九功，人甚伶俐，凡有差遣處，朕尚時加防範。今看毓慶宫内俱是少年首領，並無有年紀之人，倘至争競、行兇、火燭，關係要緊。高三變雖言語鈍拙，而辦事誠實，語言謹慎，又識滿洲字，可以當得總首領。賈應選、趙國士二人，雖稍軟弱，坐性好，言語謹慎老實，宫内可以用得。吕有功、郭朝用，不拘何處可以當得首領，爾等送與皇太子去。

康熙三十九年十二月十九日，上諭：今日天氣甚冷，應選秀女，多係貧寒之家，爾等帶至和暖處所，賞給熱湯飯，毋致凍餒。

康熙四十年三月初七日，上諭：朕聞宫内太監，三五成羣，結盟聚黨。此由總管不能壓服首領，首領不能壓服散衆，全無法度，以致如此妄行。甚至有偷竊爲匪者。爾等即速舉出，不可隱瞞。如日後發覺，爾等尚能保全首領乎？太監等或在外生事妄行，爾等全不稽察，爾等曾參過何人？此皆畏懼屬下太監之故。

康熙四十四年二月初三日，上諭：近來太監不守規矩，與各宫内女子認親戚、叔伯、姊妹，往來結識，斷乎不可。太監等在内廷當差，女子等在宫内答應，各有内外，嗣後務當斷絶交結。如仍不能斷絶，總管與本宫首領即行置之重典。自降旨後，若經察出，奏不奏亦任爾等，朕自有處置。

康熙四十五年十月二十二日，上諭：可傳諭小阿哥、小公主、小格格處，乳母等各宜切實經心，不許怠慢。如有粗率怠慢之人，現有十一公主乳母之例，一家俱行充發，乳母之夫現鎖禁慎刑司。嗣後若不小心伺候，即照此例。

康熙四十八年十一月十二日，上諭大學士等：明季事蹟，卿等所知，往往皆紙上陳言。萬曆以後所用内監，曾有在御前服役者，故朕知之獨詳。正統間事，史書所載，不能明確。其在沙漠嘗生一子，今有裔孫，現在旗下。天啓呼魏忠賢爲老伴，凡事委之，己竟不與。楊漣、左光斗受杖，老内監猶有目擊者，能具言之。陳新甲所議，本受指於崇禎，及科、道交章彈劾，崇禎反畏人言，歸咎於陳新甲，實非其罪也。明季諸帝，俱不甚諳經史。崇禎頗讀書。流賊將至，京營官兵俱分遣至真定、保定、居庸關諸處堵禦，其守城者惟內監數萬人而已。賊兵破外羅城，由西便門轉攻阜成門，崇禎率內監數人，微行至襄城伯家，其家方閉門演戲，不得入，回登萬壽山，四顧無策，猶欲出奔。太監王承恩止之曰：「出恐受辱於賊。」崇禎乃止，以身殉國。明朝費用甚奢，興作亦廣，一日之費，可抵今一年之用。其宮中脂粉銀四十萬兩，供應銀數百萬兩，至世祖皇帝登極，始悉除之。紫禁城內砌地磚，横竪七層，一切工作俱派民間。今則器用樸素，工役皆現錢雇覓。明季宮女至九千人，內監至十萬人，飯食不能遍及，日有餓死者。今則宮中不過四五百人而已。明季宮中用馬口柴、紅爐炭以數千萬斤計，俱取諸昌平等州縣。今此柴僅天壇焚燎用之。爾等亦知所謂馬口柴乎？大學士等奏曰：「不但不知，亦所未聞。」上曰：「其柴約長三四尺，淨白無黑點，兩端刻兩口，故謂之馬口柴。」又明季所行，多迂濶可笑。建極殿後階石高厚數丈，方整一塊，其費不貲。採買搬運至京，不能舁入午門，運石太監參奏：「此石不肯入午門」，乃命將石綑打六十御棍。崇禎嘗學乘馬，兩人執轡，兩人捧鐙，兩人扶鞦，甫乘輒已墜馬，乃責馬四十，發苦驛當差。馬猶有知識，石何所知？如此舉動，豈不發噱？總由生於深宮，長於阿保之手，不知人情物理故也。

康熙五十年五月初五日，上諭：宮中各處首領，凡有傲慢狂妄、懶惰不堪者，爾等總管卽應責處參革。嗣後總管等舉放首領，宜加意斟酌。

康熙五十三年六月十七日，上諭大學士等曰：太監等不可假以威權，事發卽殺之。朕御極之年，去明代不過二十年。萬曆時太監以及官員，朕俱曾任使。伊等向朕奏明末時事謂，流賊自南而來，將兵盡發往保定，後流賊從居庸關入，跳越京師南關攻城，城內無兵，祇太監、百姓、官員家人防守，七日城卽陷。平日太監等專權，人主不出聽政，大臣官員俱畏懼太監，以致誤事。此輩性情與常人異，祇足備宮中使令耳。天下大權唯一人操之，不可旁落，豈容假之此輩乎？又：萬曆年間，太監奏庫內積銀二百萬兩有餘，應入大內，遂盡收養心殿後掘窖埋藏，後欲取用，已無有矣。所以我朝耆舊常言：明代蓄積，徒資太監侵盜耳。今我朝庫銀有數千萬兩，若收進埋藏，亦安所用？朕常謂漢大臣云：「明代以爭議河套事，曾殺大臣。此亦小事，何至殺戮大臣？若當此時，朕只須遣一筆帖式、一撥什庫，事卽定矣。」漢大臣皆相顧驚愕。朕幸寧夏，過鄂爾多斯地方，謂宋喇卜王云：「爾等祖宗不過欺侮漢人，遂據河套耳。若朕則自横城坐船帶糧，從鄂爾多斯之後超出據守，爾等將若之何？」宋喇卜王瞿然奏云：「今内外一家，皇上奈何出此可畏之言！」回鑾時，朕由横城坐船，計二十一日至湖灘。河朔已將馬匹發往陸路，此二十一日率步行圍獵打魚而回。

康熙五十四年二月二十七日，上諭：朕巡幸時，由内廷發運行李什物往行營内，太監等尚親自交出。今往行宫，往外出行李時，太監等竟不照管，輒交與牽駝人衆，任憑伊等進内運出。殊不知牽駝人内卽有雇覓當差者，所雇之人又復轉雇頂替，至爲混雜，倘有失誤，伊等如何承受？嗣後出行李時，著劉進忠、張起麟、王以誠三人輪流察看。傳諭武備院侍衛等：行宫與大内無異，乃將雇來之人任意帶領出入，萬一滋生事端，定將伊等正法。並傳與關保、海章及武備院侍衛，速查此次牽駝人並各處當差人内雇覓頂替者共若干人，詳悉查明回奏。關保等如不詳查，經朕察出，必將伊等重處。

康熙六十年十月十二日，上諭總管太監：向來太監等出外陋習，每於裝載行李之車輛、駝隻内將官用物件私自匀下，另索擡夫應用，二十名者卽索三十名，折銀入己。嗣後用夫，須告知内務府總管，方準給用。再者：雇夫擡雀鳥、牲口，偶然放歇在地，太監等卽借端生法，動云雀鳥、牲口受傷，撒潑訛詐，勒索夫役銀錢。朕南巡時，跟綷太監向官員需索財物，朕所深知，不難徹底跟究。此等事皆現有證據，爾等尚不肯實説，一經究出，豈不累及爾等？再：内廷之事，惟太監知之，往往向外人傳説，又有將外面説話傳進者。太監等言語甚不謹慎，爾等實力稽察。嚴傳與各處首領，各遞保結。勿誤。

國朝宫史卷之三

訓諭三

世宗憲皇帝諭旨

康熙六十一年十一月十五日，上諭：近年來，朕看内監等尚知規矩。凡尊卑上下，都要有禮。卽如王公、宗室、大臣，皆係隨列祖定天下功勳之後，非比尋常之人，不可輕視。卽内廷小阿哥前，行走坐卧，必當敬謹；背擡什物，不可肆行觸撞。爾總管實力嚴傳，教誨遵行。倘無知之輩，妄行干犯，朕亦不能屈法矜全，定當立置之法。總管若不嚴傳，首領若不教誨，爾總管首領等均屬有罪，必按法重處。

康熙六十一年十一月二十一日，上諭：現有大事，内右門不時有諸王大臣出入，茶膳房女人不便照常行走，爾等傳與内務府總管，將茶膳房女人暫行停止。掌儀司現有内監傳喚入内，幫同擡水送飯，儘可敷用。

康熙六十一年十一月二十六日，上諭：宫内地方，火燭務要小心。著總管嚴傳。

康熙六十一年十一月二十九日，上諭：天無二日，國無二主。今朕新卽大位，凡事遵循典制，率由舊章。當年皇太后見太皇太后禮，何等整齊嚴肅，衆母妃皆所睹悉。今聖母皇太后慈善謙遜，念舊情殷，不遽令行大禮，是聖母皇太后之禮。朕仰承聖母皇太后之意，盡心敬待衆母妃，是朕之禮。大事方出，朕悲痛切至，心神恍惚，儀文所在，未曾傳知。但衆母妃自應照前遵行國禮。卽如宜妃母妃，用人扶掖可以行走，則應與衆母妃一同行禮，或步履艱難，隨處可以舉哀。乃坐四人軟榻，在皇太后前與衆母妃先後攙雜行走，甚屬僭越，於國禮不合。皇考未登梓宫前，倉猝之際，宜妃母妃見朕時，氣度竟與皇太后相似，全然不知國體。此等處，爾總管理當稟阻，乃並無一言道及，亦難免罪。朕若不傳，恐於國體乖違，所關重大。自傳之後，倘仍前不改，定按國法重治爾等之罪。

康熙六十一年十二月初一日，上諭：每見八旗官員，動輒罵及所屬人等父母，薄俗如此，所不忍聞。先經皇考常申訓誡，至再至三，尚未悛改。夫該屬人等卽有過失，只可指斥其本身，於其父母何預？且凡事自有國法，應答責者笞責，應題參者題參，出言詬罵，甚屬非理。嗣後仍有辱駡人之父母者，許被駡之人卽行回明該管大臣參奏。再：

宫内太監等亦好駡人父母，嗣後如有太監在街道中駡人者，許卽重打綑綁，交與步軍統領，轉交總管太監懲治。著步軍統領傳示各城，内務府總管傳示各首領太監，通行曉諭，永遠禁止。

康熙六十一年十二月初四日，上諭：乾清宫等處太監，俱係曾經效力之人。今特頒恩諭，凡係宫内當差太監，本家俱免一丁當差。嗣後如有年老回家者，丁差照舊免當。身故之後，再當丁差。如有過犯退出太監，丁差不得邀免，查明交與内務府總管，再行户部。

康熙六十一年十二月初八日，上諭：爾等太監從前在外行走，甚是狂妄，自以爲得意。朕前居藩邸，身爲親王，尚秉謙和。爾等今後各宜改悔，務要謙恭和順。著傳與各處首領太監，敬謹遵循，禁止狂妄。

雍正元年正月十七日，上諭：諸皇子入學之日，與師傅豫備杌子四張，高桌四張，將書籍筆硯表裏安設桌上。皇子行禮時，爾等力勸其受禮，如不肯受，皇子向座一揖，以師儒之禮相敬。如此則皇子知隆重師傅，師傅等得以盡心教導，此古禮也。朕爲藩王時，在府中亦如此行。至桌張飯菜，爾等照例用心預備。

雍正元年三月初四日，上諭：聖母皇太后仁慈謙遜，宫闈妃嬪一切行禮之處，務當遵照從前見皇太后典禮。爾等總管應按定例奏明遵行，不可稍有違錯。若上下禮節不分，關係國家體統。乖違典禮，即屬總管之罪。朕已嚴傳，爾等敬謹遵奉，庶不至貽罪戾。

雍正元年三月二十二日，上諭：爾等太監自去年十一月十三日至今，俱能循蹈規矩，不敢妄爲，小心當差，嗣後俱應如此遵守禮法。今日太監等混亂行走，言語聲高，又似曩時舉動。倘更在外妄爲，無所不至，經人拏獲，朕自按法治罪，并爾等總管、首領亦屬難免，爾等應嚴傳禁止。此等小人，必待懲儆方知畏法。再者：送梓宮時，太監等更宜循蹈規矩，不許在外聲高，手舞足蹈，口出不遜之言。爾等派出知事之首領太監，令其不時察訪。如有不法之徒，即便鎖拏發解治罪，俟回京之日奏聞。

雍正元年六月二十二日，上諭：近來新進太監，俱不知規矩。朕曾見伊等掃地時，挾持苕帚，竟從寶座前昂然直走，全無敬畏之意。爾等傳與乾清宮等處首領太監等，嗣後凡有寶座之處，行走經過，必存一番恭敬之心，急趨數步，方合禮節。若仍不改，爾等即嚴切教訓。如屢誨不悛，即將伊治罪。至朕向爾等首領太監問話，遇下雨有泥水之處，只須躬身答應，不必跪奏。

雍正元年八月十三日，上諭：太監等見外間諸王大臣官員進内，必須起身站立，行走之際，必然讓路，存一番恭敬方是。若科頭脱帽，斜倚踞坐，不但於禮不合，即觀瞻亦甚不雅。現今雖無此等之人，恐日久懈怠，漸至無禮。爾總管不時嚴傳與衆太監，日後倘有此等無禮之人，經王大臣等參奏，朕定不輕恕，將爾總管、奏事首領一併治罪。

雍正元年十月二十二日，上諭：本月二十七日太和殿廷試日期，天氣寒冷，著總管將大火盆多爲豫備，俾得稱意寫作，免致筆硯凝凍。

雍正元年十一月二十八日，上諭：自今以後，凡王大臣及外國使臣進内，爾太監等俱要整肅規矩，不許斜倚跛立，互相私語。總管等用心經管，時時嚴傳，教導規矩，不可因日久懈怠，務要一心歸向主上。若朕不與爾等以管教人之權，爾等或不免有後言；朕既責成爾等或參或處，朕一一允行，爾等更無可推諉。且爾太監等不思向上，轉向外人，倘爾等有事，外人豈能與爾作主？此等行事，實乃至愚。所有不守規矩内監，朕已交與王大臣查拏，一經拏獲，必併爾總管治以重罪，悔之何及！

雍正二年正月，上諭：嗣後十七歲以上太監不准收用。

雍正二年四月二十三日，上諭：諭總管等：宮内有官職首領太監，凡有過犯，一例革去官職，首領重加杖責，如此已非一次。不思朕按品級賞太監官職，原爲賞伊等體面，俾各盡心勉勵。今爾等轉自輕視，如戲場冠帶，無關榮辱，不論品級大小，不審情罪輕重，動輒革退官職，首領重杖四十。似此問擬，較徒流相去一間，於情理殊未允協。嗣後凡獲罪者，量其輕重，或應降一級、二級、三級，或罰俸一年、半年或兩個月、三個月，必按情罪以定處分。爾總管等從容詳悉，斟酌議定宫規條例。庶將來按例治罪，有所遵循，不致紊亂。獲罪者各知所犯輕重，其心亦服。

雍正二年五月二十日，上諭：諭禮部：内廷太監及王公家太監之爲民者，率多在京居住，此輩最好生事，不可容留，俱著回籍。如内有六十五歲以上，曾經效力，因得殘疾而爲民者，許其在京居住，令總管太監奏聞。其應回籍者，著行文該地方官嚴查；如不在本籍居住，或住别省者，該地方官一併從重治罪。

雍正二年五月二十四日，上諭張起麟、王朝卿：爾等與莊親王、内務府總管來保商議，除宫内太監不必挑，將外圍太監中之年力壯健者，揀選二百名，在暢春園賞房居住，令伊等學習弓箭、籐牌、鳥鎗、鎗刀。有學習優者，賞以千總、把總職分，再加賞錢糧。果能盡心學習，武藝出衆，朕可以隨時量賞職銜。將來隨朕出外，分作兩班宿衛，卽駐蹕暢春園時宿衛亦好。

雍正二年六月十二日，上諭：諭膳房：凡粥飯及肴饌等類，食畢有餘者，切不可抛棄溝渠，或與服役下人食之。人不可食者，則哺猫犬。再不可用，則曬乾以飼禽鳥，斷不可委棄。朕派人稽查，如仍不悛改，必治以罪。

雍正三年十二月二十五日，上論刑部：從前内外惡亂鑽營之人，紊亂法紀，朕知之甚悉。是以登極以來，不時教訓宫内太監并外廷大臣等，凡事無得欺隱。有鑽營者，斷不寬恕。若被拏獲，務必從重懲戒正法，屢次諭旨甚明。乃有掃院太監傅國相，向奏事太監劉裕探聽外邊有一廢官欲圖開復，曾否保奏一事，劉裕止告訴總管太監，總管太監並不奏聞，甚屬可惡！著將總管太監並奏事太監劉裕問明情由，凡有關涉此案人犯，俱行鎖拏，查問治罪。

雍正四年八月初一日，上諭總管劉進忠、王以誠、蘇培盛、徐起鵬及隨侍等處首領太監：歷來做直隸州縣官甚難，皆由書辦衙役作弊，更兼本處土豪及旗下人莊園頭目，借稱王公侯伯大人門下勢力在彼，攪擾欺壓官員。州縣官被其恐嚇，不能治理政事，易於廢弛，深爲可惡！朕今已傳諭直隸州縣等官，各限一年，將此等作弊書辦衙役及土豪皆嚴行拏問。至於旗下人莊園頭目等，亦皆許其行文八旗該管官究治。爾太監等在内廷當差，豈知本鄉事務及爾伯叔、兄弟、子姪之賢不肖？嗣後各當切實勸化本家人等，居鄉不可仗内監勢力，作非禮不法之事。如有事犯潛逃來京者，本處州縣行文到内務府衙門，指名是某太監家屬，内務府大人同總管商議，即行按例發落，不必奏知。朕無非欲爾等畏法，不致攪亂地方，爾等其敬體朕意。

又諭吏部、户部：直隸州縣太監之父兄弟姪，在地方不無生事，本人亦未必盡知。可令該州縣，大事照例詳報總督具題，小事徑報内務府。内務府傳該太監曉諭，令其自行約束。如仍不悛改，内務府即酌量懲治。

雍正四年八月初九日，上諭：夜間遇有開城門事件，令爾等傳旨者，若無勘驗實據，看門人等難以憑信。著造辦處製合符四件：一交乾清門該班内大臣，一交左翼，一交右翼，其一爾等收貯。凡夜間開門，將符合對，以爲憑據。

雍正四年十一月十二日，上諭：朕覽今日總管等所奏殘疾久病爲民太監一事，其中段成纔九歲，情甚可憫。至幾個有年紀太監，當差也有三十年，也有二十年，俱曾出力。今雖年老有疾，遽令外出，朕實不忍。即如犬馬，尚要養活，何況院内奴才。爾等秉公酌量，各隨伊等之便，有願退出回鄉者，朕自有恩典；或願在京居住者，即著在京居住。再：太監等素日有家業、無家業，自己能存活、不能存活，爾總管等自必知之。其有家業者，聽其在京居住；如無家業不能度日者，或用自鳴鐘銀兩，或用敬事房銀兩，每人每月賞銀一兩，以資養贍。著内務府總管查官房百十餘間，每人給一兩間居住。其餘房屋派首領二名經管，將所收房租給伊等養老。再：似李國用在藝業地方多年，亦算出力，爾等問彼或願回鄉，或願在京，朕自然加恩。以後凡有爲民太監，俱各開明具奏。

雍正五年五月二十五日，上諭：從前放出爲民之太監，并諸王、貝勒等放出爲民之太監，潛住京師者不少。此輩多係年老有病，平昔怠惰、不守本分之人，既經放出，除效力年久，本管本主保留外，不許仍留京師居住。屢降諭旨，甚是明晰。今仍有留京生事者，可見向來全不查拏，虛應故事，且在京必有容留之家。著交與内務府、步軍統領、五城御史，似此放出爲民之太監，除有保留外，在京潛住者，著嚴緝發回原籍。嗣後仍然違旨，一經發覺，將容留之人從重治罪。内務府總管、步軍統領、巡視五城之御史一并交部議處。如保留京師爲民之太監有生事犯法者，將保留之人亦著議處。

雍正五年七月十二日，上諭：今日爾總管所奏補挑阿哥下太監一事，不可將伶俐太監挑去，恐致引誘阿哥干預外事。寧可挑蠢笨老實者與阿哥使唤方好。若挑給伶俐之人，日後有不安静處，惟爾總管等是問。

雍正五年十月初三日，上諭：内左門、内右門兩邊板房，原爲王子、大人等設立，近來被粘竿上人及拜唐阿等作踐壞了。現在延信、岳鍾琪將到，爾等將内左門外板房收拾出來，給外省大人兩間，六部大人三間，延信、岳鍾琪兩間。此房俱著粘竿上人、拜唐阿等看守打掃。如大人等進內，看守之人卽便出去，俟散後仍著拜唐阿、粘竿上人看守打掃。再：內右門外板房，除侍衛等兩間，再收拾幾間給王子們住。傳與拜唐阿、粘竿上人，俱不可作踐。伊等外間各有地方，如再作踐此房，一定將伊等究治。若遇天氣寒冷之日，著粘竿上人、拜唐阿等向熟火處量取熟火，安在房內。從前元二年間，朕曾降旨賞大人等飯，今經日久，恐其懈怠，爾等復行傳與膳房總領等，嚴諭本處人役小心備辦。如天氣寒冷，應用暖鍋時，卽行備用，務使大人等如意。若不經心，經朕察出，定不輕恕。

雍正五年十月二十四日，上諭：朕從前不時教訓，上天降生五穀，養育衆生，人生賴以活命，就是一粒亦不可輕棄。卽如爾等太監煮飯時，將米少下，寧使少有不足，切不可多煮，以致餘剩拋棄溝中，不知愛惜。朕屢屢傳過，非止一次，恐日久懈怠。爾總管等再行嚴傳各處首領、太監，見有米粟飯粒，卽當揀起。如此不但仰體朕惜福之意，卽爾等亦免暴殄天物。應不時查拏，如有輕棄米穀者，無論首領、太監，重責四十板。如爾等仍前縱容，經朕察出，將爾總管一體重責。

雍正五年十一月十四日，上諭：昨日御河內淹斃一人，朕卽欲降旨查察，適番役拏死。看此竟是圖財害命。朕本待察出情由，重治内務府總管之罪。今既係内府番役拏獲，故將内務府總管處分寬免。内府奴才乃敢爲此不法之事，總由平日約束不嚴所致。著將該管各官俱按例治罪。至内園各處，爾總管等務切實嚴傳，太監内有喫酒、賭博、當差懶惰、口出怨言、不能自存者，卽著同伴之人在首領前供出，首領將伊交與總管，逐出爲民。如無此等之人，亦著伊等夥伴互相連保，本處首領呈送甘結。日後遇此輩敗露，將該管首領及同伴太監一并治罪，卽爾總管亦不輕恕。

雍正五年十一月二十三日，上諭：宮中火燭最要小心。如日精門、月華門向南一帶圍房後，俱有做飯值房，雖爾等素知小心，凡事不可不爲之豫防。可將圍房後簷改爲風火簷。卽十二宮中大房，有相近做飯小房之處，看其應改風火簷者，亦行更改。再：舊年造辦處太監等擡水救火，雖屬齊集，但少統領約束之方。可將宮内太監編集成隊，每隊派頭領一名，每十隊立總頭領一名，不但救火，卽掃雪、搬運什物用人時，只須點某頭領，彼自齊集所屬，同往料理。縱使人多，各有頭領點查約束，必不至於紊亂。

雍正六年四月初一日，上諭：乾清宮西暖閣陳設書畫古玩之格架上所有紗簾緞罩，可用板箱裝貯封固，收於西暖閣仙樓上，使後輩子孫見之得知聖祖皇考用物節儉淳樸，知所仿效。

雍正六年四月二十一日，上諭：今日總管等所奏易貴人之事，似此貴人入陵尚可。陵内關係風水之地，嗣後爾等宜加意斟酌。如曾奉御皇考之貴人尚可，若隨常加封者，則不可。或在外圍周方左右，或在蘇媽里姑之左右，另建園寢。爾等謹記，若遇事出，同内務府總管密議具奏。

雍正六年五月初八日，上諭：傳諭總管太監：向來司房首領，行杖最肯容情。如獲罪之人素與伊等交好，其杖責必輕；若遇有嫌怨者，往往儘力重責。此等惡習，朕所深知。嗣後凡朕交下及總管等參奏應行杖責之人，著總管一人親身驗看，務存良心，量罪之輕重責處。不可賣法，亦不可酷刑。不過使獲罪者常思儆懼，改過自新。如執杖之人有心過重，爾等即將伊照樣重責；如有心過輕，爾等亦即將伊責處。自傳之後，爾等如仍縱所屬人等任意輕重用刑，經朕察出，定行究治。

雍正六年十一月十九日，上諭：齋戒之日，例不謝恩。嗣後凡遇齋戒日期，朕賜茶與大臣官員，不必叩頭。其在朕前遞茶人員，亦不必叩頭。

雍正七年二月二十日，上諭：内務府所屬官員，朕已賞與伊等生息銀兩。爾太監等前此雖已加恩賞，恐尚有不足之處。今特賞爾等銀二萬兩，永遠滋生。衆太監内弟男、子姪有可托者，議出幾人，俾各領本銀，或城内或圓明園，作何生息，聽其經營。每兩以一分起息，切不可放債。如經手之人將本銀虧空，即扣衆太監錢糧償補。彼懼受衆人怨恨，自然不敢虧空。本銀長久收貯，所生利息即賞與爾等太監，遇有紅白之事及出外當差需用，爾等酌量動支此項銀兩。陳福、蘇培盛、李英等謹奏：奴才等屢蒙聖恩，厚加賞賚。今復恩賞生息銀兩，俾得長久饒裕，感戴洪慈，永永無既。伏思奴才等弟男、子姪中可以委托者，實難其人。且奴才等身在宮闈，不能時加查考，日久難免虧欠。今謹議將此銀或於宮内或於圓明園開設典當鋪一座，所得利息陸續收存，嗣後凡有出外當差及遇緊急需費之事，即將此銀酌量動支賞給。仰懇聖恩賞派經理此事人員，奴才等亦派首領二名輪流掌管，庶無虧欠等弊。謹奏。五月二十九日，奉上諭：爾等同内務府總管商議，派有身家閒散數人，將此銀交與伊等，聽其經營生息。爾等亦派二人照管。

雍正七年五月初六日，上諭：爾等所奏在欽安殿爲皇后建祝壽道場一事，既經奏聞，則必稱奉旨爲皇后建祝壽道場。朕思以下敬上爲禮，若君上與臣下祝壽，成何體統？昔聖祖皇考爲寧壽宮太后啓建道場，原係孝思，欲盡臣子之誠。朕爲聖祖皇考、皇太后聖母啓建道場，亦是朕之孝思。今爾等爲皇后在朕宮闈建立道場，殊非典制。且爾等願爲皇后立道場，不拘在何處俱可，如在欽安殿，則於體統有礙。又，奉上問：「皇后千秋之日，朕頒賜表裏、金銀等物如何接受？」一再，「諸太妃千秋之日，送去表裏、金銀等物如何接受？」蘇培盛、李英回奏：凡賜中宮表裏等物，皇后跪接謝恩；與諸太妃送去表裏，俱在佛前焚香接受。奉旨：此皆聖祖皇考遺留之恩，諸太妃原不必向朕稱謝。又，奉上問：「朕尋常賜賚之物，皇后、妃、嬪如何接受？」蘇培盛、李英回奏：皇后、妃、嬪見物跪接，諸太妃凡遇尋常送去等物件，皆起立手扶接授。奉旨：是。又奉上諭：昨日竹子院設座，朕宴上所有之物，中宮宴上俱有，似此皆禮制所關，當有分別，方於理相合。爾等傳與茶膳房人等，凡外來進鮮之物，原爲朕進。朕理天下事，日夜焦勞，時思節用，不肯過分。中宮所用，如何與朕相同？不但體統不合，亦非撙節愛惜之道。若無關典禮，中宮有需用之物，遣人向茶膳房尋取則可。卽進御之物，若有贏餘，各宮内遣人尋取應用，酌量給與亦無不可。

雍正七年六月初三日，上諭：爾等留心切記：嗣後凡挑選使令女子，在皇后、妃、嬪、貴人宮内者，官員世家之女尚可挑入。如遇貴人以下挑選女子，不可挑入官員世家之女。若係拜唐阿、校尉、護軍及披甲閒散人等之女，均可挑入。

雍正七年十二月初十日，上諭：爾等嚴諭御藥房首領知悉：藥物關係重大，嗣後凡與妃、嬪等送藥，銀瓶上必須牌子標記。至所用湯頭，亦須開清，交與本宮首領太監，卽將伊名字記明，庶不至於舛錯。

雍正八年三月初四日，上諭：諭總管太監傳與各處首領太監知悉：阿哥現居宮内，年已長成，爾等不可趨奉，亦不可得罪，并不許向阿哥處往來行走。卽阿哥下太監亦不許與爾等所屬太監飲酒、下棋、鬬骨牌、説閒話。除趙進朝、靳進忠、趙運祥、楊進朝四人奉旨行走，不必攔阻外，其餘各處首領太監，嚴加曉諭，小心遵行，不可日久懈怠。嗣後如有玩法之人，經朕察出，係宮内太監，治宮内總管之罪；係圓明園太監，治圓明園總管之罪。

雍正八年四月十一日，上諭：從前太監等在聖祖皇考時出外當差，甚是均匀。近來朕留心體察，不過總管及隨侍等處首領數人常常在此伺候，恐勞逸不均，衆人俱不思勉力。其各處首領太監，不但不能常在左右，量其中亦未必有盡心當差之人。此輩識見甚小，竊計所食錢糧、所得賞賜俱與衆人相同，縱然竭力，不過如此，誰肯盡心？皆由爾等總管素日不能分别鼓舞，致使所屬太監漸起狡猾懶惰之念。縱使爾等專心盡力，一切差使不至失誤，其避重就輕之輩竟無人督責，所以漸就寬縱。卽如今日伺候支傘之太監沈自明，看來人尚可用，乃差未經手，先已露出愁苦不堪之狀。至李文貴，貌似無知，却甚黽勉出力。可知此輩稍有知識，卽思避難趨易。嗣後爾等總管務思分别鼓舞，挽回積習。其四執事等處首領太監所食錢糧及所得賞賜，宜察其當差勤惰，如有盡力當差之人，卽將猾懶之首領太監所有額外錢糧分給食用。若自知改悔，盡心當差，仍將所食錢糧照例添給。遇朕有恩賞之處，亦要分出等次。其當差勤謹之首領太監，可分別頭二三等賞賜。至狡猾懶惰者，不但不必入等，竟不必賞，令其自知愧懼，常思學好習勤，勉力當差，庶幾太監等勞逸均勻，風俗漸次整頓。

雍正八年四月二十一日，上諭：每年夏至祭方澤壇，朕在圓明園遣官行禮，仍在圓明園設祭。今年夏至如往圓明園去，則照舊例祭祀。如在宮内，北郊仍遣官恭代，爾等俟夏至屆期可於宮内相視地方豫行奏聞，照圓明園之例設祭，朕親敬謹行禮。

雍正九年八月初九日，上諭：近來爾太監等私下相聚，未常不圖歡笑，及見主上時，便似拘束太苦，全無和顔悦色。若以此爲恭敬，甚屬錯謬。爾等嚴傳，以後若是不改，定將有心如此者處分幾人，令衆人各知改悔。

雍正九年九月初五日，上諭：坤寧宮祭神肉，近來頗覺無味。朕向曾降旨，神前祭肉甚有關係，理宜專心恭敬。乃阿木孫章京等甚是懈弛，竟似全不經心，肉味如何，一概不管，只同阿木孫首領太監竊肉售賣，以致於此。今特交與總管安泰經管嚴查，嗣後祭肉如仍前無味，或有偷出私賣者，一經查出，將安泰責四十板，從重治罪。阿木孫章京、首領太監等亦俱不輕恕。

雍正十年八月二十五日，上諭：茶膳房行走之人甚雜，爾等傳與兩處總領，派人嚴緊看守。除茶膳房當差人等外，一概不許混走。爾等亦不時嚴查，如仍前混雜，卽將茶膳房總領指名參處。

雍正十年十一月初七日，上諭：朕前曾降旨，坤寧宫鍋上女人等伺候差使，俱宜齋潔。太監等不可背立，并朝上執持小刀。今再嚴行傳諭，勿因朕進肉只圖備辦整齊，在神前致有不潔不敬之處。爾等時刻稽查，如仍不悛改，經朕察出，將爾總管重責四十板。

雍正十年十二月初三日，上諭：朕記得康熙五十幾年有四執事太監偷出衣服典當之事。從前聖祖皇考時，四執事、茶膳房及隨侍等處，皆係本處首領管理，不交總管稽查。朕今無論隨侍及外圍等處，凡有太監所在，俱令爾等總管統轄。嗣後宜留心體察，不可疎忽。卽爾等所收緞匹、古玩之類，及各處陳設什物、文具，亦當檢點，勿令毁壞及被人抵换竊取。若有此等弊端，卽當奏聞，不可隱瞞。倘經外人拏獲，亦關朕之顔面，彼時惟治爾總管之罪。

雍正十二年四月初三日，上諭：壽皇殿、恩佑寺二處，不許閒散及園户人等進内。不但殿上，卽院内亦不可。爾等嚴行曉諭，倘經朕使人拏獲，交與内務府總管從重治罪。

雍正十三年四月初七日，上諭：諭宮内總管及圓明園總管：從前常聞爾等太監被人竊去衣帽、銀錢等物，往往私自隱瞞，不肯舉報，只圖眼前省事，不思日後外人聞知，爾等固爲有愧，卽於稽查防範之道亦未爲嚴密。爲此傳諭爾總管等，遍行曉諭各處太監，嗣後凡有被竊之人，不論衣帽、銀錢多少，卽些須物件，必須告知首領，就近搜察。如不得情，呈報總管嚴訪。如再不獲，爾等據情卽行申奏，以便嚴查務獲。不但爾等私事，卽在官之物，亦要如此據實呈報。如有被竊及損傷者，不可將自己銀錢置買賠補，懼罪不申。此種情弊，已經通傳禁止，若再不遵訓諭，雖眼前瞞過，日後必然敗露。或有人首告，或别經發覺，將爾總管與被竊之人一并治罪。

雍正十三年七月初八日，上諭：凡字紙俱要敬惜。無知小人，竟擲在污穢之處。爾等嚴傳，再有抛棄字紙者，經朕看見，定行責處。

國朝宫史卷之四

訓諭四

皇上諭旨

雍正十三年八月二十五日，上諭：爾等敬聽朕之諭旨：皇考大事，朕五内崩摧，所仰恃者惟皇太后。著傳諭奉侍太監、女子及内外一切太監等各處執事之人，盡心竭力侍奉，務要皇太后寬心，此卽是爾等出力之處。凡國家政事，關係重大，不許聞風妄行傳説，恐皇太后聞之心煩。皇太后仁慈撫愛朕躬，聖心切至，凡有所知，母子之間豈有不告之理？但朕與諸王大臣所辦政務，外人何由而知？其應奏聞母后者早已奏聞矣。宫禁之中，凡有外言，不過太監等得之市井，傳聞多有舛誤，設或妄傳至皇太后前，向朕説知，其事如合皇考之心，朕自然遵行；若少有違，關係甚鉅，重勞皇太后聖心，於事無益。爾等嚴行傳諭，嗣後凡外間閒話無故向内廷傳説者，卽爲背法之人，終難逃朕之覺察，或查出或犯出，定行正法。陳福、張保，係派出侍奉皇太后之人，乃其專責，並令知之。

雍正十三年十月十一日，上諭：諭內務府總管太監等：尊卑有一定之體統，上下有不易之禮儀。自宜循分遵行，豈容稍有僭越！太監等乃鄉野愚民，至微極賤，得入宮闈，叨賜品秩，已屬非分隆恩。況朕八旗滿漢舊人甚多，豈盡得如太監等日覲天顔、出入内廷乎？爾等當自揣分量，敬謹小心，常懷畏懼，庶幾永受皇恩，得免罪戾。凡諸王大臣皆國家屏藩輔翊之人，爾等尋常接見，自應恭謹盡禮，豈得與奉旨宣諭時一樣舉止乎？至内廷阿哥等，我朝舊制，無論王公、大臣，俱行跪見請安之禮，惟有親伯叔行，乃免跪見，至尊重也。何況爾等微末太監。諺云：「一歲主，百歲奴。」上下之分秩然，豈得以阿哥等年尚沖幼，遂爾怠忽邪？即如蘇培盛，乃一愚昧無知人耳，得蒙皇考加恩授爲宫殿監督領侍，賞賜四品官職，非分已極。乃伊不知惶愧感恩，竟敢肆行狂妄，向日於朕弟兄前或半跪請安，或執手問詢，甚至莊親王並坐接談，毫無禮節。莊親王總管内務府事務，凡内廷大小太監均屬統轄，而蘇培盛即目無内務府，獨不思莊親王乃聖祖仁皇帝之子、大行皇帝之弟乎？昔者塞思黑之子弘晸，呼魏珠爲伯父，皇考曾嚴切教訓，此風不可長也。前朕與和親王等在「九洲清晏」瞻禮時，值蘇培盛等在彼飲饌，伊等不但不行迴避，且復延坐共食，而阿哥等亦有貪其口腹，與之同餐者。朕躬後至，稍坐而出，嗣是朕卽不復在「九洲清晏」用飯。夫阿哥等固一時失於檢點，而蘇培盛狂妄驕恣，公然與皇子等並坐而食，似此種種悖亂，不可枚舉，此皆朕躬所親見者也。再，張爾泰從前亦甚驕縱，及獲罪革退之後，見朕弟兄猶敢竟行執手問詢，不法如前。此二人之行止，如皇考察知，自必早行懲治，決不姑容也。至如張起麟，乃効力最久之人，年已老邁，見朕弟兄猶必長跪請安，不敢怠忽。或我輩賜坐，伊必叩頭席地而坐，此宫中太監所共見者，至今思之，殊可憫念。陳福、李英暨王常貴、張玉柱，向曾屢奉皇考訓旨，傳諭朕躬及和親王等，設有嚴飭教訓旨意，必皆正顔厲色，告誡周詳，毫無瞻顧之私，甚合大禮。及至尋常進見，則復敬謹小心，周旋盡禮。設彼時伊等傳宣諭旨而稍有曲意迎合、不顧體統之處，朕必鄙薄而問其罪，豈復肯加恩任用乎？蓋傳旨有傳旨之體統，而自見有自見之體統。此四人者，較之蘇培盛、張爾泰何啻天淵？今朕紹登大寶，恐太監之風漸熾，故降旨訓諭，想蘇培盛等此時必心懷憂懼。與其憂懼於今日，何不敬謹於當時。朕今卽將蘇培盛問以不敬之律，未爲不可；卽揆之於理，亦未爲過。當然朕君臨天下，惟以大公至正爲心。因念蘇培盛之偶爾失儀，尚屬糊塗可赦之罪，未至漢、唐、宋、明宦寺之放縱也。然星星之火，尚能燎原，涓涓不杜，終成江河。從前皇考因太監等敬謹畏法，小心供役，是以特沛殊恩，賞賜官職，實爲榮幸。伊等在皇考前固知戒謹恐懼，而愚昧無知之輩於外面遂漸加驕縱，不似皇祖時之守法矣。伊等既不能仰副皇考加恩之至意，朕獨不能執法以懲其罪乎？倘蘇培盛等仍復怙惡不悛，朕不但重治其罪，且必將衆太監之官職盡行削革。伊等縱不自惜，獨不爲衆太監稍留餘地耶？嗣後爾太監等各宜凜遵制度，恪守名分。如遇奉宣諭旨之時，朝廷自有儀制；設有嚴飭之旨，自宜莊厲傳宣，不可稍顧情面。而尋常以公事接見王公、大臣時，禮貌必恭，言語必謹，不可稍涉驕縱，以失尊卑大體。卽在街市行走，不可出言詈人父母。若太監有詈人父母者，許被詈之人卽行重責。至接奉内廷阿哥等事件，必當莊重敬謹，不可曲意順從。而奉朕旨傳宣，又當仰體朕意，告誡諄諄，不可稍有瞻徇，尤不可略通信息。設總管太監自行見阿哥等，必當拜跪請安，阿哥等賜坐，必當席地而坐。卽内宫之宫眷，雖答應之微，爾總管不可不跪拜也。阿哥之家眷，雖宫女子之微，爾總管不可不跪拜也。此朕防微杜漸之舉，後世子孫世世遵行。若總管太監等仍敢蹈襲前轍，妄自狂縱，不遵定制，經朕察出，將首犯之人立行正法，衆太監官職並行革退。著將此旨亦曉諭阿哥等知之。内務府總管衙門仍登記檔案，若太監略有放縱，許内務府總管先拏後奏。

雍正十三年十月十八日，上諭：圓明園阿哥處太監王自立，前日來請皇太后安，未候見朕，徑回圓明園去。今皇太后向朕説圓明園阿哥請安，稱朕爲汗阿哥。阿哥年小，如何知道請安之禮？自然是王自立教阿哥如此。此時不向好處導引，俟阿哥長大，倚恃皇太后照看，性情自然驕縱。稱慣了汗阿哥字樣，朕雖不見責，經王大臣聞知，必然參奏，豈不貽誤阿哥？如今阿哥年幼，傳諭王自立，盡心往好處導引。阿哥係朕之弟，日後成立，知感朕恩，即是朕之輔佐。爾等將王自立傳來，重責四十板，令伊回去，小心導引阿哥。俟明年阿哥進宮來，一并令謝成照管，與永璜、永璉同往齋宮。阿哥等朝夕相見，必按長幼禮節。若因是朕之子，令圓明園阿哥卑禮相見，斷乎不可。

乾隆元年三月初四日，上諭：朕聞前有皇太后之弟謝恩，竟進蒼震門内。爾等查明，再問陳福、張保。隨查問。陳福、張保跪奏：前奉皇太后旨意，著奴才等傳旨將伊教訓，不宜外人知道等語。又問陳福、張保：即不宜外人知道，外邊豈無板房？或者令人出去再傳旨意纔是，爲何擅自領進門内？又據陳福、張保叩頭跪奏：擅領進門，就是奴才糊塗大錯，未曾想到等語，於三月初五日總管蘇培盛等據情口奏。奉上諭：蒼震門亦係宮闈之地，未奉旨意，豈可擅將外人領入門内？將來移居慈寧宮，若如此輕易帶領，成何體制？姑念初次，從寬免究，嗣後萬萬不可。其蒼震門首領太監一併嚴傳切記。

乾隆元年七月初三日，上諭：皇太后及裕貴妃移居慈寧宮，不可照寧壽宮之例添用水上女人。比年以來，未曾添用，亦不見有缺乏之處。今傳與伊等記載檔案，向來所有，悉依舊例，本無者不必添。

乾隆元年七月十五日，上諭：朕承皇太后諭旨：順天府東有一廢寺，意欲重修。朕隨降旨與陳福、張保，此處破壞廟宇甚多，不知係何寺廟？著伊二人俟皇太后駕過時指與看明，奏朕派委人員修理。乃陳福、張保不但不親往查看，竟奏聞皇太后留人在彼處察詢。張保糊塗不知事務，陳福隨侍聖祖多年，理合深知體統，幾曾見寧壽宮太后當日令聖祖修蓋多少廟宇？朕禮隆尊養，宫闈以内事務，一切仰承懿旨，豈有以順從蓋廟修寺爲盡孝之理？設外間聲揚皇太后各處修理廟宇，致僧道人等借緣簿疏頭爲由，不時乞求恩助，相率成風，斷乎不可。在此時僧道亦知畏懼國法，即欲妄爲，必不能行。倘後來或遇年幼之君，並值不知外間事務，主母不能斷制，俾若輩自謂得計，殊於國體有傷。今此一事順從皇太后，仍傳朕旨修蓋。嗣後如遇此等事務，陳福等不行奏止，輕易舉動，多生事端，朕斷不輕恕。將此旨傳與陳福、張保知悉。

乾隆元年八月十二日，上諭：以後諸母妃送來之物，位分簽照舊寫，不必寫「進」字。

乾隆元年八月十三日，上諭：簽上只寫壽祺太妃、温惠太妃，於位分字樣未合，嗣後著寫壽祺皇貴太妃、温惠貴太妃。

乾隆元年十二月初四日，上諭：從前魏珠在世宗皇帝時身獲重罪，因將伊祖母、生母發回原籍。近將魏珠寬宥，著在壽皇殿當差，曾降旨不許出門。今魏珠竟在王大臣前妄行遞呈，求伊祖母、生母來京居住。魏珠係不許出門之人，如何擅遞呈詞？王大臣等從何處接受？魏珠在何處投遞？著問明具奏。隨即傳問莊親王及内務府總管，據稱：係紀文替魏珠遞呈。奉旨將紀文、魏珠交與總管議罪具奏。總管李英、謝成議：將紀文官職革退，仍罰月銀三年，重責三十板。魏珠罰月銀二年，重責二十板。等因。具奏。奉旨：紀文著革職，魏珠罰月銀三年。

乾隆二年六月十五日，上諭：總管等告知諸母妃，照看小阿哥、公主，所穿衣服不必用織繡等物，過於華麗。只用隨常衣服，爲幼年人惜福之道。

乾隆三年正月初三日，上諭總管李英、謝成：皇太后駐蹕暢春園後，外祖父母以時進見則可，其餘人等概不許時常請見。至如悟真庵之尼僧，尤不可聽其入内請安。皇太后性好行善，此輩專以祈求資助爲事，著嚴諭禁止。

乾隆三年二月十三日，上諭：恩佑寺後殿所供燭臺，安放不正，朕親詣拈香，尚如此粗心怠慢，平日不知如何玩忽！爾總管等嚴行傳諭太監等，凡敬奉祖宗神位之處，供獻陳設香燭，不時細看，蠲潔灑掃，務宜虔誠恭敬。

乾隆三年九月十八日，上諭：毛團、永泰、張明、憨格、胡世傑、奏事太監王常貴、張玉柱、劉萬春、張玉擅與李衛交談，伊等身係内監，如何可與總督聚語？李英、謝成在旁親見，不行管束，亦與李衛接談。王守貴係伊等首領，全然不知管教。著將王守貴從重治罪，李英、謝成及奏事太監四名一併議罪具奏。小太監等每人重責四十板。總管蘇培盛等議：將李英、謝成各降一級，王守貴亦降一級，王常貴、張玉柱、劉萬春各罰一年月銀。奉旨：李英、謝成不必降級，著罰俸一年。餘依議。

乾隆三年十月二十一日，上諭張玉：爾會同蘇培盛傳問果親王大阿哥之俺達等，王子阿哥微感風寒，前經奏聞，朕時常掛念，因何久不差人請安？縱然王子阿哥未諳規矩，伊等俺達理應領王子阿哥跪請朕安，朕亦得知王子阿哥身體如何。爾等傳旨：將王子阿哥俺達并太監俺達每人重責四十板。

乾隆四年正月十六日，上諭：朕昨見果親王大阿哥在「山高水長」看烟火，見朕時竟爾藏匿，是何道理？王子阿哥尚小，正宜讀書之時，如看戲、入宴、放花礮盒子，當令預坐時，自有諭旨，何得任意行走？爾總管不行禀阻，亦屬不合。著將王自立、張承恩革職，每人重責六十板。並傳果親王大阿哥看責，試問王子阿哥可自知羞愧？此時王子阿哥尚幼，至年長時若再如此，定將王子阿哥一併懲責。

乾隆四年六月十三日，上諭：宫戲房太監杜明動兇器一事，内務府總管議以枷號一箇月，發甕山鍘草。著改爲枷號三箇月，重鞭一百，充發烏喇。傳與總管，曉諭首領太監等，既身居宮禁，理當奉公守法，乃有無知不法之徒，擅動兇器，甚屬可惡。著嚴行申諭，嗣後倘有似此者，定行加倍治罪。

乾隆四年十二月初一日，上諭：四執事總管首領將太監李蟠放假四、五日，往弘皙處將宮內之事信口傳説。太監等告假不過一日、兩日，豈有四、五日在外之理？將四執事總管首領查明議罪。爾總管等曉諭旗下太監等，既已身離旗下，復往何爲？現今將李蟠夾訊，卽是榜樣。再，旗下太監不可在近便隨侍等處當差，只宜外圍熟火打掃處服役，過十數年試看，果好，再往内圍挑補。隨又奉諭旨：現今隨侍等處旗下太監不必更換，此内有不堪者，酌量革退。以後新進旗下太監，不許留在近處當差。

乾隆六年七月十四日，上諭：著總管李英、謝成嚴諭跟隨出外各處太監，不許肆行跑馬。若似從前魏珠、于錦跑馬射箭，斷乎不可。如有此等事，惟汝二人是問。

乾隆六年十一月初八日，上諭：壽皇殿現奉聖祖、世宗神位，地甚尊嚴，陳設理宜整肅，斷不可稍有怠忽。近來彼處首領太監全不知敬謹。外圍太監畢竟粗率，所放首領原取其樸實，足供看守。至一切陳設，總管及司房太監宜不時前往查看，卽親身拂拭布置，亦職分所當爲。朕在圓明園駐蹕，宮内現有總管，進宮後總管益多。著伊等分班常時敬謹查看。

乾隆六年十一月十二日，上諭：諭衆總管知悉：御筆匾十一面，著掛於十二宮。其永壽宮現在有匾，此十一面匾俱照永壽宮式樣製造。自掛之後，至千萬年不可擅動，卽或妃、嬪移住別宮，亦不可帶往更换。

乾隆六年十二月初一日，上諭：昨頒賞太監等摺内書寫御前小太監，甚屬錯誤。從前魏珠、陳福服勤日久，各有身分，稱爲御前太監。再，侍衛大臣稱爲御前侍衛。至新進小太監等，如何寫御前字樣？伊等要稱御前，卽是狂妄。嗣後若有人如此稱謂，卽著伊等參奏。爾等嚴傳禁止，如再有故意違犯者，定行究治。

乾隆六年十二月初七日，上諭：應出宮女子，既已出宮，卽係外人，不許進宮請安。其本宮首領太監與伊等傳信，亦屬不可。從前小太監化玉龍、甯進、王進喜等，倚仗在本主前有小慇懃，不服首領管教，甚屬無知。既放爲宮中首領，應管一處之太監；放爲總管，應管闔宮之首領太監。豈有太監不服首領管教，首領不服總管管教之理？似此不服管教之太監，卽當懲處。再，爾等嚴諭首領太監，凡宮内之事，不許向外傳説。外邊之事亦不許向宮内傳説。至於諸太妃所有一切，俱係聖祖皇帝所賜。諸母妃所有，亦是世宗皇帝所賜。卽今皇后所有，是朕所賜。各守分例，撙節用度，不可將宮中所有移給本家。其家中之物亦不許向内傳送，致涉小氣。嗣後本家除來往請安問好之外，一概不許妄行。從前朕曾經嚴傳諭旨，爾等不過一時小心，數日之後，漸就懈怠，此係朕所深知。今爾等不時稽查，如各宮首領太監有不謹之人向裏外傳説是非，或經查出，或被首告，必重處數人，以警其餘。若經朕躬訪察得實，即係爾等總管之罪。從前聖祖皇帝教訓爾等諭旨，至世宗皇帝時皆敬謹遵行。世宗皇帝教訓爾等諭旨，至朕時仍當敬謹遵行。今朕教訓諭旨，爾等亦當永遠遵行。即將來爾等不當總管時，後來總管仍當永遠遵行。爾等將此旨嚴行曉諭，務令通知。

乾隆七年二月初四日，上諭：沿途得雪，甚有裨於田功。但道路泥濘，隨從之太監等各賞一月錢糧。

乾隆七年三月初九日，上諭：太監楊茂之父病故，衆太監等與伊斂分尚可。大臣中海望、三和等亦爲致送奠分，楊茂竟不奏知，甚屬可惡！著將楊茂交内務府總管用九條鎖鎖著，發甕山鍘草。其倉州、王守貴、曹進孝、開齊里等管束不嚴，致楊茂在外妄爲，伊等亦難辭咎，著交與總管太監治罪。

乾隆七年八月初五日，上諭：嗣後凡挑選内務府女子，如有妃、嬪、貴人等姊妹及親兄弟之女選入使女者，爾總管查奏。

乾隆七年九月初三日，上諭：嗣後出外，遇京内發報日，爾總管等至壽康宫敬謹探聽皇太后安後，寫摺隨報封發。朕在外請安摺子，若隨報到來，爾等即交與陳福等恭奏。奏後仍將摺交本房收貯。永爲定例。

乾隆七年十月初九日，上諭：太監李昇多病，不應在隨侍處當差，將伊恩加一兩錢糧革退，爾總管酌派地方當差。再，太監等有恩加一兩錢糧、五錢錢糧者，原爲奬勵勤勞，如患病，給假一月尚可；倘至兩月仍不當差，將所食恩加錢糧暫停。其本處亦不必出缺另補，俟伊病痊當差，再行添給。永遠爲例。其食二兩錢糧太監，仍照舊例行。

乾隆七年十二月初九日，上諭：久病太監賈仲義等三人，朕俱認識，著賞給錢糧養病。李成等三人，各賞銀五兩爲民。此係特恩，不爲例。以後爲民太監，著總管分別具奏。

乾隆七年十二月十二日，上諭：傳諭各處首領太監等，朕今年所定「宮中現行則例」，使爾等太監永遠遵循，並無不便之處。至李培詩所告首領劉義等事，皆經審實，其告摺乃舊年寫就，並非因現在則例内有總管首領犯法許太監首告、告實賞銀之條，以致啓李培詩之告訐也。憨格在朕前竟説是現行則例引人告狀。朕前小太監尚且如此，其外邊蠢笨太監可知。嗣後如有妄議之人，以憨格爲例。再，爾太監等係庸愚卑賤之人，凡事惟應遵旨奉行，豈有妄肆議論之理？再，李培詩所告之事，因其各款俱實，並無虛誑，所以未將伊治罪。傳諭各首領太監，若因李培詩未曾治罪，遂啓挾制總管首領之心，妄行瀆告，如審有不實者，必將所告之人從重治罪，決不寬貸。

乾隆八年五月初九日，上諭：張照、梁詩正乃國家大臣，鄭愛貴竟偏向張照，不足梁詩正，有是理乎？鄭愛貴雖未明奏，其面上形色早已難逃朕鑒，若明奏出，朕必立刻將伊正法。今將鄭愛貴交與總管太監，從重治罪。此係特恩寬典，嗣後務當警戒。總管蘇培盛等將鄭愛貴議以降一級再罰一年月銀請旨。奉旨：依議。

乾隆八年十月二十七日，上諭：白塔上「信礮說則」一套，從前係奏事太監王常貴、張玉柱取進。昨日胡世傑錯傳要信礮東西。胡世傑固屬錯謬，王常貴、張玉柱如何就向外傳？今日三和覆奏，朕始聞知。倘外邊傳知八旗忽然放起信礮，成何事體？此錯關係非比別事，將王常貴、張玉柱交與總管太監治罪。

乾隆八年十二月十二日，上諭：十二宮陳設器皿等件，布置停妥，永遠不許移動，亦不許收貯。著將此旨通行傳知。

乾隆八年十二月十五日，上諭：狐脊皮褂三十件，交與總管謝成，照舊年賞賜之例，揀當差勤謹之首領太監賞給。舊年賞過者不必賞。

乾隆八年十二月二十六日，上諭：本月二十七日，寧壽宮溫惠皇貴太妃進册寶，皇后可率妃、嬪等詣寧壽宮行禮。

乾隆九年二月初四日，張永泰傳奉上諭：諭謝成、劉玉：太監中竟有做賊之人，皆因爾總管等平日不加約束，又不稽查之故。每一處地方止憑該處首領，以致彼此相推諉。至養心殿有失去銀兩之事，總管潘鳳、首領寇明等罪無可逭，業經將坐更之人交出審問，俟問明偷盜日期，如係周世輔、石貴在宮内該班，並將伊二人治罪。如係王太平、潘鳳在宮内該班，卽治伊二人之罪。二月十七日，總管倉州傳奉上諭：著總管謝成同倉州帶領司房太監並帶内養心殿太監等，同往外養心殿太監值房，細細搜查，不得徇情隱蔽。總管謝成、倉州等帶領司房太監及内養心殿太監至外養心殿值房，從太監張玉床下搜出銀一百兩，隨經覆奏。奉旨：知道了。本日張永泰傳旨，將首領李金、徐文耀拏交慎刑司，潘鳳亦交慎刑司。又，奉旨將今日交慎刑司之首領太監勿令現交在外之首領寇明及太監等聞知，著内務府總管另問。隨經總管謝成、倉州將總管潘鳳、首領李金、徐文耀、太監王坤併銀一百兩至慎刑司，交與莊親王、内務府總管來保、海望、傅恒訖。本日總管謝成奉旨：潘鳳從南海子回來，同王太平搜查，竟未搜出，俟審明時將王太平、潘鳳交與爾等治罪。本日王常貴傳旨：太監中往往有偷竊之事，此案審明時將爲首爲從之人不必交三法司，不拘綁赴城外何處，傳齊衆太監觀看正法。將曹進孝、張常保放回。曾禄亦著釋放回家，俟將養好時進内當差。爾等卽將此旨傳與内務府總管。本日總管謝成等據郎中申奇傳述張玉口供，往太監張吉德櫃内搜出銀一包，隨經覆奏。奉旨：著交出。莊親王、内務府總管海望、來保、傅恒將交出銀一百兩奏繳，其碎銀一包請留對贓銀數目。又奉旨：此項銀兩不必入庫，賞謝成、倉州每人銀二十五兩，其五十兩賞給搜銀太監等。又，奉旨：續獲贓銀交來時，卽賞與太監曹進孝、張常保、曾禄。曾禄著加厚賞給。二月二十二日上諭總管太監謝成：明日將張玉帶至甕山，著彼處圈禁之太監觀看，卽行杖斃，照甕山永不釋放之太監病故掩埋例辦理。並著内務府總管派主事一員同往。本日張永泰傳旨：著總管謝成、王太平、劉玉、賈進禄將現在所有養心殿太監及隨侍等處首領太監一同帶至養心殿院内，跪聽上諭：爾等拋家捨業，淨身進來當差，食錢糧，圖養父母一家，學做好人纔是，如何做起賊來？朕深知太監中孝父母者能有幾人？如果偷竊銀兩回家養贍父母、兄弟，尚屬可恕，今之偷盜不過喫酒賭錢花費而已。爾太監等彼此偷摸，朕不察知則已，今張玉竟將内庫鎖頭擰脱，將銀偷去。如此膽大之人，復何事不可爲？已將張玉立斃杖下，與爾等嚴示榜樣。再，太監韓世忠在慎刑司供，曾禄正月十八日獨自入庫。内務府總管據此供詞，自然將曾禄夾訊，卽朕亦不能不疑及曾禄。彼既堅不招承，朕惟恐搜查不細，復差謝成、倉州在太監值房細細查檢，搜出贓銀，始知是張玉偷盜。如搜檢稍遲，曾禄命亦難保，豈不枉屈平人？數日後内務府總管將審問過之養心殿太監釋放，則張玉竊銀正賊轉得脱然事外矣。曾禄受罪皆由韓世忠信口妄供，圖爲自己卸過。若曾禄偷盜情真，韓世忠自當予賞，今事既不實，亦應治以誣告之罪。韓世忠著從重責處，發打掃處當差，永不挑補，以昭炯戒。又，奉上諭：近來太監等喫酒賭錢者甚多，皆爾等總管不行管束之故。太監中差使多者，如何尚有閒暇喫酒賭錢？此等皆事少安閒之太監所爲。即使喫酒亦不宜過多，間或下棋尚可。爾等嚴行傳諭，此次姑從寬免其查究。嗣後倘不知悛改，經朕查出，除本人照例處分外，爾總管亦決不輕恕。

乾隆九年十月二十五日，上諭：本月二十七日，朕幸翰林院筵宴大學士、翰林等官，每人或寧紬四疋、三疋、二疋、一疋，茶葉、絹紙，分等次賞給。本日奉旨：大學士五人列爲頭等，尚書四人、左都御史一人爲二等，侍郎至三品官十八人爲三等，四品官至六品官五十三人爲四等，編修、檢討、庶吉士八十四人爲五等。總管蘇培盛等議得：賞一等：大學士五人，每人寧紬五疋、茶葉五瓶、絹四張、咨文紙四張、羅文紙四張；二等：尚書四人、左都御史一人，每人寧紬四疋、茶葉四瓶、絹三張、咨文紙三張、羅文紙三張；三等：侍郎等至三品官十八人，每人寧紬三疋、茶葉三瓶、絹三張、咨文紙二張；四等：四品至六品官五十三人，每人寧紬二疋、茶葉二瓶、絹二張、咨文紙二張；五等：編修、檢討、庶吉士八十四人，每人寧紬一疋、茶葉一瓶、絹二張、箋紙二張。於二十六日具奏。奉旨：

將頭等、二等之内再添木瓜一盤、崗榴一盤；三等添崗榴一盤。其餘俱按分豫備停當，伺候朕覽後送至翰林院，俟宴畢交與訥親、傅恒頒賞。隨經總管太監等豫備五十九盤，在重華宮進呈御覽。奉旨：將頭等鄂爾泰、張廷玉每人再添如意一柄、寧紬一疋、茶葉一瓶，將梁詩正入在二等，將三等嵩壽、任啓運、敷文、劉綸入在四等，其餘照議賞給。本日和親王傳旨：武英殿有樂善堂全集一百六十五部，性理精義一百六十五部，交與總管謝成，入於筵宴恩賞之内，每人各賞樂善堂全集一部、性理精義一部。

乾隆九年十月二十九日，上諭：適見養心殿太監劉玉竟在欄杆上坐，甚無規矩。此處卽諸王大臣亦不敢擅坐，況太監係供給使令之人耶？著將劉玉交與總管，重責四十板。並傳諭太監等，嗣後不得復蹈前轍，或於臺階石砌間暫坐則可。

同日，奉上諭：今夜武進廷坐更，朕唤人時，伊擅進寢宮。胡世傑坐更時沉睡。俱著重責四十板。再，小太監等坐更貪睡，其查更之人不行教訓，及張玉柱在朕前多言，並交爾等治罪。

乾隆九年十二月二十三日，奉旨：履親王六旬壽日，著總管周世輔前往頒賞。又奉旨：如意一柄，著周世輔帶去送定太妃，並向太妃致賀。

乾隆十年十一月十九日，上諭：四執事太監趙起隆與慶福之子福成交好，今年正月間曾送過福成白蠟油單等物，又向福成借馬。此等尚係小事，昨日又向福成家中撞騙，妄行傳説來年正月聖駕不往五臺。該管首領竟不稽查。平日太監中有多事者，又不加甄別，總管等亦不管束、稽查，均屬不合。又如乾清門、内左門、内右門、月華門及傳奏事處首領太監，只可當差接奏事件，不應與外廷官員交言。總管等實力體察，並嚴行傳諭太監等不許與王子大人往來交好。近日王子大人有事必定入奏，凡有情弊，經朕察知，爾等焉能免罪？況週年太監等既有恩加錢糧，歲底又賞皮衣等物，不致窘乏，何必與王子大人交往？此次止將趙起隆治罪，爾總管首領俱概行寬宥。嗣後再有似此者，惟爾總管首領是問。

乾隆十一年三月初五日，上諭：總管等每年將内外各處太監數目查明，新進若干名，爲民若干名，病故若干名，比較上年或多或少，歲底具奏。再，朕從前曾經降旨，凡各處太監比定例或多或少僅二三名尚可。今爾敬事房任意增添，即是爾等私心。嗣後每處多少均不得過三名。其缺少處暫時不得其人尚可，若常聽缺額因循不補，經朕查出，定將爾總管治罪。其打掃處、掌儀司、營造司，或多少幾名，俱無不可。

乾隆十一年閏三月初三日，上諭：嗣後爾總管等及六品以上首領太監隨朕出城、進城，許帶數珠，馬掛踢胸。七、八品首領太監俱不得用。惟穿補服日期准帶數珠，馬仍不許掛踼胸。

乾隆十一年六月初二日，上諭：今日景運門護軍統領法丑參奏，拏獲壽康宮蘇喇腰藏緞子兩疋出門，稱係壽康宮太監王瑞官緞。既係官緞，卽應向敬事房與景運門給票，因何暗藏出門？爾等太監不知大體，何苦無端干犯功令？著傳與各處太監，嗣後凡官物出門，俱向敬事房、景運門給票照驗。若官物不明出，卽同偷盜，著將壽康宮總管議罪。

乾隆十一年八月二十四日，上諭：本月二十七日在豐澤園崇雅殿賜王公宗室筵宴，爾等先期豫備，將崇雅殿現在所有陳設地平屏風移開，摘去窗扇，安設大地平。御座後懸掛軟簾，兩廊下設樂。殿内兩旁俱設高桌椅坐，東西兩廂亦設高桌。院内張二丈四尺行臺演劇。再，殿内有履親王、莊親王、愼郡王、諴親王，皆朕叔輩，俱於地平上設高桌，較御座地平稍低。此日王公宗室在朕前長幼列坐，俱行家人禮。二十八日在瀛臺涵元殿賜滿漢大臣等筵宴，著於涵元殿抱厦下滿口氈毯，設矮桌，張圓明園所用亭子臺演劇設樂。此一日大臣、翰林人數衆多，若同在一處，不甚寬展。其經朕點出者，在涵元殿入宴，餘俱在崇雅殿内及兩廊設矮桌列坐，卽用二十七日行臺演劇。此二日筵宴後，著御前大臣、侍衛帶引與宴之人隨處遊玩，并至淑清院流杯亭賞酒果。再，二十七日在豐澤園宫門頒賞，二十八日在勤政殿頒賞。

八月二十五日，上諭：康親王入於履親王等座内，一體高坐。大阿哥、三阿哥、四阿哥亦著入宴。同日，上諭：本月二十七日賜王公宗室宴，著和親王、果親王、大阿哥、三阿哥、四阿哥與王公宗室行酒，其兩廂内並著和親王等率永璧阿哥、永璸阿哥行酒。再，不與宴之應封宗室二十人，每人賞官用蟒緞一疋、八絲緞一疋。閒散宗室六十六人，每人賞銀五十兩。

乾隆十一年九月初一日，上諭：昨入宴宗室内有名諸爾杭阿者，乃朕孫輩，已令改名綿慶。著傳諭履親王、莊親王等，朕初次見孫，以後永字下輩即用綿字，並將朕此旨載入玉牒。

乾隆十一年九月初二日，上諭履親王、莊親王等：今日朕閱瀛臺賜宴王公等進呈紀恩詩内，有名永琮者，朕昨與七阿哥命名用「琮」字，則上下二字俱同。著將外間永琮改名永瑺。再，敬事房所收「永」字輩字樣，係何年擬定？曾否向外廷傳知？如未經傳交，卽是當年總管等遺漏。爾等檢查外間重用内廷字樣，或係賞出，或係王公等自行命名。如係賞出，何以不於收貯字樣摺内註銷？其錯誤自在總管等。若係王公等自行命名，明知此字係内廷擬定，因何復行檢用？王公等亦有不合。並著王等查外間所起名字與内廷所收字摺重複者共有幾人？現在俱毋庸另改，即將摺内字樣註銷。嗣後外間起名，不得復用内廷擬定字樣。

乾隆十二年正月二十四日，上諭：昨日逃走太監宋廷蘭，自行投回，爾等從重責處，仍交本處當差。近來太監等因逃走投回不過責處，仍得食二兩錢糧，所以動輒逃匿，欲貽累該管首領耳。朕用首領，原爲管束該處之人，若因公事，管束稍嚴，亦不爲過，太監等如何便萌逃念？卽私事過刻，止宜向總管申訴，亦不應逃。宋廷蘭如敢再犯，拏回之日，除從重責處外，仍發遣烏拉。嗣後再有逃走太監，雖自行投回，亦只給一兩錢糧，發熱河當差。爾等嚴傳衆太監知之。

乾隆十三年四月初九日，上諭：張玉柱在皇考時身受重恩，繼獲大罪。朕登極後，將伊放出，令在奏事處行走。爾時王常貴、劉萬春、張玉同係奏事太監，皆在朕前告求隨往梓宫前當差，張玉柱在旁獨不告求，其意以爲衆人告去盡是假意，我何必亦如此作假。不知爾等奴輩，禮當如此，此卽張玉柱負恩之處。再，張王柱於内廷妃、嬪等見朕恩眷優者，伊卽分外殷勤，此尤不可。爾等奴輩，只應按位分、次序一體恭敬，如何妄生分别？且張玉柱在朕前當差，往往使小聰明，充伶俐，其餘恐未必然。著莊親王、和親王、傅恒將此旨嚴傳與張玉柱，重責四十板，派往圓明園當太監差使。

乾隆十三年五月十三日，上諭：朕適至「奉三無私」，見養心殿首領曹進孝、楊義帶領衆太監搬運陳設，擅自脱褂摘帽，甚無規矩。當差用力時卽使脱去衣帽，亦應就地安放，如何竟置宫殿窗臺之上？僅不止褻近寶座耳。此皆爾總管平日不行嚴傳之故。著將曹進孝、楊義及脱褂摘帽之太監交與總管治罪，並將此旨嚴行傳諭各處首領太監知之。

乾隆十三年十二月十五日，上諭：鷹房行走之護軍統領薩爾善，參奏鷹房首領張國泰不服管教，請交與内務府總管治罪。張國泰不必交與内務府總管，卽交與總管等將伊首領革退，給打掃處當差。

乾隆十三年十二月十九日總管王常貴奉上諭：賞太監等皮褂，原爲禦寒，聞竟有將去典賣者，爾總管等曾經查核否？據奏：奴才等未經查過。上又問：「太監所得皮褂如其典賣，首領還重賞否！」據奏：賞過者不再賞。上又問：「各處首領及隨侍太監未得皮褂者尚有多少人？」據奏：外圍等處首領有二三十名，隨侍等處太監有百十餘名。又，奉旨：尚乘轎太監請轎，頗費衣服，伊等得過皮褂，如有日久破損者，可令其交來换給。本日張永泰傳旨：舊年宫内首領賞過皮褂者若干名，今年照數賞給。再，圓明園首領舊年賞過皮褂者三十名，今年仍挑三十名來賞給。

乾隆十四年四月初一日，大學士傅恒奉上諭：皇貴妃、嘉貴妃、令妃、舒妃、婉嬪初五日進册寳，儀注内開初六日行謝恩禮。著傳與總管太監，初六日不必行禮，初五日接册寳畢即詣皇太后前行禮，還宮詣朕前行禮。初五日王妃、命婦詣皇太后前、皇貴妃前行禮俱免。再，儀注内開有王妃、命婦與嘉貴妃行禮。乾隆十年嫻貴妃、純貴妃進册寳，王妃、命婦俱未行禮。今嘉貴妃前亦不必行禮。此次皇貴妃等進册寳，俱著照十年之例行。初八日恭上皇太后徽號，初九日行慶賀禮，俱照元旦行禮之例辦理。

乾隆十四年四月初六日，上諭：禮部所進册封皇貴妃攝六宮事及晉封貴妃儀注内稱，公主、王妃、命婦俱詣皇貴妃、貴妃宮行禮等語。從前皇考時册封敦肅皇貴妃爲貴妃，公主、王妃、命婦等俱曾行禮。乾隆二年册封慧賢皇貴妃爲貴妃，亦照例行禮。至乾隆十年今皇貴妃及純貴妃晉封貴妃時，則未經行禮。朕意初封即係貴妃者，公主、王妃、命婦自應加敬行禮。若由妃晉封者，儀節較當略減，此一定之差等。且今皇貴妃及嘉貴妃同日受封，而公主、王妃、命婦行禮略無分别，於禮制亦未允協。嘉貴妃前著照純貴妃之例，不必行禮。將此載入會典。

乾隆十六年閏五月二十一日，上諭：朕駐蹕圓明園，一應事務雖係圓明園總管專責，爾宮内隨來總管亦應一體管理。如各門有承應人等出入，當協同稽查，庶出入不敢冒昧。夜間坐更巡查，亦當時加訓誡，俾當差不敢貽悮。朕見近來太監等習氣頗覺不堪，皆是爾等姑息所致。如所屬太監平素偶有過犯，爾等卽嚴行管教，自然知所警懼，不敢妄爲。皆因爾等惟恐有妨於己，有事不肯奏聞，曲爲庇護，致此輩心有所恃，漸次膽大。及至干犯不法，不能隱諱，經朕聞知，必重治爾等之罪，彼時悔已無及。朕此次訓諭後，爾等務將所屬太監嚴加管束，俾各知所畏懼，不敢爲非生事。再，自今以後，凡朕所駐蹕之地，俱著爾等稽查管理。將此旨通傳各該處遵行。

乾隆十六年閏五月三十日，總管劉玉等奏：奴才等屢蒙訓諭，將所屬太監嚴加管束，在宮内時行稽查，又派首領三名、太監二名在外圍等處巡訪，惟恐無知太監作犯法之事。今閏五月二十八日，營造司太監楊順呈報門神庫太監侯德、劉輔興、劉貴、徐守貴在庫内耍錢，有骰子六枚爲証。奴才等傳訊屬實，請將侯德等照例各重責六十板，其首領鄭雲失於覺察，應照本罪減等，罰兩月月銀。等因。具奏。奉上諭：外圍太監犯賭，與宮内尚屬有間，將此四名交總管内務府大臣按例治罪。該管首領著記過一次。其派出巡查之首領著記功一次，太監各賞錢一千文。爾總管亦記功一次。將來遇有小過，准其抵銷，俾各知所奮勉。

乾隆十六年十二月初十日，上諭：奏事總管王常貴，將應奏事件駁回未奏，著交總管内務府大臣治罪。隨經總管内務府大臣覆奏：查律載事應奏而不奏者杖八十，又律載官員犯公罪該杖八十者降二級留任等語，應將總管太監王常貴照律降二級留任。查王常貴現係六品總管，應降二級改爲八品。等因。具奏。奉旨：依議。

乾隆十八年十二月十六日，總管劉玉等奉上諭：據上駟院奏，隨侍等處太監用馬過多，皆是爾等屬下不堪，太監混冒。著爾等查核，自然就有開除。譬如從前各處所用蘇拉太多，朕曾降旨：凡用蘇拉，爾等奏明，朕酌量裁減，儘敷差用。此次所用馬匹，姑從寬不究。嗣後凡用馬匹，該總管等俱豫行詳查，奏明再用。

乾隆十九年正月三十日，總管王常貴等奉上諭：近來太監中舊人少，新進者多，難以通融差遣。爾等嗣後將圓明園舊太監中揀選好者補入宮内當差，其缺卽將新進太監補放。園庭不過看守宮殿，打掃山道，不比宮内職守緊要。至養心殿太監缺出，著倉州等奏聞後將進宮五年以上之太監挑補。其掌儀司、營造司内舊太監當差好者，俱挑入宮内當差，卽將新太監補其缺。

乾隆二十一年五月初二日，上諭：太監李連楝著卽行正法示衆，餘著内務府嚴審治罪。隨經總管内務府大臣奏稱：查不法太監李連楝放火偷竊一案，該犯情罪可惡，請將伊父母兄弟五名口發往黑龍江，給與披甲人爲奴。副首領尹玉鳳，平日不能防範，至屢次被竊，猶敢隱諱不報，縱惡養奸，以致李連楝肆行無忌。太監王奇，係親身查點陳設之人，見物件遺失，並不據實報出，迨至該處失火嚴查陳設之際，復敢潛逃避匿，情罪均屬可惡。應將尹玉鳳、王奇卽行發往黑龍江。太監張太平雖審係無干，但看其爲人粗俗，且係中年淨身，不便留於園庭，應卽逐出爲民。等因。具奏。奉旨：知道了。

乾隆二十一年六月初二日，總管內務府大臣爲奏明查出頂替園户王福等治罪一摺，奉上諭：依議。園户內現在有無頂替，著派吉慶、安泰、三泰、成林會同五福、倭赫及各園庭該管大臣等詳查具奏。隨經吉慶等奏稱：遵查暢春園、圓明園、清漪園、靜明園、靜宜園、奉宸苑六處，共園户一千三百十四名，按照册檔逐名點驗，查出頂替園户民人一百四十四名。伏思園庭禁地，關係緊要，似此冒名充役，實屬不法。請俱行革退外，應照王福等八人之例擬遣。但伊等受雇頂替，係在王福等事發之先，於所管地方亦無失火偷盗重大情節，可否照宫禁宿衛守衛人冒名私自代替杖一百律，各杖一百，解回原籍交地方官嚴加管束之處，出自皇上天恩。如蒙俞允，并將雇覓頂替之本園户王存等一百四十四名亦照此例，各鞭一百。嗣後有犯此者，均依此辦理。再，該管各大臣雖自行查出呈報，但已在奉有詳查諭旨之後，未便照自行查出例免議。應將各該管大臣并該管佐領俱請旨交內務府嚴加議處。該管領催等於各園户尤爲切近，知之宜悉，乃平日一味朦混瞻徇，罪尤難逭。應交各該處查明，嚴加責處革退，以示懲戒。至管理園庭之總管首領太監等不行察查，亦有應得之罪，應一并請交宫殿監查明，另行請旨辦理。等因。具奏。奉旨：依議。六月初九日委署總管內務府大臣吉慶傳旨：奉宸苑卿四格又查出冒名頂替之園户五名，著卽歸併前一百四十四名園户之內一例辦理。

乾隆二十一年六月初九日，總管王常貴、倉州、王成、李裕，首領張玉、程斌等奉上諭：敬事房所司官物錢糧，向無查核，嗣後俱著年終具奏，交養心殿存查。養心殿所司官物陳設，向亦無查核，亦著年終具奏，交敬事房存查。至四執事等處，特派爾六人清查，可將乾隆元年至今所有舊管新收，開除實在數目，徹底查明，看二十年以來該管太監雖俱尚小心，但其中亦有不可信者。爾等按檔確查，如有不符之處，據實奏聞，朕自酌量開恩。若瞻徇不奏，朕另派人查出，并將爾等治罪。此次查明具奏之後，每年年底著本處開明，四柱具奏。其乾清宮等處凡有官物陳設之處，亦著年終開具，四柱彙奏，俱交敬事房存查。再，敬事房、自鳴鐘二處，俱有存用銀兩，須用天平兑准。爾等現在先將各該處隨來圓明園物件查明，再進宮内清查。

乾隆二十二年九月初六日，劉玉等奏稱：總管内務府大臣催查上年隨往木蘭至遥亭子地方毆打披甲七格之掌儀司太監王姓係何名字，即刻呈報，以便咨覆刑部。等因。隨查問掌儀司副首領陳合，據稱：係掌儀衛太監王遇喜。當經將姓名交出。續據掌儀司來文内開：慎刑司咨稱，准刑部文開：王遇喜打罵七格緣由，業經查明具奏。奉旨：王遇喜著發往海子鍘草。

乾隆二十三年七月十二日，總管内務府大臣奏：爲遵旨查得内廷一應庫務編等歸類、收發封鎖等項章程，業經三和、倭赫奏准在案，應令該庫總管太監人等遵照辦理。惟查庫務檔案俱應蓋用騎縫印信，請令總管太監酌量一年足用張數，釘簿送内務府，逐張鈐用廣儲司印信，存貯該庫。凡有收發錢糧什物等項，俱令即時登記印檔，不惟易於稽查，且杜攙混遺失之弊。等因。具奏。奉旨：依議。

乾隆二十四年十一月二十八日，上諭：本月十九日奏事總管王常貴，太監秦禄、高昇將雲貴總督愛必達、山東巡撫阿爾泰奏匣外包封互相舛錯發去，將王常貴等交總管治罪。隨經總管劉玉等奏稱：查例凡宫殿監接奉上諭具奏事件有不敬謹詳明以致舛錯者，罰一年月銀。今秦禄等包發奏匣舛錯，總管王常貴失於查對，應各罰一年月銀。等因。具奏。奉旨：依議。

乾隆二十五年六月二十八日，上諭：據劉玉等奏：自鳴鐘太監張音亮在「山高水長」看見責處方文斌竟有含忿之意，著發往黑龍江給與披甲人爲奴。

乾隆二十六年七月初一日，總管馬國用、張玉、王成奉上諭：八阿哥福晉母家差送食物，竟未到福晉前，太監王壽等私相分食。食物小事，倘别様物件亦竟私用，如何使得？此風斷不可長。著將王壽重責四十板，罰一年月銀。其餘太監爾等查出重處，以儆將來。再，五阿哥福晉父鄂弼家，八阿哥福晉父尹繼善家，福晉或差人去看望母兄，原屬人情不免，著阿哥等揀誠實太監一名前往，仍到總管處告知登記，將來萬一稍有差失，即治此一人之罪。再，從前張保、曹進孝曾將朕銀兩偷竊，經開齊里首告。彼時已有不堪之人，此時難保必無。爾等可詢問阿哥等，現在俺達首領太監中有無偷竊阿哥銀兩之事？如有，著即指出，治以重罪。再，阿哥等俱已長成，亦應各自謹慎料理方是。總管馬國用等隨將諭旨敬謹傳與阿哥等跪聽訖。據四阿哥、五阿哥、六阿哥、八阿哥回稱：現今我等銀兩使用俱有帳目，每月有月摺，俱親自查核，俺達太監中並未有偷竊之事。蒙皇父教導，以後如有此等事，即指名參奏等語回奏。

奉旨：知道了。

乾隆二十六年九月初八日，總管王常貴等奉上諭：九月初四日三更後，壽安宮内遮陽蓆片失火，外面護軍巡更看見，急喚開門，始將首領太監等驚醒。詎伊等竟不開門，自行撲救，幸是蓆片燒燬易於撲滅，倘火勢稍大，不能救時始行開門，豈不遲悞？伊等不但失火有罪，其不開門之罪更大。在伊等或以宮禁嚴密，不敢擅行開門爲辭，殊不思壽安宮係朕新葺爲皇太后七旬萬壽慶祝之所，此内並無關防，亦無多貯物件，既有失火之事，卽應開門放外邊人等進内救滅方是。此時進内救火人等，斷無敢行偷竊、皆不畏死之理。嗣後凡宮内園庭倘遇此等意外之事，該總管等卽行開門，放外邊人等進内撲救。如不卽行開門，必將該總管等從重治罪。將此旨傳諭内務府總管一并記載。隨經總管内務府大臣議：將首領九十三、太監李世福鎖拏交都虞司發遣打牲烏拉。首領郝本德、太監張明德、曹國用、張國安交上駟院發吴甸鍘草一年。等因。具奏。奉旨：依議。

乾隆二十六年十月十三日，内閣奉上諭：朕在養心殿召見滿漢大臣，向例俱由乾清門行走，惟御前内廷軍機大臣等由内右門行走。第念滿漢大臣中有年逾七旬者，雖神明不衰而筋力亦宜體恤，自後遇朕在養心殿召見時，俱令其由内右門出入，以昭優眷。

國朝宮史卷之五

典禮

我朝家法相承，内政肅清，有典有則。凡所以定位號，辨等威，服御器飾之末，趨走使令之常，莫不釐然各當。若夫嘉辰令序，歡宴式其儀；祀事齋期，肅將致其敬。夙興裁覽，勅毖以時。法天行之健，以無逸爲所。聖聖貽謀，穆乎想見關雎、麟趾之盛意焉。我皇上躬昭醲化，教始宫庭，首敦孝治爲天下先。祗事聖母，問安視膳，怡怡愉愉。舉觴慶以承歡，躬綵舞而介祉。儀則本乎天經，動容彰夫至德。猗歟盛哉！莫有加於是矣。乃觀夫日用之恒，起居之節，躬蠶示其則，嘉禮備其文，莫不酌秉舊章，聿垂令典。肅雍端王化之原，恭敬飭修齊之本，由闈門以達邦國，推之天下，胥準諸此。謹誌内廷典禮及常行規制爲禮儀三卷，宫規一卷，冠服、儀衛各一卷。其外朝諸大禮詳於會典，兹不具載。

典禮一

禮儀上

御門聽政儀

皇帝御門聽政之禮：凡每日部院所進本有未經奉旨者，折本下内閣，積若干件，傳旨於某日御門辦事。内閣宣布於六部、三法司。至日，乾清門首領太監等設御榻、黼扆於門外，正中設本案一，於前設大學士、尚書等跪奏氈墊於左。黎明，領侍衛内大臣、内大臣、散秩大臣及豹尾班侍衛在丹陛下左右立，東西面。記注官、翰林（詹）科道官於西階下東面立。部院衙門奏事大臣及陪奏官屬畢集於庭内，魚貫序立祗候。屆時皇帝御輿至門，啓扉降輿，出闔扉陞座。御前侍衛暨乾清門侍衛左右僉立，記注官升西階，就西柱下立，部院奏事官由東階升。以户、禮、兵、工四部輪班首上，三法司直第三班，吏部直第六班。各就列跪，尚書在前，侍郎在後，陪奏官屬又在後。尚書一人奉本匣折旋而進，至本案前北面跪，恭陳於案，興，少退，趨至東楹，轉入班首；跪，口奏某事幾件，畢，興，少退，率衆循階左降。餘以次升奏，如前儀。至吏部奏事，兼帶領各部輪班司員八人，引見畢，始退。内閣侍讀學士二人升東階，請（詣）本案前，北面跪，舉各部院本匣，興，退。侍衛等及階下序立之翰林（詹）科道皆退。是時，欽派讀本滿内閣學士一人，奉折本匣升東階，折旋而進，大學士、學士從升，依班次跪。記注官少進，仍東面立。奉匣學士至本案前北面跪，恭設於案，啓匣，取折本依次啓奏。皇帝降旨宣答。大學士等承旨訖，興，由東階降。記注官由西階降。皇帝還宫。

常日視事儀

皇帝每日視事：夙興，御養心殿暖閣，或御乾清宫西暖閣及弘德殿，閲列朝實録、寶訓一册。辰刻進膳，閲王公、大臣名牌，頒賜克食。既徹，乃披覽内外臣工奏摺，批答授進，止訖，下所司。隨召見諸臣奏事。太監承旨下，外奏事引進乾清門。若御養心殿，大臣年七十以上者許由内右門進。以次賜見畢，乃陞寶座，宣引見官部旗大臣。引見者各以前後爲次，捧名籤至御榻前跪呈。引班官按序引各官至丹陛上，北面跪，奏履歷畢，退。皇帝降旨以籤授，大臣承旨退。皇帝還便殿。若幸瀛臺等處，進膳、辦事亦如之。每日未刻進晚膳，閲内閣所進各部院及督撫、提鎮本章，上披覽裁決畢，内閣票簽酌用之付本房，照簽硃批清字，票簽未當者另降旨行。翌日下内閣硃批漢字施行。若刑部議覆立決本章，仍於次日覆奏，越日乃下内閣。日以爲常。

齋戒儀

皇帝齋戒之禮：恭遇壇廟祭祀，太常寺先期奏請，得旨「親詣行禮」，屆期奏致齋，皇帝乃齋。南、北郊及常雩、祈穀，俱於祭前齋三日，御齋宫。祭前，齋之第三日，皇帝御殿視祝版，已刻，具法駕、鹵簿詣壇内齋宫齋宿。宗廟、社稷齋三日，羣祀齋二日，並於養心殿凡齋之日躬懸齋戒牌，端居虔肅。祭前一日沐浴。尚膳不進葷，三法司不奏刑名，辦事召見如常。臣工如有謝恩者，俱不叩首，俟齋畢仍補行禮。齋之始日厥明，太常寺進齋戒牌、銅人。設黄案於乾清門中門之左，太常寺率所屬恭奉齋戒牌在前，銅人在後，前引如儀，由後左門至乾清門，升自左階，恭設於案。齋戒牌南向，銅人西向，跪，三叩，興，退。宫内各懸齋戒木牌於簾額，齋畢，並徹。

壽康宫問安儀

皇太后宫問安之禮：每間二、三日，皇帝夙興，常服，乘輿，詣皇太后宫，降輿，由壽康左門步入至皇太后暖閣前。宮監傳奏，皇帝進暖閣，跪，敬問起居。皇太后賜坐。皇帝興，進至御榻左，一叩坐。賜茶，皇帝叩受，飲，復叩如初。皇帝奏對畢，辭出，乘輿還宮。

殿試讀卷儀

每科會試，各省中式舉人於太和殿策試後，欽命讀卷大臣八員校閲。傳臚前一日辰刻，以前列十本簽擬名次，緘封進呈御覽。皇帝御養心殿西暖閣，次第披閲畢，召讀卷大臣入，親定甲乙，以卷授。讀卷大臣出拆彌封，恭照名次繕寫緑頭籤。讀卷大臣率引班官引前列十人進乾清門，至丹陛西階下祗候。記注翰林四人隨入。皇帝御輿由月華門御乾清宮寶座，御前侍衛等左右侍立，記注官由殿西門闌右進閾侍立，讀卷大臣捧緑頭籤亦由殿西門闌左趨至寶座前，跪呈。引班官引十人至丹陛中北面跪，以次奏名籍畢，興，退。皇帝親定一甲三人，二甲七人，以緑頭籤授讀卷大臣。讀卷大臣恭捧，興，退，侍衛記注官咸退。率十人侍立丹陛西階下。皇帝御輿由月華門還便殿。引班官引十人先出。讀卷大臣捧卷至紅本房，用硃筆依次填名次於卷端，仍捧出乾清門，至内閣，填寫金榜。翌日，皇帝陞太和殿傳臚。

紫光閣武試儀

每科會試中式武舉，於太和殿策試之明日，皇帝親臨紫光閣閲馬步射。又次日，閲弓刀石技勇。先期，兵部奏日，既得旨，巡捕三營率員弁治馬道於閣之西。按定例，步武設馬箭把三，步箭把一。每把設鼓一。丹陛西階下設藍旗一，東階下設步射木誌十。至日黎明，武備院張黄幕於紫光閣丹陛上，設寶座御案於幕内，設低桌於御案之右。懋勤殿太監陳列硃筆煖硯於案，鑾儀衛張黄蓋於幕東偏。兵部派放馬官四人，率中式武舉每十人爲一班，列馬道南。揚旗官率參將一人立西階下。監鼓官四人，分率營員，各依鼓爲位。會試監射大臣四人，殿試讀卷大臣四人，兵部尚書、侍郎各以次立東階下。記注翰林四人立西階下。咸補服。屆時，兵部侍郎一人赴乾清門具奏。皇帝乘輿出宫，領侍衛大臣、御前侍衛等暨豹尾班侍衛引扈至丹陛上，降輿陞座。侍衛等於幕東西侍立。豹尾侍衛於階下左右排列。紅本處官二人捧兵部所進漢字名册陳於御案。以清字册安於低桌上東面，跪展清册，按名照驗。兵部尚書進至中階下，跪奏第一班第一人某馬射，隨立原處。揚旗官督參將揚旗，放馬官督武舉放馬，箭中某靶，司鼓官督營官報鼓。每一班進，兵部尚書跪奏如前。馬射畢，陳步靶於甬道上，侍衛率武舉至中階下，仍以十人爲班，各射步箭一。每一人射中者，報鼓如前。御筆皆親加記識。既畢射，紅本官起，受御案所陳册并清字册緘藏之。皇帝乘輿還宮，引扈如來儀。衆皆退。翌日黎明，武備院移丹陛上黄幕稍南，兵部官捧武舉緑頭名籤引至閣前稍東祗候，隨率營員陳刀石於陛前。刀一百二十觔、石三百斤爲頭號，在中。刀一百斤、石二百五十觔爲二號，在左。刀八十觔、石二百觔爲三號，在右。兵部官三人，執弓各一。頭號十二力，次十力，次八力。武備院官六人，執出號弓自十三力至十八力。各一，立東階下。餘儀俱如前。駕至，陞座。侍衛率武舉每十人至前，兵部武備院官各依所用弓力授弓，以次進至中階下。開弓畢，兵部官引舞刀，復以次掇石，既畢，退。皇帝以册授兵部尚書、侍郎等。祗受，退至丹陛下稍東，恭按珠筆圈定十八人，排次名籤，原册繳紅本處。捧由東階升至御前跪呈。侍衛率武舉至中階下列跪，各奏名籍。皇帝親定一甲三人，二甲五人，三甲前列十人。以名籤授尚書。尚書祗受，退至階下，皇帝乘輿還宮。兵部尚書、侍郎等以御定名籤注甲第名次於上，封授讀卷大臣，至内閣填寫金榜，俟次日陞殿傳臚。

賞賜福字儀

每歲十二月初一日，懋勤殿首領太監陳龍箋、大筆、墨海於重華宮祗候，皇帝以

「賜福蒼生筆」書「福」字十餘幅貼各宮。自是將軍、督撫奏函至，並御書緘賜之。十五、六等日，召御前大臣、侍衛至重華宮；二十六、七等日召諸王大臣、內廷翰林等至乾清宮，先期，奏事處具名籤以請，欽定若干人，分日頒賜，乃下內閣通傳，至日集乾清門祇候。賜「福」字。其儀：王公、大臣等與領「福」字者，俱以次集階下肅俟，宮殿監豫傳各首領太監集庭內執事。皇帝御座。重華宮於殿中，乾清宮於西暖閣。懋勤殿首領太監具高案筆墨，皇帝親灑宸翰，書「福」龍箋。每書一幅，王公、大臣等一人進至御案前跪，書畢，叩首祇領，興，太監二人恭捧前行，隨而出。餘依次跪領如儀。

勾到儀

歲秋讞，九卿會議以聞，得旨「情實人犯著覆奏」。內閣按省分遠近，定期請旨。朝審中，欽天監擇日，內閣奏聞請旨。既允行，刑部豫進各省情實人犯黃册，各道御史進覆奏本。至日黎明，內閣大學士、學士、刑部尚書、侍郎、記注翰林俱集乾清門外。懋勤殿太監設寶座，案東向，陳筆硯文具。紅本處官陳黃册。又設低案一於前，一於右。設硃筆、硃硯。已刻，朝審勾到以卯時。皇帝御懋勤殿，更素服，陞座。大學士等常服，脱素珠，並由乾清門至墀內。記注官四人自階左升入殿門，南向立。內閣學士一人捧名單匣，大學士授覆奏本匣，暨刑部尚書等由階右升入殿門。捧黃匣學士折而中，詣前案西面跪。大學士等趨至右案，南北面列跪。皇帝命大學士一人執筆。大學士承旨啓匣，展覆奏本於案。賜坐，大學士等咸一叩坐。內閣學士啓匣，以次舉名奏請皇帝展閱黃册，（大學士等各展閱所攜手摺。）詳酌宥否。其予勾者，大學士舉硃筆加勾。既畢，內閣學士斂名摺於匣，大學士捧勾到覆奏本於匣，偕衆退。皇帝還便殿。紅本處收黃册。大學士以勾到本授紅本處批發。（其朝審勾到本逕交刑科。）

乾清宮見屬國陪臣儀

謹案：乾隆二十五年正月初九、初十等日，安集延額爾德尼伯克、拔達山汗素爾坦沙等遣陪臣輸誠入覲，詣乾清門跪請聖安。傳旨：「召見」。王公、滿漢大學士、尚書、都統、侍郎俱詣乾清宮殿內，左右以序，安設坐褥，祗俟皇帝陞乾清宮寶座。侍衛等侍立如常儀。賜坐，咸一叩坐。理藩院尚書引陪臣自乾清右門入，趨西階，升丹陛上北面，行三跪九叩禮，畢，理藩院尚書引入殿西門，於班末一叩坐。賜茶。尚茶以茶案由中道進至檐下，進茶大臣恭進皇帝茶，王以下暨陪臣咸行一叩禮。侍衛等分賜茶各於坐，行一叩禮，飲訖，復叩坐如初。皇帝召陪臣至御座前，親以回語慰問，咸震慴跪答。復賜以綵緞等物，咸歡忭叩首。謝恩畢，理藩院尚書引陪臣退，仍由殿右門趨出。衆咸退。皇帝還便殿。凡屬國陪臣於乾清宮覲見者儀同。恭查乾隆十八年博爾都噶里雅貢使巴哲格伯里多瑪那等入覲，亦於乾清宮召見，禮如之。

冊尊皇太后及恭上徽號儀

冊尊皇太后及恭上徽號之禮：内閣既承旨，禮部諏吉以聞，乃遍布諸司供備。豫期，禮部、工部官會製冊寶，既辦，舁奉内閣恭鐫冊文、寶文。前期一日遣官祗告天地、太廟後殿、奉先殿、社稷如常儀。是日，内閣具奏書書詞前期撰擬進呈，恭候欽定，敬謹書寫。盛于函。質明，内鑾儀衛陳皇太后儀駕於慈寧門外至長信門外，掌儀司内監陳中和韶樂於慈寧宮檐下，陳丹陛大樂於長慶門内，俱北向。禮部鴻臚寺官豫設黄案一於慈寧門外，一於中和殿内，均正中南向。武備院卿豫設皇帝拜褥於慈寧門外，黄案南北向。大學士一人，朝服，奉奏書函。中書舍人前導至中和殿階下，導者止。大學士以奏函入殿，陳於案，啓緘展書加函上，退，俟於東檐。禮部尚書、侍郎二人詣乾清門奏時，遂前導駕。皇帝禮服，乘輿出宮。内大臣、侍衛前引、後扈如常儀。至中和殿北階降輿，詣殿内案前，北向閲奏書畢，轉立東次，西向。大學士一人進，納書函内，恭奉由殿中門出。禮部尚書、侍郎導引前行，皇帝乘輿從至永康左門。奉奏書大學士由中門入，至慈寧門東階下，導者止。大學士進躋中階，近案前折旋，就左門之東負序西面立。皇帝降輿，入左門。禮部尚書、侍郎恭導，以下行禮皆恭導。升慈寧門東階，西向立。後扈内大臣從凡行禮，進退皆從。立於後。前引十大臣、領侍衛内大臣、豹尾班侍衛止立東階下，如三大節儀。大學士一人由西階進，就立西檐下，宣讀官一人從少後立，均西面。鴻臚寺鳴贊二人於東西楹相對立。禮部尚書轉傳内監，奏請皇太后御慈寧宫。皇太后禮服出宫，中和韶樂作，奏「豫平之章」。曰：「慈闈福履昌瑞雲，承輦獻嘉祥。徽流寶册光玉食，歡心萃萬方，旭日正當陽。綏眉壽，樂且康，瑶池蓂葉芳，如山阜，永無疆。」陞座，樂止。皇帝詣拜位北向立。奉奏書大學士暨西檐大學士咸進至案前，左右立。鳴贊奏「跪」，皇帝跪。大學士跪進奏書於右。皇帝受奏書，恭獻，大學士跪接於左，興，跪陳於案，退。鳴贊贊「宣奏書」，宣讀官進至案前，北面跪，啓函恭奉奏書宣讀，畢，仍納於函，興，退。皆復位，奏「叩，興」。丹陛大樂作，奏「益平之章」。曰：「皇家燕喜，福壽協慈徽。千官拜舞，萬國瞻依，靄璇宫，聖日輝。」皇帝行三跪九叩禮，興，樂止，旋位。禮部尚書轉傳内監奏「禮成」，皇太后起座，中和韶樂作，奏「履平之章」。曰：「璿宫瑞靄霏，翬翟山河上衮衣，寶籙慶璇幃。萬國歡愉頌德徽，長日麗晴暉。青鸞舞，鳳在墀，康强福禄宜，億萬載，祝期頤。」還宫，樂止。皇帝降階，導從如來儀，出永康左門，乘輿還宮。内監舉奏書案入。大學士以下皆退。至日昧爽，皇太后儀駕、樂懸所司照前陳設。鑾儀衛設皇帝法駕鹵簿，樂部陳樂懸於太和殿前至午門外，禮部鴻臚寺設黄案一於太和殿内，一於慈寧宫門外，一於階下，均正中南向。又設黄案一於階上左門之東，西向，乃序班位。慈寧門外案南正中爲皇帝進册寶位，北向。奉册寶大學士二人，位左案之東西面。接册寶大學士二人，位西檐下東面。宣讀官二人，位西檐大學士後。鴻臚寺鳴贊二人，分立於前檐東西面。前引、後扈内大臣、侍衛、王公、文武百官、記注、糾儀、傳贊各官立位、拜位均與三大節同。是時，王公、文武百官朝服畢，會所司設龍亭二於内閣門外。禮部侍郎詣閣，暨内閣學士奉金册、金寶於盝，奉宣讀册文、寶文於函，分置亭内，鑾儀校舁行，前册亭，後寶亭。禮部官屬十人前引，導以御仗二、黄蓋一，至太和殿内。册亭左肆，寶亭右肆。奉册寶官陳金册、金寶於案，册東寶西。鴻臚寺引王以下、入八分公以上由昭德、貞度門入，於丹陛上序立，引公、侯、伯、子、男、文武二品以上官於右翼門外序立，引三品以下官於午門外序立。禮部尚書、侍郎二人詣乾清門奏時，遂前導駕。皇帝禮服，乘輿出宫，前引、後扈如常儀。午門鳴鐘鼓。至太和殿北階降輿。皇帝御太和殿，中和清樂作，奏「海上蟠桃之章」。曰：「海上蟠桃乍熟，日邊紅杏初芳，慈闈履慶承天貺，景福正綿長。（一解）啓蓬萊，排仙仗，露溥溥，凝仙掌。褘衣翟服爛明璫，耀金舖日擁扶桑。喜風和駘蕩，罏薰百和香。太平有象，孝德光昌。（二解）殿當中，雲光瀁，駕臨軒，金闔敞。孝思不匱重天常，展瑶函寶册輝煌。喜風和駘蕩，罏薰百和香。太平有象，孝德光昌。（三解）紫霞盃，葡萄醲，九華燈，芙蓉桁。流霞紺雪酌天漿，頌期頤，地久天長。喜風和駘蕩，罏薰百和香。太平有象，孝德光昌。（四解）玉衡平，金波朗，湛露融，階蓂長。雲璈法曲奏清商，奉慈徽長信傳芳。喜風和駘蕩，罏薰百和香。太平有象，孝德光昌。（五解）萬方玉食尊親養，孝治蒸蒸天下仰，敬歌萬壽無疆。（趨辭）」皇帝北向閱册寶。禮成，樂止。奉册寶官恭奉置亭內，鑾儀校舁行，詣慈寧宮。皇帝乘輿從。王公暨文武二品以上官各於所立位跪候，龍亭、御駕過，興。以次從至永康門外，龍亭由中門入，至慈寧門東階下。皇帝降輿，禮部尚書、侍郎恭導，以下行禮皆恭導。入左門。禮部侍郎、內閣學士奉金册、金寶陳於階下案上。大學士二人奉宣讀册文、寶文，由中階進，陳於左案，遂就位立。皇帝升，自東階西向立。大學士二人由西階進，就立西檐下。宣讀官二人從立少後。鳴贊立東西楹。鴻臚寺引王公百官咸依班位序立，與三大節同。禮部尚書轉傳內監奏請皇太后御慈寧宮。皇太后禮服出宮，中和韶樂作，奏「豫平之章」。樂章與進奏書同，下仿此。陞座，樂止。禮部侍郎、內閣學士就階下案奉金册、金寶升中階，陳於中案，退。皇帝詣拜位，北向立。鴻臚寺引王公以下文武百官咸北面就位，立。大學士就案奉宣讀册文、寶文，暨西檐大學士咸進至中案前，左右立。鳴贊奏「跪」，皇帝跪，羣臣皆跪。奏「進册」，大學士跪進册於右，興，退。皇帝受册恭獻，大學士跪接於左，興，陳於中案，退。奏「進寶」，如進册之儀。贊「宣册」，宣册官進至案前，北面跪，啓函恭奉册文宣讀訖，仍納於函，興，退。贊「宣寶」，如宣册之儀。畢，皆復位。内監四人舉册寶案，二人前導，由中門入，陳於慈寧宫檻外正中，南向，退。奏「叩，興」，丹陛大樂作，奏「益平之章」，皇帝率王公羣臣行三跪九叩禮。午門外序立百官承傳隨班行禮。畢，樂止。皇帝旋位，東次立。王公以下各退就班位立。禮部尚書轉傳内監奏「禮成」，皇太后起座，中和韶樂作，奏「履平之章」。還宫，樂止。皇帝降階，出永康左門，乘輿還宫。翊衛如來儀。衆皆退。内監移設丹陛樂於慈寧門東西檐下，設皇后、皇貴妃、貴妃、妃、嬪拜褥於慈寧宫月臺上，設公主、福晉、命婦拜位於丹陛上，均北向。内監轉奏皇后。皇后率六宫、公主、福晉、命婦詣慈寧宫行禮，如三大節之儀。貴人及皇子、皇孫等於皇太后後宫行禮，及宫殿監率閹屬首領太監隨從行禮，俱由宫殿監先期具奏請旨。翌日，皇帝御太和殿，王公、文武百官上表行慶賀禮，頒詔布告天下。

册立皇后儀

册立皇后之禮：制下，禮部諏吉以聞，徧布諸司供備。豫期，禮部、工部官會製册寶，恭送内閣鐫册文、寶文。屆期，禮部奏請命大學士一人充册立使，尚書一人充副使。前期一日，遣官告祭天地、太廟後殿、奉先殿如常儀。至日昧爽，所司詣太和殿中設案一，東西肆。左右各設案一，均南北肆。設龍亭二於内閣門外。鑾儀衛陳法駕鹵簿，樂部陳樂懸各如常次。王公、文武百官、記注、糾儀、執事各官朝服，陪位如常儀。工部官以節送内閣。内閣、禮部官自内閣奉金册、金寶及宣讀册文、寶文各陳於亭内。禮部侍郎奉節，鑾儀校舁亭，禮部官十人前引，導以繖仗，至太和殿階下。内閣、禮部官奉金册、金寶由中階進至殿内，陳節中案，册左案，寶右案，退。册使、副使祗俟於丹墀東。大學士一人立殿東檐下西面宣制。鴻臚寺官一人立大學士後，舉册、寶案。内閣、禮部官分立檐下，東西面，均朝服。禮部尚書、侍郎詣乾清門奏時，遂前導駕。皇帝禮服，乘輿出宫。前引、後扈如常儀。午門鳴鐘鼓。至太和殿後階降輿，入，中和韶樂作，奏「隆平之章」樂辭與常朝同，後仿此。皇帝升座，樂止。鑾儀衛官贊「鳴鞭」，丹墀内三鳴鞭，戲竹交，丹陛大樂作，奏「慶平之章」。鴻臚寺鳴贊官贊「齊班、序班」，引正副使就丹墀東拜位立，北面西上，贊「行三跪九叩禮」，興，樂止。序班引正、副使進東階，至丹陛北面立。鳴贊官贊「有制正、副使跪」，宣制官進至殿中門之左，宣制曰：「某年月日，欽奉皇太后懿旨，册立某妃某氏爲皇后，命卿等持節行禮」。宣畢，大學士進殿左門，詣中案，奉節由中門闑左出，至丹陛，以節授正使。正使受節，偕副使興。内閣、禮部官進殿左右門，舉册、寶案，出中門，正使持節前行，副使從，以次降中階。内閣、禮部官奉册、寶設龍亭内，鑾儀校舁行，導引如初，由太和門出。皇帝賜王公、大臣茶如常儀。畢，鳴鞭如初。中和韶樂作，奏「顯平之章」。皇帝起座，還宫，樂止。王公百官俱退。是日，内鑾儀衛陳皇后儀駕於皇后宫階下及宫門外，内監設丹陛樂於宫門内，如三大節之儀。設節案一於宫内正中，南爲香案，設册、寶案於東西各一，設皇后拜位於香案前，北向。女官四人，立拜位左右，東西面。宣讀女官二人，立東案之南，西面。宫殿監率内鑾儀校豫候於景運門。册使既承命出，由協和中門至景運門外西面立。正使奉節授内監。内監奉節，内鑾儀校接舁册、寶亭至皇后宫門外，亭止，内監奉册、寶詣皇后宫。皇后禮服出内宫。丹陛樂作，贊引女官二人引皇后迎於宫門内道右，隨行入宫。内監奉節陳於中案，奉金册、册文、金寶、寶文陳於東案，退。贊引女官引皇后就拜位，北向立，樂止。贊「跪」，皇后跪。贊「宣册」，宣册女官就案，奉宣讀册文，西向立，宣畢，授侍右女官，女官跪接。贊「受册」，女官以册奉皇后。皇后受册，授侍左女官。女官跪接，奉以興，陳於西案。次宣寶、受寶亦如之。樂作，皇后行六肅三跪三拜禮。畢，少退，東向立，樂止。内監進至中案，奉節出。贊引女官引皇后送於宫門内道右，還内宫。内監奉節至景運門授册使。正使持節，副使從，詣後左門復命，册立禮成，還節。有司各退。翌日昧爽，皇太后儀駕、樂懸全設，鴻臚寺官設進表黄案一於慈寧門外，禮部官捧王以下文武各官慶賀皇太后表文送内閣。内閣捧皇帝慶賀皇太后表文恭進於皇太后宫。武備院卿豫設皇帝拜褥於慈寧門檻外正中。鴻臚寺官引王公於慈寧門，文武大臣二品以上俱於長信門外，三品以下於午門外，各依常次祗候。禮部尚書奏請皇帝詣皇太后宫行禮，王公、文武大臣官員俱隨行。禮畢，皇帝還宫，王等俱出。是日，鑾儀衛陳皇帝法駕鹵簿，樂部陳樂懸，皇帝御太和殿，諸王、文武各官上表行慶賀禮，頒詔宣示天下。是時，皇后詣皇太后宫行禮。禮畢，俟駕還宫，詣皇帝前行禮。皇貴妃率貴妃、妃、嬪、公主、王妃、命婦於皇后前行禮，均如三大節儀。貴人及皇子、皇孫等於皇后宫行禮，及宫殿監率閹屬首領太監隨從行禮，俱由宫殿監先期具奏請旨。

册封皇貴妃、貴妃、妃、嬪儀

册封皇貴妃之禮：命下，禮部諏吉以聞，所司製册、寶送内閣鐫字。屆期，禮部奏請命大學士、尚書一人充册封使，侍郎、内閣學士一人充副使。先一日，遣官祗告太廟後殿、奉先殿，俱如常儀。至日質明，禮部鴻臚寺官設節案、册寶案於太和殿内。鑾儀衛官設采亭於内閣門外。内閣、禮部官奉節、册、寶出陳亭内，鑾儀校舁行，導以繖仗。禮部官前引至太和殿階下，奉册、寶隨節以升，設於殿内各案。大學士一人，朝服，立節案之東。正、副使朝服，立丹墀之東，均西面。欽天監官報時。正使由東階升，副使從，至丹陛左北面跪。大學士詣案奉節，由殿中門出授正使。正使受節，偕副使興。所司舉册、寶案從降中階，仍設亭内，導引如初。是日，内鑾儀衞豫設皇貴妃儀仗於本宮門外，内監設節案、香案於宮内，正中設册、寶案東西各一。封使既受命，由協和門至景運門外，正使西面，授節内監。内監奉節，内鑾儀校舁册、寶亭至宮門，奉册、寶隨節詣皇貴妃宮。皇貴妃禮服出迎於宮門内道右。隨行内監奉節、册、寶陳於各案，退。皇貴妃就拜位北面跪。女官宣讀册文、寶文。皇貴妃恭受册、寶，行六肅三跪三拜禮。畢，送節於宮門内道右，均如皇后受册之儀。内監持節至景運門，授正使。正使持節，副使從，詣後左門復命，還節。有司各退。翌日，皇貴妃詣皇太后宮，行六肅三跪三拜禮，乃詣皇帝前行禮，皇后前行禮，並如儀。貴人及皇子、皇孫於皇貴妃宮行禮及宮殿監率闔屬首領太監隨從行禮，俱由宮殿監先期具奏請旨。

册封貴妃之禮：命下，所司供備製册、寶。册妃之禮命下，備册、印並諏日奏請命使，祗告太廟後殿、奉先殿。至日，遣使發封。宣讀受册及朝見儀均與皇貴妃禮同。皇子、皇孫於貴妃宮行禮及宮殿監率領本宮首領太監隨從行禮，俱由宮殿監先期具奏請旨。

册嬪之禮：命下，備册，奏請命使，至日發册。宣讀、受册暨朝見儀均與妃禮同。本生皇子行禮及宮殿監率領本宮首領太監隨從行禮，俱由宮殿監先期具奏請旨。

皇帝萬壽、元旦、冬至三大節内廷慶賀儀

是日，皇帝率王公、文武羣臣詣慈寧宮行禮。皇后率六宮、公主、福晉、命婦詣慈寧宮行禮，各如儀。内監豫設中和韶樂於乾清宮簷下，設丹陛大樂於乾清門内。宮殿監奏請皇后率皇貴妃、貴妃、妃、嬪等具禮服集乾清宮東、西暖閣，俟皇帝前朝受賀禮成還宮，宮殿監奏請皇帝陞乾清宮座，中和韶樂作。萬壽奏「乾平之章」，曰：「祥雲扈紫冥，四海臣民祝聖齡。淑氣轉階蓂，堯籙羲圖燦御屏。嵩呼徧在廷，天呈瑞，地效靈。南極拱台星，億萬載，頌康寧。」元旦奏「元平之章」，曰：「維天眷我皇，四海昇平泰運昌。歲首肇三陽，萬國朝正拜帝閶。雲物奏嘉祥，乘鸞輅，建太常。時和化日長，重九譯，盡梯航。」冬至奏「遂平之章」，曰：「陽回黍谷春，萬國衣冠拜紫宸。旭日耀龍鱗，雲物呈祥福禄臻。堯階蓂莢新，熙庶績，撫五辰。九服共來賓，調元化，轉鴻鈞。」陞座，樂止。殿門垂簾。宮殿監引皇后就正中拜位立，皇貴妃、貴妃、妃、嬪左右立，均北面行六肅三跪三拜禮。丹陛大樂作，奏「雝平之章」。曰：「關雎四教，家邦作孚先。黃裳元吉地承天，六宮仁順化穆宜。麟之趾兮，萬福之原。」禮

畢，樂止。皇后率皇貴妃等各還後宮。陞簾。宮殿監引諸皇子、皇孫陞東、西丹陛，北面立，行三跪九叩禮。是時，宮殿監率闔宮首領太監在東、西丹墀下隨行禮。畢，引皇子等退立兩旁。皇帝起座。中和韶樂作。萬壽奏「泰平之章」，曰：「皇躬福禄宜，永紹鴻圖丕丕基。彤陛長仙芝，樂奏簫韶丹鳳儀。南山獻壽巵，人心悦，天意隨。爲德徧羣黎，歌樂愷，萬年斯。」元旦奏「和平之章」，曰：「聖人延俊英，鈞天樂奏繞彤廷。華夷一統寧，士庶歡忻樂太平。寶鼎御香盈，祥煙裊，瑞靄生。簫韶喜九成，齊慶祝，萬千齡。」冬至奏「允平之章」，曰：「皇心克配天，玉琯葭灰得氣先。彤廷臚唱宣，四海共球奏御筵。珠斗應璣璿，金鏡朗，麟鳳騫。人間景福全，咨屢省，懋乾乾。」樂止，各退。其貴人等位俱由宮殿監請引至後宮行禮。

皇太后聖壽、元旦、冬至三大節慶賀儀

是日，内鑾儀衛豫陳皇太后儀駕於慈寧門階下至長信門外。掌儀司内監設中和韶樂於慈寧宮檐下，設丹陛大樂於長慶門内，俱北向。所司豫設案一於慈寧門東。内閣學士自内閣奉皇帝慶賀表文出，表文先期由内閣如式具擬，恭候欽定，敬謹書寫。内閣官前導，大學士從，由熙和中門至永康左門外，導者止。大學士奉表文，禮部尚書、侍郎導入，至慈寧門升東階，陳表案上，退。内監舉案，宮殿監侍二人前引，由左門入，恭設於寶座東西向。禮部官奉諸王大臣、内外文武官慶賀表文安龍亭内，校尉舁行，鼓吹前導，由東長

安門至午門外，陳設如儀。是時，武備院卿豫設皇帝拜褥於慈寧門外正中，北向，辨羣臣朝位及執事官位。王以下、入八分公以上立中階下左右，先集永康左門外候駕隨入。宗室公、將軍、公、侯、伯、大學士、内大臣、尚書、都統、子、侍郎、副都統、男、内閣學士、前鋒統領、護軍統領、步軍統領、侍衛集長信門外，文武三品以下集午門外，皆按翼東西面序立。記注翰林四人，立慈寧門外西階下。御史二人，立慈寧門外。糾儀御史、禮部官屬各二人，立午門外，皆東西面北上。執事、鴻臚寺卿二人，鳴贊二人，立慈寧門檐下。引進王公鳴贊二人，二品以上鳴贊二人，三品以下鳴贊二人，視所爲位。又鳴贊二人，立午門外，皆東西面。又鳴贊一人，立於永康左門；一人立於右翼門，二人立於熙和門内外，二人立於午門内外，聞唱承傳百官行禮。質明，禮部尚書、侍郎詣乾清門奏時。皇帝具禮服，乘輿出宮。元旦由乾清門出隆宗門，聖壽、冬至出啓祥門。導從、翊衛如常儀。禮部尚書、侍郎導至永康左門，降輿，入。禮部恭導皇帝陞慈寧門東階，於門左西向立，後扈大臣從侍於後，前引十大臣於長信門内左右序立。領侍衛内大臣率豹尾班侍衛夾東西階僉立。禮部尚書轉傳内監奏請皇太后陞慈寧宮寶座。皇太后禮服出宮，中和韶樂作，奏「豫平之章」。樂章見册尊禮，下仿此。惟乾隆二十四年冬至恭遇聖壽，又值平定回部，另撰樂章曰：「慈寧集慶長，坤元葉德煥嘉祥。晴暉轉一陽，玉食承歡福履昌。西極盡來，同稽首，頌壽康。堯階蓂葉芳，受兹福，永無疆。」陞座，樂止。禮部尚書、侍郎恭導皇帝就拜位北向。是時，鴻臚寺官引王公於階下，引長信門外大臣暨午門外百官咸就位，北面序立。丹陛大樂作，奏「益平之章」。皇帝率諸王、文武羣臣行三跪九叩禮。承傳鳴贊官接傳午門外，各官均隨行禮。樂止，皇帝旋位立，禮部尚書轉傳内監奏請皇太后還宫，中和韶樂作，奏「履平之章」。乾隆二十四年冬至另撰樂章曰：「瑶宫靄紫煙，日麗彤墀百福全。德範播堯天，文笥珠璣晉九邊。翬翟耀瓊筵。添宫線，玉戺前。綏和兆萬年，永樂愷，協璣璿。」樂止，禮部尚書奏「禮成」，恭導皇帝出永康左門，乘輿還宫。禮部官捧王公、百官所進慶賀表文送内閣。皆退。是時，皇太后儀駕、中和樂器照常陳設，其丹陛大樂移設於慈寧門内檐下北向。侍衛、命婦豫設皇后拜褥於丹陛上正中，設皇貴妃、貴妃、妃、嬪拜褥於左右各稍後，序公主、福晉以下二品命婦以上拜位於丹陛上。按左右翼依次分立，均北面。設引禮命婦二人贊相禮儀。又設命婦八人前引。自公主逮命婦凡與朝賀及執事者，咸朝服，自永康右門入，進慈寧門，於東西丹墀序立。禮部尚書轉傳内監奏請皇后詣皇太后宫行禮，皇后率皇貴妃、貴妃、妃、嬪具禮服，陞輿，以次出啓祥門。前引命婦恭導至徽音左門外降輿，入陞丹陛，至檐前東向立。皇貴妃以下各依左右位東西向立。引禮命婦轉傳内監奏請皇太后陞座。皇太后禮服出宫，中和韶樂作，奏「豫平之章」。樂章如前，下仿此。陞座，樂止。引禮命婦引皇后、皇貴妃等俱就拜位，北面立，丹陛大樂作，奏「益平之章」，皇后率皇貴妃以下行六肅三跪三拜禮，公主、王妃、命婦俱隨行禮。畢，樂止。引禮命婦引皇后、皇貴妃以下復原位立，轉傳内監奏請皇太后還宮，中和韶樂作，奏「履平之章」。樂止，引禮命婦奏「禮畢」，引皇后以下咸退。前引命婦恭導至徽音左門外，乘輿還宮。各退。皇后還宮後，皇子、皇孫詣皇太后宮，於皇太后前行三跪九叩禮。禮畢，各退。其貴人等位，俱由宮殿監請引至皇太后後宮行禮。

謹按：乾隆五年十一月，奉旨：皇太后萬壽聖節，大小臣工咸服蟒袍七日。著爲例。

乾隆六年十一月，内閣奏：恭遇皇太后五十聖壽，慈輦自暢春園回宮時，凡在慈寧宮前行禮之一、二品文武大臣懇請瞻仰跪接。從之。

乾隆十六年十一月，皇太后六十聖壽，於二十一日加上徽號，恭進册、寶。皇帝率王公、大臣等行慶賀禮，頒詔天下。先期修葺壽安宮，爲奉觴之所。王公、宗戚、京外文武各衙門大臣、官員，輦下紳士、耆老，自高梁橋至西華門豫設綵棚、樂劇，恭祝聖壽。是月癸未，皇太后鑾輿自暢春園回宮，皇帝御龍袍袞服，乘馬前導。王公、大臣咸蟒袍、補服，滿漢命婦咸采服，各於祝釐綵棚前夾道跪迎。皇太后頒賜賞賚各有差。皇帝率皇后、皇子、皇孫等侍皇太后於壽安宮，稱慶凡九日。王公、百官自十四日起至二十八日止，咸蟒袍補服。

乾隆二十六年十一月，皇太后七十聖壽，於二十日加上徽號。是月己酉，皇太后鑾輿自暢春園回宮，皇帝率皇后以下暨皇子、皇孫稱慶於壽安宮，凡十一日。王公、百官自十一月初一日至二十八日咸蟒袍補服。餘如十六年。

慶典之儀

皇后千秋、元旦、冬至三大節內廷慶賀儀

是日，內鑾儀校豫設皇后儀駕於交泰殿左右，設中和韶樂於交泰殿簷下，設丹陛大樂於乾清宮後簷下。禮部官捧王以下文武各官所進慶賀皇后箋文送內閣。質明，宮殿監設皇貴妃、貴妃、妃、嬪拜褥於交泰殿丹陛上左右，設公主、王妃以下二品命婦以上拜位於丹陛下左右，均北面設。引禮命婦二人贊相禮儀。皇后既率皇貴妃等於皇太后宮、皇帝前行禮畢，並如萬壽行禮之儀。還坤寧宮。宮殿監引王妃、公主、命婦由蒼震門入，在交泰殿外丹陛下排立，啓請皇貴妃、貴妃、妃、嬪等至交泰殿內兩旁立，隨奏請皇后具禮服出宮，陞交泰殿座。中和韶樂作，奏「淑平之章」。曰：「承天地道光，嗣徽音兮儷我皇。椒宮壼教彰，萬國爲儀燕翼昌。彤管紀芬芳，春雲渥，環佩鏘。安貞德有常，敷內政，應無疆。」樂止，宮殿監引皇貴妃等行六肅三跪三拜禮。丹陛大樂作，奏「正平之章」。曰：「正坤維兮儷皇極，母儀昭萬國。福履永綏，將六宮，承法則。」王妃、公主、命婦等俱隨行禮。禮畢，樂止。皇貴妃以下俱復原位立，宮殿監奏請皇后還宮。中和韶樂作，奏「順平之章」。曰：「瑤樞煥上台，椒殿風和麗景開。晴旭上蓬萊，佳氣氤氳徧九垓。祥雲護燕禖，培麟趾，毓蘭荄。雉扇影徘徊，看瑞靄，集宮槐。」皇后還後宮，樂止。宮殿監啓請皇貴妃、貴妃、妃、嬪等各還本宮。引王妃以下俱出。隨引皇子、皇孫至皇后後宮，行三跪九叩禮。宮殿監率闔宮首領太監在東、西丹墀下隨行。禮畢，各退。其貴人等位俱由宮殿監請引至皇后後宮行禮。

皇子婚儀

皇子婚禮：內務府豫行欽天監諏指婚吉日，並列大臣、命婦中偕老者奏襄婚事。屆期，贊禮大臣偕福晉父蟒袍補服，詣乾清門東階下。福晉父北面跪。贊禮大臣西面立，稱：「有旨：今以某氏女作配與皇子某爲福晉。」福晉父承旨，行三跪九叩禮，興，退。迺諏吉納幣。見經費。屆日，內務府官以綵亭載諸禮物如福晉家，陳幣於堂，陳馬於庭，陳賜物於階上，以納幣告。福晉父母祗受謝恩，燕會行禮如儀。婚前一日，福晉家豫以粧奩送皇子宫鋪陳。屆日質明，皇子蟒袍補服，詣皇太后、皇帝、皇后前行禮。若妃、嬪出者，並於所生妃、嬪前行禮。皇子迺如福晉父母家，行迎娶禮，回宫。内務府選隨從女官八人豫詣福晉家閤前祗候。贊事命婦豫詣皇子宫内別室祗候。自宫門至於福晉家，步軍統領飭所部灑掃清道。鑾儀衛備儀仗、紅緞幃輿。内務府總管一人，官屬二十人，蟒袍補服，護軍四十人，如福晉家奉迎。吉時屆，内鑾儀校奉輿陳於中堂。福晉禮服出閤。隨從女官翊升輿下簾。内校舁行。鐙八炬十前導。女官隨從，出大門乘馬。前列儀仗，内務府總管率屬及護軍前後導護。行至紫禁城門外，衆下馬步入，及儀仗止於宫外。女官隨輿入至皇子殿前，降輿。女官恭導福晉出輿，引入宫。吉時屆，贊事命婦上合巹酒，設燕，皇子與福晉行合巹禮，執事者皆退。是日，内大臣、侍衛二品以上、八旗、文武大臣齊集，福晉親族有職人等暨同旗之大臣、侍衛官員等齊集箭亭内，命婦等在長房内筵宴，如納幣於福晉家之儀。翼日，皇子及福晉夙興，朝服，内務府管領妻二人導，詣皇太后、皇帝、皇后前行朝見禮。皇子前立，福晉後立。皇子行三跪九叩頭禮，福晉行六肅三跪三拜禮。次詣所出妃、嬪前行禮。皇子行二跪六叩頭禮，福晉行四肅二跪二拜禮，各如儀，退。其何處行禮之處，宫殿監督領侍皆豫奏聞請旨。皇子仍如福晉父母家行禮如前儀。

公主下嫁儀

公主下嫁之禮：內務府豫行欽天監諏指婚吉日，並列大臣、命婦中偕老者奏襄婚事。屆期，贊事大臣偕額駙蟒袍補服，詣乾清門東階下。額駙北面跪。贊事大臣西面立，稱「有旨：今以某公主擇配某人。」額駙祇受命，行三跪九叩禮，興，退。初定諏日，額駙家備駝一、馬八、羊八十有一、酒九十尊，詣午門前恭進，得旨分納所司。是日，皇帝御保和殿筵宴，額駙父、額駙暨奉命入燕之王大臣、侍衛等侍燕如儀。皇帝還宮，理藩院、鴻臚寺堂官引額駙父等至乾清門西階下序列，行三跪九叩禮，退。是日，內監設中和韶樂及丹陛樂於慈寧宮，常次如儀。尚膳女官設皇太后筵於寶座前，南向。設皇后筵於東西，南向。又以次設皇貴妃、貴妃、妃、嬪席於東西少後，僉向。額駙母及其族中諸婦設席於嬪席之下，少南西位，東面。進爵命婦、侍衛命婦設席於丹陛下東位，西面。午刻，皇后率皇貴妃等詣慈寧宮。皇太后陞寶座，筵燕賜茶，進觴徧爵，作樂升歌，行酒。額駙母及諸婦行禮各如儀。既畢，皇太后還宮，皇后率皇貴妃等皆還。內宮內監引額駙母及諸婦詣皇后宮，行六肅三跪三拜禮，退下。嫁前一日，額駙蟒袍補服，率族人詣皇太后、皇帝、皇后宫門前，行三跪九叩禮，各如儀。内務府官率鑾儀校以公主粧奩詣額駙邸第，内管領命婦二人偕女侍隨往鋪陳。至日黎明，額駙家備九九禮物，文馬十有八，鞍轡具，冑甲十有八，馬二十有一，駝六，羊八十有一，酒九十尊，詣午門恭納。午刻筵燕於保和殿、慈寧宫，如初定禮。是日，所司豫奏請王、福晉、貝勒、貝子夫人中結髮偕老者，欽命陪送。内務府大臣命婦二人，内管領命婦十人充導從，皆盛服於宫外别室祗候。贊事命婦豫詣額駙邸别室祗候。自公主所出宫門至額駙邸，步軍統領飭所部灑掃清道。鑾儀衛備儀仗綵輿。内務府總管一人，官屬四人，内管領二人，護軍參領二人，護軍校二人，蟒袍補服，偕護軍二十人於所出宫門前祗候。吉時届，公主吉服詣皇太后、皇帝、皇后前行禮。若妃、嬪出者，並於所生妃、嬪前行禮。各如儀畢，命婦翊升輿，下簾，内校舁行出宫。儀仗前列燈八、炬十前導。陪送福晉夫人及隨從命婦乘輿隨行。内務府總管、内管領乘騎稍遠導從，參領及護軍乘騎扈行，詣額駙邸第合巹。翼日，公主、額駙夙興，朝服，公主詣皇太后、皇帝、皇后及所出妃、嬪前行禮。額駙詣慈寧門外東階下、乾清門外、内右門外行禮，各如儀。畢，還邸第。

國朝宮史卷之六

典禮二

禮儀中

坤寧宮祀神儀

每歲元旦子刻，司香神位前上香。皇帝、皇后行禮。正月初旬，自初二日迎神像還宮後擇吉行之。暨每月朔日朝祀之禮，司香豫懸黃幔於殿西炕上，幔內懸朝祀神像二，東向。懸楮於幔左右。炕上設低桌二，陳鑪三，琖三，時果九，糕十，九陳於桌，一陳桌下，七月獻淋漿糕同。炕前設獻案，陳黃磁盌二，以一實酒，虛其一。案下列罇酒，前設采氈。日昧爽，司俎內監進二豕於庭，司香以內管領下婦人充。獻香。執絃板內監及司俎官率所屬進，向上坐，奏神絃，拍板，拊掌應節。司祝以覺羅婦諳習者充。進至案前跪六獻，酒俱灌虛盌中，一叩，興，合掌致敬。絃板暫止，司香徹獻案設，司祝禮神，低桌奏神絃，拍板如初。司祝執神刀進，跪，一叩，興，司俎等咸叩。舉神刀致辭，誦贊者九，祈禱三，每致辭司俎等皆叩。司祝復跪，一叩，興，誦贊三，絃板復止，衆皆興，侍立於側。皇帝親詣行禮，入殿門至神位前立，司祝先跪，皇帝跪。司祝致辭，皇帝行禮，興，司祝叩，興，合掌致敬。若皇后隨行禮，司俎官屬等俱退出，惟太監暨司祝、司香、司俎婦人侍。如皇帝不親祭，司祝行禮如常，下仿此。司香徹琖，奉神像一納於黄箱，敬奉西楹神亭内，移黄幔稍南位神像於中，酒琖、香盤俱移向中，酒樽以巾羃之。執絃板人等復進，跪坐。司香斂氈，三折之，設於炕下，奏神絃，拍板如初。司祝復跪致辭，獻香酒，司俎等咸叩。司祝酌酒執豕耳灌之，一叩。絃板暫止，司俎舉豕於俎，復奏神絃，拍板，灌豕耳如初。一叩，興，退，絃板止，衆皆興，退。司俎如法以次封牲，熟而薦之。司香獻香，復設采氈，司祝進，跪獻酒，衆皆跪叩。奏神絃，拍板、拊掌如初。三獻畢，一叩，興，合掌致敬，乃徹饌，列胙於長案前。皇帝親行禮於殿内，南炕上陞座，進胙肉，並召王公、大臣入於炕前，賜坐，隨同食肉，皇后則於東暖閣率貴妃以下同受胙分嘗。皆先期候旨行。若非親祭之日，值班之大臣、侍衛進宮食肉。凡祀肉不出門，皮脂送膳房，骨膽蹄爪送於河。司香斂楮於囊，俟歲暮焚於堂子。奉神像納於朱箱，敬奉西楹神亭内。

夕祀之禮：司香豫懸青幔於殿北炕上，樹杆於西，懸大小神鈴七。奉夕祀神位三於幔內。南向設低桌二，陳鑪五，琖五，時果九，糕十，陳設如朝祀。炕下陳罇酒於西。申刻，司香獻香，司祝繫裙，束腰鈴，擊手鼓，司俎太監二，執手鼓拍板，西向立。迎神致辭，舞蹈者三，皆擊手鼓爲節。內監亦擊手鼓、鳴拍板和之。鼓止，司祝釋手鼓腰鈴，司香設采氈，皇帝親詣行禮，並如朝祀之儀。皇后隨行禮亦如之。封牲、薦俎，並如朝祀。惟肉熟時膾切列盌五陳於低桌。膽爪則就竈突焚之。司祝進跪，致辭叩首，合掌致敬。畢，司香斂氈，展青綢幕，掩燈火，衆皆出闔户，惟司祝暨執鼓板內監侍。司祝振鈴杆迓神，禱祝者三，擊鼓，鳴拍板和如初。啓扉，明燈，司俎徹俎，送膳房。司香捲幔，奉神像納朱櫝內，敬安原位，禮畢。每日朝祀、夕祀儀並同。祭之翌日，行還愿禮。豫安神像於坤寧宮西楹神亭內，司俎太監等於庭內神杆東北設案一，西向，奉神杆倚柱座前，杆首向東仰。以表杆頸骨焚於竈。案上陳銀盤三，一實米居中。設幔架於西北，覆以紅罽。設牲案於東北。日昧爽，司俎進一豕於庭。司香設采氈於閾內，皇帝親詣行禮，向神杆南面跪。司俎進，舉盤中米灑之。皇帝行禮，興。若不親詣行禮，司祝舉御服恭代。若皇后隨行禮，並如朝祀儀。司俎如法封牲，熟而薦之，陳頸骨及膽於案上左右銀盤內，縷肉爲膾，列盌二，佐以筯；炊稗爲飯，列盌二，佐以匙；相間以獻。皇帝行禮如前儀。禮成，司俎等敬奉頸骨於杆端，置膽、膾及米於杆盌內，遂立杆，以所獻之肉飯進，皇帝、皇后受胙。如不親詣行禮，司香舉御服恭代。若皇后隨行禮，並如朝祀儀。司香等徹陳設，禮畢。

每月皇子等於坤寧宮各祭神一次。翌日還愿，皇子行禮，餘儀並同。

每歲四孟月大祭，並同朝祀、夕祀儀。涓吉，上駟院以白馬二，侍衛牽之；慶豐司以牛二，所司頭目牽之。廣儲司官舉金二錠、銀二錠；緞疋庫官以蟒緞、龍緞、片金倭緞、閃緞、各色緞十，青布十，置於案。掌儀司官並司俎官前引，內務府總管暨上駟院卿同行，由乾清右門入，自乾清宮西楹經交泰殿至坤寧宮門外。陳馬於西，陳牛於東。司俎太監等恭捧金銀緞布入宮。司香陳緞布案，於朝祀神位前加金銀於上。司祝進，跪致辭，叩，興。司香復舉案陳於夕祀神位前。司祝跪、叩、致辭亦如之。若皇帝親詣行禮，俱如月朔之儀。陳獻畢，司香以金銀緞布貯神位前案下，大臣、侍衛官員以牛、馬出。俟三日之後，宮殿監詣神前，奉金銀緞布并所司，以獻神之牛、馬交會計司，如例行。

每歲春秋二季，堂子恭立神杆，奉神位於堂子，大祭。回宮並於坤寧宮大祭。前期四旬，於宮內西炕上釀酒，祭前一日漉之。司香染布爲神冠，製楮幣（帛）。大祭日，司俎婦人打糕作穆丹條子。餘並如前儀。

每歲十二月二十六日，恭奉神位至堂子，五鼓時，掌儀司以內監十六人並衣金黃緞衣。

舁黄緞神輿二至坤寧宮門外。司俎二人亦衣黄緞衣。各捧朝祀神位、夕祀神位安奉輿内，内監舁行。導以御仗八、鐙四，並以内監擎執，俱衣金黄緞衣并司俎官員等六人，經官殿各門，俱由中闔至乾清門。侍衛十人前導，掌儀司官扈行，出長安左門至堂子饗殿内供奉。晨夕獻香並如儀。至新正初二日，恭迎神位還宫。儀衛如前。司俎恭奉神位安原處。

四月八日佛誕祭祀，是日，所司於堂子饗殿陳設如儀。掌儀司以内監八名俱衣金黄緞衣。舁黄緞神輿至坤寧宮門外。司俎恭捧神位安奉輿内，内監舁行。燈仗儀衛如前。司俎首領太監等以椵葉餑餑、釀酒、紅蜜、棉花置盒内，隨行至堂子饗殿，浴佛祭祀。所司執事如儀。禮畢，迎神還宫，並如前儀。

奉先殿饗祀儀

奉先殿饗祀之禮：日獻食，月薦新，正月薦鯉魚、青韭、鴨卵，二月萵苣菜、菠菜、小葱、芹菜花、鱖魚，三月黄瓜蔞、蒿菜、雲臺菜、茼蒿菜、水蘿蔔，四月櫻桃、茄子、雛雞，五月杏、李、蕨菜、香瓜子、鵝桃、桑椹，六月杜梨、西瓜、葡萄、蘋果，七月梨、蓮子、榛仁、藕、野鷄，八月山藥、栗實、野鴨，九月柿、雁，十月松仁、軟棗、蘑菇、木耳，十一月銀魚、鹿肉，十二月蓼芽、緑豆芽、兔、鱘、鰉魚。其豌豆、大麥、文官果，或奉旨特薦新品，皆遣内監供獻行禮。朔望朝謁，時節展拜，出入啓告。恭遇列聖聖誕，列聖、列后忌辰，及諸令節，則於後殿上香行禮。恭遇皇太后萬壽、皇帝萬壽、元旦、冬至及國有大慶，則恭奉列聖、列后神位於前殿祭饗。凡上徽號、册立、册封、御經筵、耕耤、謁陵、巡狩、回鑾及諸慶典，均祗告於後殿。

恭遇親饗，前期三日，皇帝齋，執事各官咸致齋。前一日，掌儀司官進祝版，於神庫割牲瘞毛血，潔治祭品，各如儀。屆日昧爽，内監啓寢室神龕，執事官公服入殿，然炬明燈，其登、鉶、簠簋、籩豆之實，各以序陳於案。殿中少西北向設祝案，東西序各設尊案，列爵，分陳香盤，尊實酒，承以舟，疏布冪。勺具、帛各實於篚，牲各陳於俎。司祝、司香、以内務府官充司帛、司爵以侍衛充各以其職爲位。司樂陳中和韶樂於殿階上，分東西懸。樂舞在其次。司祝詣神庫祝案前跪，三叩，恭奉祝版，興。贊禮郎二人引，由奉先中門入殿中門，跪安於祝案，三叩，興。内務府官省齍畢，分詣後殿寢室前，跪上香，三叩，興。恭奉列聖、列后神位以次行。如遇皇后祔饗，亦上香行禮。恭奉神位隨行内監以鐙左右導至前殿，入中門，以次奉安於座。列聖、列后位均南向，皇后祔位東位西向。奉安畢，詣各香案前跪，三叩，興。司拜褥官豫設皇帝拜褥於殿門内正中及各神位前，内監設盥盤於左階下如儀。屆時，掌儀司官詣乾清門報時，内監奏請皇帝具衮服，乘輿出宫。前引、後扈如常儀。至誠肅門外降輿行。贊引、對引暨太常寺卿二人恭導皇帝入奉先左門，內監跪奉盥盤、帨巾。皇帝盥畢，贊引、對引恭導升左階，入殿左門，詣拜位前，北面立。豹尾班侍衛止立階下，前引大臣止立階上，均東西面。後扈大臣隨入，僉立拜位後左右。典儀贊、樂舞生、登歌、執事官各共迺職，武舞執干戚進。贊引奏「就位」，皇帝就位立。典儀贊「迎神」，司香奉香以次進至各案前祇竢。司樂贊「舉迎神樂」，奏「貽平之章」。曰：「肇茲區夏，世德欽崇。九洲維宅，王業自東。戎甲十三，奮起飛龍。維神格思，皇靈顯融。」樂作，贊引奏「就上香位」，暨對引恭導皇帝詣太祖高皇帝香案前，對引至祝案前止，立。司香跪。贊引奏「跪」，皇帝跪。奏「上香」，司香進香，皇帝上炷香一，瓣香三，興。以次詣列聖案前上香如前儀。畢，贊引奏「旋位」，暨對引恭導皇帝旋位，立。奏「跪、叩、興」，皇帝行三跪九叩禮，興。贊引恭導皇帝詣皇后香案前，司香跪進香，皇帝立上香。畢，恭導皇帝旋位，立，樂止。典儀贊「奠帛、爵，行初獻禮」，司樂贊「舉初獻樂」，奏「敉平之章」。曰：「於皇祖考，克配上天。越文武功，萬邦是宣。孝孫受命，不忘不愆。羹牆永慕，時薦斯虔。」樂作，舞干戚之舞。有司揭尊冪，勺挹酒實爵，司帛、司爵以次進至各案前。司帛跪獻篚，奠於案，三叩，興。司爵立獻爵，陳於案中，各退。樂止，司祝詣祝案前跪，三叩，興，奉祝版跪案左。贊引奏「跪」，皇帝跪。贊「讀祝」，司祝讀祝，畢，興。奉祝版跪安於篚內，叩如初。退，樂作。贊引奏「叩、興」，皇帝三叩，興。樂止，武功之舞退，文舞執羽籥進。典儀贊「行亞獻禮」，司樂贊「舉亞獻樂」，奏「敷平之章」。曰：「毖祀精忱，洋洋如生。尊罍再舉，於赫昭明。藹然有容。愾然有聲。我懷靡及，惕若中情。」樂作，舞羽籥之舞。司爵詣各案前，獻爵於左，儀如初獻。樂止，典儀贊「行終獻禮」，司樂贊「舉終獻樂」，奏「紹平之章」。曰：「粵若祖德，誕受方國。肆予小子，大猷是式。欲報之德，昊天罔極。殷懃三獻，中心翼翼。」樂作，舞同亞獻。司爵詣各案前獻爵於右，儀同亞獻。樂止，文德之舞退。典儀贊「徹饌」，司樂贊「舉徹饌樂」，奏「光平之章」，曰：「庶物既陳，九奏具舉。告成於祖，亦右皇妣。敬徹不遲，用終殷祀。式禮如兹，皇其燕喜。」樂作。徹畢，樂止。贊禮郎一人趨至案前，北面跪，奏「禮畢」，請神還寢室，三叩，退。司樂贊「舉還宮樂」，奏「乂平之章」，曰：「對越無方，陟降無迹。寢祏静淵，孔安且吉。惟靈在天，惟主在室。於萬斯年，孝思無斁。」樂作，贊引奏「跪、叩、興」，皇帝行三跪九叩禮。畢，樂止。典儀贊「奉祝帛送燎」，司祝、司帛咸詣神位前跪，三叩，奉祝帛，興。司香跪，奉香，興，以次恭送燎所。皇帝轉立拜位東旁，西向，司拜褥官徹拜褥俟祝帛過，仍布拜褥皇帝旋位，立。樂復作，焚香帛，數帛官數帛，贊引奏「禮成」，暨對引官恭導皇帝出殿左門降階，由奉先左門出至誠肅門外，陞輿還宮，導從如來儀。内務府官恭奉神主還寢室，上香行禮如前儀。所司徹祭器。内監闔門。各退。

或奉旨遣皇子恭代，祭前諸儀、屆日内外陳設均同。皇子拜位在殿門外正中，設盥盤於右階下。皇子夙興，補服，步行至誠肅門。掌儀司贊禮郎二人前導，皇子由奉先右門入，至西階下盥手，升階詣拜位前行禮。迎神上香，出入殿右門，祝帛、送燎，皇子避立西旁東面。禮成，仍自西階降，出誠肅門，退。

每月朔望，列聖聖誕、列聖列后忌辰，及上元、清明、霜降、歲除日，恭遇皇帝親詣上香，是日，所司詣後殿寢室前陳酒脯、果實、爐鐙具。司香官、執事、殿内掌儀司官請駕如儀。皇帝衮服忌辰素服乘輿出宫。内務府總管前導，至誠肅門降輿入，恭導皇帝詣後殿各案前上香行禮，儀與前殿上香同。禮畢，恭導皇帝還宫。各退。

立春、端陽、重陽等節，内監啓後殿寢室神龕，掌儀司官進殿，明鐙，案陳酒脯、果實，掌儀司官一人，補服，詣各案前上香，行三跪九叩禮如儀。四月八日、七月望日，陳素果，不設酒脯，餘同。贊禮並以内務府贊禮郎升降，出入均於右。

壽皇殿饗祀儀

乾隆十五年五月初十日，内閣奉上諭：壽皇殿恭奉皇祖聖祖仁皇帝、皇考世宗憲皇帝聖容，朕以時躬詣行禮，愾聞僾見，得申逮事之忱。仰惟太祖、太宗、世祖聖容，列后聖容，向於體仁閣函奉尊藏，未獲修歲時展謁之禮。粤稽前代安奉神御，或於宫中別殿，或於寺觀淨宇，本無定所。國家緣情立制，宜極明備周詳。敬念列祖創垂，顯承斯在。永懷先澤，瞻仰長新。式衷廟祫之儀，期協家庭之制。應卽於壽皇殿增修丹雘，恭迎列祖、列后聖容，敬謹奉安，於歲朝合請懸供，肅將祼獻，以昭誠愨。欽此。隨經王大臣等議定，每歲除夕，内監詣壽皇殿恭請列祖、列后聖容恭懸。每案陳設乾鮮果品十二，羊、豕肉各一，醬一，酒三爵，上香行禮。元旦大祭，獻磁器籩豆供品，上香行禮。作樂，獻帛、爵，不樂舞，不讀祝。初二日如除夕供。上香行禮畢，恭奉聖容卽殿尊藏。元旦，皇帝詣堂子、奉先殿行禮畢，詣壽皇殿，王公隨行禮。内務府前期請。除夕、初二日，俱令皇子輪班行禮，掌儀司前期請。樂章與奉先殿前殿朔望樂同，掌儀司太監豫習。上元節，每日供餅餌如常儀。歲秋季展聖容，飭宫殿監豫派内監敬謹執事。祭日，司香、司帛、司爵陳設祭品、樂器，内監執事如儀。贊禮、典儀、司樂、掌儀司贊禮郎執事如儀。

謹按：乾隆十五年大工落成。十二月十八日，恭繪列朝聖容成，大祭壽皇殿，皇帝親詣行禮。是日昧爽，皇帝御龍袍袞服，乘輿，前引、後扈如常儀。至壽皇殿甎城門外降輿，隨從大臣、侍衛於門外立。前引、贊引、對引大臣恭導皇帝入門，内監跪奉盥帨巾如儀。盥畢，司拜褥太監設拜褥於殿門内正中。贊引、對引恭導皇帝入殿之左門，就拜位前，北向立。前引大臣止，立殿門外。後扈大臣隨入，僉立皇帝拜位後左右，隨行禮。王公由甎城左右門入，至丹陛東西旁序立，北面。典儀贊、樂舞生、登歌、執事官各共迺職。贊引奏「就位」，皇帝就位，立。典儀贊「迎神」，司香太監奉香盤以次進至各案前祗竢。司樂贊「舉迎神樂」，奏「貽平之章」。樂章見奉先殿饗祀儀，下倣此。樂作，贊引奏「就上香位」，暨對引恭導皇帝詣太祖高皇帝聖容香案前，司香跪。贊引奏「跪」，皇帝跪。奏「上香」，司香進香，皇帝上炷香一、瓣香三，興。以次詣列聖聖容香案前上香，如前儀。畢，贊引、對引恭導皇帝至正中前立。司香跪進大紅香，皇帝恭奉大紅香供獻香鑪。畢，贊引奏「旋位」，皇帝旋位，立。奏「跪、叩、興」，皇帝行三跪九叩禮，王公均隨行禮。興，樂止。典儀贊「奠帛、爵，行初獻禮」，司樂贊「舉初獻樂」，奏「敉平之章」。樂作，有司揭尊冪，勺挹酒實爵，司帛、司爵太監奉帛、爵以次至各聖容前，司帛跪獻篚奠於案，三叩，興。司爵立獻爵，陳於案中。各退，樂止。典儀贊「行亞獻禮」，司樂贊「舉亞獻樂」，奏「敷平之章」。樂作，司爵奉爵詣各聖容前獻爵於左，儀如初獻。樂止，典儀贊「行終獻禮」，司樂贊「舉終獻樂」，奏「紹平之章」。樂作，司爵奉爵詣各聖容前獻爵於右，儀如亞獻。樂止，典儀贊「徹饌」，司樂贊「舉徹饌樂」，奏「光平之章」。樂作，徹畢，樂止。贊禮郎一人進前北面跪奏「禮畢」，請神還宮，三叩，退。司樂贊「舉還宮樂」，奏「乂平之章」。樂作，贊引奏「跪、叩、興」，皇帝行三跪九叩禮，興。樂止，典儀贊「奉香帛送燎」，司帛詣各聖容前跪，三叩，奉帛，興。司香奉香，以次恭送燎所。皇帝轉立拜位東旁，西向。司拜褥太監徹拜褥。王公亦稍後東立，西向。俟香帛過仍布拜褥皇帝旋位，立。樂復作，焚香帛。贊禮郎數帛，贊引奏「禮成」，暨對引恭導皇帝出殿左門，降階出甎城門，陞輿還宮。導從如來儀。王公等隨出。

先蠶壇饗祀儀

歲季春吉巳，皇后親饗先蠶。前期，禮部尚書一人眂牲如儀。前二日昧爽，太常寺進齋戒牌、銅人。内監豫設黄案一於交泰殿之左，内務府總管及宫殿監豫俟於乾清門。太常寺卿率所屬恭奉齋戒牌在前，銅人在後，前引如儀，至乾清門，内務府總管以授宫殿監，恭設於交泰殿案上。齋戒牌南向，銅人西向，跪，三叩，退。皇后乃齋，陪祀皇貴妃以下咸致齋。先一日，奉宸苑卿率屬潔壇上下藉，以櫻薦爲瘞，坎於壇西北，施黄幄於壇上。太常寺官恭設先蠶神座於幄内，正中南向。工部官張皇后拜幄於南階上。太常寺官具牲俎，辨簠簋、籩豆、登、鉶之實，以次展於神厨。太常寺卿詣神庫，以恭請神位之儀指授蠶宫令，退。贊禮郎引内務府總管一人詣神厨周眡牲牢籩豆。太常寺官以陳設之儀指授宫殿監等訖，皆退。屆日雞初鳴，内務府總管及宫殿監率内監入壇，具器陳牛一、羊一、豕一、登一、鉶二、簠簋各二、籩豆各十、鑪一、鐙二。東設一案，西向，陳青色制帛一、香盤一、尊一、爵三。設福胙於尊案之旁，加爵一。牲陳於俎，帛實於篚，尊實酒，承以舟，疏布冪勺具。内監設洗於具服殿，樂部率掌儀司内監陳樂於壇下，東西分列如式。辨行禮位，壇上正中爲皇后拜位，北向。壇下西北爲望瘞位，西向。當階左右爲陪祀皇貴妃、貴妃、妃、嬪、公主、福晉拜位，北面稍南。左右爲陪祀命婦拜位，按翼分列，重行異等，東位西上，西位東上，均北面。辨執事位，司拜褥女官二人立於壇上拜位左右。相儀女官二人，立拜位後左右，均東西面。司香女官一人，司帛女官一人，司爵女官一人，奉福胙女官二人，序立東案之東西面。接福胙女官二人，立於壇上之西。東面壇下典儀、司樂女官各一人，當階左立。西面傳贊女官六人，二人立於壇南，東西面。二人立於皇貴妃以下公主、福晉拜位左右，二人立於命婦拜位左右，均東西面。樂工、歌工俱以内監充序立於東西樂懸之次。女官掌瘞者立於瘞坎之西北隅。質明，步軍統領飭所部清蹕除道，自神武門至陟山門及壇門左右，塗巷皆設布障。陪祀公主、福晉、命婦及執事女官朝服，豫集壇内。鑾儀衛率内監陳皇后儀駕於順貞門外。凡旗尉、民尉皆內監充之。辰正初刻，太常寺卿暨內務府總管赴乾清門奏時，宮殿監轉奏，皇后御禮服，乘鳳輿出宮，陪祀皇貴妃以下咸乘輿從。由順貞門、神武門、北上門入陟山門至內壝左門。相儀女官二人跪奏「請降輿」，皇后降輿，皇貴妃以下咸降輿從。前引女官十人，右贊引、左對引女官二人恭導皇后入具服殿少竢，皇貴妃以下隨入配殿祗竢。傳贊女官引公主、福晉、命婦等於具服殿門外東西序立祗候。凡女官均於宮人內選充，如不足，於內府及八旗命婦內選充。辰正一刻，蠶宮令詣神庫上香，跪，三叩，興，恭請先蠶西陵氏神位。內監十人前引，入壇奉安座上畢，相儀奏請行禮。皇后出具服殿盥，司盥跪奉帨巾。盥畢，詣壇，皇貴妃以下隨行。司拜褥女官豫設拜褥於壇上拜次。贊引、對引女官恭導皇后陞中階就拜位前，北向立。前引十人止，立壇下，相儀二人隨侍。傳贊引皇貴妃以下及命婦均就拜位序立。典儀贊執事者各共乃職。贊引奏「就位」，皇后就位，立。典儀贊「迎神司香」，奉香進至香案前祗候。司樂贊「舉迎神樂」，奏「庥平之章」。辭曰：「軒轅御籙時，西陵位正妃。柔桑沃，載陽遲。黼黻玄黃供祀事，稱繭更繅絲。龍精報貺，椒屋宗師。」樂作，贊引奏「就上香位」，暨對引恭導皇后詣香案前立。對引至帛案前止，立。司香跪，贊引奏「跪」，皇后跪。奏「上香」，司香進香，皇后上炷香一、瓣香三，興。贊引奏「復位」，暨對引恭導皇后復位，立。奏「跪、拜、興」，皇后行六肅三跪三拜禮。傳贊贊「跪，叩，興」，皇貴妃以下隨行禮。樂止，典儀贊「奠帛、爵，行初獻禮」，司帛奉篚，司爵奉爵，進至案前祇竢。司樂贊「舉初獻樂」，奏「承平之章」。曰：「春堤柳綻金，倉庚有好音。衣褘翟，致精忱。后月躬應教織紝。柘館式齋心。黄流初薦，肸蠻如臨。」樂作，司帛跪獻篚，奠於案，一叩，興。司爵跪獻爵，陳於案中，興，皆退。樂止，典儀贊「行亞獻禮」，司樂贊「舉亞獻樂」，奏「均平之章」。曰：「清和日正長，靈壇水一方。紆香陌，執籧筐。桑葉陰濃風澹蕩，八育普嘉祥。玉斝再陳，降福穰穰。」樂作，司爵獻爵於左，儀如初獻。樂止，典儀贊「行終獻禮」，司樂贊「舉終獻樂」，奏「齊平之章」。曰：「神皋接上園，葭蘆翠浪翻。鶯聲滑，藕花繁。天棘絲絲初引蔓，三薦潔蘋蘩。雲依寶鼎，露浥旌旛。」樂作，司爵獻爵於右，儀如亞獻。樂止，典儀贊「受福胙」，奉福胙二人恭奉福胙詣神位前拱舉，退，祇立於皇后拜位之右。接福胙二人進，立於左。贊引奏「跪」，皇后跪，左右女官皆跪。奏「飲福酒」，右女官進福酒，皇后受爵拱舉，授左女官。次受胙，如飲福之儀。贊引奏「拜，興」，皇后一拜，興。又奏「跪，拜，興」，皇后行四肅二跪二拜禮，皇貴妃以下俱隨行禮。典儀贊「徹饌」，司樂贊「舉徹饌樂」，奏「柔平之章」。曰：「公宮吉禮成，有齋奉豆登。僮僮被，肅肅升。廢徹毋遲咸祇敬，法坎不常盈。萬方衣被，百福其朋。」樂作，徹畢，樂止。典儀贊「送神」，司樂贊「舉送神樂」，奏「洽平之章」。曰：「神風拂廣筵，靈香下肅然。儀不忒，禮無愆。禺馬流星相炳絢，玉蝀亙平川。彤管司職，瑞藹登編。」樂作，贊引奏

「跪，拜，興」，皇后行六肅三跪三拜禮，皇貴妃以下俱隨行禮。樂止，典儀贊「奉帛、香饌送瘞」。司帛詣神位前跪，一叩。司帛奉篚，興。司香跪，奉香。司爵跪，奉饌，興。以次恭送瘞所。皇后轉立拜位旁，西向，起拜褥竢香帛過，仍布拜褥復位，立。典儀贊「望瘞」，陪祀皇貴妃以下退。贊引奏「詣望瘞位」，樂復作，恭導皇后詣望瘞位望瘞。奏「禮成」，恭導皇后詣具服殿更衣。皇貴妃等隨入配殿更衣。樂止，蠶宮令恭請神位復御，上香行禮如儀。皇后還宮。宮殿監徹交泰殿銅人，授太常寺官送歸。

或奉旨遣妃恭代，先二日，妃及陪祀之公主、福晉等俱致齋。所司供具如儀。至日昧爽，清道辟除，妃朝服乘輿，詣壇，至內壝右門降輿入，行禮於階下，上香、贊升壇、升降均由東階。妃、嬪等不陪祀，不飲福、受胙。香帛送瘞，避立西旁。餘如前儀。

皇后躬桑儀

歲季春，皇后躬桑。前期三日，禮部具疏以請。皇帝承奉皇太后懿旨下制報可，乃偏布諸司供備。內務府豫奏以妃、嬪二人，公主、親王福晉以下縣君、鎮國公夫人以上三人，文三品、武二品官以上命婦四人從蠶採桑。掌儀司治桑畦，飭採桑鉤、筐。皇后金鉤，妃、嬪銀鉤，均黃筐。公主、福晉、夫人、命婦均鐵鉤，朱筐。依期畢辦。皇后既以吉巳饗先蠶，如蠶已生翼日，蠶未生則視蠶生諏日，皇后散齋一日，從採桑妃、嬪、公主、福晉、夫人、命婦畢齋。宮殿監設案於交泰殿內正中，東西肆。又設案於左右，南北肆。率內監至內右門祗候。是日黎明，執事官咸蟒袍補服。內務府官以龍亭一載躬桑鉤、筐，采亭一載從採桑鉤、筐，內鑾儀衛校舁行，掌儀司官前導，總管暨蠶宮令從，由隆宗門至內右門亭止。宮殿監率蠶宮令、丞暨內監恭奉鉤、筐以次入內右門。陳皇后筐、鉤於交泰殿中案，陳妃、嬪、公主、福晉夫人筐、鉤於左案，陳命婦筐、鉤於右案，皆筐左鉤右。乃奏請皇后吉服御交泰殿，妃、嬪從侍。皇后先閱鉤，次閱筐，既徧還宮，妃、嬪從入。宮殿監奉筐、鉤出內右門授蠶宮令，仍各置亭內，以次舁行，出隆宗門，鑾儀校接舁，前引如初。旗仗前導，導迎樂作，奏「禧平之章」。曰：「戴勝告時，西陵肇典。爰舉懿筐，爰臨柘館。御鞠衣，登瑞繭。金鉤陳，嘉儀展。」及西苑，奉宸苑卿自門迎入，蠶宮令分陳於採桑所。屆日，蠶宮令率內監潔掃具服殿內外及親桑臺上下，藉以椶薦，設皇后觀桑寶座於臺北正中，南向。臺下桑畦東西首行第一株爲皇后躬桑位，東向。執鉤相儀一人在右，執筐相儀一人在左。東西第二行一株爲妃、嬪從桑位。第三行一株爲公主、福晉、夫人從桑位。第四行一株爲命婦從桑位。執鉤、筐蠶婦各二人，皆在左右。傳贊女官二人，在臺南左右，北面侍班。福晉、夫人、命婦在女官之南，東西面。内侍設童監歌採桑辭者十人，司金、鼓、板、笛、笙、簫者二十有四人，於臺前東西麾五色采旗者四十人，於桑畦外東西分班序立。黎明，從桑侍班公主、福晉、夫人、命婦及執事女官、蠶母、蠶婦咸蟒袍補服，豫至西苑南門内序立祇候。辰正二刻，禮部尚書、内務府總管詣乾清門奏時。巳初刻，宫殿監轉奏，皇后吉服乘輿出宫，從桑妃、嬪咸吉服乘輿從，詣西苑。皇后入具服殿少竢。傳贊分引妃、嬪、公主、福晉、夫人、命婦就採桑位，引侍班之公主、福晉、夫人、命婦就侍班位立，執事女官暨童監咸依位序立。典儀奏請皇后行躬桑禮，皇后出具服殿，前引、後從如常儀。至桑畦北正中，相儀女官一人奉鉤跪進於右，一人奉筐跪進於左，興。皇后右持鉤，左持筐，東行桑畦外。采旗招颭，臺前内監鳴金鼓，歌採桑辭。曰：「躬耕禮成詔躬桑，蠶月吉巳迎辰祥。金華紫闕五翟光，瑞雲彩映椒塗黄。壇南宿戒惟宫張，西陵展事摇珩璜。齋肅恭敬柔雍彰，金鉤緑籧懿筥筐。尚功尚製奉以將，柔條在東涵露香。鞠衣三摘鳴鳩翔，月靈臨賁龍精昌。黼黻五色質且良，昭事上帝祠烝嘗。儀型宇宙帥妃嬙，衣食滋殖被萬方。」皇后至東第一株桑前，東向採桑一條，蠶母二人助採。復行至西第一株桑前，東向採桑二條，蠶母助採亦如之。採畢，歌止。各退。皇后以鉤、筐授相儀，相儀二人跪受於左右，興，復於龍亭，退竢臺隅。典儀奏請御觀桑臺，贊引、對引命婦恭導皇后陞臺御座。妃、嬪以下採桑，各蠶婦一人授鈎，一人授筐，二人助採。妃、嬪、公主、福晉、夫人採桑五條，命婦採桑九條。畢，咸釋鈎、筐授蠶婦，復於采亭。妃、嬪登臺，侍立皇后寶座前左右。公主、福晉、夫人、命婦退入侍班位，立。執鈎、筐者皆退。典儀、相儀各女官斂諸筐次第置於臺南。傳贊引蠶母、蠶婦至臺前，北面跪，典儀舉皇后懿筐授蠶母，蠶母恭受。次舉妃、嬪以下從桑各筐授蠶婦，蠶婦受訖，皆興。奉筐至蠶室，蠶婦以葉灑箔，禮成。典儀跪奏「皇后駕興」，贊引、對引恭導皇后詣具服殿。典儀奏「陞座」，皇后陞寶座。傳贊分引妃、嬪以下東西序立，次公主、福晉，次夫人，次命婦，次蠶母、蠶婦，皆北面。傳贊贊「跪，叩，興」，皆行六肅三跪三叩禮，退。典儀奏「禮畢」，皇后降座陞輿，警蹕。妃、嬪從還宮，如來儀。公主、福晉以下皆退。

及蠶成，蠶母、蠶婦擇繭貯筐以獻。皇后遂以獻於皇帝、皇太后。乃擇吉日，皇后行繅三盆手禮，採桑妃、嬪從繅。是日，乘輿出宮如常儀。至織室繅盆前，妃、嬪侍立，蠶母漬繭於盆，以手出緒，握其總，跪進皇后。皇后受總，親繅三，少退，立。妃、嬪進繅，以五爲節，遂布於蠶婦之吉者使繅。禮畢，乘輿還宮，警蹕如來儀。

令節設供儀

恭遇萬壽聖節及元旦令節，宮殿監先期奏請設供。至日，宮殿監率各該處首領太監等設供案於天香亭内，北向，奉安神牌、香燭、燎爐、斗香、拜褥各具，陳祭品七十五。屆時奏請皇帝拈香行禮，禮畢，送燎，還宮。凡冬至、夏至或未親行郊禮，則於宮中設供。宮殿監先期奏聞。至日，宮殿監率各該處首領太監等設供案，冬至北向，夏至南向，奉安神牌、香燭、燎爐、拜褥各具，陳祭品九十九。屆時奏請皇帝拈香行禮，禮畢，送燎，還宮。凡立春、立夏、立秋、立冬，宮中設供，宮殿監先期奏聞。至日，宮殿監率各該處首領太監等設供案，立春東向，立夏南向，立秋西向，立冬北向，奉安神牌、香燭、燎爐、拜褥各具，陳祭品三十六，羊一，豕一。屆時，宮殿監奏請皇帝拈香行禮，禮畢，送燎，還宮。凡仲春之朔祭日，仲秋之望祭月，七月七夕祭牛、女，皆宮殿監先期奏聞。至日，宮殿監率各該處首領太監等設供案，奉安神牌、香燭、斗香、燎爐、拜褥各具，陳祭品四十九。屆時，宮殿監奏請皇帝拈香行禮。禮畢，奏請皇后、皇貴妃、貴妃、妃、嬪等行禮。禮畢，皇帝送燎，還宮。

欽安殿斗香儀

每歲元旦，宮殿監率該處首領太監等於欽安殿天一門内正中設斗香，恭候皇帝親詣拈香行禮。其每月朔、望俱設斗香，宮殿監等敬謹拈香行禮。

祀竈儀

每歲季冬二十三日，坤寧宫祀竈。宫殿監先期奏聞。至日，宫殿監率各該處首領太監等設供案，奉神牌，香燭、燎爐、拜褥各具，陳祭品三十三，黄羊一。屆時，奏請皇帝詣佛前、神前、竈神前拈香行禮。禮畢，皇帝還宫。宫殿監奏請皇后行禮，亦如之。禮畢，皇后送燎回宫。

令節設醮儀

每遇年節，欽安殿各設道場，拜進表文。其道場用外道官、道衆者，所用一切錢糧内務府掌之。屆日，宫殿監率各該處首領太監等關防。其道場用太監道官、道衆者，所用一切錢糧由宫殿監行文内務府派員備辦。屆日，宫殿監率該處首領太監等瞻禮。俱各具牌奏聞。

國朝宮史卷之七

典禮三

禮儀下

慈寧宮筵宴儀

恭遇皇太后聖壽及元旦諸慶典，慈寧宮筵宴。前期，禮部疏請，得旨，徧布諸司供備。内務府奏請欽命進爵命婦，尚膳内管領具御饌宴席，諸王進饌筵牲酒。屆日黎明，内鑾儀衛設皇太后儀駕鹵簿，内監設樂懸均如朝賀儀。公主、福晉、夫人、命婦咸朝服集永康右門外祗竢。武備院張黄幕於慈寧門外階下正中。内管領設反坫於幕下，尊、爵、金卮、壺、勺具。尚膳女官等入殿布席。設皇太后御筵於寶座前，加黄羃。東爲皇后御筵，西南向稍後。左右爲皇貴妃、貴妃、妃、嬪宴席，東西向。再後爲公主、福晉以下鄉君、入八分公夫人以上宴席。殿外丹陛左右爲公、侯、伯、子、男、滿洲一二品大臣命婦宴席，並重行，北上東西向，加冪。所司具樂舞、雜技祗竢。届時，内監引公主以下自永康右門進慈寧門，序立於東西丹墀。巳刻，禮部尚書、侍郎轉傳内監，奏請皇后詣皇太后宮筵宴。皇后率皇貴妃以下具禮服陞輿，以次出啓祥門。前引命婦恭導，由慈祥門至徽音左門外降輿，入。皇后進至殿内，東向立。皇貴妃以下隨入，稍後東西序，立。公主、福晉、夫人、命婦按翼陞丹陛序立。引禮女官轉傳内監，奏請皇太后御慈寧宮。皇太后禮服出宮，中和韶樂作，奏「豫平之章」，樂章見册尊儀，下仿此。陞座，樂止。引禮女官引皇后以下就宴位、引公主以下各趨宴次。咸於本座行一拜禮，坐進茶，丹陛清樂作，奏「海宇昇平日之章」。曰：「海宇昇平日，景物雍熙，偏乾坤，草木樂清時。河清海晏麥雙歧，麟游鳳集枝連理。風澹澹，日依依。正蓬壺乍啓，天顔有喜。金門嶰竹傳仙吹，金猊篆裊香烟細，合殿歡聲殷地。一統山河，萬年天子。（一解）佳氣佳瑞滿皇畿，天門詄蕩御筵披，千峯叠嶂排晴翠。動龍蛇，日煖旋旗，青葱玉樹萬年枝。燕温温，玉卮金墀。（二解）天工四序平分歲，皇心惟念小民依。一自農功始，祁寒暑雨編疇咨。崇墉櫛比，豐樂成民瑞；真民瑞，茅檐外，簫鼓樂豳詩。（三解）溯當年，深仁厚澤；到於今，累洽重熙。皇心繼述踵前徽，勤宵旰，敕惟時惟幾。（四解）孝饗吉蠲，修祀事，奉明粢。于豆于登祝繁禧，爲民祈，聖心無逸。天庥至，天心錫福聖無爲。聖無爲，太平恭己重裳治。（五解）得賢臣，襄上理，賁干旌，連茹彙征至。蟬有緌，鷺在墀。九苞颺彩映朝曦，來集上林枝。（六解）民俗恬熙，盈寧婦子，康衢黄髮偕兒齒。食舊德，服新菑。想中天，堯舜世，鼓腹共游嬉，亦越於兹。戴堯天，遵舜軌。（七解）重譯來時，梯航萬里，冠裳玉帛圖王會。於萬載，太平基。想中天，堯舜世，鼓腹共游嬉，亦越於玆。戴堯天，遵舜軌。（八解）皇心和豫陽春似，自萬類，光輝盛美。四海共傾葵，五雲齊獻瑞。（趨辭）。」尚茶女官率尚茶婦舉茶案由中道進至殿檐下，跪，皇后以下咸就本位跪。進茶女官奉茶入殿中門，由中陛陞，跪進皇太后茶，興，立於右。皇后以下行一拜禮。女官跪受茶甌，由右陛降，出中門。皇后以下咸坐，侍衛妻進皇后茶，次分賜皇貴妃以下暨命婦茶，各於坐行一拜禮。飲訖，復拜如初，坐。尚茶女官等徹茶案，退，樂止。尚膳女官等入殿，展冪，以次展各席冪，退，迺進酒。司爵女官自黃幕内奉壺、爵、金卮，以次進至殿中門閾外之左，西面立。丹陛清樂作，奏「玉殿雲開之章」。曰：「玉殿雲開，金門春在蓬壺界。日月昭回，景福齊天大。（一解）乾坤清泰，五雲深處是三台。看勾陳北指，更閣道南迴。明朗朗，左樞兼上相；爛熒熒，龍角枕河魁。際中天，珠聯璧合；仰紫極，麢至鳧來。一人有慶，萬國春臺。（二解）府事修和籲俊才，扇仁風，徧九垓；萬方樂育仰栽培。一人宵旰符真宰，幾康劼毖天工代。民生亦快哉，饔飧廑聖懷。勵憂勤，保大持盈泰。歌帝力，望堯階。（三解）香馥馥，葡萄潑醅，天漿泛玉杯，光瀲瀲，露從仙掌開。北斗傾，萬壽觴；南山獻，延壽杯。慶玉食，萬方來。（四解）看蓬瀛春煖，林巒間早梅。喜風和日麗，年華入睿裁。況山巔水限，玲瓏萬卉開。綠芊芊，蘚似茵，紅灼灼，花如海。雨過也，隱隱輕雷。（五解）到清和，暑風來。茂對乘時，長景恢台。敞水殿，紅粉綠駭；曳暄颸，楊柳毰毸。（六解）金飆至，商序回，清秋皓月揚光彩。芙蓉初日舒蓓蕾。平疇穲稏黃雲藹，歲登大有萬民歡，皇仁優渥敷天戴。（七解）寒雲沍，四序垓，一陽來復天心泰。兕觥醲酒公堂介，豐年蜡饗吹豳賽。乾資美利本無言，帝恩廣運真無外。（八解）天呈瑞，愜睿懷。金鏡光輝，玉燭和諧。鳴鳳雝喈，堯棟上，雲影徘徊，舜琴中，愠爲吾民解。奏南薰，還阜民財。冠裳玉帛圖王會，皇風蕩蕩，聖德巍巍。（九解）淵思往代，茅茨土階，不圖不繪。黄屋心齋，不築崔嵬。不重玫瑰，不貴腥羶葅醢。卻猩脣，減豹胎，惟寶賢才。亦有鹽梅和舟楫，九棘三槐。念民依，饑渴殷懷，願時和，田不汙萊，神倉御廩藏精粺。五風十雨，無偕無差。（十解）日晶熒，雲靉靆，蓂葉芳生玉階。紺露丹霞接上台，帝居深在蓬萊。泛瑶觴，玉斝雲罍，宫漏銅壺緩緩催。頌元首明哉，喜君賡臣拜，太平時節萬年杯。（趨辭）」皇后以下皆興。進爵命婦興，離席趨殿中，北面跪，皇后以下俱跪。女官舉壺實酒於爵，由中門入，西面跪，授進爵命婦，興，退。進爵命婦奉爵興，自中陛陞，當右北面跪，恭進皇太后酒。興，由右陛降復原處，跪，行一拜禮。皇太后進酒，皇后以下咸行一拜禮。進爵命婦興，由右陛陞，跪受虚爵，仍由中陛降復原處，跪。女官入，跪，接受虚爵，退。皇后以下先興，女官迺以金巵酌酒，承懿旨賜進爵命婦，立授巵。進爵命婦恭受，行一拜禮。飲畢，女官立受巵，退。進爵命婦拜如初，興，退，還席坐。皇后以下各就坐。執事女官承懿旨，分賜果食於各席。皇后以下行一拜禮，坐。樂止，迺進饌。尚膳女官等以饌入，恭進於皇太后前。中和清樂作，奏「萬象清寧之章」。曰：「萬象清寧，海寓承平，瑞日麗彤廷。乾主大生，坤職資生，四序不言而成。宸居端拱敷皇極，帝道無爲法健行。五緯明，百度貞，萬邦額手歡慶。（一解）軒圖麗日懸金鏡，堯階蓂莢舒長景。陽回黍谷開春令，帝車運轉杓攜柄。天道本無言，主德惟居敬，萬邦咸頌吾皇聖。（二解）歡幸，累洽重熙際太平，萬國獻葵誠。簪紱盈廷，筐篚充庭。圖王會，奏咸英。微颸不動珠簾捲，露溥溥，仙掌高擎。酒初馨，薦瑶觥，共祝一人有慶。（三解）彤墀上，花甎布影。瑶階上，鑪烟細生。鳳凰鵷鵲敞雲屏，宫漏悄，玉壺清。（四解）泰階久平，大有屢登。上林草木瑞光凝，卿雲景星。梯航萬國冠裳整，香烟盎盎排蓮井。宫殿風微仙樂盈，九成韶箾來儀鳳，穆肅天容睟以清。（五解）庭燎初炳，仰垂裳，一人有慶。明離午正，又千道彩霞籠瑞景。西山峩峩分翠黛，共南山獻壽，北斗天漿溟涬。天長地久，永兹九野盈寧，萬方綏定。（六解）念世德，承天命，況復寶籙鴻圖，嘉祥歲歲呈。五風十雨，九穗雙歧，紫芝朱草榮。木華連理，更兼之，屈軼階前指佞。（七解）欣慶，際昌期，覩聖政。億萬載，培周鼎。宵衣旰食，日邁月征。殫厥心，爲民求瘼，蓂葉抽時花綻杏。寫豳風，又思省，春省秋省。（八解）玉振金聲，皇朝功德慶成。從此年年獻兕觥，佳節良辰喜交並。傾堯酒，堯棟雲生，壽籙綿綿天共永。（趨辭）」執事女官承懿旨，分賜餚饌於各席。皇后以下行一拜禮，坐。樂止，尚茶女官等舉反坫案進至殿門前，侍衛妻進皇后酒，次分賜皇貴妃以下暨命婦酒。皇后以下各就本位行一拜禮，飲畢，復拜如初，坐。樂止，内監下簾，禮部尚書、侍郎引「慶隆舞」進至丹陛，以次隊舞。樂章曰：「於鑠皇清，受命於天。光延鴻祚，億萬斯年。天開令節，瑞啟階蓂。共球萬國，聖壽千齡。粤自我先，肇基俄朶。長白之山，鵲銜朱果。綿綿瓜瓞，長發其祥。篤生列祖，積慶重光。式廓舊疆，東訖海表。聖聖相承，永世克紹。（右第一章）赫赫神功，龍飛崛起。戊甲十三，奮迹伊始。復雠靖難，首克圖倫。天戈一指，震慴强鄰。九姓潛侵，滅迹如埽。蒙古五部，來奉大號。明師四路，五日而殲。定鼎遼瀋，都城巖巖。陣雲五色，江冰夜凝。天助有德，應運而興。（右第三章）天亶聰明，覆幬下國。遠服邇歸，誕敷文德。四方來附，雲集景從。建長命官，庶職是綜。爰創國書，頡文羲畫。聲協元音，萬古不易。爰定軍制，綵旂央央。或純或間，永奠八方。締造鴻謨，創成大業。錫福無疆，慶鍾千葉。（右第三章）佑啓哲嗣，光闡前猷。昭崇駿德，誕迓天庥。攜貳綏懷，朝鮮歸款。世奉東藩，釐爾圭瓚。三十五郡，厥角稱臣。西被佛土，重譯來賓。濯征有明，耀師齊魯。電埽郊圻，有而弗取。略地松杏，屢殪敵軍。百戰百克，用集大勳。（右第四章）帝德廣運，昭受鴻名。建國紀元，永定大清。敦睦九族，彝倫式敘。尚德親賢，股肱心膂。三館是闢，鑑古崇儒。郊社禘嘗，式賁皇圖。爵秩以班，六曹承政。百工允釐，萬邦表正。威鑠函夏，德配蒼穹。敬承無斁，駿烈豐功。（右第五章）帝授神器，統一寰瀛。翦滅巨寇，乾坤載清。一著戎衣，若雨甘雨。大告武成，作神人主。躬親大政，飭紀整綱。制禮作樂，昭示典常。納諫任賢，慎微慮遠。定律省刑，萬世垂憲。克勤克儉，忠厚開基。景命維新，兢業自持。（右第六章）聖神建極，道冠百王。六十一年，福祚久長。天縱聰明，沖齡御宇。孝奉兩宫，德隆千古。三孽蠢動，一舉蕩平。海氛永靖，浪息長鯨。親御六師，三征沙漠。威肅惠懷，鋤頑扶弱。禹功底績，虞典時巡。敷天率土，莫不尊親。（右第七章）惟天行健，神聖則之。典學勤政，作君作師。無逸爲箴，宵衣旰食。一人憂勞，綏此萬國。文經武緯，地平天成。中和立極，玉振金聲。億萬斯年，覲光揚烈。敬天勤民，體元作哲。天鑒孔彰，翼翼後王。儀型皇祖，帝祚遐昌。（右第八章）瑶圖炳煥，六合雍熙。星輝雲爛，風雨以時。翕受嘉祥，調和玉燭。治靄皇風，道光帝籙。東漸西被，北燮南諧。梯航琛賮，畢致堯階。日升月恒，萬拜蒙福。擊壤歌衢，嵩呼華祝。秩秩盛儀，洋洋頌聲。紹休列祖，永慶昇平。（右第九章）」舞畢，笳吹進。樂章曰：「人君之樂，恃此紀綱。兆民之樂，恃我君王。室家孔宜，夫君之力。朋友有成，和輯之德。（牧馬歌）八種成壞兮，實人世之常。墮迷網中兮，慾鎖與情韁。愚人無識兮，樂茲殊未央。執空爲有兮，謬語其奚當。（古歌）不澡心於羣經，具本性而無明。不服膺於佛乘，説妙行而聽熒。（如意寶）一人首出，萬國尊親。湛恩汪濊，普被生民。百花敷榮，一日悦目。灌頂寶光，萬衆所伏。（佳兆）良胡畏哉，襄以至誠。良胡過哉，竭己所能。良胡僞哉，語無文飾。良胡怠哉，罔敢休息。（誠感辭）有君聖明逾戴天，有臣靖共勝後嗣。健婦持家過丈夫，如意寶珠惟孝子。（吉慶篇）滅除己罪，仗佛真言。如欲療病，惟良藥存。菩提鐙兮，出衆生於黑暗；智慧梳兮，櫛六慾之糾纏。（肖者吟）大海之水不可量，天府寶藏奚渠央。良朋和睦益無方，聖有謨訓垂無疆。（君馬黄）人君能仁，烝黎之父。君子和平，羣相肺附。懿厥哲人，實維師傅。匿智懷私，乃民之蠹。（懿德吟）惟安惟和，心意所欲。無貳無虞，朋友式穀。（善哉行）分人以財，惠莫大焉。施人以慧，寧不踰旃。（樂土謡）日將出兮，明星煌煌。壽斯徵兮，秀眉其龐。三十維壯，五十遲暮。莫親祖母，莫尊祖父。（踏摇娘）我馬蹀躞，行如流水。雋英滿座，交親悦喜。族黨姻婭，咸富且貴。酌酒爲歡，既多且旨。（頌禱辭）十五歡娱八十衰，壯容華茂遲暮悲，祖妣最親祖尊哉。（慢歌）遵王之路兮，愆尤希。素位而行兮，夫奚疑。（唐公主）罔有敗事兮，遵道而行。長無離析兮，順親之情。（丹誠曲）瞻彼日月，虚空發光。聖君聖母，焜燿萬拜。（明光曲）日月之明兮，容光必照。聖君之明兮，烝黎咸造。（吉祥師）際聖明時，良我福只。横被恩澤，良我禄只。（聖明時）倏忽變遷，順其自然。如彼蜃樓，余生渺焉。（微言）諸惡莫作，菩提薩多。瞑矇妄行，用墮三塗。（際嘉平）經何本，本於宗。身何本，媪與翁。罪何本，嗔爞爞。福何本，和雍雍。（善政歌）靡言不適於道兮，水萬派而朝宗。夫惟外道之妄語兮，井自晝而不通。（長命辭）惴惴原隰，思全其身。兢兢庶士，思庇後昆。（窈窕娘）維彼愚人，惟知己身。維此哲人，心周萬民。（湛露）六欲相牽，微生是戀。歎彼駒光，如夢如電。（四賢吟）慈悲方便，永斷疑情。極樂净土，不滅不生。（賀聖朝）知之而作兮，明哲所由。不知而作兮，庸愚之儔。慮而後動兮，卓彼先覺；率而妄動兮，是乃下流。（英流行）馬蹀躞兮，身不獲康。念此身兮，本自無常。馬騰驤兮，生不獲寧。念此生兮，本自無生。（堅固子）良馬之德，於田可徵。良朋之行，相交乃明。（月圓）良馬云何，乘者所思。良朋云何，久而敬之。（緩歌）惟帝力兮勞來，父母力兮免懷。乘騏驥兮馳驟，仗巨擘兮弓開。（至純辭）貢高專美，曰惟不仁。擁貲自厚，不久四分。惟不愒愒，乃不戒懼。凶心常萌，誰與共處。（美封君）嗟棄捐於巖穴兮，盍遠播夫芳聲。嗟終老於草莽兮，盍永垂夫令名。（少年行）悲哉北邙，令聞宣揚。北邙悲矣，青史不渝。（四天王吟）瞻彼中林，芃芃萬木。旃檀有香，生是使獨。萬類咸若，攘攘芸芸。民之父母，首出一人。（宛轉辭）載飛載翔，惟翮是憑。爲聲律，惟心是經。射之能中，惟指是憑。交之能善，惟和斯恆。（鐵驪）轂之成雛兮，孚化之功。羽用爲儀兮，賦命之隆。迪彼愚蒙兮，惟聖之功。謨明厥本性兮，實在己躬。（木槵珠）維勤斯哲，安不可懷。溺茲小樂，至樂難期。（好合曲）乾照無私，聖教無類。謨訓洋洋，鑒茲不昧。（章阜）騏驥不羣蹇驢，鴻鵠不偕斥鷃。騶虞不邇狐狸，聖哲不昵愚賤。（天馬吟）疇知幻軀，祕此佛性。疇不退轉，佛恩來證。上德墮落，疇其知病。下士頓起，疇其知競。（大龍馬吟）福慧天亶，誠哉難覯。通人達士，豈奚易逅。（始條理）葱兮蒨兮，山有芳蘭。僮兮祁兮，首有妙鬘。（追風赭馬）元首明哉首出，股肱良哉罕匹。賢夾輔兮王室，莫執左道兮蟊賊。（迴波辭）景行行止，下民堪憐。宜汎愛衆，毋逆忠言。（長豫）騏驥適我體，櫜鞬衛我身。嘉言資我道，經史沃我心。（平調）升彼高阜兮，思我故鄉。有懷二人兮，莫出户堂。陟彼崔嵬兮，思我故鄉。有懷二人兮，莫出垣牆。（遊子吟）帝王無逸，天地和寧。辟公膚敏，兆民阜成。（平調曲）日之升，天爲經。民之行，君爲程。水之流，隨坎盈。牝之遊，駒之情。（高士吟）非冒於貨賄也，感兄弟之敬心。非貪於飲食也，感父老之誠忱。（哉生明）云何致太平，罣然望皇衢。人生夫何常，善保千金軀。民之不能忘，令名照神區。子孫振繩繩，百千萬億餘。（高哉行）敬尊佛敕，如滋甘雨。莫行邪惡，種茲罪苦。（三章）身無常，花到秋。名無常，雷不留。財無常，蜂釀蜜；水無常，海發漚。（圓音）賢者斯賢賢，不賢不賢賢。蜜蜂見花駐，蜻蜓去翩翩。（欄桿）千金寶馬，不如先人之畀遺。嘗盡諸果，不如母乳之甘兮。（思哉行）雹可畏兮，時屆朱明。霜可畏兮，五穀將登。禍可畏兮，歡樂所成。罔不畏兮，憶神魂之初降生。（法座引）火宅無清涼，苦塗無安樂。鳥路誰能攜，閻浮難駐脚。（接引辭）

閻浮提界，如彼高山，越之維艱。盡卻今時，大海漫漫，欲渡良難。（化導辭）瞻彼隄岸，水則不濫。有君牧民，當無畔散。飛鳥雖疲，寧甘墮地。君子固窮，之死不二。（七寶鞍）嗟余生之歡樂兮，似黃離之盈昃。感韶光之荏苒兮，似葉上之青色。及芳華之當齒兮，且喜樂以永日。（短歌）時乎時乎，時外無時。時其逝矣，奚與樂爲。黃離既昃，定少温暾。天光既暮，曀曀其陰。（夕照）皇矣聖世，藹如仁君。懷哉懷哉，日遠日分，亦有良朋，如兄如弟。日遠日離，不能遥跂。（歸國謠）投誠皈依，既安且吉。如佛塔廟，云胡遠別。和樂且耽，手足提攜。如姊如娣，云胡遠離。（僧寶吟）酪必成醐，父將成祖。沙必成丘，母將成嫗。（婆羅門引）試觀三界，漚起漚滅。如彼秋云，乍興乍没。（三部落）流水何湯湯，吾生如是游。雖有聖賢人，誰能少滯留。（五部落）」番部合奏。樂章曰：「元綷是依，明神是祇。一心至誠，昭事勤只。巍巍大君，永底蒸民。中心愛戴，稽首來臣。念人生之無常兮，合勸修夫行善。信百行之咸善兮，終和平而神聽。（大合曲）大君至聖，教敷率土。敉寧萬邦，拜跪奉主。（染絲曲）丕顯元后，惠懷萬方。國彥棐恭，協贊邦常。率土之濱，誠意溥將。咸拜稽首，依戴聖皇。（公莫）皇皇聖明，無遠弗燭。林林衆庶，無思不服。元化惠心，爲善去惡。聖人之邦，長生永樂。（雅政辭）承乾體元，惟我聖君。光開草昧，惟我聖君。綱紀庶政，惟我聖君。父母萬國，惟我聖君。惟我聖君兮，覆幬如天。惟我聖君兮，自新新民。惟我聖君兮，中外乂安。惟我聖君兮，羣匿消淪。拜手稽首兮，頌溢兆民。（鳳凰鳴）大地茫茫，大海滄滄。豈伊無寶，求之奚方。自古在昔，爲君爲王。膺圖御宇，命不于常。實心實政，惠此萬邦。聖御大寶，緊惟我皇。緊惟我皇兮，疇可與之頡頏。（乘驛使）」朝鮮國俳及回部樂進，百技並作，畢，各退。内監啓簾，内管領妻進徹御筵，退。

皇后以下皆興，離席，就殿内拜位立。公主以下出殿左右門，於丹陛上拜位立。丹陛大樂作，奏「益平之章」。皇后率皇貴妃以下謝恩，行二肅一跪一拜禮，畢，樂止。引禮女官奏「宴畢」，轉傳内監，奏請皇太后還便殿。中和韶樂作，奏「履平之章」。皇太后還宮，樂止。引禮女官恭引皇后以下降階，仍由徽音左門出，陞輿還宮。公主以下各退。

皇帝躬侍皇太后家宴儀

皇帝侍奉皇太后，常日問安，進甘旨，獻時新。佳辰令序，恭侍宴賞。歲新正，擇吉恭迎皇太后進宮，皇帝親侍於「金昭玉粹」進早膳，寧壽宮進茶菓、晚膳，重華宮進酒膳，並如儀。元夕陳火戲，端陽競渡，夏日觀荷，俱於瀛臺恭迎宴賞。如駐蹕圓明園，即於御苑舉行。歲季冬臘八日，親侍皇太后幸瀛臺，於慶宵樓進早膳，澄懷堂進茶果，遐矚樓陳閱冰嬉。歲以爲常。恭遇皇太后大慶，皇帝稱觴於壽安宮。宮殿監承旨供辦，親定每日食品，各具膳單進呈。至日，陳樂於宮門，承應大戲人等畢集祇俟。皇帝御吉服，乘輿，詣壽安宮恭俟。皇太后駕臨，樂作。皇帝親奉安輿至殿簷下，降輿入殿，陞坐，樂止。皇帝跪問起居，隨進茶侍早膳，飯麵二品，湯一品，高頭五品，膳菜十二品，糗餌四品。承應宴戲演「九九」大慶。巳刻進小膳，餑餑五品，果實十品。未正刻進晚膳。飯麵二品，湯一品，高頭五品，膳菜十二品，糗餌四品。繼進酒膳。酒二品，膳菜七品，果實八品，垂手果碟四品。皇后率皇貴妃以下皇子、皇孫咸侍。欽派王公、滿漢大臣、侍衛、外藩、回部於東配殿，王妃、公主、命婦於西配殿，各以次列坐觀戲，恩賜酒肴果實。申刻，宴畢，王公以下先出。皇太后起座，乘輿，樂作如初。皇帝恭送至宮門，皇太后還宮，樂止。皇帝乘輿還宮。

謹按：乾隆二十六年十一月，恭遇皇太后七旬大慶，先於二十一日皇上詣壽康宮恭侍筵宴，敬起舞。皇子、皇孫、額駙以次隊舞。舞辭曰：「皇太后萬壽彌增，皇帝至孝以承。洪福同山海，歡聲率土騰。（一章）歲當辛巳建，壽屆七旬隆。怡愉太平日，舞蹈編寰中。（二章）太后宏溥慈仁，宮闈式維均。綿延百世澤，長此樂長春。（三章）盛際集禎祥，祈年日正長。臣民敬申輿頌，慶覃恩敷八方。（四章）聖節開嘉燕，雍容舞疊獻。允茲祺壽綏，神人共歡忭。（五章）金鑰曈曨曉開，成行彩仗先排。臣工大小陪位。會朝稱慶無涯。（六章）皇帝仁孝兼至，聖母福壽同綿。載考古史所紀，罕得於斯盛焉。（七章）皞皞熙熙盛世，氤氤氳氳元氣。皇太后聖壽無疆，皇帝孝思不匱。（八章）如日之升，如月之恆。慈壽綿綿，如南山是徵。（九章）皇帝聖治臻隆，庶彙被澤胥濃。以茲悅懌聖母，允宜福壽攸崇。（十章）大孝章矣，茀禄長矣。敷天嘒嘒，樂時康矣。（十一章）聖時文教昌，萬彙欣解阜。多福允受茲，清寧並悠久。（十二章）異域輸誠，稱臣奉琛。屬國以萬數，雲集合歡心。（十三章）殊方一以平，德威既遐布。長治而久安，慈懷同增豫。（十四章）回部偕來賀，德化漸以深，戴恩永無極，送喜承皇心。（十五章）迺陟金陛兮，慶筵載陳。迺展舞綵兮，至德洽於無垠。（十六章）鐘鼓既宿懸，和聲娛愷樂。九重進版圖，王會式增廓。（十七章）曰雨曰暘時若，省歲實維屢豐。泰宇既安既阜，嬉遊何幸風同。（十八章）浹兮淪兮，沐湛恩兮。九州萬國，戴逾殷兮。（十九章）聖母延洪康且頤，行慶施惠人無遺。願集多祜綏維祺，勿替引之億萬斯。（二十章）」餘如慈寧宮筵宴之儀。

乾清宮家宴儀

恭遇皇帝萬壽、元旦、除夕及諸令節，乾清宮家宴。宮殿監先期奏聞，既承旨，飭所司供備。屆日，尚饍具饌，尚茶具茶，司樂陳樂懸如儀，承應宴戲人等畢集祗俟。宮殿監率所司設御筵於寶座前，設皇后寶座宴席於御座東，西南向，稍後。左右設皇貴妃、貴妃、妃、嬪筵席，東西向，俱北上。屆時，宮殿監奏請皇后率皇貴妃以下具吉服，齊詣宴次，各就本位，立俟。迺奏請皇帝陞座，中和韶樂作。萬壽、元旦、冬至樂章並見三大節慶賀儀，餘各按時與常朝同。還宮仿此。樂止，皇后以下各就位次行一拜禮，丹陛大樂作，奏「雝平之章」。樂章見三大節慶賀儀，下倣此。禮畢，樂止。皇后以下各入座進饌，丹陛清樂作，奏「海宇昇平日之章」。樂章見慈寧宮筵宴儀，下倣此。樂止，承應宴戲進果簷下，清樂作，奏「萬象清寧之章」。樂止，進酒，丹陛清樂作，奏「玉殿雲開之章」。皇帝進酒時，皇后以下各出座，跪，行一拜禮。樂止，仍各入座。承應宴戲畢，皇后以下出座謝宴，行二肅一跪一拜禮。丹陛大樂作、奏「雝平之章」。禮畢，樂止。宮殿監奏「宴畢」，皇帝起座還便殿，中和韶樂作。樂止，宮殿監奏請皇后以下各還本宮。

皇后千秋内宴儀

恭遇皇后千秋，於本宮筵宴。宫殿監先期奏聞，既承旨，飭所司備辦。屆日，尚饍具饌，尚茶具茶，司樂陳樂懸如儀，承應宴戲人等畢集祗竢。宫殿監率所司設皇后御筵於寶座前，設皇貴妃、貴妃、妃、嬪宴席於左右，東西向，俱北上。屆時，宫殿監啓請皇貴妃、貴妃、妃、嬪具吉服，齊詣宴次，各就本位立竢。迺奏請皇后吉服陞座，中和韶樂作，奏「淑平之章」。樂章見千秋行禮儀，下倣此。樂止，皇貴妃以下各就位次行一拜禮，丹陛大樂作，奏「正平之章」。禮畢，樂止。各入座進饌，丹陛清樂作，奏「海宇昇平日之章」。樂章見慈寧宫筵宴儀，下倣此。樂止，承應宴戲進果簷下，清樂作，奏「萬象清寧之章」。樂止，進酒，丹陛清樂作，奏「玉殿雲開之章」。皇貴妃進酒。皇后進酒時，貴妃以下各出座，跪，行一拜禮。樂止，仍各入座。承應宴戲畢，皇貴妃以下出座謝宴，行二肅一跪一拜禮。丹陛大樂作，奏「正平之章」。禮畢，樂止。宫殿監奏「宴畢」，皇后起座還後宫。中和韶樂作，奏「順平之章」。樂止，宫殿監啟請皇貴妃以下各還本宫。

皇貴妃、貴妃千秋宴儀

皇貴妃千秋，皇貴妃與貴妃、妃、嬪同宴於本宮。宮殿監先期承旨，飭所司供備。届日，所司祗具。宮殿監啓請貴妃、妃、嬪具吉服，齊詣宴次。迺啟請皇貴妃吉服陞座，貴妃以下各依次入座，進饌，承應宴戲，進果，進酒。貴妃以下各於本座行一拜禮。承應宴戲宴畢，貴妃以下行禮如初。宮殿監啟「宴畢」，皇貴妃起座還後宮。宮殿監啓請貴妃以下各還本宮。

貴妃千秋，貴妃與妃、嬪宴於本宮，儀同。

乾清宮曲宴廷臣儀

恭遇皇帝萬壽及元旦、上元、端陽、中秋、重陽、冬至、除夕等節，乾清宮曲宴王公、大臣。宮殿監先期承旨，飭所司供備。奏事太監具王公、大臣名簽，奏請欽派，並請進爵大臣。既得旨，交奏事官員下内閣通傳。宮殿監恭請恩賜宴次諸物排列呈覽。届日，尚膳具饌，尚茶具茶，司樂陳樂懸如儀，承應宴戲人等畢集祗竢。宮殿監率所司設御筵於寶座前，設王公、大臣宴席於左右，並重行，北上，東西向。王公高桌椅坐，大臣等低桌，各設坐褥。黎明，入宴之王公、大臣俱蟒袍補服，齊集乾清門外。届時，奏事官員引入宴次，各依班位祗竢。宮殿監奏請皇帝陞座，中和韶樂作，奏「隆平之章」。樂章各按時與常朝同，下倣此。樂止，宮殿監引入宴之王公、大臣北面排立，行一跪三叩禮。丹陛大樂作，奏「慶平之章」。禮畢，樂止，各就宴位，一叩坐。進饌，丹陛清樂作，奏「海宇昇平日之章」。樂章見慈寧宮筵宴儀，下倣此。樂止，承應宴戲進果簷下，清樂作，奏「萬象清寧之章」。樂止，進酒。丹陛清樂作，奏「玉殿雲開之章」。進爵大臣恭進皇帝酒。皇帝進酒時，王公、大臣各起座，跪，行一叩禮。樂止，仍各入座。承應宴戲畢，頒恩賜諸物，王公大臣各出座謝宴，行一跪三叩禮。丹陛大樂作，奏「慶平之章」。禮畢，樂止。宮殿監奏「宴畢」，皇帝起座，還便殿。中和韶樂作，奏「顯平之章」。樂止，宮殿監引王公、大臣各退。謹按：元旦歲有例宴，餘不常行。

恭遇每歲新正，特召內廷大學士、翰林於重華宮茶宴聯句。奏事太監豫進名籤，既承旨，按名交奏事官員宣召入宮祇竢，屆時引入。宮殿監豫請所司具茶果，承應宴戲，懋勤殿首領太監等具筆墨紙硯。諸臣俱以次一叩列坐。御製詩下，授簡聯賡。宴畢，頒賞，諸臣跪領，趨退。其恩賜之物，宮殿監臨期恭候欽定，排列呈覽。

瀛臺錫宴儀

謹按：乾隆十一年八月二十七日，賜王公、宗室筵宴於瀛臺豐澤園，欽命皇子及王公、宗室等一百三人入宴。宮殿監既承旨，飭所司供備。先期，宮殿監率所司於崇雅殿自錫宴後易名惇敍殿。安設大地平，恭設御宴寶座於正中，設履親王、莊親王、慎郡王、誠親王、康親王宴席於地平上左右，用高桌椅坐。較御座稍低。設皇子及王公等三十六人宴席於殿内左右，設宗室大臣、侍衛、官員、閒散六十二人宴席於東西兩廂，並高桌椅坐。庭中張演劇行臺。届日，尚膳具饌，尚茶具茶，司樂陳樂懸如儀，宴戲人等畢集祇竢。宮殿監設恩賞諸物於豐澤園宮門。黎明，皇子及王公、宗室俱蟒袍補服祇俟，於瀛臺勤政殿宮門外恭候駕至跪迎，隨行至宴次。其入宴進酒作樂行禮諸儀節，俱如常宴之儀。王公、宗室等遵旨長幼列坐，俱行家人禮。欽命和親王、果親王、皇長子、皇三子、皇四子於殿内列坐之王公行酒，並命和親王率永璧阿哥、永瓌阿哥於兩廂列坐之宗室行酒。宴畢，駕還宮。皇子及王公、宗室等跪送如儀。宮殿監承旨帶引王公、宗室至淑清院、流盃亭等處觀覽。午刻，仍至豐澤園宮門内，頒賜蟒緞、文綺、茶果等物有差。王公、宗室等跪領，叩，興，各退。

乾隆十一年八月二十八日，賜滿漢大臣、翰林筵宴於瀛臺豐澤園，欽命大學士、九卿、翰詹官員等一百七十六人入宴。先期，宮殿監承旨，於瀛臺涵元殿設御宴寶座於正中。設大臣、翰林等四十三人宴席於左右，用低桌。於豐澤園崇雅殿御座兩旁設大臣、官員一百三十三人宴席於殿内左右及兩廂，並低桌。届日，諸司供備如前。黎明，入宴之大臣官員俱蟒袍補服於勤政殿宫門外恭候聖駕。駕至跪迎。欽命於涵元殿筵宴之大臣、翰林等四十三人隨行入宴，餘俱詣崇雅殿入宴，以次列坐。其入宴進酒作樂行禮，並如常儀。筵宴畢，駕幸淑清院「曲水流觴」，設寶座賦詩，並命從宴諸臣聯句。既畢，駕還宫。宫殿監承旨帶引大臣官員等至瀛臺、淑清院等處觀覽，賜酒果於流杯亭。未刻，仍詣勤政殿宫門内，頒賜文綺、絹箋、茶果等物有差。大臣官員等跪領，叩，興，各退。

豐澤園凱宴儀

謹按：乾隆十四年平定金川，乾隆二十五年平定回部，凱旋禮成，皇帝幸豐澤園錫宴。内務府承旨，徧布諸司供備。前期，武備院設帳殿於豐澤園之北，厥明，張黄幕於帳殿南正中。掌儀司陳反坫於幕内，尊、爵、金巵、壺、勺具。司樂以次陳樂懸如儀。尚膳總領等設御筵於寶座前，加黄羃。設王公宴席於帳殿内之左，設凱旋大臣及欽命入宴大臣宴席於帳殿内之右及帳殿外幕下，兩旁設入班侍衛、凱旋侍衛、護軍宴席於左右青幕下，皆有羃。樂舞、善撲、平定回部並陳回部伎樂。雜技、百戲人等畢集。入宴之王公、大臣、侍衛等俱蟒袍補服，齊集祗竢。巳刻，皇帝吉服乘輿出宫，設鹵簿沍宴次。鴻臚寺卿引王公、大臣等分列左右跪迎。皇帝降輿，中和韶樂作。平定金川奏「隆平之章」，曰：「慶溢朝端，靄祥雲，河山清晏，鈴旂迢遞送歸鞍。赫元戎，緊良翰，靖獻寸誠丹。載干戈，和佩鸞。功成萬里勒銘還，遐邇共騰歡。」平定回部奏「遂平之章」，曰：「陽回玉琯春，華闕晴暉映紫宸。聲教訖無垠，烽燧長清玉塞塵。絕域盡王臣，安作息，荷陶甄。奉贄獻靈珍。超三古，懋經綸。」陞座，樂止。鴻臚寺分引王公以下各就宴次行一叩禮，坐，進茶，丹陛清樂作。平定金川奏「景運乾坤泰之章」，曰：「景運乾坤泰，八表歸懷。迅除戎，玉壘陣雲開。一封箋表達堯階，天顏大霽宣賚寀。抒壯略，運奇才，建膚功奏凱。永敉寧邊界，錦江春色消烟靄。人工健羨天工代，方叔師干應賽。績著旂常，榮褒圭玠。（一解）指授，指授特宣差，何殊吉甫頌平淮，運籌帷幄成功快。賀澄清，燕啓蓬萊，祥光爚煜襲罘罳。暖融融，瑞氣南來。（二解）歸而飲至垂方策，平安火報樂無涯。五服施章采，萬方寧謐陟春臺。車書玉帛，丕冒如天大。同天大，慶酬庸，列爵耀三台。（三解）緬嚴冬，旗麾色展；喜今春，笳鼓聲諧。都緣廟略聖親裁。移時節，埽浮雲浮埃。（四解）我武維揚羣虎拜，詠良哉，來享來王亙紘垓。貢金臺，洗兵何必臨玉海，作舟端藉濟川材。濟川材，還資燮理調仙鼐。（五解）望前途，戈倒載。荷包蒙，赦宥加寬貸。驅獸散，葉鳳喈。用遏蠻方福孔皆，琛賫喜盈階。（六解）花雨輕篩，香雲結靄，鴻鈞氣轉陽和屆。拕杏頰，暈桃腮。睠盈筐，嘉實采，玉案早安排。春並恩長，暢宸襟，符帝賚。（七解）三殿歡諧，千官樂愷，堯尊舜樂欣重再。知有喜，永無猜，睠盈筐，嘉實采，玉案早安排。春並恩長，暢宸襟，符帝賚。（八解）明良遭際光千載，喜振旅，歡騰中外。駿烈協賡歌，鴻猷標史册。（趨辭）」尚茶舉茶案由中道進至帳殿簷下，跪，王公以下咸就本位跪。進茶大臣奉茶入帳殿，由中陛陞，跪進皇帝茶，興，立於右。王公以下行一叩禮。進茶大臣跪受茶甌，由右陛降，趨中路出。王公以下咸坐，侍衛分賜王公以下茶，各於坐行一叩禮。飲訖，復叩如初，坐。尚茶徹茶案，退，樂止。尚膳總領等進帳殿，展羃，以次展各席羃，退，迺進酒。掌儀司官自黄幕内奉壺、爵、金卮，以次進至帳殿外，中左西面立。丹陛清樂作。平定金川奏「聖德誕敷之章」，曰：「聖德誕敷，皇威遠布資元輔。授鉞前驅，蕩定昭神武。（一解）鴟張巴蜀，臨軒推轂掌兵符。便霜戈西指，更羽騎南趨。威凜凜，先聲馳遠徼，顯巍巍，撻伐審孤虚。仰台垣，權操左相；寄專閫，星耀中樞。濯征咫尺，克捷須臾。（二解）奮武揆文秉聖謨，甫臨衝，奏捷書，覲光揚烈志何如。申明紀律嚴軍伍，指揮決勝天威助。風雲八陣圖，機宜式範模。勵公忠，德教忙宣諭。恢覆載，宥頑愚。（三解）承睿算，天兵勦除，何愁蜀道紆。卜遄征，鷹揚出上都。凍日寒，棧入雲，嚴風勁，雪載塗。乘橇走，殫勤劬。（四解）乍營開細柳，温同挾纊餘。懔自天成命，聲靈震八區。把宵人翦除，握要似摧枯。息氛祲，淬戈鋋，修文德，陳干羽，振士氣，忠信交孚。（五解）競輸誠，悔負嵎。面縛來降，釜底游魚。開湯網，遄宣露布，慰堯心，不事征誅。（六解）班師慶，報捷初，鳴笳疊鼓催前部。不驚雞犬咸安堵，威名綽著追强弩。太平一統萬年歡，潛消兵氣成霖雨。（七解）和風扇，淑景攄，承恩既醉趨鵷鷺。端資啟沃聯心膂，儲胥常見風雲護。堂廉一德慶昇平，春光怎及恩光溥。（八解）霑優渥，賜大酺。三爵言言，拜錫宫壺，饜飫天廚。波瀲灩，湛露涵濡。競稱觥，介壽綏多祜。好韶華，春盎雲衢。垂裳有道開昌宇，光浮玉盞，麗映金鋪。（九解）龐洪異數，羣歌樂胥，威馳六合，位重三孤。進獻嘉謨，出靖邊隅，允作中朝砥柱。企都俞，佐唐虞。百辟嚴趨，殿陛山呼。師濟濟，颺拜歡娱。戛鏘鏘，依永笙竽。萬斯年，玉燭安舒。河清海晏金甌固，榮生虎竹，喜溢簪裾。（十解）日舒長，時和煦，萬彙從茲昭蘇，寶篆氤氲裊御鑪。玉缸香泛醁酥。想當年，在藻依蒲，鎬燕何曾今昔殊。慶槐鼎雲需，賡君臣相遇，曈曨旭日照宸居。（趨辭）平定回部奏「禹甸遐通之章」，曰：「禹甸遐通，周疆遠控資良棟。撻伐成功，庭引來儀鳳。（一解）吾皇端拱，軍書方略授元戎，把準夷擴定，更朔漠來同。奉玉帛，大宛分左右，貢瑶琛，布魯盡西東。沛殊恩，豺狼解網，思負義，梟獍逞凶。雉盟既背，螳臂稱雄。（二解）師律嚴明主將忠，颺征麾，拂綵虹，衝開朔雪與嚴風，温如挾纊咸歡哄。先聲士氣矜餘勇，貔貅百萬雄，風雪指顧通，笑么麽小醜懷恇悚。驚魑魅，竄豣豵。（三解）揚我武，王師肅雍，憑將跋扈窮。諒鳥覆危巢豈待風。釜底魚，迹漫逃，負嵎虎，勢莫容。騎甲馬，埽狂童。（四解）待風清三窟，天山月掛弓。更撫懷百雉，旌旗漫蔽空。任狼奔匿叢，妖氛莫避蹤。渡西洱，似催枯，臨拔撻，如泉湧。逢義旆，雙殄元兇。（五解）競歸懷，樂帲幪。願隸王臣，争效球共。瞻舜陛，玄黄納貢。達堯庭，牋表連封。（六解）班師至，露布工，西維部落咸風動。非關矜武窮荒隴，鴻謨自是承先統。聖朝大命一時新，勳華千禩膺天寵。（七解）皇心悦，式燕崇，追陪三殿趨鸞鳳。涵濡湛露成歌頌，卷阿再續周詩詠。明良此日慶都俞，天河洗甲知無用。（八解）葭灰起，律應宫。銀雪繽紛，苑樹雕瓊。杕杜歌融，聲窈窕，葉羽諧鐘。競承恩，拜爵玻瓈捧。喜時晴，光曜曈曨，金甌永固山河重。春生瑞草，慶溢祥松。（九解）需雲乍擁，晴霞晝烘，百僚鵠立，瑶佩丁東。仙仗峥嶸，芝蓋玲瓏，洵是珠輝玉瑩。奏師曠，閒笙鏞，偉烈豐功，述祖歌宗。光奕奕，安石來紅，響蕭蕭，宛馬從東。拜氍毹，簪紱雍容，油油三爵威儀重。鶴聞倡和，鳳葉萋菶。（十解）醉仙廚，花漏永，放牛歸馬功成，帝德醍醐拜賜榮。玉階蓂莢葱蘢，想當年燕鎬營豐，樂愷興歌今昔同。喜瑞靄璇宫，更辰居星拱，一庭端拜進瑶觥。（趨辭）」王公、大臣皆興，進爵。凱旋大臣興，出帳殿，釋補服，趨殿中北面跪，王公以下俱跪。掌儀司官舉壺實酒於爵，由中路進帳殿，西面跪，授進爵大臣，興，退。進爵大臣奉爵，興，自中陛陞，當右北面跪，恭進皇帝酒。興，由右陛降復原處，跪，行一叩禮。皇帝進酒，王公以下咸行一叩禮。進爵大臣興，由右陛陞，跪受虛爵，仍由中陛降復原處，跪。掌儀司官入，跪，接受虛爵，退。王公以下先興，掌儀司官迺以金卮酌酒，承旨賜進爵大臣，立授卮。進爵大臣恭受，行一叩禮，飲畢，掌儀司官立受卮，退。進爵大臣叩如初，興，由帳殿右趨出，加補服還入，坐。王公以下各就坐。執事官承旨分賜果食於各席，王公以下行一叩禮，坐。樂止，進饌。尚膳以饌入，恭進於皇帝前，中和清樂作。平定金川奏「日耀中天之章」，曰：

「日耀中天，慶祝堯年，淑氣正暄妍，嫩柳芊綿，艷李飄翩，遐方永息烽烟。雲峯四起迎宸幄，霞綺千重映御筵。韶略宣，羽書傳，臣鄰崔耀歡忭。（一解）和風麗日祥雲見，九天閶闔開宮殿。笙簧酒醴昇平燕，勳標麟閣王猷顯。寅亮載周官，動風徵堯典，干戈載戢民遷善。（二解）堪羡，衛霍功勞相後先，樓可上籌邊。征罰斯專，步伐寧愆。申軍實，督戎旃。布昭聖武彰天罰，既來庭，底用攻堅。福如川，酒如泉，共沐恩波不淺。（三解）貔貅統，山苞禹甸，欃槍埽，風調舜弦。來威補入雅詩篇，車嘽嘽，鼓淵淵。（四解）王師載旋，揚厲無前，溫綸鐘鼎姓名鐫。安邊定邊，天涯靜處消爭戰。蠶叢鳥道奇功建，高奉霞觴北斗連。旌旗柳拂春風暖，一點葵心傍日暄。（五解）仙人六膳，藉鹽梅，分嘗禁臠。玉階舞忭，懸日月，雙開明雉扇。共歡天意同人意，賞九重春色，飽聽流鶯百囀。風光滿美，從看香噴金猊，花明上苑。（六解）晝漏迴，晴霞絢，嗣此作楫爲霖，台鼎合韋弦。雲韶燦設，彩仗森排，徵歡物更妍。一人有慶，定畔藏戈甲，文修武偃。（七解）婉孌，醉仙桃，催曉箭。見花外，高於轉。治登上理，海宇晏然。億萬載，兵銷刑措，惕厲精勤資拜獻。喜今朝，最難忘，皇眷天眷。（八解）贊化調元，方蹤周召，名賢裒對敷天。景福全臨照，恩光應普徧。奚止是甲士三千，鼇極高擎欣永奠。（趨辭）」平定回部奏「聖治遐昌之章」，曰：「聖治遐昌，牒紀嘉祥，六幕仰重光，化日舒長。瑞啟金閶，照臨亶被殊方。星雲爛縵膺天慶，風雨和調佐帝觴。廓皈章，靜欃槍，皇威遠域宣暢。（一解）金莖玉露融仙掌，堯天晴日輝金牓。將軍閫外寒威敞，櫜戈進爵春雲盎。麟閣紀勳名，瀲灩恩波廣，桓桓在泮王猷壯。（二解）遐想大業，神功邁漢唐，殊策靖疆埸。兵氣恢揚，土馬騰驤。申天討，遏蠻荒，廟謨布算風雷卷，握韜鈐，指授戎行。慶綏康，載旂常，奏凱師旋舞唱。（三解）榆關外，蜺旌虎帳，邊城望，蜂巢蟻房，人皆赤子盡來王。清沙漠，殪天狼。（四解）歸而解裝，人盡軒昂，葱山蒲海百花香。神揚氣揚，論勳飲至先名將。金樽次第邀前賞，西域葡萄美且芳。共欽王道無偏黨，向日葵心率土將。（五解）和光駘蕩，酌瓊卮，珍饈百釀。蓼蕭露瀼，瞻肅穆，天容霄漢朗。大官六膳調金鼎，向御筵供奉，雉扇明開兩兩。雲霞萬狀，晒茲瑞氣輝煌，三山蓬閬。（六解）承燕喜，皇風鬯，從茲斥堠無驚，甲胄衅而藏。珍符紛郁，瑞應騈羅，天心降福穰。誕敷文德，更阜財解慍，薰琴接響。（七解）瞻望沐皇仁，抒衆仰，似花柳春前放，仙桃錫燕，恩普德祥。解戰袍，歡騰貔虎，還擬圖形麟閣上。靖烽烟，願長迓天錫神貺。（八解）酒醴笙簧，恩膏欣徧巖廊。來享來王曰是常，偃武修文昭治象。何異詠洛水泱泱，食德飲和聲教廣。（趨辭）」尚膳總領承旨分賜餑餑於各席。王公以下行一叩禮，坐，樂止。掌儀司舉反坫案進至帳殿前，侍衛等實酒於卮，捧置御案，皇帝親賜凱旋大臣等酒，各離席以次至御前跪。皇帝手授卮，捧受，一叩，飲畢，以卮授侍衛，復叩，興，還坐。侍衛等分賜王公以下酒，各就本位行一叩禮。飲畢，復叩如初，坐，樂止。所司引「慶隆舞」進至帳殿内，以次隊舞。平定金川「德勝舞」，辭曰：「乾隆聖世，瀛寓乂康。元首惟明，股肱惟良。景運鴻昌，休德茂著。統馭八埏，惠液遐布。金川小醜，蠢爾冥頑。惟時弗率，跳梁窮邊。用申天討，聲罪執言。長驅驛駕，油雲斯屯。聖謨廣運，決機萬里。聿簡賢臣，良弼是倚。曰忠曰勇，經略戎功。心堅金石，誠格蒼穹。身先烝徒，跋履巖阻。晨夕盡瘁，均勞共苦。姦宄是殛，逆諜是攘。國憲孔昭，我武孔揚。窟穴梨止，邑巢圮止。堅卡隳止，峻碉毀止。爰褫其魄，爰喪其膽。震慴股栗，潛伏於坎。如鼠竄穴，如鱗游釜。號呼哀籲，再三求撫。元臣執義，憤欲蕩除。帝德好生，曰免駢誅。六條攸約，虔慄遵循。恩綸祇奉，解網施仁。丕革厥心，匍匐奔赴。除道築壇，香雲擁路。帝仁覃敷，六合滂洋。蘇其枯朽，賜以再生。展也滿兵，彌月功成。云何其速，皇猷是憑。神功炳焯，乾坤軒豁。九重勝算，明並日月。勒諸瓊玖，昭諸汗青。禮成鉅典，樂奏昇平。膚功克奏，慶筵是侑。太和氤氳，翔洽宇宙。卿雲糺縵，景緯珠聯。梯航琛賮，億萬斯年。」平定回部「慶隆舞」辭曰：「祖志繼成，翦滅遠叛。籌畫從容，疆闢二萬。川原式廓，乃經土田。廟算宏深，天心契焉。車楞内訌，丐恩臣服。爵錫王公，周恤其屬。鬼域阿酋，匍匐帝庭。寵以藩服，秉鉞專征。俘達瓦齊，再生曲宥。念彼軍勞，崇封晉授。阿奭狡獪，將伏天誅。妄冀非分，叛於中途。反覆二心，棄厥妻子。役屬離散，巨惡宜爾。汲水萬里，欲息燎原。似彼狂酋，徒然自燔。竄俄羅斯，疫戕其命。遐方尊王，爰獻於境。滿洲索倫，淩波飛渡。奮勇莫當，峻嶺爰度。俘厥逋逃，收彼牲畜。取彼子女，如摧朽木。弓矢所加，賊壘莫禦。急思兔脱，震駭無措。蠢爾賊衆，作亂變更。帝德涵濡，惸獨遂生。豈曰窮兵，豈曰黷武。乘時遘會，忍弗遠撫。回首在囚，解其禁錮。甫還庫車，流言煽布。惟彼兇渠，負君莫比。罔念聖恩，能弗切齒。伊犁既戢，諸部賓服。豫策久長，悉收回族。二賊潰逸，命將追遏。踰其穴巢，直抵巴達。爰遣侍衛，乃得其情。回長搏顙，獻馘輸誠。邃古莫稽，列史具在。殲寇如斯，未有儗類。欃槍淨掃，寰宇昇平。師出以正，中外永清。睿謨惟誠，宵旰無逸。宏奏膚功，聖心斯懌。順我者昌，逆我者亡。旌別恐遺，天語孔彰。酬庸封爵，表勇錫名。昭兹懋賞，章采聿明。誅鋤元惡，大功告成。如春育物，德合清寧。」舞畢，笳吹進。樂章曰：「閶闔煌煌，鏜鏞鏘鏘。鳴鞭祇肅，帝用燕康。荷天純嘏，祖德凝庥。從容底定，允升大猷。聖德宏敷，光被遐邇。如拱北辰，諸部歸止。慈恩覆幬，滄海無量。争先效順，奔走來王。憲章斯備，勝算克成。跳梁羣醜，魚貫輸誠。天威震疊，小腆惕厲。大君惟仁，莫不臣隸。聖教宏敷，額手格心。月窟同風，越邁古今。遠謨是協，絶徼安康。撫綏之德，徧於遐荒。乾元功懋，滂洽垓埏。巍巍盛德，億萬斯年。」是時，善撲、百技並作，承應宴戲畢，各退。所司進徹御筵，退。王公以下皆興，各就本位行一跪三叩禮，畢，離席，鴻臚寺卿分引趨出帳殿左右序立。皇帝起座，中和韶樂作。平定金川奏「顯平之章」，曰：「雉扇徐迴，徧堯封，齊銷熢燧，依依陽柳六師歸。逮春耕，修農耒，論賞策勳隨。九重深，五絃揮。敷天率土裒時對，日月耀明威。」平定回部奏「允平之章」，曰：「淑氣轉瑶閶，緹幕葭飛啟百昌。恩威亙八荒，雪嶺天山道里長。納欵嚮明堂，三足烏，暨鳳凰。乾珍普降祥，彌顧禔，敕幾康。」皇帝乘輿還宫，設鹵簿如來儀。王公以下跪送。樂止，各退。

紫光閣錫宴儀

謹按：乾隆二十六年正月初二日，紫光閣武成殿落成，錫宴於閣下，欽命大學士、忠勇公傅恒，尚書、武毅謀勇公兆惠暨滿漢文武大臣、蒙古王公、台吉、回部等一百七人入宴。内務府承旨以大學士公傅恒獻爵。乃徧布諸司供備。屆日，武備院張黄幕於丹陛上正中，掌儀司陳反坫於幕内，尊、爵、金卮、壺、勺具，司樂以次陳樂懸如儀。尚膳總領等設御筵於寶座前，加黃冪。設入宴大臣等宴席於閣下左右及丹陛上，左右皆有冪。樂舞、善撲、回部樂舞、雜技、百戲人等畢集。内務府張青幕於丹陛下，兩旁陳列恩賜入宴諸臣文綺等物。入宴諸臣俱蟒袍補服，各於本宴次安設坐褥。鴻臚寺卿、理藩院尚書等引大學士以下至丹陛下左右分翼序立。皇帝吉服乘輿出宫，設鹵簿涖宴次。大學士以下跪迎。皇帝至丹陛上降輿，入閣門，中和韶樂作，奏「隆平之章」。樂章與常軌同，下倣此。陞座，樂止。鴻臚寺、理藩院分引大學士以下各就宴次，行一叩禮，坐。進茶，丹陛清樂作，奏「海宇昇平日之章」。樂章見慈寧宫筵宴儀，下倣此。尚茶舉茶案由中道進至閣檐下，跪，大學士以下咸就本位跪。進茶大臣奉茶進閣，由中陛陞，跪進皇帝茶，興，立於右。大學士以下行一叩禮。進茶大臣跪，受茶甌，由右陛降，出中門。大學士以下咸坐，侍衛等分賜大學士暨入宴諸臣茶，各於坐行一叩禮，飲訖，復叩如初，坐。尚茶徹茶案，退，樂止。尚膳總領等進閣展冪，以次展各席冪，退，迺進酒。掌儀司官自黃冪内奉壺、爵、金卮，以次進至閣中門閾外之左，西面立。丹陛清樂作，奏「玉殿雲開之章」。諸臣皆興，進爵大學士興，出閣右門，釋補服，進閣中門，北面跪，諸臣俱跪。掌儀司官舉壺實酒於爵，由中門入，西面跪，授進爵大學士，興，退。進爵大學士奉爵興，自中陛陞，當右北面跪，恭進皇帝酒，興，由右陛降復原處，跪，行一叩禮。皇帝進酒，諸臣皆行一叩禮。進爵大學士興，由右陛陞，跪授虛爵，仍由中陛降復原處，跪。掌儀司官入跪，接受虛爵，退。諸臣先興，掌儀司官乃以金巵酌酒，承旨賜進爵大學士，立授巵。進爵大學士恭受，行一叩禮，飲畢，掌儀司官立受巵，退。進爵大學士叩如初，興，由閣右門趨出，加補服，還入坐。諸臣皆坐，執事官分賜果食於各席。大學士以下行一叩禮，坐。樂止，進饌。尚膳以饌入，恭進於皇帝前。中和清樂作，奏「萬象清寧之章」。尚饌總領承旨，分賜餚饌於各席。大學士以下行一叩禮，坐。掌儀司舉反坫案進至閣前，侍衛分賜大學士以下酒，各就本位行一叩禮，飲畢，復叩如初，坐。皇帝復親賜諸臣酒。御前侍衛等以玉巵貯酒，捧置御案。諸臣聞命興，離席，以次至御前跪。皇帝手授巵，捧受，一叩。飲畢，以巵授侍衛，復叩，還坐，樂止。是時，樂舞、善撲、回部樂舞、百技並作，承應宴戲畢，各退。所司進徹御筵，退。大學士以下皆興，各就本位行一跪三叩禮，畢，離席。鴻臚寺卿、理藩院尚書分引趨出，至丹陛下左右序立。皇帝起座，中和韶樂作，奏「顯平之章」。皇帝至丹陛上乘輿還宮，設鹵簿如來儀。大學士以下跪送。樂止，總管内務府大臣分給入宴諸臣恩賜緞疋等物有差，諸臣跪領，叩，興，各退。

國朝宫史卷之八

典禮四

宫規謹按欽定宫中現行則例開載編録

一、位號　本朝定制，皇帝尊聖祖母爲太皇太后，尊聖母爲皇太后，居慈寧、壽康、寧壽等宫。奉太妃、太嬪等位隨居。皇后居中宫，主内治。皇貴妃一位、貴妃二位、妃四位、嬪六位，分居東西十二宫，佐内治。自貴妃以下封號，俱由内閣恭擬進呈，欽定册封。貴人、常在、答應俱無定位，隨居十二宫，勤修内職。

一、宫女子額數　皇太后宫十二名，皇后宫十名，皇貴妃位下八名，貴妃位下八名，妃位下六名，嬪位下六名，貴人位下四名，常在位下三名，答應位下二名。

一、内庭位次各有差等，須各依本分位次，謙恭和順，接上以敬，待下以禮，非本宫首領、太監、女子不可擅行使令。

一、皇帝駕臨内宫，本宫居住之内庭等位咸迎於本宫門外，立。俟駕至隨行進宫，駕回，仍送於本宫門外。若皇后駕臨，各宫迎送之儀亦如之。

一、内庭等位遇娠，每日食用照常額加半。有生母者許進内照看。本宫首領太監照常上夜外，宫殿監奏派總管太監一員率敬事房太監及御藥房首領太監等上夜。

一、凡皇子誕生未賜名者，皆稱皇子，不按位次稱呼。蒙賜名，始稱皇幾子。其賜名之例，由宗人府奏請。奉旨後，内務府知會宫殿監，宫殿監奏交内閣擬嘉名，具摺呈覽，恭候欽定後，宫殿監知會内務府轉行宗人府登記，俟恭修玉牒載入。

一、凡皇太后、皇后、皇貴妃、貴妃、妃、嬪之父，姓名、官位，宫殿監敬謹登記，遇恭修玉牒，由宗人府奏請咨行内務府，轉行宫殿監。宫殿監查明繕摺奏聞後，交内務府轉行宗人府載入玉牒。

恭逢皇子、公主誕生，其年、月、日、時，係内庭某位某氏所生，宫殿監敬謹登記，遇恭修玉牒載入。皇孫、皇孫女並同。

一、内庭等位父母年老，奉特旨許入宫會親者，或一年，或數月，許本生父母入宫，家下婦女不許隨入。其餘外戚一概不許入宫。

一、各宫首領遇年節奉主命往外家，或以事故慰問前往者，不許傳宣内外一切事情。宮殿監時加稽察，倘不加稽察、别行發覺者，將宮殿監與犯者一並從重治罪。

一、凡已出宮女子，不許復進宮出入，妄傳内外一切事情，亦不許差人至宮門與本主請安。

一、凡各宮女子，不許與太監等認爲親戚。非奉本主使令，不許擅相交語並嘻笑諠譁。各宮小太監許於本宮内掖門出入。每夜起更時，各宮首領進本宮查看燈火畢，隨出，鎖掖門，報知敬事房。

一、凡宮殿監等處太監行路或遇各宮女子，皆讓女子走過再行，不許攙雜争路。

恭進實録、聖訓

每遇恭進實録、聖訓，由内閣奏請行内務府，知會宮殿監。是日，宮殿監傳派舉案首領太監等具蟒袍補褂，齊集乾清門。俟侍衛等恭舉實録、聖訓黄案至，宮殿監率首領太監等接舉。宮殿監領侍二人前引，由丹陛進乾清宮暖閣，交本房官員敬謹安奉，畢，宮殿監設香案，俟皇帝前朝禮畢還宮時恭請詣香案前行禮。

御寶開封并請用

每歲正月，欽天監豫擇吉日開寶。掌儀司知會宫殿監先期奏聞。屆日，宫殿監率交泰殿首領太監等設供案殿中，香燭果酒之品各具。行三跪九叩首禮，應吉時開封，陳寶於案，奏請皇帝拈香行禮。禮畢，捧寶貯匣内如儀。歲暮封寶，欽天監豫擇日期。前一日，内閣具奏。屆日，内閣學士一員，率典籍詣乾清門。門左設黄案。宫殿監率交泰殿首領太監恭啓寶匣，捧寶出陳案上。學士率典籍等洗拭如儀畢，交泰殿首領仍捧入恭貯於匣。其封寶之儀與開寶同。

恭遇皇帝巡幸啓鑾之日，内閣學士一員率典籍至乾清門請寶。宫殿監率交泰殿首領太監捧寶出，交學士祗領，馳送駐蹕行宫，交總管太監收入。至回鑾日，學士等仍由駐蹕行宫領出，捧至乾清門，交宫殿監。宫殿監率交泰殿首領太監捧安原處。

凡一應誥勅用寶，内閣先期列件具奏。屆期，内閣學士一員率典籍會同總管内務府大臣詣乾清門。門左豫設黄案，宫殿監率交泰殿首領太監捧寶出於黄案上，驗同押用。登記數目訖，學士退。宫殿監等捧寶入，恭貯原處。

進時憲書

每歲十月朔，欽天監恭進時憲書。先期，掌儀司知會宫殿監，率各該處首領太監等具蟒袍補褂，齊集乾清門，俟禮部欽天監官員恭請時憲書至，宮殿監領侍一人恭捧御覽時憲書，宮殿監副侍二人前引，由乾清門中門進至御前，候皇帝御覽畢，交懋勤殿首領太監收貯。是日，皇太后宮總管太監亦由掌儀司知會，率本宮首領太監等具蟒袍補褂，齊集本宮門，俟禮部欽天監官員恭請時憲書至，總管太監一人恭捧聖覽時憲書，本宮首領太監二人前引，由本宮中門進，安皇太后宮。是時，宮殿監副侍一人恭捧皇后時憲書，本宮首領二人前引，亦由乾清中門進，安交泰殿。其皇貴妃、貴妃、妃等位時憲書，本宮首領太監一人捧進，本宮太監二人前引，同時隨行。

進春儀

每歲立春，順天府例進春。先期，推歲干支及立春日、時爲春圖，飾土牛、芒神，作春山，各爲一案，恭進皇帝、皇太后、皇后。先一日，具春座舁送禮部。至期，兼管府尹、府尹、府丞具紅本，與禮部堂官俱朝服集午門外。順天府屬官員率護春吏舁春座至，府學生員七十五人接舁，由中門進，兼管府尹、府尹奉，恭進皇帝春座，由昭德門進，止後左門外。宮殿監由掌儀司知會，豫率各首領太監等蟒袍補褂暨鑾儀衛太監祗候。欽天監博士一員報時刻，鑾儀衛太監出奉春座至乾清門，兼管府尹跪進紅本并春圖，總管一人接進，啓門首領太監等接舁春案，由乾清中門進陳於乾清宮西暖閣。皇帝御覽畢，仍請出交内務府官員，舁至太和殿東暖閣奉貯，將舊歲所進輿出。其恭進皇后宮春座，隨皇帝春座至乾清門，本宮首領太監等接奉，隨由中門進，宮殿監副侍二人前引，陳於交泰殿。皇后覽畢，仍請出，交内務府官員舁至保和殿東暖閣奉貯，將舊歲所進輿出。時順天府府丞同禮部官員奉恭進皇太后宮春座，由熙和門出，詣永康左門外，本宮總管太監亦先由宮殿監知會，率本宮首領太監等暨鑾儀衛太監祗候。府丞跪進紅本并春圖，首領太監等接春座，總管太監二人前引至寶座前，陳於左。皇太后懿覽畢，仍請至前殿暖閣奉貯，將舊歲所進輿出。

安設天燈

每年十二月二十四日，乾清宮丹陛上左右安設萬壽燈二座，丹陛下左右安設天燈二座。屆日，總管内務府大臣率員役由乾清門舁燈竿進，宮殿監率首領太監關，防樹燈竿訖，卽懸掛天燈。自此日爲始，每晚上燈，至二月初三日出燈之日爲止。其萬壽燈自樹竿之後，左右各懸萬壽寶聯十六幅。每幅兩面俱繡金字聯句。左正南曰：「萬國慶咸寧，爰偕樂昇平，午夜銅壺歌管，聲連紫陌；一人宏歛錫，政同賡保定，千秋金鑑圖陵，象叶彤墀。」正北曰：「蘭苕翡翠逐時榮，熊熊丸丸，輝映處，遍滿圖陵松柏；火齊木難同夜永，麟麟炳炳，影摇中，昭回日月山川。」正東曰：「履泰升恒，銀燭映三階，朱耀華檠，照徹氷壺凝海嶽；晉離觀豫，金枝分百子，翠旌銅錯，露承仙掌燦星辰。」正西曰：「宮中聖誕，天上元宵，皓月映星聯，閶闔輝煌遍斗柄；歲首春陽，人間佳節，晴霞連日麗，衣冠拜舞覲龍顔。」東南曰：「九微光啟重輪，南極祥符，萃萬國靈圖，亘天申有秩；四照香傳復旦，東皇寶燭，凝三辰瑞靄，集嵩祝無疆。」西南曰：「祥光迴碧落，肇八千歲春，八千歲秋，彩映瑶林寶炬；壽酒獻彤廷，環五百里侯，五百里甸，欣陪鳳輦鰲峰。」東北曰：「離照迴當天，期億萬年華渚祥流，長並月輪昭萬彙；泰階方入旦，更三五夕嵩呼聲動，重開蓮炬燭三垣。」西北曰：「九枝萬象樂千秋，清貺雍熙，龍燭炳雲中，香飄玉殿；七采百華喜四表，祥烟燦爛，鰲山浮海上，景耀丹墀。」右正南曰：「丹霄灼爍煥靈葩，麟符鳳彩開祥，奕奕霞輝傳寶勝；紫極昭回籠翠靄，青海赤城獻瑞，重重星彩麗氷輪。」正北曰：「彤廷分燎火，珠斗常明，願聖壽無疆，長見流輝六宇；紫極聚陽和，銀花永燦，望天顔有喜，深思同樂千春。」正東曰：「九旒端拱，知臨照無私，看翠甸黄輿並入光明燭裏；一曲清平，見雍熙有象，願紫霞紺露常流長樂鐘邊。」正西曰：「蓬萊日永，杯斝獻南山，玉燭長調，一統乾坤歸朗照；閶闔天開，衣冠趨北闕，金莖共挹，八方河嶽徧清輝。」東南曰：「瑞日麗璇霄，喜五夜蓮光，萬樹千花，迴應虹流電繞；祥烟輝寶炬，聽九天鈞奏，六鰲三島，環依華峙嵩高。」西南曰：「華燭吐青烟，看北斗聯珠，影重螭頭，遥拜九重天上；瓊霄連紫氣，正西池獻壽，香生鳳羽，羣瞻五色雲中。」東北曰：「青陽闢三五之暉，視當年桂火蘭煙，未若輝騰玉陛；紫極符八千之紀，卜異日椿靈松茂，常如彩溢金輪。」西北曰：「六鰲恆戴極三山，拱璧月以流光千載，啟長春之算；雙鳳共鳴和九有，望卿雲而紀瑞萬方，開不夜之城。」至除夕，於皇帝陞保和殿筵宴時，總管內務府大臣仍率員役由乾清門進，換聯安燈，並安設兩廊暨甬道石欄上燈。是夕暨元旦，正月十一、十四、十五、十六等日，俱上燈，至正月十八日出燈。其上燈之夕，宮殿監傳各該處首領太監等伺候。屆時宮殿監副侍一員，從乾清門引掌儀司音樂首領太監等至丹陛上兩邊排立，營造司首領向上行一跪一叩禮，贊「上燈」，敬事房首領太監一名同乾清門太監一名在乾清門簷下起標燈，丹陛清樂作，奏「火樹星橋之章」。曰：「火樹星橋，爛煌煌，燈月連宵夜如晝。春風料峭，鈞天奏徹簫韶。烟雲中，瑞靄交，籠著鮫綃。錦繡叢，萬花繚繞。魚龍夭矯，嵩祝聲高。（一解）分明是洞天，是絳霄。分明是靈臺靈囿靈沼。更春光乍到，景物暄妍雨露饒。又黄上柳條，漏洩青陽在野橋。（二解）賀聖朝，世德遥。鬱曈曈，日麗層霄。聖嗣聖，重明繼照。萬民歡樂，萬方熙皞。昇平節，瑞應昭，瓊蕊飄蕭。寶殿開，法曲雲璈。魚龍夭嶠，嵩祝聲高。（三解）金支麝氣飄，西吠琉璃四照。影娥池，鳳燭燒，百子池，誕爇龍膏。九華燈，篆烟銷。寒星纍纍綴銀霄。蟻穿九曲珠光耀。好良宵，是皇家，景福滔滔。（四解）滿山椒花簇，百枝嬌，月輪正高。燈和月，一片氷霄，是皇家，景福滔滔。（五解）殿當中，黼座高，春梢銅壺漫敲。笙歌千萬里而遥，是皇家，景福滔滔。（六解）良宵正好，正好良宵。看皇都，萬井多娛樂。良宵正好，正好良宵。蓬壺清窈，銀海光遥。百和香，霏瑶島，紫羅囊，繡綵飄。花匝市，東風吹飽，同慶清朝。（七解）小梅梢，暗香浮動，淡烟籠罩。月上柔枝，露滴輕苞。今宵裏，巷舞衢歌，遍寰瀛，同慶清朝。（八解）願春光，年年好，三五迢迢。不夜城，燈月交，奉宸歡，暮暮朝朝。成裔成卿，萬朵祥雲護帝霄。（趨辭）」營造司太監上萬壽燈，各該處首領太監等上兩廊及石欄燈。

上畢，樂止，各退。

張掛春聯、門神

每歲十二月二十六日張掛春聯、門神。先期，工部奏聞。至日，外朝三大殿等處，工部、内務府官員督同匠役人等張掛。其内廷等處，由門神庫太監先期報知宮殿監，宮殿監傳齊營造司首領太監輿進。先自乾清門、乾清宮以及各門各宮等處驗明左右，敬謹張掛。次年二月初三日仍傳營造司太監等收下，交門神庫太監領回收貯。

張掛宮訓圖

每歲十二月張掛門神、春聯之日，宮殿監傳知十二宮首領，將各宮欽定宮訓圖敬謹張掛。次年二月收門神之日，仍行收貯。

景仁宮燕姞夢蘭圖　御製贊曰：乙始啓商，蘭亦徵穆。吉人在宮，天使詒穀。國香揚揚，掌夢其卜。嘒彼小星，三心五噣。椒聊遠條，爰昌七族。鄭多君子，宣尼所録。

承乾宮徐妃直諫圖　御製贊曰：元成有言，願爲良臣。流風不振，乃自宮嬪。徐妃上書，東征抗陳。惜哉唐宗，納而弗斷。外事征討，内營宮館。頓忘初年，如圜斯轉。

鍾粹宮許后奉案圖　御製贊曰：后母天下，首崇儉德。坤順承乾，柔嘉維則。緊惟許后，貴而能抑。不忘寒微，車服是飭。日朝長樂，用修婦職。懿彼芳型，永爲後式。

延禧宮曹后重農圖　御製贊曰：稼穡惟寶，王政所崇。襏襫耒耜，必親必躬。維宋曹后，播種於宮。彷彿親蠶，獻繭效功。克勤内治，聿著芳蹤。嗤彼雕鏤，何事傷農。

永和宮樊姬諫獵圖　御製贊曰：先民有訓，聿戒禽荒。卓彼樊姬，感悟楚莊。有肉弗御，乃止王欲。一語進賢，霸功以卜。不謂婦人，克相其君。邈矣邑姜，十亂稱臣。

景陽宮馬后練衣圖　御製贊曰：十歲持户，侯家整肅。母儀天下，六宮欽服。練裙澣衣，以率戚族。儉德之共，綏將福禄。車水馬雲，明訓在牘。豈伊輝漢，作則椒屋。

永壽宮班姬辭輦圖　御製贊曰：王者求賢，爰載後車。左右前後，正士與俱。景仰休風，三代之隆。何逮漢季，嬖媵輦從。一言稱善，如圜斯轉。永鑒班姬，遠彼婉孌。

翊坤宮昭容評詩圖　御製贊曰：玉秤降天，乃生女子。衡才汝耶，孩笑而唯。昆明賦詩，綵樓落紙。辭華哲匠，月旦自彼。千載騷壇，一時牛耳。展如之人，文亦可喜。

儲秀宮西陵教蠶圖　御製贊曰：在昔軒轅，正妃嫘祖。孕虞毓唐，發湯啓武。得姓十二，如千子乳。創制蠶織，寙陵爲輔。衣被天下，功垂萬古。後世文勝，乃崇黻黼。

啓祥宮姜后脱簪圖　御製贊曰：黄裳六五，以順爲正。子有幾諫，妻寧無諍。卓哉姜后，宮闈之鏡。金鐶進退，瓜瓞衍慶。彤史攸司，慎儀宜令。鷄鳴朝盈，脱珥待命。

長春宮太姒誨子圖御製贊曰：昏姻匹配，王化之始。維周勃興，嗣徽太姒。富而能儉，貴而不恃。載在風詩，葛覃卷耳。更勤教誨，有穀詒子。昭哉嗣服，武周濟美。

咸福宮婕妤當熊圖　御製贊曰：圈熊攀檻，羽林驚迸。得人則止，誰歟知命。婉孌季女，忠貞維性。直前當之，熊爲戢橫。六宮咸怍，一人倍敬。埋禍無悶，中語傳競。

進春帖子

每歲立春之前，南書房翰林等恭進春帖子詞。歲内立春者，在二十日以前進；新歲立春者，在二十日以後進，交懋勤殿首領太監恭呈御覽後，陳設乾清宮西暖閣温室内案上。將舊歲春帖子詞换出收貯懋勤殿，仍頒賜諸翰林福字箋暨筆墨、箋紙等物。

懸掛春聯綵勝

每歲立春日，宮殿監傳知各宮殿首領太監等懸掛春屏綵勝。次年二月初三日徹下收貯本處。若遇新歲立春，則於十二月二十四日懸掛春屏綵勝，其徹收之日與前同。

懸掛椒屏歲軸

每歲十二月，造辦處製椒屏四，懋勤殿翰林各擬吉語標題，恭頌於左方，並豫擬歲軸十聯，交畫院恭繪。俱由懋勤殿首領太監進呈御覽後，交養心殿等處懸貼。

選看秀女

凡三年一次引選八旗秀女，由户部奏請日期。屆日，於神武門外豫備，宮殿監率各該處首領太監關防，以次引看畢，引出。其秀女等各給飯食并車價銀兩，俱由户部支領。

凡一年一次引選内務府所屬秀女，屆期，由總管内務府奏請日期，奉旨後，知會宮殿監。宮殿監奏請引看之例同。其賞給飯食并車價銀兩，俱由廣儲司支領。

宮殿事宜

一、乾清宮等處三年一次修葺，苫補滲漏，構根牆垣，修飾地面。由宮殿監豫行奏準，交總管内務府派員擇吉修理。屆日，内務府員役由内左右門分進，宮殿監率各處首領太監等關防。

一、春季換戴涼帽之日，各宮門俱換竹簾。秋季換戴暖帽之日，各宮門俱換氈簾。

工部、内務府司其事。屆期，宫殿監傳知各宫關防。

一、每年三月，宫内等處淘溝。總管内務府選擇吉日、吉時，知會宫殿監。宫殿監先期奏聞。屆日，營造司員役由内左右門分進，宫殿監率各處首領太監等關防。

一、每年四月修魚池，换新水。九月培葡萄，藏蓋周密，至次年四月出之，引蔓架上。俱由奉宸苑知會宫殿監豫行奏聞。屆日，奉宸苑官員督役由順貞門進，宫殿監率首領太監等關防。

一、宫殿庭院設有貯水大銅鐵缸座，平時俱滿貯清水，每歲小雪節安設缸蓋，蓋中設鐵屜，貯火融氷。至開年驚蟄節徹去其缸蓋鐵屜。營造司首領太監等掌之。用火融氷，熟火處首領太監等掌之。統司於宫殿監。凡用火日期先後，俱宫殿監酌量氣候寒暖傳知，熟火處遵行。

一、乾清宫等處安設激桶六十五架，慈寧宫等處安設激桶十架，寧壽宫等處安設激桶十架。每月二十五日，宫殿監率首領太監等查看，或有風乾漏水之處，卽行修理。其遮蓋激桶布單，每遇歲暮染新。經五年後有損壞者，由宫殿監行文廣儲司换給。

一、每年冬季，各宫殿寶座炕上鋪設紅氈、白氈有應更换之處，由武備院先期奏請知會宫殿監。宫殿監查看酌量應否更换若干，具牌奏聞，得旨後，知會武備院，定期率員役輿氈由内右門進至各處，按丈尺鋪設。宮殿監率各處首領太監關防。

一、每年冬季，各宮殿糊窗，由内管領理事關防處選擇吉日、吉時，豫行奏請知會宮殿監。宮殿監查看酌量或更換新紙，或仍舊修補之處，具牌奏聞，得旨後，知會武備院。屆日，内管領員役進内右門，至各處糊飾。宮殿監率各處首領太監關防。

一、各宮坐更處，每歲小雪節，宮殿監傳營造司首領太監等安設氈棚，至開年驚蟄節徹去。

一、每年十二月，各宮殿掃塵，由内管領理事關防處選擇吉日、吉時奏聞，知會宮殿監。宮殿監具牌奏聞。屆日，内管領員役進内右門，由月華門至乾清宮、坤寧宮等處掃塵，宮殿監率首領太監等關防。其十二宮等處由宮殿監傳知掃塵。

國朝宮史卷之九

典禮五

冠服

皇太后

薰貂朝冠、青絨朝冠　並綴紅纓。正中頂一座，三層，貫三等東珠各一，皆承以金鳳。飾二等東珠各三，三等珍珠各一，小珍珠各十六。上銜三等大東珠一。紅纓上週綴金鳳七，飾二等東珠各九，小珍珠各二十一，貓睛石各一。後金翟一，飾小珍珠十六，貓睛石一。翟尾垂珠，五行二就，共四等珍珠三百有二，每行二等珍珠一。中間金桃花一，銜青金石，兩面飾二等東珠六，三等珍珠六，末綴珊瑚。冠後護領垂明黃縧二，末綴寶石。青緞爲帶。

金約　週圍金雲十三，銜二等東珠各一，間以青金石，紅片金爲裏。後繫金銜松石結，珠下垂，五行三就，共四等珍珠三百二十四，每行二等珍珠一。中間青金石方勝二，兩面銜二等東珠各八，三等珍珠各八，末綴珊瑚。

珥　左右各三，以金爲龍形，末鋭下曲，各銜頭等東珠二。

領約　週圍金雲十一，銜二等東珠各一，間以珊瑚及三等東珠、二等珍珠各四。垂明黃縧二，中貫珊瑚、背雲各一。末綴松石各二。

朝珠　中左右共三盤，中以三等東珠，左右以珊瑚、佛頭、記念、背雲、大小墜珠寶雜飾惟其宜。縧俱明黃色。

綵帨　以綠色綢爲之，繡「五穀豐登」。佩箴管、縏袠之屬。縧俱明黃色。

綿緞有褶朝褂　石青色，片金緣，上繡立龍四，下通襞積爲行龍及「萬福萬壽」，四層相間。領後垂明黃縧。

綿緞朝褂、紗朝褂　並用石青色，片金緣，前繡行龍四，後正龍一、行龍二。下幅「八寶平水」。領後垂明黃縧。

黃貂皮緣緞朝袍、海龍皮緣緞朝袍、綿緞朝袍、紗朝袍　並用明黃色，披領及袖俱石青色，片金緣，以黃貂、海龍緣者加於外。前後繡正龍各一，兩肩行龍各二，下幅行龍五。間以五色雲，週圍「八寶平水」。披領行龍二，袖端正龍一。袖相接處行龍各二。

領後垂明黄絛。

海龍皮緣灰鼠皮裏緞朝裙、綿緞朝裙、紗朝裙　並用紅色織金壽字，下鑲石青行龍粧緞，紗亦如之。片金緣，以海龍皮緣者加於外。皆正幅。有襞積。

薰貂吉服冠、青絨吉服冠　並綴紅纓，頂銜三等東珠一。

吉服褂　用石青色，繡八團金龍。下幅五色「八寶平水」。袖端行龍各二。春秋以緞綢，夏以紗，冬以裘，隨時所宜。

吉服袍　用明黄色，領袖俱石青色，繡金龍九。間以五色雲、福壽文。下幅「八寶平水」。領前後正龍各一，左右及交襟處行龍各一。袖如朝袍，左右開裾，以襲吉服褂。緞綢紗裘，隨時所宜。

皇后

薰貂朝冠、青絨朝冠　並綴紅纓，正中頂一座，三層，貫三等東珠各一，皆承以金鳳。飾二等東珠各三，四等珍珠各一，小珍珠各十六。上銜三等大東珠一。紅纓上週綴金鳳七，飾二等東珠各九，小珍珠各二十一，貓睛石各一。後金翟一，飾小珍珠十六，貓睛石一。翟尾垂珠，五行二就，共四等珍珠三百有二，每行二等珍珠一。中間金桃花一，銜青金石，兩面飾二等東珠六，三等珍珠六，末綴珊瑚。冠後護領垂明黄絛二，末綴寶石。青緞爲帶。

金約　週圍金雲十三，銜二等東珠各一，間以青金石，紅片金爲裏。後繫金銜松石結，珠下垂，五行三就，共四等珍珠三百二十四，每行二等珍珠一。中間青金石方勝二，兩面銜二等東珠各八，三等珍珠各八。末綴珊瑚。

珥　左右各三，以金爲龍形，末鋭下曲，各銜頭等東珠二。

領約　週圍金雲十一，銜二等東珠各一，間以珊瑚及三等東珠、二等珍珠各四。垂明黄絛二，中貫珊瑚、背雲各一，末綴松石各二。

朝珠　中左右共三盤，中以三等東珠，左右以珊瑚、佛頭、記念、背雲、大小墜珠寶雜飾惟其宜。絛俱明黄色。

綵帨　以緑色綢爲之，繡「五穀豐登」。佩箴管、縏袠之屬。絛皆明黄色。

綿緞有褶朝褂　石青色，片金緣，上繡立龍四，下通襞積爲行龍及「萬福萬壽」，四層相間。領後垂明黄絛。

綿緞朝褂、紗朝褂　並用石青色，片金緣，前繡行龍四，後正龍一、行龍二，下幅「八寶平水」。領後垂明黄絛。

黄貂皮緣緞朝袍、海龍皮緣緞朝袍、綿緞朝袍、紗朝袍　並用明黄色，披領及袖俱石青色，片金緣，以黃貂、海龍緣者加於外。前後繡正龍各一，兩肩行龍各二，下幅行龍五。間以五色雲，週圍「八寶平水」。披領行龍二，袖端正龍一。袖相接處行龍各二。領後垂明黃縧。

海龍皮緣灰鼠皮裏緞朝裙、綿緞朝裙、紗朝裙　並用紅色織金壽字，下鑲石青行龍粧緞，紗亦如之。片金緣，以海龍皮緣者加於外。皆正幅。有襞積。

薰貂吉服冠、青絨吉服冠　並綴紅纓，頂銜三等東珠一。

吉服褂　用石青色，繡八團金龍。下幅五色「八寶平水」。袖端行龍各二。春秋以緞綢，夏以紗，冬以裘，隨時所宜。

吉服袍　用明黃色，領袖俱石青色，繡金龍九。間以五色雲、福壽文。下幅「八寶平水」。領前後正龍各一，左右及交襟處行龍各一。袖如朝袍，左右開裾，以襲吉服褂。緞綢紗裘，隨時所宜。

皇貴妃

薰貂朝冠、青絨朝冠　並綴紅纓，正中頂一座，三層，貫三等東珠各一，皆承以金鳳。飾二等東珠各三，四等珍珠各一，小珍珠各十六。上銜三等大珍珠一。紅纓上週綴金鳳七，共飾二等東珠十九，三等東珠四十四，小珍珠各二十一。後金翟一，飾小珍珠十六，貓睛石一。翟尾垂珠，三行二就，共四等珍珠二百五十五。中間金桃花一，銜青金石，兩面飾二等東珠四，二等珍珠四，末綴珊瑚。冠後護領垂明黃縧二，末綴寶石。青緞爲帶。

金約　週圍金雲十二，銜二等東珠各一，間以珊瑚，紅片金爲裏。後繫金銜松石結，珠下垂，三行三就，共四等珍珠二百四十九。中間青金石方勝二，兩面銜二等東珠各六，二等珍珠各六。末綴珊瑚。

珥　左右各三，以金爲龍形，末鋭下曲，各銜二等東珠二。

領約　週圍金雲七，銜二等東珠各一，間以珊瑚。垂明黃縧二，中貫珊瑚、背雲各一，末綴珊瑚各二。

朝珠　中左右共三盤，中以三等珍珠，左右以青金石、佛頭、記念、背雲、大小墜珠寶雜飾惟其宜。縧俱明黃色。

綵帨　以緑色綢爲之，繡「五穀豐登」。佩箴管，縏袠之屬。縧俱明黃色。

綿緞有褶朝褂　石青色，片金緣，上繡立龍四，下通襞積爲行龍及「萬福萬壽」，四層相間。領後垂明黃縧。

綿緞朝褂、紗朝褂　並用石青色，片金緣，前繡行龍四，後正龍一、行龍二。下幅「八寶平水」。領後垂明黃縧。

黄貂皮緣緞朝袍、海龍皮緣緞朝袍、綿緞朝袍、紗朝袍　並用明黄色，披領及袖俱石青色，片金緣，以黄貂、海龍緣者加於外。前後繡正龍各一，兩肩行龍各二，下幅行龍五，間以五色雲，週圍「八寶平水」。披領行龍二，袖端正龍一。袖相接處行龍各二。領後垂明黄縧。

海龍皮緣灰鼠皮裏緞朝裙、綿緞朝裙、紗朝裙　並用紅色織金壽字，下鑲石青行龍粧緞，紗亦如之。片金緣，以海龍皮緣者加於外。皆正幅。有襞積。

薰貂吉服冠、青絨吉服冠　並綴紅纓，頂銜三等東珠一。

吉服褂　用石青色，繡八團金龍。下幅五色「八寶平水」。袖端行龍各二。春秋以緞綢，夏以紗，冬以裘，隨時所宜。

吉服袍　用明黄色，領袖俱石青色。繡金龍九，間以五色雲、福壽文。下幅「八寶平水」。領前後正龍各一，左右及交襟處行龍各一袖如朝袍，左右開裾，以襲吉服褂。緞綢紗裘，隨時所宜。

貴妃

薰貂朝冠、青絨朝冠　並綴紅纓，正中頂一座，三層，貫三等東珠各一，皆承以金鳳。飾二等東珠各三、四等珍珠各一，小珍珠各十六。上銜三等大珍珠一。紅纓上週綴金鳳七，共飾二等東珠十九，三等東珠四十四，小珍珠各二十一。後金翟一，飾小珍珠十六，貓睛石一。翟尾垂珠，三行二就，共四等珍珠二百五十五。中間金桃花一，銜青金石，兩面飾二等東珠四，二等珍珠四，末綴珊瑚。冠後護領垂金黃縧二，末綴寶石。青緞爲帶。

金約　週圍金雲十二，銜二等東珠各一，間以珊瑚，紅片金爲裏。後繫金銜松石結，珠下垂，三行三就，共四等珍珠二百四十九。中間青金石方勝二，兩面銜二等東珠各六，二等珍珠各六。末綴珊瑚。

珥　左右各三，以金爲龍形，末銳下曲，各銜二等東珠二。

領約　週圍金雲七，銜二等東珠各一，間以珊瑚。垂金黃縧二，中貫珊瑚、背雲各一，末綴珊瑚。

朝珠　中左右共三盤，中以三等珍珠，左右以青金石、佛頭、記念、背雲、大小墜珠寶雜飾惟其宜。縧俱金黃色。

綵帨　以綠色綢爲之，繡「五穀豐登」。佩箴管、縏袠之屬。縧俱金黃色。

綿緞有褶朝褂　石青色，片金緣，上繡立龍四，下通襞積爲行龍及「萬福萬壽」，四層相間。領後垂金黃縧。

綿緞朝褂、紗朝褂　並用石青色，片金緣，前繡行龍四，後正龍一、行龍二。下幅「八寶平水」。領後垂金黄縧。

黄貂皮緣緞朝袍、海龍皮緣緞朝袍、綿緞朝袍、紗朝袍　並用金黄色，披領及袖俱石青色，片金緣，以黄貂、海龍緣者加於外。前後繡正龍各一，兩肩行龍各二，下幅行龍五，間以五色雲，週圍「八寶平水」。披領行龍二，袖端正龍一。袖相接處行龍各二。領後垂金黄縧。

海龍皮緣灰鼠皮裏緞朝裙、綿緞朝裙、紗朝裙　並用紅色織金壽字，下鑲石青行龍粧緞，紗亦如之。片金緣，以海龍皮緣者加於外。皆正幅。有襞積。

薰貂吉服冠、青絨吉服冠　並綴紅纓，頂銜三等東珠一。

吉服褂　用石青色，繡八團金龍，下幅五色「八寶平水」。袖端行龍各二。春秋以緞綢，夏以紗，冬以裘，隨時所宜。

吉服袍　用金黄色，領袖俱石青色。繡金龍九，間以五色雲、福壽文，下幅「八寶平水」。領前後正龍各一，左右及交襟處行龍各一。袖如朝袍，左右開裾，以襲吉服褂。緞綢紗裘，隨時所宜。

妃

薰貂朝冠、青絨朝冠　並綴紅纓，正中頂一座，三層，貫五等東珠各一，皆承以金鳳。

飾三等東珠各三，四等珍珠各一，小珍珠各十六。上銜貓睛石一。紅纓上週綴金鳳五，飾三等東珠各七，小珍珠各二十一。後金翟一，飾小珍珠十六，貓睛石一。翟尾垂珠，三行二就，共四等珍珠一百八十八。中間金桃花一，銜青金石，兩面飾三等東珠四，二等珍珠四，末綴珊瑚。冠後護領垂金黄縧二，末綴寶石。青緞爲帶。

金約　週圍金雲十一，銜三等東珠各一，間以青金石，紅片金爲裏。後繫金銜松石結，珠下垂，三行三就，共四等珍珠一百九十七。中間青金石方勝二，兩面銜三等東珠各六，二等珍珠各六。末綴珊瑚。

珥　左右各三，以金爲龍形，末鋭下曲，各銜三等東珠二。

領約　週圍金雲七，銜三等東珠各一，間以珊瑚。垂金黄縧二，中貫珊瑚、背雲各一，末綴珊瑚各三。

朝珠　中左右共三盤，中以珊瑚，左右以琥珀、佛頭、記念、背雲、大小墜珠寶雜飾惟其宜。縧俱金黄色。

綵帨　以緑色綢爲之，繡「雲芝瑞草」。佩箴管、縏袠之屬。縧皆金黄色。

綿緞有褶朝褂　石青色，片金緣，上繡立龍四，下通襞積爲行龍及「萬福萬壽」，四層相間。領後垂金黄縧。

綿緞朝褂、紗朝褂　並用石青色，片金緣，前繡行龍四，後正龍一、行龍二。下幅「八寶平水」。領後垂金黃絛。

黃貂皮緣緞朝袍、海龍皮緣緞朝袍、綿緞朝袍、紗朝袍　並用金黃色，披領及袖俱石青色，片金緣，以黃貂、海龍緣者加於外。前後繡正龍各一，兩肩行龍各二，下幅行龍五。間以五色雲，週圍「八寶平水」。披領行龍二，袖端正龍一。袖相接處行龍各二。領後垂金黃絛。

海龍皮緣灰鼠皮裏緞朝裙、綿緞朝裙、紗朝裙　並用紅色織金壽字，下鑲石青行龍粧緞，紗亦如之。片金緣以海龍皮緣者加於外。皆正幅。有襞積。

薰貂吉服冠、青絨吉服冠　並綴紅纓，頂銜碧𤨏玜。

吉服褂　用石青色，繡八團金龍，下幅五色「八寶平水」。袖端行龍各二。春秋以緞綢，夏以紗，冬以裘，隨時所宜。

吉服袍　用金黃色，領袖俱石青色，繡金龍九，間以五色雲、福壽文。下幅「八寶平水」。領前後正龍各一，左右及交襟處行龍各一。袖如朝袍，左右開裾，以襲吉服褂。緞綢紗裘，隨時所宜。

嬪

薰貂朝冠、青絨朝冠 並綴紅纓，正中頂一座，二層，貫無光東珠各一，皆承以金翟。飾無光東珠各三，四等珍珠各一，小珍珠各十六。上銜⿰石果子一。紅纓上綴金翟五，飾無光東珠各五，小珍珠各十九。後金翟一，飾小珍珠十六。翟尾垂珠，三行二就，共四等珍珠一百七十二。中間金桃花一，銜青金石，兩面飾無光東珠三，二等珍珠三，末綴珊瑚。冠後護領垂金黃絛二，末綴寶石。青緞爲帶。

金約 週圍金雲八，銜無光東珠八，間以青金石，紅片金爲裏。後繫金銜松石結，珠下垂，三行三就，共珍珠一百七十七。中間青金石方勝二，兩面銜無光東珠各四，次等珍珠各四，末綴珊瑚。

珥 左右各三，以金爲龍形，末銳下曲，各銜四等東珠三。

領約 週圍金雲七，銜無光東珠各一，間以珊瑚。垂金黃絛二，中貫珊瑚、背雲各一，末綴珊瑚各二。

朝珠 中左右共三盤，中以珊瑚，左右以琥珀、佛頭、記念、背雲、大小墜珠寶雜飾惟其宜。絛俱金黃色。

綿緞有褶朝褂 石青色，片金緣，上繡立龍四，下通襞積爲行龍及「萬福萬壽」，四層相間。領後垂金黃絛。

綿緞朝褂、紗朝褂　並用石青色，片金緣，前繡行龍四，後正龍一、行龍二。下幅「八寶平水」。領後垂金黃縧。

黃貂皮緣緞朝袍、海龍皮緣緞朝袍、綿緞朝袍、紗朝袍　並用香色，披領及袖俱石青色，片金緣，以黃貂、海龍緣者加於外。前後繡正龍各一，兩肩行龍各二，下幅行龍五，間以五色雲，週圍「八寶平水」。披領行龍二，袖端正龍一。袖相接處行龍各二。領後垂金黃縧。

海龍皮緣灰鼠皮裏緞朝裙、綿緞朝裙、紗朝裙　並用紅色織金壽字，下鑲石青行龍粧緞，紗亦如之。片金緣以海龍皮緣者加於外。皆正幅。有襞積。

薰貂吉服冠、青絨吉服冠　並綴紅纓，頂銜碧𤩽私。

吉服褂　用石青色，上繡金龍四團，下繡夔龍四團。春秋以緞綢，夏以紗，冬以裘，隨時所宜。

吉服袍　用香色，領袖俱石青色，繡金龍九，間以五色雲、福壽文。下幅「八寶平水」。領前後正龍各一，左右及交襟處行龍各一。袖如朝袍，左右開裾，以襲吉服褂。緞綢紗裘，隨時所宜。

貴人

吉服褂　用石青色，繡八團夔龍，春秋以緞綢，夏以紗，冬以裘，隨時所宜。

吉服袍　用香色，領袖俱石青色，繡金龍九，間以五色雲、福壽文，下幅「八寶平水。領前後正龍各一，左右及交襟處行龍各一。袖如朝袍，左右開裾，以襲吉服褂。緞綢紗裘，隨時所宜。

皇子福晉

薰貂朝冠、青絨朝冠　並綴紅纓，正中金龍頂一座，二層，飾五等東珠十，上銜紅寶石。紅纓上週綴金孔雀五，飾五等東珠各七，小珍珠共三十九。後金翟一，翟尾垂小珍珠，三行二就。不計粒數，共重一兩六錢。中間金桃花一，銜青金石，末綴珊瑚。冠後護領垂金黃絛二，末亦如之。青緞爲帶。

金約　週圍金雲九，銜五等東珠各一，間以青金石，紅片金爲裏。後繫金銜青金石結，珠下垂，三行三就。用小珍珠不計粒數，共重一兩六錢。中間青金石方勝二，末綴珊瑚。

珥　左右各三，用金，銜五等東珠各二。

領約　週圍金雲七，銜五等東珠各一，間以珊瑚，垂金黃絛二，中貫珊瑚、背雲各一，末綴珊瑚各二。

朝珠　中左右共三盤，中以珊瑚，左右以琥珀、佛頭、記念、背雲、大小墜珠寶雜飾惟其宜。縧俱金黃色。

綵帨　以月白綢爲之，不繡花文，結佩惟宜。縧俱金黃色。

綿緞有褶朝褂　石青色，片金緣，上繡立龍四，下通襞積爲行龍及「萬福萬壽」，四層相間。領後垂金黃縧。

綿緞朝褂、紗朝褂　並用石青色，片金緣，前繡行龍四，後正龍一、行龍二，下幅「八寶平水」。領後垂金黃縧。

黃貂皮緣緞朝袍、海龍皮緣緞朝袍、綿緞朝袍、紗朝袍　並用香色，披領及袖俱石青色，片金緣，以黃貂、海龍緣者加於外，前後繡正龍各一，兩肩行龍各二，下幅行龍五，間以五色雲，週圍「八寶平水」。披領行龍二，袖端正龍一。袖相接處行龍各二。領後垂金黃縧。

海龍皮緣灰鼠皮裏緞朝裙、綿緞朝裙、紗朝裙　並用紅色織金壽字，下鑲石青行龍粧緞，紗亦如之。片金緣以海龍皮緣者加於外。皆正幅。有襞積。

薰貂吉服冠、青絨吉服冠　並綴紅纓，頂銜碧⿰王亞⿰王厶。

吉服褂　用石青色，繡四團龍。春秋以緞綢，夏以紗，冬以裘，隨時所宜。

吉服袍　用香色，領袖俱石青色，繡金龍九，間以五色雲、福壽文，下幅「八寶平水」。

領前後正龍各一，左右及交襟處行龍各一。袖如朝袍，左右開裾，以襲吉服褂。緞綢紗裘，隨時所宜。

皇子側室福晉

薰貂朝冠、青絨朝冠　並綴紅纓，正中金龍頂一座，二層，飾五等東珠九，上銜紅寶石。紅纓上週綴金孔雀五，飾五等東珠各五，小珍珠共三十九。後金翟一，翟尾垂小珍珠，三行二就。不計粒數，共重一兩六錢。中間金桃花一，銜青金石，末綴珊瑚。冠後護領垂金黃縧，末亦如之。青緞爲帶。

金約　週圍金雲八，銜五等東珠各一，間以青金石，紅片金爲裏。後繫金銜青金石結，珠下垂，三行三就。用小珍珠不計粒數，約重一兩六錢。中間青金石方勝二，末綴珊瑚。

珥　左右各三，用金，銜五等東珠各二。

領約　週圍金雲七，銜五等東珠各一，間以珊瑚，垂金黃縧二，中貫珊瑚、背雲各一，末綴珊瑚各二。

朝珠　中左右共三盤，中以珊瑚，左右以琥珀、佛頭、記念、背雲、大小墜珠寶雜飾惟其宜。縧俱金黃色。

綿緞有褶朝褂　石青色，片金緣，上繡立龍四，下通襞積爲行龍及「萬福萬壽」，四層相間。領後垂金黄絛。

綿緞朝褂、紗朝褂　並用石青色，片金緣，前繡行龍四，後正龍一，行龍二，下幅「八寶平水」。領後垂金黄絛。

黄貂皮緣緞朝袍、海龍皮緣緞朝袍、綿緞朝袍、紗朝袍　並用香色，披領及袖俱石青色，片金緣，以黄貂、海龍緣者加於外，前後繡正龍各一，兩肩行龍各二，下幅行龍五，間以五色雲，週圍「八寶平水」。披領行龍二，袖端正龍一。袖相接處行龍各二。領後垂金黄絛。

海龍皮緣灰鼠皮裏緞朝裙、綿緞朝裙、紗朝裙　並用紅色織金壽字，下鑲石青行龍粧緞，紗亦如之。片金緣以海龍皮緣者加於外。皆正幅。有襞積。

薰貂吉服冠、青絨吉服冠　並綴紅纓，頂銜碧𤩽玜。

吉服褂　用石青色，繡四團龍，春秋以緞綢，夏以紗，冬以裘，隨時所宜。

吉服袍　用香色，領袖俱石青色，繡金龍九，間以五色雲、福壽文，下幅「八寶平水」。領前後正龍各一，左右及交襟處行龍各一。袖如朝袍，左右開裾，以襲吉服褂。緞綢紗裘，隨時所宜。

國朝宮史卷之十

典禮六

儀衛

皇太后儀駕

鳳轎一　通髹以黃，繪金雲龍鳳。頂二層，飾金鳳十二。中安鈒花赤金頂，銜珊瑚、青金、緑松等石。明黃綾重幨，繪金龍鳳。舁以十六人。

鳳輿一　通髹以黃，繪金雲龍鳳。頂二層，飾金鳳十二。中安鈒花赤金頂，銜珊瑚、青金、緑松等石。明黃綾重幨，繪金龍鳳。輪亦黃髹。

儀轎二　通髹以黃。赤金頂。明黃雲緞爲衣。舁均以八人。

儀輿二　通髹以黃。赤金頂。明黃雲緞爲衣。輪均黃髹。

朱氂拂塵二、金提鑪二、金香盒二、金洗一、金水盂一、金瓶二　自提鑪以下，並赤金質，鈒龍鳳、山水、珠火，飾珊瑚、青金、緑松等石，陳於八角盤，承以方几，並木質，朱髹，繪金龍鳳。

金交椅一　木質，金髹，背飾鈒金龍鳳。

金方几一　木質，金髹，繪龍鳳。

明黄緞繡九鳳三檐曲蓋一、金節二　以黄紗繡五色龍鳳，長八尺，懸於竿，綴朱旄五。

青緞繡九鳳繖二、黄緞繡九鳳繖二、紅緞繡九鳳繖二、白緞繡九鳳繖二、黑緞繡九鳳繖二、黄緞繡寶相花繖四、紅緞方繖四　自青緞九鳳繖以下，並三檐直柄。

黄緞繡龍鳳扇四、紅緞繡龍鳳扇四、黄羅繡雉羽扇四、紅羅繡雉羽扇四、青雲緞繪金龍鳳旗二、黄雲緞繪金龍鳳旗二、紅雲緞繪金龍鳳旗二、白雲緞繪金龍鳳旗二、黑雲緞繪金龍鳳旗二、卧瓜四、立瓜四、吾仗四。

皇后儀駕

鳳轎一　通髹以黄，繪金雲鳳。頂二層，飾金鳳十二。中安鈒花赤金頂，銜珊瑚、青金、緑松等石。明黄綾重檐，繪金鳳。舁以十六人。

鳳輿一　通髹以黄，繪金雲鳳。頂二層，飾金鳳十二。中安鈒花赤金頂，銜珊瑚、青金、緑松等石。明黄綾重幨，繪金鳳。輪亦黄髹。

儀轎二　通髹以黄。赤金頂。明黄雲緞爲衣。舁均以八人。

儀輿二　通髹以黄。赤金頂。明黄雲緞爲衣。輪均黄髹。

朱氅拂塵二、金提鑪二、金香盒二、金洗一、金水盂一、金瓶二　自提鑪以下，並赤金質，鈒雲鳳、花草，飾珊瑚、青金、緑松等石，陳於八角盤，承以方几，並木質，朱髹，繪金鳳。

金交椅一　木質，金髹，背飾鈒金雲鳳。

金方几一　木質，金髹，繪雲鳳。

明黄緞繡九鳳三幨曲蓋一、金節二　以黄紗繡五色鳳，長八尺，懸於竿，綴朱氂五。

青緞繡九鳳繖二、黄緞繡九鳳繖二、紅緞繡九鳳繖二、白緞繡九鳳繖二、黑緞繡九鳳繖二、黄緞繡寶相花繖四、紅緞方繖四　自青緞九鳳繖以下，並三幨直柄。

黄緞繡鳳扇四、紅緞繡鳳扇四、黄羅繡雉羽扇四、紅羅繡雉羽扇四、青雲緞繪金鳳旗二、黄雲緞繪金鳳旗二、紅雲緞繪金鳳旗二、白雲緞繪金鳳旗二、黑雲緞繪金鳳旗二、卧瓜四、立瓜四、吾仗四。

凡儀駕旗繖，頂俱以金。擎執輿尉，俱用旗尉。内廷陳設，則用内監，服紅紬繡小團花遜衣，繫緑紬帶，戴青氈帽，紅絨纓，銅頂，插明黄翎。

皇貴妃儀仗

翟轎一　通髹以黄，繪金雲翟鳥。頂二層，飾金翟十。中安素金頂。明黄綾重幨，繪金翟。舁以八人。

儀輿一　通髹以黄。頂二層，飾金翟十。中安素金頂。明黄雲緞爲衣，重幨。輪亦黄髹。

儀轎一　通髹以黄。金頂。明黄雲緞爲衣。舁以八人。

朱氂拂塵二、金提鑪一、金香盒一、金洗一、金水盂一、金瓶二　自提鑪以下，並金質，鈒雲翟、花草，陳於八角盤，承以方几，並木質，朱髹。

金交椅一　木質，金髹。背飾鈒金雲翟。

金方几一　木質，金髹。

明黄緞繡七鳳三幨曲蓋一、金節二　以紅紗繡五色鳳，長八尺，懸於竿，綴朱髦五。

明黄緞繡寶相花繖二、紅緞繡寶相花繖二、黑緞繡寶相花繖二、紅緞繡瑞草繖二、黑緞繡瑞草繖二　自明黄緞寶相花繖以下，並三幨直柄。

紅羅繡雉羽扇二、黑羅繡雉羽扇二、金黃雲緞素扇二、紅雲緞素扇二、黑雲緞素扇二、金黃緞繪金鳳旗二、紅緞繪金鳳旗二、黑緞繪金鳳旗二、紅雲緞素旗二、黑雲緞素旗二、卧瓜二、立瓜二、吾仗二。

貴妃儀仗

翟轎一　通髹以金黃，繪金雲翟鳥。頂二層，飾金翟十。中安素金頂。金黃綾重幨，繪金翟。舁以八人。

翟輿一　通髹以金黃。頂二層，飾金翟十。中安素金頂。金黃雲緞爲衣，重幨。輪亦金黃髹。

儀轎一　通髹以金黃。金頂。金黃雲緞爲衣。舁以八人。

朱氅拂塵二、金提鑪一、金香盒一、金洗一、金水盂一、金瓶二　自提鑪以下，並金質，鈒雲翟、花草，陳於八角盤，承以方几，並木質，朱髹。

金交椅一、金方几一　並木質，金髹。

金黃緞繡七鳳三幨曲蓋一、金節二　以紅紗繡五色鳳，長八尺，懸於竿，綴朱髦五。

金黃緞繡寶相花繖二、紅緞繡寶相花繖二、黑緞繡寶相花繖二、紅緞繡瑞草繖二、黑緞

繡瑞草纖二　自金黄緞寶相花纖以下，並三簷直柄。

紅羅繡雉羽扇二、黑羅繡雉羽扇二、紅雲緞素扇二、黑雲緞素扇二、紅緞繪金鳳旗二、黑緞繪金鳳旗二、紅雲緞素旗二、黑雲緞素旗二、卧瓜二、立瓜二、吾仗二。

凡儀仗旗纖，頂俱塗金。擎執輿尉，俱用旗尉。内廷陳設，則用内監，服紅紬繡小團花遜衣，繫緑紬帶，戴青氈帽，紅絨纓，銅頂，插金黄翎。

妃采仗

翟轎一　通髹以金黄，繪金雲翟鳥。頂二層，飾金翟十。中安銅質塗金頂。金黄綾重幨，繪金翟。舁以八人。

翟輿一　通髹以金黄。頂二層，飾金翟十。中安銅質塗金頂。金黄雲緞爲衣，重幨。輪亦金黄髹。

儀轎一　通髹以金黄。銅質塗金頂。金黄雲緞爲衣。舁以四人。

朱氂拂塵二、銀提鑪一、銀香盒一、銀洗一、銀水盂一、銀瓶二　自提鑪以下，並銀質。鈒花飾金，陳於八角盤，承以方几，並木質，朱髹。

金交椅一、金方几一　並木質，金髹。

金黄緞繡七鳳三幨曲蓋一、金節二以紅紗繡五色鳳，長八尺，懸於竿，綴朱氂五。

金黄緞素繖二、紅緞繡寶相花繖二、黑緞繡寶相花繖二、自金黄緞素繖以下，並三幨直柄。

紅雲緞素扇二、黑雲緞素扇二、紅緞繪金鳳旗二、黑緞繪金鳳旗二、卧瓜二、立瓜二、吾仗二。

嬪采仗

翟轎一通髤以金黄，繪金雲翟鳥。頂二層，飾金翟十。中安銅質塗金頂。金黄綾重幨，繪金翟。舁以八人。

翟輿一通髤以金黄。頂二層，飾金翟十。中安銅質塗金頂。金黄雲緞爲衣，重幨。輪亦髤金黄。

儀轎一通髤以金黄。銅質塗金頂。金黄雲緞爲衣。舁以四人。

銀提爐一、銀香盒一、銀洗一、銀水盂一、銀瓶二自提爐以下，並銀質。鈒花。陳於八角盤，承以方几，並木質，朱髤。

金交椅一、金方几一 並木質，金㮡。

紅緞繡七鳳三幨曲蓋一、金節二 以紅紗繡五色鳳，長八尺，懸於竿，綴朱髦五。

金黄緞繡寶相花繖二、紅緞繡寶相花繖二 並三幨直柄。

紅雲緞素扇二、紅緞繪金鳳旗二、卧瓜二、立瓜二、吾仗二。

凡采仗旗繖，頂俱塗金。擎執輿尉，俱用旗尉。内廷陳設，則用内監，服紅紬繡小團花遜衣，繫緑紬帶，戴青氈帽，紅絨纓，銅頂，插金黄翎。

國朝宮史卷之十一

宮殿

華蓋閣道，上應天文。魏闕明堂，詳備往牒。凡以式示崇閎，由來尚矣。我朝宮殿制度，自外朝以至内廷，多仍勝國之舊，而斟酌損益，皆合於經籍所傳，以爲億萬年攸芋攸寧之所。煌乎盛哉！且夫治莫隆於孝，政莫重於農桑，事莫大於祭祀，功莫鉅於拓疆綏遠。洪惟我世祖章皇帝肇立奉先殿於宮左，庸展孝思。聖祖仁皇帝經始豐澤園於西苑，敦重田功。世宗憲皇帝締建齋宮於大内，虔恭祀事。皇上覲揚謨烈，堂構光昭，懿夫孝奉慈寧，爰葺壽安宮，躬舞稱觴，以介萬壽。粤若平定西域，豐庸顯鑠，迺擴紫光之閣，用慶武成。而且齋觀春耦，壇祀先蠶，皆太平本計之所寓，鴻規美盛，超軼前古。況乎奎章炳燿，楹帖禁匾，麗若星雲。而即境成文，日新富有，或以寓箴儆，或以暢對育，使珥筆而記者，仰窺敬天勤民之隱，與夫居所無逸之懷，則兹之焕然編帙者，固非同三都、兩京，徒侈張光明神麗之觀已也。今備載規制，釐爲六卷，就其徑路相屬者，聯綴成帙。凡睿藻所及，各以其地，敬謹詳登焉。

宫殿一

外朝

皇城外圍牆三千三百四丈三尺九寸，有天安、東安、西安、地安四門。又，天安門外東、西、南三面圍牆四百七十一丈三尺六寸。正南門榜曰「大清門」。東爲長安左門，西爲長安右門，重建於乾隆十九年至二十五年。工竣，又增築長安左門外圍牆一百五十五丈，長安右門外圍牆一百六十七丈五尺一寸。各設三座門。紫禁城内圍牆一千六十八丈三尺二寸，其門凡四，曰午門、東華門、西華門、神武門。牆四角有重樓，牆外東、西、北三面守衛圍房七百三十二間。護城河環繞於外，河水由地安門外西步粱橋下流入皇城，從地道經景山西門引入，環紫禁城至東西闕門止。門下地道相通，復東經太廟左垣，西由織女橋前繞社稷壇、端門、太廟會東來之水，過牛郎橋、天妃閘，從巽方出皇城，爲御河。其流入紫禁城者，由神武門西地道引護城河水流入，沿西一帶經武英殿、太和門繞文華殿後由鑾駕庫巽方出紫禁城。

大清門在都城正陽門内，面南，正中爲闕三，皇城之第一門也。左右石獅二，下馬牌石各一。前爲天街，方廣數百步，周以石欄，俗名棋盤街。門内左右朝房東西向者各一百十楹，北向者各三十三楹。凡吏、兵兩部月選官掣籤，刑部秋審，禮部鄉會試磨勘，俱於此朝房之外。東爲户部米倉，西爲工部木倉，其北天街横亘。東出爲長安左門，西出爲長安右門。門外各有下馬牌石，趨朝者由此出入。其北正中南向者榜爲天安門，即皇城南門也。初名承天門，順治八年重建，改今名。爲門五，上覆崇樓九楹，前臨御河，跨金水橋七橋。南北石獅各二。其南華表對峙。國家有大慶典覃恩，於樓上宣詔，設金鳳銜而下焉。其北相直榜爲端門，康熙六年重建，制與天安門同。南立華表二，左右兩廡各二十二楹。東爲太廟街門，門内爲太廟。正南門五楹。前殿九楹，兩廡各十五楹。中殿九楹，兩廡各五楹。後殿與中殿同。其正南門外橋五座。橋下向無水，乾隆二十六年始引金水橋水注之。東爲神庫、牲亭，西爲神廚，俱如禮制。

御製孟秋時享太廟詩庚申　玉斗迴旋屆指庚，金輿夙駕紫鸞鳴。肅皇禮樂陳清廟，紏縵雲霞焕寶楹。陟降儼臨神鑒赫，顯承佑啓泰階平。禮成肅穆瞻霄漢，何限依遲霜露情。

御製孟春有事於太廟詩甲子　條風漸噏温，春露感心源。精禴遵前制，齋躬步廟門。奉先思曷極，觀德畏常存。執事咸宗雋，秉圭惟孝孫。樂初修拊石，禮始溯捭豚。薪槱祥烟起，繚垣上曉暾。

御製孟冬時享太廟禮成述事詩甲子　滌志齋三宿，精禋舉質明。奉時修禴祀，考樂叶韶韺。馨薦忱爰託，心忪禮欲成。假思不可度，顒若有餘誠。如在音容感，孔懷霜露情。橋山凝望處，慨僾達三京。

御製孟冬時享太廟禮成有述詩乙丑　祭以時惟孟，嘗因節屆貞。肅雝欽陟降，悽愴仰昭明。元酒于尊薦，嘉粢我簠盛。露霜無那感，寒暑不禁情。似覺羹牆見，如聞謦欬聲。禮儀欣告備，綏我假思成。

御製孟春時享太廟恭述詩丙寅　卜祥惟穀日，修禴考禋宗。太室冠裳肅，王春烟靄濃。格思聞謦欬，鏗若奏笙鏞。受福吾何敢，穹冥仰聖蹤。

御製孟夏時享太廟敬成詩丙寅　清和方入律，禋享正當晨。一脈聲容接，千秋禮樂新。格思懷謦欬，迄用重逡巡。膏澤新敷徧，欽承倍惕寅。

御製孟夏時享太廟詩丁卯　太室穆清地，明禋孟夏辰。歲時展殷薦，祀事重躬親。曙色分籩豆，卿雲擁柍振。駿奔森玉葉，一本溯天倫。

御製孟冬時享太廟禮成有述詩丁卯　午門鼓響散晨光，太室修烝繼履霜。僾愾心源承一脈，躬親祭典重三王。宗潢執事籩鉶肅，韶樂陳庭磬管鏘。詎止祈年兼卜世，繩繩奕禩奉其蘋。

御製孟冬時享太廟詩戊辰　元英纔節届，烝祭以時將。太室卿雲煥，五朝帝烈光。追思曷有極，一脈永流慶。制治慚成泰，書年幸告康。寧邊心久切，儀式志靡遑。愾僾相通處，惟期我武揚。

御製孟春時享太廟詩辛未　魯論欽與祭，周雅詠於昭。太室修精禴，王春報始韶。瓞瓜緜益衍，本木接非遥。濟濟趨三獻，依依眄九霄。僾聞希黻扆，顯相肅鵷僚。啓佑鴻規遠，丕承仰五朝。

御製孟冬時享太廟詩辛未　午門詄蕩鼓嚴晨，太室趨承倍敬寅。萬葉皇圖綿衣紹，六宗祀典重躬親。黍稌以洽匪今慶，籩豆惟嘉依古陳。曙色温暾儀告備，恰欣節應小陽春。

御製孟冬時享太廟詩壬申　四孟臨陽月，六宗欽本仁。祖功千禩顯，德水一源親。謦欬思何極，繼承志益諄。黻屏儼來格，告徹重逡巡。

御製孟夏時享太廟詩癸酉　鳳紀純乾月，鸞韶清徵音。神功欽在昔，聖翼逮斯今。濟濟宗潢列，綿綿瓜瓞尋。永思有所本，愛敬益殷心。

御製孟夏時享太廟述事詩甲戌　太室修時享，躬親祀事將。本仁思謦欬，觀德想衣裳。樂律含清徵，南訛屆正陽。若憑欽降椵，繼序勵其皇。

御製孟夏時享太廟詩乙亥　祝融臨孟月，太室舉明禋。一脈精神貫，萬年茀禄蓁。拜墀陪列辟，執爵進宗親。祖烈於今赫，流沙仰集鱗。

御製平定準噶爾告祭太廟述事詩乙亥　告成蠲祀異嘗烝，太室薰風瑞靄凝。梗化昔延六十載，懷恩今挈百千朋。伊犂遼祖奚堪恃，列祖威靈實式憑。久計永安方廑念，敢因蕆事忘競競。

御製孟冬時享太廟禮成有作詩丙子　太室烝禋舉，躬親志倍欽。代因時遞遠，敬與慕俱深。鳳管和韶奏，犧尊清酒斟。不遲還覺速，僾愾儼如臨。

御製孟冬時享太廟禮成紀事詩丁丑　吉朔修嘗進吉蠲，假思仰冀意顒然。洋如在上原一脈，勿替引之於萬年。三獻禮成八佾舞，小春律在五絲絃。午門迎送增蘇對，祖烈今揚西海邊。

御製孟夏時享太廟詩戊寅　太室修時享，律惟仲吕應。開基遡天造，綿禩願雲仍。禮樂祈來格，几筵儼若憑。覲光誠有志，明義究何曾。

御製孟冬時享太廟述事詩戊寅 質明徂位展虔思，職事天潢式禮儀。追遠丕綿一脈瓞，靖遐耆定萬年基。不遲廢徹迴瞻廟，有肅冠裳列迓墀。昔厠大宛今布露，延庥孰匪祖威貽。

御製孟冬時享太廟詩己卯 太室修豐祀，初陽麗小春。萬年福永茂，一脈氣彌親。磬管雲門奏，豆籩宗器陳。於斯思繼述，嗣服凜惟寅。

御製歲暮祫祭太廟述事詩己卯 璇璣臨歲暮，太室祫冬烝。九廟萃神爽，一躬凜繼繩。瞻羹惜徹饌，傳火驗懸燈。羃歷祥花布，天恩倍敬承。

御製孟夏時享太廟詩庚辰 水木溯源本，豆籩式禮儀。思文欽世德，貽我幸豐綏。祇以瞻依切，寧教廢徹遲。繼繩惟日勵，敢懈藉重熙。

御製孟夏有事太廟禮成詩辛巳 撰日惟中朔，協時逮正陽。天經欽與祭，世德永延昌。僾見神容對，駿奔宗子襄。一灣引金水，萬葉衍銀潢。

西爲社稷壇門。門内爲壇，北向，制二層。第一層方五丈，次層方五丈三尺，高五尺，陛四出。上用五色土，隨方築之。壝垣四面開櫺星門，繚垣土色亦各以其方，瘞位向在壇内。乾隆二十一年繕修壇宇，勅移於壇外西北隅。壇北爲拜殿，西爲神庫、神廚、牲亭，俱如禮制。

御製仲春祭社稷壇詩辛酉　秩宗尊百祀，斂福錫羣黎。典重明禋盛，心殷望歲齊。牲牷陳俎豆，南雅奏金鼙。六出新飄瑞，公田正好犂。

御製仲春上戊恭祭社稷壇詩甲子　東陸暾將曙，熙春日載陽。明禋遵振古，崇德佐維皇。香霧霏神鼎，卿雲擁帝觴。絲匏方合奏，綴兆早成行。物備九州貢，土分五色方。一衷虔致願，慶錫我年康。

御製秋祭社稷壇詩丙寅　祈報遵先制，虔寅倍已增。豐年振古慶，神貺信今承。祝史辭無忝，帝觴露正凝。燎烟霏起處，晴旭恰東昇。

御製仲春躬祭社稷壇詩丁卯　重農遵舊制，蠲吉舉春祈。瑞靄方壇合，昭明神載依。玉繩剛運斗，朱鳥旋揚暉。佇籲微衷格，甘膏遍甸畿。

御製仲春恭祀社稷壇禮成述事詩壬申　舉趾東郊農務臨，質明承祭冀居歆。春祈秋報從常典，民穀王封合並欽。方俎備陳肥腯物，崇牙疊奏太平音。潔觴三獻昭和鬯，德養方占歲在壬。

御製仲春躬祭社稷壇詩癸酉　春祈祀典廑躬行，右闕晨趨率辟卿。立我烝民知穀重，藐予小子識君輕。六銖綵鳳儀仙樂，三獻卿雲擁帝觥。懸鼓和鳴物甲坼，青郊正待省新耕。

御製仲春社稷壇詩甲戌　玉輦行西闕，松壇祭仲春。質儀遵古昔，農事重躬親。雅樂依聲永，太羹不和醇。拳拳何所願，綏我屢豐頻。

御製春祈社稷壇詩乙亥　物土敷壇五色方，祈殷親諳練時良。夏松殷柏對誠妄，后稷勾龍配克當。八政農先誠國本，四時春首祝年穰。前朝甘雪霑優渥，舉趾東郊正叶祥。

御製春祭社稷壇禮成述志詩丙子　鑾輿鳳闕向西旋，敬舉春祈吉戊涓。素積烟融雪以後，陽烝脈發社之前。於論鐘鼓調宮徵，誕降秠穈薦豆籩。更冀厖褫錫昭假，獻俘指日外壝邊。

御製仲春社稷壇親祀詩戊寅　展幣由來例仲春，百年右社聿維新。鴻功今古垂鳌永，佐配馨香肸蠁均。處陸什三司后土，食艱稼穡立烝民。戊朝祭喜戊年值，豐楙殷希錫祉申。

御製仲春祭社稷壇詩己卯　午門西轉缭垣通，吉戊春祈凜必躬。五土封壇尊社稷，兩珪有邸致欽崇。樂宣太簇調元律，惠徧三農贊化工。更冀鴻庥錫保定，獻俘壝外報成功。

御製社稷壇禱雨詩己卯　敢云久矣惄予心，躬禱靈壇重致忱。加玉義緣祈芘蔭，升香敬用佇居歆。祝辭請命出衷曲，皇樂調和冀答陰。五日爲期難更緩，油雲卽待霈甘霖。

御製仲春祭社稷壇禮成誌事詩庚辰 春祈毖祀曉暉曈，社稷鴻庥天地同。鋭首兩珪象生物，方中五土表元功。夏松殷柏開宗古，后土勾龍協饗崇。壝外鹹俘獻耆定，每思優貺惕深衷。

端門之内，東朝房五楹，爲禮科公署。西朝房五楹，爲工科公署。禮科之北爲太廟神厨門，工科之北爲社左門。再北，左右朝房各四十二楹，内東二十三楹，西二十楹，爲六部九卿朝房。餘吏科公署七楹，户科公署九楹，在東。中書科公署六楹，兵科公署七楹，刑科公署七楹，又六科公所二楹，在西。其吏科之北三楹，敬安石刻聖祖仁皇帝御製臺省箴：「臺省之設，言責斯專。寄以耳目，寧取具員。通明無滯，公正無偏。黨援宜化，畛域宜捐。洞達政體，斯曰能賢。古昔諍臣，風規凜然。訏謨讜論，垂光簡編。朕每覽繹，如鑑在懸。居是官者，表裏方直。精白乃心，充廣其識。國計民生，臧否黜陟。凡所敷陳，敬將悃愊。風霜之任，以懲奸慝。搏擊之威，以儆貪墨。毋摭細務，苟塞言責。毋紛成憲，妄逞胸臆。書思入告，當寧對揚。沽名匪正，營私孔傷。或藏嫌怨，謬爲雌黄。受人指囑，尤爲不臧。形諸奏牘，有玷皁囊。職司獻替，亟宜審詳。敬爾在公，風紀巖廊。詞箴用勗，誕告聯常。康熙庚辰御製并書。」

又北東出者爲闕左門，西出者爲闕右門。門外各有下馬牌石。凡九卿會議，揀選人員，驗看月官，俱集左門下。八旗都統會議俱集右門下。門北爲諸王朝房，左右各三楹，甬道左有嘉量亭，右有日景晷度。

御製嘉量銘　皇予聖祖，建極憲天。度律鈞鍾，洞契元聲。微顯闡幽，何天衢亨。小子纘緒，寰區撫臨。協時月正日，同律度量衡。製兹法器，列於大廷。匪作伊述，大猷敬承。遵鍾得度，承度量成。量爲權輿，律諧六英。猗聖合天，天心聖明。七政是齊，爲萬世法程。如衡無私，如權不凝。如度制節，如量祗平。律得環中，紹天明命。永寶用享，子孫繩繩。我日斯邁，而月斯征。中元甲子，乾隆御銘。

正中南向爲午門，順治四年建，卽紫禁城南門也。東西兩觀對聳，上覆崇樓五，中樓深廣各九楹，東西四樓深廣各五楹，閣道十三楹，南北相接，崇宏壯麗，卽俗所謂五鳳樓也。國家有所征討，凱旋獻俘，皇帝御午門樓行受俘禮。

御製六月十八日午門受俘詩乙亥　雷霆中宿令，閶闔受新俘。詎乃恩全背，安能誅竟逋。緝兇新附奮，宥命舊奸瞿。白練陳班末，雙頑肆市衢。快晴天意順，大禮衆情愉。益切欽心鏡，永懷鞏帝圖。

御製定北將軍班第遣人解達瓦齊至，御午門受俘詩乙亥　鴛瓦繽紛積瑞銀，受俘軍禮舉重新。丹墀羣辟齊肩侍，白組名王縶頸陳。天德好生還貸死，海濱多蹇又逢屯。刑曹憲典聊遲待，指日歐刀剚叛臣。

御製御午門受俘馘詩庚辰　函首霍占來月窟，傾心素坦款天閶。理官淑問寧須試，驃騎窮追實可臧。西海永清武大定，午門三御典昭詳。從今更願無斯事，休養吾民共樂康。

中樓左右有鐘鼓亭，皇帝御大朝，則鳴鐘鼓以爲節。親祀壇廟，出午門則以鐘，祭太廟則以鼓。午門之前，凡頒朔、宣旨及百官常朝，俱集於此。

御製十月朔日頒時憲書詩庚申　九瀛咸奉朔，四海正同文。禮特遵先制，時惟授大君。令頒懸度地，澤被鷺鴛羣。欽若心恒凜，釐工政益勤。

御製頒朔詩甲子　閟宮烝祀罷，象魏授時頒。舊歲行將盡，新年去復還。時和詎可恃，日久倍知艱。所願周寰宇，官清民自閒。試問司天史，羲娥移不移。璿璣誰可度，珠斗若爲推。六合車書會，千秋道法垂。去年重入想，崇政涖朝時。

御製頒朔詩丁卯　冬初頒歲朔，天道體貞元。爲識農功要，非誇天子尊。三正同六服，玉律自金門。即看陽和近，披來朱鳥暾。

御製頒朔詩戊辰　午門晴旭麗曈曨，頒朔威儀集百工。東鰈西鶼萬邦奉，宵衣旰食一篇中。春秋無那成今昔，箕畢還因協雨風。消息貞元頻静驗，統天一氣運無窮。

御製十月朔日頒朔詩丁丑　敬授斯稱重，明時敢不虔。龍杓弦望辨，鳳闕典章懸。堯帝羲和命，大清億萬年。銅儀惟是在，稼政莫兹先。布朔禎祥始，班和象魏前。伊犂哈薩克，從此入華編。

午門爲門三，文武官出入皆由左，其右門惟宗室王公得行之。兩觀間掖門左右相對，門中各折而北入，不常啓。惟大朝陞殿，百官各以東西班次由掖門入。殿試文官進士，鴻臚寺按中式名次引入，一名由左，二名由右，餘仿此。

午門之内，玉河環繞，金水橋五座。橋北爲太和門，廣宇九楹，中開三門，其左右兩楹則宿衛番直處也。門陛南出者三，東西出者二，級各二十有八。陛間列古銅鼎四，門前列銅獅二。太和門之左爲昭德門，右爲貞度門，皆南向。東西兩廡間，東出者爲協和門，西出者爲熙和門，兩廡上下共五十二楹。東爲稽查各衙門奉行事件處及内閣誥勅房，西爲繙書房及起居注公署，東南隅爲内閣公署，其正衙御筆匾曰：「調和元氣」。西南隅舊爲國史館，今爲膳房庫。

太和門内正中南面爲太和殿，皇朝之正殿也。康熙八年重建，三十四年再建。深廣各十一楹，御筆匾曰：「建極綏猷」，聯曰：「帝命式于九圍，兹惟艱哉，奈何弗敬；天心佑夫一德，於時保之，遹求厥寧。」中設寶座，皇帝大朝御焉。每歲元旦、冬至、萬壽三大節及國家有大慶典，則御殿受賀。凡大朝會燕饗、命將出師、臨軒策士及百僚除授謝恩，皆御焉。恭遇加上皇太后徽號，則於殿内閲視册寶。册立皇后亦如之。遇圜丘大祀，前一日，皇帝於殿内視祝版。祈穀、常雩大祀亦如之。前爲露臺，列龜、鶴彝器各二，日晷、嘉量各一。龍墀三重，丹陛五出。下重陛級二十三，中上二重陛級各九。上下列寶鼎十有八。左爲中左門，右爲中右門，皆南向，與昭德、貞度二門相對。其東出者爲左翼門，西出者爲右翼門。翼門之南，左爲體仁閣，右爲弘義閣，各崇樓九楹。廊廡四周相接，共六十六楹。庭中甬道，左右設品級銅山，自正一品至從九品各十八，爲文武官員行禮班位。

御製季夏視朝詩己巳

詰旦奎中夜易闌，罘罳曙色上金鑾。宫懸樂應林鍾律，拜舞班齊九品官。何必舍人稱絶唱，所希多士副其難。漫言例是鴻臚掌，拱手垂衣敢自安。

御製暮春太和殿視朝詩壬申

詄蕩天門開曙曦，彤墀香靄露華滋。禮章樂亮誠何有，拱手垂衣念在兹。百辟多遵博士制，七言誰繼舍人詩。昭容已褻貂璫僭，未可明廷贊盛儀。

御製初夏視朝詩壬申　雨足金門曉氣和，觚稜瑞色暎晨娥。樂宣清徵八音協，儀引鴻臚百辟多。祈歲惕乾通宥密，對時長養驗南訛。垂衣敢恃崇高位，政要維艱勅九歌。

御製御殿臚唱有作壬申　秋榜原春榜，恩科乃特科。慈寧欣壽永，師濟冀材多。大對誰忠告，旁求此廣羅。午門開詄蕩，日麗小春和。

御製御殿傳臚日作甲戌　臚唱三聲曉日曈，編鐘清瑟協薰風。希占五色雲朝見，早慰一犂雨昨濛。贊化羣陳萬言策，敕幾自闢四門聰。祗憐退鷁垂雙翅，空望神仙注榜中。

御製視朝詩乙亥　曉日觚稜露氣鮮，太和朝音招御奏宮懸。有來衮衮皆羣后，惟曰繩繩欲萬年。予意詎如常例視，侍臣誰進早朝篇。無爲垂拱猶增愧，臨保心殷勵體乾。

御製平定準噶爾功成，恭上皇太后徽號，御殿受賀，敬以言志詩乙亥　從來西北不庭方，戡亂聊攜數月糧。何必先驅張撻伐，早知載道迎壺漿。遐荒底定千秋宴，徽號欣承愛日慶。豈不慰思寧卽慰，訓垂文子懼方長。

御製雪中視朝詩丙子　報曉雞人報雪霏，翠雲裘御啓彤扉。祥烟低羃金猊鼎，瑞葉紛飄赤羽旂。三白早占后稷穡，千官都點謝莊衣。明廷端拱承天貺，益勵兢兢謹敕幾。

御製冬日視朝詩丁丑　百寮劍佩集明廷，班末陪臣贊謁聆。黃道星辰聯畢昴，小陽氣節靄元冥。東鶼西鰈誰分域，北極南荒一太寧。遠服邇安心敢肆，敬天勤政訓聽聽。

御製太和殿朝會賡作歌庚辰　晨參晝會肅朝儀，正殿春融赤羽旂。考夏宗周原舊典，戛球舞籥迓新禧。十年一舉寧爲數，萬國來同倍切寅。吏治民生廑宵旰，問方詎止藉斯時。祥花瑞葉玉樓棲，慶恰占年景福禔。耆定不期來默克，安和惟是洽羣黎。漫陳漢殿魚跳水，卻聽天方鳳奏西。簪筆誰成元會賦，持盈應悉敬彌躋。

御製三月朔日御殿，定邊將軍兆惠、副將軍富德等率成功諸將士朝謁，詩以紀事庚辰　黄麾簇仗正衙排，奏凱來朝樂孔皆。脱劍釋冰摇玉佩，卷班按隊叩金階。幸逢耆定干戈戢，況值熙和風日佳。范十爕言予敢忘，惴矜保泰是長懷。

御製四月二十五日御殿傳臚紀事詩辛巳　雅化作人祝壽慈，金階臚唱麗晴曦。既求真學須新制，亦體常情改近期。公舉不教存己見，明敭還豫定其辭。西人魁榜西平後，可識天心偃武時。

御製季夏太和殿視朝詩辛巳　一夜陰晴雲未消，朝氛斂盡旭光昭。或緣敬事蒙天佑，雖喜宜農戒意驕。恭己奉三欽扆御，宅中圖治慎衣宵。林鍾東序聲韶樂，應月詳求律吕調。

殿後爲中和殿，深廣各五楹，上安滲金圓頂，陛左右出，各三重，級如前殿之數。

殿内御筆匾曰：「允執厥中」，聯曰：「時乘六龍以御天，所其無逸；用敷五福而錫極，彰厥有常。」中設寶座，凡遇三大節，皇帝先於此陞座，内閣、内大臣、禮部、都察院、翰林院、詹事府堂官及侍衛、執事人員行禮畢，然後出御太和殿。恭遇加上皇太后徽號，則於殿内閱視奏書。遇方澤大祀及祀太廟、社稷之前一日，皇帝俱於殿内視祝版。親祭歷代帝王廟，先師孔子、朝日、夕月，亦如之。每歲耕耤，并於殿内閱視農器。

殿後爲保和殿，殿九楹。御筆匾曰：「皇建有極」，聯曰：「祖訓昭垂，我後嗣子孫尚克欽承有永；天心降鑒，惟萬方臣庶當思容保無疆。」中設寶座，每歲除夕，皇帝御殿筵宴外藩。每科朝考新進士，翰林院引入殿内，左右列試。殿之左門曰後左門，右門曰後右門，與中左、中右門相對。自太和殿至保和殿，兩廡丹楹相接，四隅各有崇樓，中路甬道相屬。保和殿後陛三出，向北即乾清門也。

協和門之東爲文華殿，康熙二十二年建。殿門五楹，前殿七楹。御筆匾曰：「緝熙明德」，聯曰：「道脉相承，經籍昭垂千聖緒；心源若接，羹牆默契百王傳。」每歲春秋仲月，皇上御經筵，講臣於殿内進講。皇上宣示御論，諸臣跪聽畢，以次列坐，賜茶於殿内。

御製秋日經筵詩庚申　皎日麗中天，金風拂細旃。右文遵舊制，典學重經筵。爲進邦家彦，爰咨經史詮。探淵思汲古，望道未忘筌。制事應惟義，執中猶在權。心恒期洞洞，志每勵乾乾。緬想萬民上，端資百爾賢。周行須示我，莫漫頌豐年。

御製二月十二日經筵詩辛酉 金門旭日麗初晴，講席春和盛典行。啓沃久登黄閣老，探研今對玉堂卿。祇因風化孚民俗，漫道平康起頌聲。猶憶昔年庭訓切，書紳一字道惟誠。

御製仲春經筵詩壬戌 旭日御階明，祥風滿鳳城。光春開講席，廣厦集朝英。學海期同濟，文樞賴共衡。更尋司化紐，要道在躬行。

御製二月初六日經筵詩癸亥 風色雲容淡沲春，廣庭鵷侶列華茵。欲衡今古惟時敍，藉澡身心與日新。别苑漫傳花似綺，甫田喜積屑如銀。自慚致治非三五，夢想蕭曹房杜臣。

御製仲春經筵詩甲子 講席啓文華，熙春景物嘉。古今學有别，天地德無涯。内外應非二，知行要並加。儒臣同坐論，不覺日西斜。

御製春季經筵詩乙丑 琴麗翠鸞臨，文華廣殿深。三春開講幄，兩序列朝簪。立政思民瘼，存誠勵口箴。豈云循典故，藉以澡身心。黼座風颺德，霞天旭散陰。咨詢交泰陛，揖讓萃儒林。道岸緊常企，文淵或可尋。研精憶良弼，孰與下砭鍼。

御製仲春經筵詩丙寅 晴旭曈曨散曙寒，文華廣殿會衣冠。從來聖道通參贊，況復余衷企治安。心所會時原自易，學惟行處始知難。寄言魚雅談經侶，漫作崇儒故事觀。

御製仲秋經筵詩丙寅　宿雨逗輕烟，秋陽皜碧天。文華開廣殿，令日啟經筵。濟濟鵷班列，彬彬玉案前。研幾窮理窟，味道晰言筌。一意期無逸，同心慶有年。豈惟遵典制，端以遡心傳。

御製仲春經筵詩丁卯　講幄起芳春，文華紫禁闉。鵷班分列進，綈几一編陳。治道籌教養，躬行勉知仁。豈惟遵典故，端藉淑心身。易簡抽經祕，從容咨席珍。擴充還有待，夙夜矢虔寅。

御製仲春經筵詩己巳　瑞日輝春曉不寒，特開廣殿集衣冠。舞干未逮重華德，放馬何期遠服安。小往大來成泰運，推人盡己具心官。中咨魚雅章縫侶，莫作崇儒例事看。

御製仲春經筵詩壬申　間濶經筵意未安，東風廣厦集儒官。不惟勤學因時勗，要復存羊俾後觀。制事期無適莫見，知人更念惠懷難。春卿儀注百寮式，詎道從容禮數寬。

御製經筵卽事詩癸酉　清輝玉宇寬，廣殿集衣冠。要欲分陰惜，寧同舊例看。繹思還戒頌，切己率知難。兩論雖言概，吾斯意未安。

御製仲春經筵詩丙子　泉汲靈源蕉剥芽，春風又復啟文華。惜陰所重恒於此，隔歲猶嫌忽已賒。一日萬幾天命勑，性誠明教聖功加。儒冠采服魚魚者，典學虛文莫漫誇。

御製仲春經筵詩戊寅　書文經訓義揄揚，魚雅儒簪進兩行。篤志近思研學問，思艱圖易劭農桑。春臺共喜時方鬯，廣厦寧惟例舉常。周孔吾師游意切，推行獨慚未云遑。

御製仲春經筵詩己卯　講學文華例仲春，經書次第几端陳。夫乾易矣夫坤簡，成物知焉成己仁。紬繹從知位中理，贊參惟仰至誠神。漫言故事循禮典，修業輝光勉日新。

御製仲春經筵詩庚辰　文華廣殿御香芬，啟迪疇咨大雅羣。詎止循名欲求實，敢因戢武忘崇文。飛潛動植堪觀化，和一慎難總屬君。畧述會心非逞臆，躬行惟是勉尊聞。

御製仲春經筵詩辛巳　和凝風日仲春初，廣殿文華敞碧疏。經解傳詮闡要道，衣寬帶博戒虛車。人倫物理行仁義，巽養震爲濟疾徐。詎曰年年遵典故，化民成俗目蒿予。

東廡曰「本仁殿」，西廡曰「集義殿」。後殿爲主敬殿，其東爲傳心殿。中祀皇師、帝師、王師、先聖、先師，每逢月朔，太常寺堂官一員詣殿拈香。凡經筵之日，命大學士一員祭告。乾隆七年仲春，皇上御經筵，特旨親詣行禮。殿之前爲景行門。

御製仲春經筵詣傳心殿行禮，敬成一章辛酉　布治遵前矩，崇文御講筵。先期修祀事，親詣致心虔。禮樂薄殷夏，經綸在簡編。執中恒自凜，敢曰繼薪傳。

文華殿之後，西向爲上駟院署。又北，南向爲箭亭。亭中石刻乾隆十七年三月二十日上諭：

朕恭閲太宗文皇帝實録，内載：「崇德元年十一月癸丑日，上御翔鳳樓，集諸親王、郡王、貝勒、固山額真、都察院官，命弘文院大臣讀大金世宗本紀。上諭衆曰：爾等審聽之。世宗，蒙古、漢人諸國聲名顯著之賢君也。故當時、後世咸稱爲小堯舜。朕批覽此書，悉其梗概，殊覺心往神馳，耳目倍加明快，不勝歎賞。朕思金太祖、太宗法度詳明，可垂久遠。至熙宗合喇及完顔亮之世盡廢之，耽於酒色，盤樂無度，效漢人之陋習。世宗卽位，奮圖法祖，勤求治理，惟恐子孫仍效漢俗，豫爲禁約，屢以無忘祖宗爲訓。衣服言語，悉遵舊制。時時練習騎射，以備武功。雖垂訓如此，後世之君漸至懈廢，忘其騎射。至於哀宗，社稷傾危，國遂滅亡。乃知凡爲君者，耽於酒色，未有不亡者也。先時儒臣巴克什達海庫爾纏屢勸朕改滿洲衣冠，效漢人服飾制度。朕不從，輒以爲朕不納諫。朕試設爲比喻，如我等於此聚集，寬衣大袖，左佩矢，右挾弓，忽遇碩翁科羅巴圖魯勞薩挺身突入，我等能禦之乎？若廢騎射，寬衣大袖，待他人割肉而後食，與尚左手之人何以異也！朕發此言，實爲子孫萬世之計也。在朕身豈有更變之理。恐日後子孫忘舊制，廢騎射，以效漢俗，故常切此慮耳。我國士卒，初有幾何？因嫻於騎射，所以野戰則克，攻城則取，天下共稱我兵曰立則不動揺，進則不回顧，威名震慴，莫與争鋒。此番往征燕兵出邊，我之軍威竟爲爾八大臣所累矣。故諭爾等：其謹識朕言。欽此。」朕每敬讀聖謨，不勝欽凜感慕。深惟國家開創之時，我祖宗躬親勞瘁，勤求治理，矩矱相傳，罔敢逾越，以立萬世之丕基。至於今咸受無疆之福者，皆仰遵明訓所致也。我朝滿洲先正遺風，自當永遠遵循，守而勿替。是以朕常躬率八旗臣僕行圍較獵，時時以學習國語，熟練騎射，操演技勇，諄切訓誨。無非率由舊章，期以傳之奕禩，永綿福祚。惟是我皇祖太宗聖訓所垂，載在實録，若非刊刻宣示，則累朝相傳之家法，外庭臣僕何由共悉？且自古顯謨令典多泐之金石，曉諭羣工。我皇祖太宗之睿聖，特申誥誡，昭示來兹，益當敬勒貞珉，永垂法守。著於紫禁箭亭、御園引見樓及侍衛教場、八旗教場各立碑刊刻，以昭朕紹述推廣至意。俾我後世子孫臣庶，咸知滿洲舊制，敬謹遵循，學習騎射，嫻熟國語，敦崇淳樸，屏去浮華，毋或稍有怠惰，式克欽承彝訓，冀億萬世子孫共享無疆之庥焉。特諭。

殿東稍北有石橋三。過橋有殿宇三所。凡大内俱黄琉璃瓦，惟此用緑，爲皇子所居。其前爲王公、文武大臣輪班宿衛直房，橋東南爲户部内庫，爲鑾儀衛鑾駕庫。稍北卽東華門。門外有下馬牌石，紫禁城之東門也。

熙和門之西爲武英殿，規制如文華。門前御河環繞，石橋三。殿前後二重，皆貯書籍。凡欽定命刊諸書，俱於殿左右直房校刻、裝潢。西有浴德堂，爲詞臣校書直次，設總裁統之。殿北爲内務府公署，爲果房，爲冰窖，爲造辦處。殿西爲尚衣監。其後殿宇二層，爲皇子所居。再西爲咸安宫，教習八旗大臣子弟肄業處。殿南爲磁器庫，爲南薰殿。乾隆十四年詔以内府所藏歷代帝后圖像尊藏於此。

御製南薰殿奉藏圖像記　内府藏列代帝后圖像，傳自勝國，典在有司。歲以盛夏曝而庋之，扃鑰惟謹。朕於幾暇，省閲内庫積儲，敬得展觀，則裝池之以歲久渝脱者已多矣。因思我朝崇禮前代，建廟京師，春秋禋享，且爲之護陵寢、禁樵採。聖賢名臣，咸秩典祀。凡以篤高山景行之思，抒望古興懷之慕。而況流傳有自，縑素猶新，日角珠庭，冕旒秀發，德容可挹，英表如生，其奚忍夷諸繪事供几席珍鑒者比？爰命工重加裝潢，自太皡、伏羲氏而下帝后圖像爲軸者六十有八，爲册者七，爲卷者三。先聖名賢圖册五，舉襲以緹錦，尊藏於紫禁西南之南薰殿。大學士會同領内務府王大臣等詳定位置，謹其籍識，次第甲乙，秩然有章。明諸帝玉册，廟中所陳，當時寶爲宗器者也。今貯工部外庫，慮不免散軼，附藏殿之西室，俾虔視焉。既竣事，因備紀之，勒石前榮，以示帝統相承，道脈斯在。朕之隨在盡其誠敬，不敢苟且褻越有如此。圖像自唐、宋以下缺什之二三，溯而上之存者僅矣。時久而易晦，幸其存也，可弗保持，使可及久歟？缺者弗復追補，遠無徵也，懼失真也，以致慎也。

御製朕既藏歷代帝后、名臣像於南薰殿，爲文以記之，并成是詩己巳　寫照應非古，羲軒誰所傳？儼兹瞻日角，敬與保天全。暑雨寧侵幌，薰風尚入弦。睪然興景仰，籌治勉勤乾。

殿西爲御書處。凡御書法帖，皆於此鐫刻。稍北卽西華門。門外有下馬牌石，紫禁城之西門也。

國朝宫史卷之十二

宫殿二

内廷上

乾清門，廣宇五楹，中門三陛三出，各九級。前列金獅。皇帝御門聽政，則於門下陳設御座黼扆。部院以次啓事，内閣面承諭旨於此。

聖祖仁皇帝御製宫門聽政示閣部諸臣詩　中書天下本，六官庶僚首。絲綸委寄隆，分職慎所守。上相列天堦，喉舌筦北斗。乾象方昭垂，古來詎虚授。軒皇置六相，姬文擇四友。得人邦乃昌，此事諒非偶。曰予既寡昧，欿然謝哲后。聽政日不遑，望道遠何有。啓沃藉臣鄰，匡勷資左右。雖云際昇平，民物豈康阜。圖終貴謹始，治安莫予狃。廣業惟克勤，勵精期永久。作詩一相勗，敬哉庶無負。

御製御門詩丁卯　凌晨御内朝，咨采接羣彦。嘉言孰予告，庶政惟爾贊。稍釋望雨愁，未愜求治願。周公古元哲，猶坐以待旦。欽哉與日深，敢恃天恩眷。

御製御門詩丁卯　禁門咨庶事，常朝接羣彥。銀蟾尚餘光，蓮漏初停箭。慄慄切獨懼，魚魚偕衆選。豈其旅進退，實以資匡贊。坦平文石陛，淨潔龍書案。勗哉亮采儔，佇爾嘉言薦。

御製御門詩庚午　明庭靄曙色，宵衣戒晏朝。恭己勅庶幾，疇咨覲百僚。際和轉憂盛，知近詎達遥。察察匪爲明，熙熙或致驕。惠民詔屢逮，毋乃屯其膏。求賢念輒厪，或則虚名要。孜孜敢怠荒，目蒿思亦焦。所希萬方逸，遑惜一己勞。

御製御門日作詩辛未　一二日萬幾，勤政遵家法。疇咨内朝門，封章待批答。率由貴有恒，龍案延黄閣。敷政權剛柔，省身切兢業。民風願還淳，歲功期允協。每懷乃靡遂，蒿日奈才乏。

御製御門日作詩壬申　興夙列卿齊，唱曉雞人報。時巡返旌轡，召對臨廊廟。勅幾固無方，咨政貴有要。察察戒小智，淵淵廑朗照。唐虞夙所希，成康猶未造。設逢汲長孺，豈免云云誚。

御製御門日作詩癸酉　建禮接晨趨，乘乾奉永圖。勅幾遑燕寢，咨政闢亨衢。曉日琉璃瓦，香烟翡翠罏。後言誰退有，成見我從無。

御製御門日作詩甲戌　黄閣封章待綍音，明廷敭對詰晨臨。疇咨晝接寧惟是，典禮時修更欲尋。三九期餘常廑念，剛柔異克不容心。遑云撫莅兹年久，益覺憂勤與日深。

御製御門口號詩甲戌　御門閣部奏封章，進止疇咨不厭詳。一日萬幾寧止是，要因愛禮亦存羊。

御製御門日作詩丙子　省方秋蹕旋，勅幾明廷莅。畋遊曷可極？功敍無非事。虞機省厥括，絲綸慎所自。疇咨實在兹，都俞益增愧。無過孰則能，動是吁可悸。

御製御門日作詩丁丑　南巡三閱月，敕幾心敢懈。問民晉岳牧，諮政接寮寀。驛章按程遞，批答或至亥。庭對雖故事，愛禮正兹在。迴鑾所先務，百爾共亮采。念彼勞始逸，勗此敬勝怠。周易有名言，乾惕時自宰。

御製御門日作詩己卯　巡狩亦萬幾，詎有閒宵旰。還宮卽御門，朝簪亟延見。敢云寧藉斯，愛禮語彌羡。庶政酌剛柔，羣材掄俊彦。惟是稱職艱，握吐懷公旦。

凡召對臣工，引見庶僚，俱由門之右門出入。内廷行走之大臣官員，俱得由之。

乾清門之旁，左爲内左門，右爲内右門，皆南向。内左門不常啓，凡内官及承應人等出入俱由内右門，軍機處大臣、南書房翰林、内務府大臣官員出入，亦得由之。如遇皇帝御養心殿，召對大臣之年老者亦得於此門引進墀下。東出者爲景運門，西出者爲隆宗門，皆五楹，門各三。内左門之東，内右門之西，周廬各十二楹。東爲文武大臣奏事待漏之所，西爲侍衛房及内務府、軍機處直舍，皆南向。其南相對周廬各五，東爲宗室王公奏事待漏之所，西爲滿漢軍機章京直舍。皆乾隆十二年建。

乾清門之内爲乾清宫，順治十二年建，康熙八年重建。皇帝召對臣工，引見庶僚皆御焉。宫廣九楹，深五楹，正中設寶座，左右列圖史、璣衡、彝器。楣間南向，恭懸世祖章皇帝御筆匾曰：「正大光明」。聖祖仁皇帝恭跋云：「皇考世祖章皇帝御筆『正大光明』四字，結搆蒼秀，超越古今，仰見聖神文武精一執中，發於揮毫之間，光昭日月，誠足媲美心傳。朕罔不時爲欽若，敬摩勒石，垂諸永久，爲子孫萬世法。康熙十五年正月吉旦恭跋。」兩楹恭懸聖祖仁皇帝御筆聯曰：「表正萬邦，慎厥身修思永；弘敷五典，無輕民事惟難。」北兩楹御筆聯曰：「克寬克仁，皇建其有極；惟精惟一，道積于厥躬。」東暖閣匾曰：「抑齋」，西暖閣匾曰：「温室」。殿前露臺，列龜、鶴各二，晷影、嘉量各一，寶鼎四。中爲甬道，與乾清門相屬。左右丹陛，南出者二，東西出者各一。東西丹陛之下，有文石臺二，上安設社稷江山金殿。

御製乾清宫銘　大哉至健，純粹而精。昭昭成象，蕩蕩難名。四德嬗用，六位時乘。静專動直，資始大生。我祖我考，奉是丹楹。五福敷錫，萬國咸寧。敢恃崇居，惴惴矜矜。益慎體乾，惟皇永清。

聖祖仁皇帝御製乾清宫讀書記　二帝三王之道，夐然尚矣。後之人興於千百世之下，而欲遐稽往烈，以爲多聞畜德之資，非載籍是賴，厥道無由。顧載籍極博，大而道德之淺深、政理之因革，小而聲名度數、采章文物之繁，靡弗該也，靡弗悉也。若徒習其文詞，侈其浩博，而不深考其道法之大原，得諸心而致諸用，古人之言，皆陳迹耳，於我何與焉？朕自沖齡，性躭學問。踐阼迄今，罔自暇逸。未明求衣，待旦視事，講臣執經，羣臣入奏，未嘗一日不與相接。既退，裁決庶務，披覽章疏，有間則書册翰墨之外無他嗜好。端居乾清宫，取六經之書發而讀之，以求契夫古人之心，將以致其用而未能也。又上下古今，盱衡數千載，思昔人之所以致其用者，而求之紀志表傳編年紀事之文，將以致其用，而知其心之所存。朝斯夕斯，怡然忘倦。蓋浩乎其未有涯，悠然其未有艾也。比者海宇乂安，國家閒暇，而風俗人心未能登進淳良，聿臻上理，每一念之，憪然於懷。將以得之於心者而實致諸用焉。積晦明，閲寒暑，展卷吟誦，神理淵穆，如晤古人。夫乾爲健，天得一以清，所貴執中而建極也。自强不息以希天，遜志好學以希聖。朕雖不敏，詎弗勉旃！

聖祖仁皇帝御製元夜與諸王宴乾清宫詩　今夕丹帷宴，聯翩集懿親。傳柑宜令節，行葦樂芳春。香泛紅螺重，光摇絳蠟新。不須歌湛露，明月足留人。

世宗憲皇帝御製恭侍乾清宫詩　殿閣參差際碧天，玉堦秋色静芊綿。雲開北闕祥光滿，雨過西山霽色鮮。寶座金爐香靄靄，彤墀仙掌露涓涓。承顔頻荷温顔接，凜惕趨蹌繡扆前。

御製九日乾清宫侍宴恭紀詩樂善堂集　繡錯仙枝焕彩霞，重陽侍宴佩萸華。牋分御筆親標韻，席徹皇恩别賜瓜。一德賡歌仁壽世，太和景象聖人家。獻詩爵躍追天保，宴畢歸來日未斜。

御製新正二日召集羣臣於乾清宫，賦柏梁體詩，朕既首倡，又成七言一章詩己未　泰交堂陛列鴛聯，日暖彤墀淑景鮮。衹以賡歌鳴喜起，非誇宴樂沸絲絃。觴浮柏葉添吟興，筆灑瓊華映綺筵。更慶元正飄六出，又增新瑞紀瑶編。

御製元旦同諸王宴乾清宫詩壬戌　韶律應三陽，元辰福履昌。展親疇伯叔，明命凜穹蒼。鳳琯春風入，龍墀化日長。獻椒歌有慶，行葦樂無央。

御製立春日奉迎皇太后幸乾清宫侍宴恭紀詩乙丑　日色風光麗綵粉，起居膝下肅而闇。緣階瑞莢舒三葉，貼户春屏燦五雲。青帝乘時方煦嫗，勾芒御氣正氤氲。晚來絲管城闉鬧，椒獻家家想半醺。

御製新正奉皇太后乾清宮侍宴得句詩丙寅　瑞雪占時慶，和風驅臘寒。銅鍰仙木麗，蘭卮玉華攢。爵躍迎仙仗，慈寧降葆鸞。獻春陳桂醑，履歲尚椒盤。淑景欣昭盎，祥雲看簇團。初韶娱愛日，長奉萬年歡。

御製元日乾清宮宴諸王卽席得句詩庚午　元日乾清宴，本支百世親。豐年占首歲，和氣靄韶辰。柏葉浮醽醁，椒花焕柍桭。銀箋將玉管，次第答光春。

御製乾清宮小宴宗室、臣工卽席得句詩辛未　初筵和會景含韶，瑞色瓊樓雪未消。已覺心期欣夏麥，好酬節物頌春椒。紫觴底用行麟脯，青律徐聞引鳳簫。行葦載歌釐保泰，百年一統正熙朝。

御製乾清宮宴親藩卽席賦句詩乙亥　俶春始運啓元辰，曲宴乾清會懿親。同有殷心祈上歲，從來樂事首天倫。欣徵人壽樽浮柏，漫詡仙厨脯擘麟。和氣一家時斂福，便因敷錫萬方民。

御製乾清宮小宴諸王卽席得句詩丁丑　紫鳳迴春歲籥調，乾清嘉會慶三朝。化民政要先敦族，行葦歌聲並頌椒。共祝康年遍寰宇，端知和氣靄宫寮。本支百世綿瓜瓞，景福如川御正饒。

乾清宫之東爲昭仁殿，殿内御筆匾曰：「天禄琳瑯」，聯曰：「風奏南薰調玉軫，霞懸東壁燦瑶圖。」殿後西室聯曰：「有秋歷覽登三鬴，旰食惟期協九經。」又聯曰：「獨喜惜陰澄静照，更因稽古契遐心。」室之北扁曰：「慎儉德」，聯曰：「亦曰欽哉貫謨典，允惟難矣作君師。」又聯曰：「瓊枝春意足，縹帙古香多。」皆御筆也。

御製昭仁殿銘　四德何以首元？四時何以首春？仁者人也，要莫大於親親。刑寡妻以至兄弟，民同胞而物吾與，皆由此施，關痛癢而肫肫。然其所包者廣。是以孔子對門人之問不同，而莫非由己之所存。人盡宜勉，又何況乎爲君！吾用是居昭仁之殿，怵然惟恐有愧於斯言。

聖祖仁皇帝御製昭仁殿詩　雕梁雙鳳舞，畫棟六龍飛。崇高惟在德，壯麗豈爲威。

御製昭仁殿詩丁卯　乾清宮之東簃爲昭仁殿，皇祖在御時，日夕寢興之温室也，朕弗敢居焉。乃貯天禄琳瑯宋、元鎸本於内，時一徘徊，曷勝今昔之思。芸帷木榻想貽淳，聖日常懸麗栱桭。六十一年兹惕息，百千萬世永昭仁。好書敢謂承先志，新德惟期澡我身。簷向周廬列書室，每聞佔畢達楓宸。

乾清宮之西爲弘德殿，殿内御筆扁曰：「奉三無私」，聯曰：「二典三謨法堯舜之道，五風十雨協天地之心。」殿後扁曰：「太古心」。東室閣上恭懸世宗憲皇帝御筆聯曰：「惟以一人治天下，豈爲天下奉一人。」御筆聯曰：「九疇勤省歲，萬寶協書雲。」閣下聯曰：「得句因新意，耽書是宿緣」。一曰：「墨汁潤分瑶草緑，篆文清帶筆花香。」後室匾曰：「懷永圖」，聯曰：「雲霞紛綺麗，文物共葳蕤。」一曰：「心爽天宇豁，情欣理境融。」皆御筆也。

御製弘德殿銘　求全之毁，吉德也。辨之不已，是惑也。不虞之譽，凶德也。居之不疑，是惑也。知惑不爲，直言其來。知惑而爲，諛言其滋。諛滋悔生，直來其亨。宜已而辨，汝奚爲善？宜疑而居，汝惡奚祛？屏乎營乎，其思德之所弘乎！

御製弘德殿詩辛酉　高閣傳銀箭，朝暾散綺疏。憂心周蔀屋，豈隔九重居。

御製弘德殿詩丁卯　軒宫象紫垣，璇簃接路寢。居中撫八埏，奉三育羣品。儉詒階尚土，侈戒帷裁錦。萬幾常自惕，庶政於焉審。但希六幕調，宵衣亦安枕。

御製弘德殿齋居詩辛巳　致齋返彤宫，勑幾臨紫殿。對時凜金柅，惜陰聆玉箭。弘德構斯肯，循名實相踐。敬天在愛民，居貴可忘賤。籌治誠契要，勵人已敢倦。時豫允厚幸，厚幸益兢戰。庶幾奉前猷，億載皇清奠。

宫之東廡，内臣直廬三楹。聖祖仁皇帝御筆匾曰：「御茶房」。稍南爲端凝殿，聖祖仁皇帝御筆匾曰：「執事」。

聖祖仁皇帝御製端凝殿齋居詩　肅肅羣籟屏，裊裊爐烟舒。諏日躬禋祀，濯祓臨齋居。輝輝閣西日，流影照綺疏。坐久微風來，冷然吹衣裾。齋心觀萬象，默見天地初。

感神在至誠，寧俟灌鬯餘。

再南爲舊設自鳴鐘處，聖祖仁皇帝御筆匾曰：「敬天」，御筆聯曰：「簾縈香篆齋心久，座殷鐘聲問夜遥。」其南，東出者爲日精門，門之南爲御藥房。聖祖仁皇帝御書匾曰「藥房」，曰「壽世」。再南一室，奉至聖先師及先賢、先儒神位，御筆匾曰：「與天地參」，聯曰：「開洙泗心傳，聖由天縱；集唐虞道統，德合時中。」轉而南，向北者爲上書房，皇子、皇孫肄業處也。御筆匾曰：「養正毓德」，世宗憲皇帝御筆聯曰：「立身以至誠爲本，讀書以明理爲先。」御筆聯曰：「念終始典于學，於緝熙單厥心。」

御製己酉冬十一月二十一日皇父御書「立身以至誠爲本，讀書以明理爲先」一聯，恩賜懸掛書齋，以寓訓誨至意。恭紀詩樂善堂集　文明雅化敷重譯，咫尺奎章賁玉除。妙義直須十四字，至言已勝萬千書。天顔有喜龍鸞動，緗案承恩雨露舒。從此就將當益奮，敢違提訓負居諸。

御製仲冬御門後至上書房因示弘瞻輩詩壬戌　緗帙芸編散古香，經帷舊學重商量。憂心未釋勅幾暇，樂志旋生味道長。緹室灰飛新景物，瑣窻日上昔年光。吟餘改抹前題句，未得筌蹄頓兩忘。

御製每御乾清宮，輒聞尚書房諸皇子誦讀聲，欣然會心，兼憶舊况詩乙丑　佔畢達璿除，居稽切講廬。爲聲何朗朗，毓德想魚魚。教子慚貞觀，延師企二疏。豈如王氏癖，頗鄙李生漁。樂志因時敏，研精值歲餘。明窗晴旭暖，忽憶十年初。

御製秋仲丁祭日詣尚書房至聖前行禮詩丙寅　萬古生民首，千秋祭典光。攝儀專國學，展禮詣書堂。言念承宗社，何曾致治康。徘徊講筵側，惟覺愧宮牆。

西廡向東，與端凝殿相對者爲懋勤殿，御筆匾曰：「基命宥密」，聖祖仁皇帝沖齡曾讀書於此，今爲内廷翰林兼直之所，凡圖史翰墨之具皆貯焉。每歲秋讞時，刑科覆奏本上，皇帝御殿親閱招册，内閣大學士、學士及刑部堂官面承諭旨於此。

聖祖仁皇帝御製懋勤殿讀尚書至無逸篇有作詩　元化斡四運，淑景催芳年。乾乾總萬幾，寸陰惜屢遷。綈几散瑶帙，阿閣颺爐烟。澄懷求至理，孔壁存遺編。公旦訓無逸，則古多所宣。言念小民依，田功稼穡先。天命良匪易，敬德省厥愆。法戒備近王，炯炯斧扆前。寤寐師古人，千禩精意傳。端居不遑暇，三復期勉旃。

再南爲批本處，聖祖仁皇帝御筆匾曰：「慎幾微」。凡内閣擬票本章，俱經本處進呈御覽，然後票寫清文交閣。又南，西出者爲月華門，門之南爲内奏事房，每日内外臣工所進奏章，由外奏事諸臣接入，於此交内奏事進呈。得旨後，仍由此交出。轉而南，向北者爲南書房，内廷詞臣直廬也。其東爲宮殿監等辦事處，聖祖仁皇帝御筆匾曰：「敬事房」。

昭仁殿之左東出者爲龍光門。弘德殿之右西出者爲鳳彩門。乾清宮後爲交泰殿，滲金圓頂，制如中和殿。聖祖仁皇帝御筆匾曰：「無爲」，御筆聯曰：「恒久咸和，迓天休而滋至；關睢麟趾，立王化之始基。」殿中設寶座，左安銅壺刻漏，右安自鳴鐘。國朝御用寶璽二十有五，俱尊藏於殿中。

御製寶譜序　國朝受天命，采古制爲璽。掌以内閣，承收以宫殿監正。襲以重盝，承以髹几。設交泰殿中，以次左右列。當用則内閣請而用之。其質有玉，有金，有旃檀香木。玉之品，有白，有青，有碧。紐有交龍，有盤龍，有蹲龍。其文，自太宗文皇帝以前專用國書，既乃兼用古篆。其大小，自方六寸至二寸一分不一。嘗考大清會典載：「御寶二十有九」。今交泰殿所貯三十有九。會典又云：「宫内收貯者六，内庫收貯者二十有三。」今則皆貯交泰殿，數與地皆失實。至謂「皇帝奉天之寶卽傳國璽，兩郊大祀及聖節宮中告天青詞用之」，此語尤誕謬。大祀遵古禮用祝版，署名而不用寶。聖節宮中未嘗有告天事。或道籙祝釐時一行之，亦不過偶存其教耳，未嘗命文臣爲青詞，亦未嘗用寶。且此璽孰非世世傳守，而專以一寶爲傳國璽，亦不經。蓋緣修會典諸臣，無宿學卓識，復未曾請旨取裁，只沿明時内監所書册檔，承譌襲謬，遂至於此，甚矣記載之難也。且會典所不載者，復有「受命于天、既壽永昌」一璽，不知何時附藏殿内，反置之正中。按其詞雖類古所傳秦璽，而篆法拙俗，非李斯蟲鳥之舊明甚。獨玉質瑩潔如截肪，方得黍尺四寸四分，厚得方之三，以爲良玉不易得，則信矣。若論寶，無問非秦璽，卽真秦璽，亦何足貴？乾隆三年，高斌督河時，奏進屬員濬寶應河所得玉璽，古澤可愛，文與輟耕録載蔡仲平本頗合。朕謂此好事者仿刻所爲，貯之别殿，視爲玩好舊器而已。夫秦璽煨燼，古人論之詳矣。卽使尚存，政斯之物，何得與本朝傳寶同貯？於義未當。又雍正年故大學士高其位進未刻碧玉寶一，文未刻，則未成爲寶，而與諸寶同貯，亦未當。朕嘗論之：君人者，在德不在寶。寶雖重，一器耳。明等威，徵信守，與車旗章服何異？德之不足，則山河之險，土宇之富，拱手而授之他人，未有徒恃此區區尺璧，足以自固者。誠能勤修令德，繫屬人心，則言傳號涣，萬里奔走，珍非和璧，制不龍螭，篆非斯籀，孰敢不敬信承奉，尊爲神明？故寶器非寶，寶於有德。古有得前代符寶，君臣動色矜耀，侈爲瑞貺者。我太宗文皇帝時獲蒙古所傳元帝國寶，容而納之，初不藉以爲受命之符。由今思之，文皇帝之臣服函夏，垂統萬世，在德耶？在寶耶？不待智者而知之矣。善夫唐梁肅之言曰：「鼎之輕重，璽之去來，視德之高下，位之安危。」然則人君承祖宗付畀，思以永膺斯寶，引而勿替，其非什襲固守之謂，謂夫日新厥德，居安慮危，凝受皇天大寶命，則德足重寶而寶以愈重。璽玉自古無定數，今交泰殿所貯，歷年既久，紀載失真，且有重複者。爰加考正排次，定爲二十有五，以符天數，并著成譜，而敍其大指如此。

御製刻漏銘　粤昔重黎，分司地天。迎日揆景，舉分測辰。明時敬授，欽若昊乾。予承百王，省歲祈年。齊政協紀，命彼疇人。儆宮戒井，斟衡酌權。笵金規木，製兹漏蓮。玉注金箭，水火燥寒。協其高卑，別以方圓。九十六刻，成一日焉。視彼陽晷，明晦無愆。較自鳴鐘，淫巧徒傳。攝提有紀，孟陬用平。于以考時，寢興慎旃。于以熙績，勤民禮賢。業業兢兢，俯察仰觀。器與道偕，是驗是虔。作銘垂誡，貽百曾元。

兩廡間左出者爲景和門，右出者爲隆福門，殿之後爲坤寧宫，俱順治十二年建。殿廣九楹，其東暖閣御筆聯曰：「天惟純佑命，俾爾戩穀，百禄是荷；民其勑懋和，綏以多福，萬壽無疆。」閣上匾曰：「福德相」，聯曰：「功德莊嚴輝寶月，薰聞安樂引祥風。」閣下東室匾曰：「紫垣」，西室聯曰：「斯干咏松竹，天保頌升恆。」宫左爲東暖殿，世宗憲皇帝御筆匾曰：「位正坤元」。右爲西暖殿，御筆匾曰：「德洽六宫」。二殿與昭仁、弘德二殿相對，俱康熙三十六年建。東暖殿之東爲永祥門，稍北爲基化門，俱東出。西暖殿之西爲增瑞門，稍北爲端則門，俱西出。坤寧宫之後，北向正中爲坤寧門。門外卽御花園也。

御製坤寧宮銘　萬物致養，是曰厚坤。安貞廣大，配天爲元。昔在盛京，清寧正寢。建極熙鴻，貞符義審。思媚嗣徽，松茂竹苞。神罔時恫，執豕酌匏。廣博無疆，黄中正位。以繼以繩，惟曰：欲至於萬世。

御製小除夕坤寧宮作詩壬申　喜氣鬯宮寮，迎除先頌椒。從來稱五祀，不覺到今宵。爆引雲車上，天臨絳節朝。誠祈詎私禱，六幕願均調。

御花園在坤寧宮後，左曰瓊苑東門，右曰瓊苑西門。園中奇石羅布，嘉木鬱葱，有古柏、藤蘿，皆數百年物。

御製仲春御花園作甲子　穠春何處歸來早，堆秀山前絳雪軒。已許遊蜂依蕊簇，未教新燕傍枝翻。周阿玉樹斜臨榭，放溜金波曲抱源。渴望甘膏疎宴賞，休言樹背有叢萱。

御製御花園花朝詩丙寅　堆秀山前景物芳，更逢晴日靄烟光。負氷錦鬣游文沼，試暖文禽遶畫堂。綵燕繽紛先社日，青旛摇曳引韶陽。莫嫌花事遲追賞，遇閏應知春倍長。

御製御花園首夏詩丁卯　宿雨輕烟罨綺欞，尚餘春色博山屏。蒼松四季曾無改，也覺虬枝分外青。一陣香風遞玉墀，却緣錦綻墨辛夷。幾餘點翰消繁慮，幸似去年倚檻時。婪春破夏日方永，委砌篩簾絮正紛。最是常年添悶處，底教觸目總成欣。

御製詠御花園藤蘿詩丙寅　禁松三百餘年久，女蘿施之因亦壽。每攜春色見薰風，似顧杏桃開笑口。或蒼或艷雖不倫，齊年恰比列仙真。窺户小兒髮已雪，雙成綽約猶嬌嬪。蜂衙蝶陣年年判，兔葵燕麥何須歎。清和沐雨影亦鮮，便入蝦鬚上龍案。晝長幾暇倚玫除，南畝初霑憂慮舒。却憶風人善體物，匪伊垂之帶有餘。

御製御花園古柏行己巳　摛藻堂邊一株柏，根盤厚地枝拏天。八千春秋僅傳説，厥壽少當四百年。御園松柏森森列，居然巨擘標蒼顔。粗皮硉兀心不死，倚壁如拍洪厓肩。左日右月爲兩目，春草秋花參四禪。仙人煉氣不煉肉，形若槁木神乃全。昔者公旦象六爻，是爲九二見在田。又如瑶池會王母，赤松子應領羣仙。韋偃直幹不可得，而今誰者以神傳。洪宣承平此曾閲，甲申桑海無還丹。喬木頗與世臣類，作歌詎止斐鴻篇。

正中爲天一門，前列金麟二。門北南向爲欽安殿，祀元天上帝。御筆匾曰：「統握元樞」。頂安滲金寶瓶。殿前方亭二。其東稍北，疊石爲崇山，山正中有石洞，洞門顔曰「堆秀」，左側鐫刻御筆「雲根」二字。山巔有亭曰「御景亭」。山之東爲摛藻堂，堂内經史子集插架四周。御筆匾曰：「摛藻抒華」，聯曰：「庭饒芳毯鋪生意，座有芸編結古歡。」西室門外聯曰：「左右圖書静中涵道妙，春秋風月佳處得天和。」門内匾曰：「宿鳳」，聯曰：

「從來多古意，可以賦新詩。」

御製摛藻堂詩己巳　文軒搆瓊苑，仙柏蔭廣宇。題額縱自今，考蹟亦云古。芸編貯萬卷，牙籤分四部。淡泊以怡情，節儉斯貽祜。掞毫戒麗姸，守器懷神巨。卑茲力溝洫，無間惟稱禹。

御製題摛藻堂詩辛巳　浮碧亭陰瀟灑居，春風綈几正怡如。映牕黛鬱千年樹，插架芸芳四庫書。鑒在勝朝基命密，遊惟義府勅幾餘。展篇寧貴資摛藻，二典三謨永企予。

堂東爲凝香亭。堂前有池，池上爲浮碧亭。亭之南爲萬春亭。再南向西者爲絳雪軒。軒前多植海棠，軒内御筆匾曰：「視履考祥」，聯曰：「東壁焕圖書，琳瑯滿目；西清瞻典册，經緯從心。」右室聯曰：「樹將暖旭輕籠牖，花與香風並入簾。」又内室聯曰：「花初經雨紅猶淺，樹欲成陰緑漸稠。」皆御筆。軒南即瓊苑東門也。

御製絳雪軒海棠詩庚午　丹砂煉就笑顔微，開處春巡恰乍歸。暇日高軒成小立，東風絳雪未酣霏。評香花國休嫌細，選色唐宮不礙肥。料量韶光思護惜，珠簾四面巧成圍。

御製絳雪軒海棠詩壬申　耤典春行命蹕迴，御園問景一徘徊。似緣翠館今朝幸，不約東風特地開。綴玉有詩笑桃李，蕊珠何處惹塵埃。丁寧嗛雪枝頭駐，莫便尋常點緑苔。

御製絳雪軒詩辛巳　名軒因對花，取義緣體物。酣春雖尚遥，符甲機已鬱。即看六霙積，何異嵰山蔚。金麥玉壺供，銀燕綵屏拂。休徵協雨暘，宴息宥密勿。

欽安殿之西稍北爲延暉閣。閣上御筆匾曰：「凝清室」，東間聯曰：「雪朗西山送寒色，花輝東壁發生馨。」樓下聯曰：「麗日和風春淡蕩，花香鳥語物昭蘇。」又聯曰：「錦座凝香，花敷春苑麗；晴牕挹翠，霞帶曉屏舒。」

御製延暉閣春望詩辛巳　禁林崇閣枕紅牆，暇日登臨喜載陽。北户景山秀堪揖，南墀古柏儼成行。宫庭基業期恒固，帝里樞機協大當。累洽百年誠富庶，持盈惟是敬爲防。

閣前相對爲四神祠。閣西爲位育齋。齋西爲毓翠亭。齋前有池。池上爲澄瑞亭，即亭爲斗壇。亭南爲千秋亭。又南爲養性齋。齋東向者七楹，南北向相接者各三楹，皆有樓。樓上正中聖祖仁皇帝御筆匾曰：「飛龍在天」，左室聯曰：「心蹟只今偏愛澹，詩情到此合添幽。」又聯曰：「一室虚生無限白，四時不改總常青。」右室聯曰：「自是林泉多蘊藉，依然書史得周旋。」又聯曰：「日永亭臺爽且静，雨餘花木秀而鮮。」樓下正中御筆匾曰：「居敬存誠」，聯曰：「體道鳶魚看活潑，消閒書史挹菁英。」又聯曰：「暇當綈几身聊憩，景入紗疏意與存。」北樓下東向匾曰：「悦心頤神」，聯曰：「古香研道祕，新藻發春妍。」南樓下東向聯曰：「四季風光無盡藏，百城古帙有餘馨。」皆御筆。齋之南卽瓊苑西門也。欽安殿之後爲承光門，北向列金象二。左爲延和門，右爲集福門，東西向。正中爲順貞門，其北相對爲神武門。門外有下馬牌石，卽紫禁城北門也。

日精門之東爲東一長街。南卽内左門，中爲近光左門，北爲長康左門。稍北而西卽瓊苑東門也。由近光左門而北，向西之門凡三，曰咸和左門、廣生左門、大成左門。咸和左門之東相對爲景曜門，中間南向者曰景仁門，門内爲景仁宫。前殿御筆匾曰：「贊德宫闈」。廣生左門之東相對爲履和門，中間南向者曰承乾門。門内爲承乾宫。前殿御筆匾曰：「德成柔順」，後殿聯曰：「三秀草呈雲彩焕，萬年枝茂露香凝。」大成左門之東相對爲凝瑞門，中間南向者曰鍾粹門。門内爲鍾粹宫。前殿御筆匾曰：「淑慎温和」，聯曰：「篆裊猊爐知日永，風清虬漏報春深。」以上三宫俱順治十二年重建。三宫之東爲東二長街。南則麟趾門，北則千嬰門也。街東與景曜門相對者曰凝祥門，再東爲昭華門。中間南向者曰延禧門。門内爲延禧宫。前殿御筆匾曰：「慎贊徽音」。與履和門相對者曰德陽門，再東爲仁澤門，中間南向者曰永和門。門内爲永和宫。前殿御筆匾曰：「儀昭淑慎」。與凝瑞門相對者曰昌祺門，再東爲衍瑞門，中間南向者曰景陽門。門内爲景陽宫。前殿御筆匾曰：「柔嘉肅敬」，後殿聯曰：「古香披拂圖書潤，元氣沖融物象和。」東室聯曰：「生機對物觀其妙，義府因心獲所寧。」西室聯曰：「層牕日朗蘭噴霧，雞樹風輕玉靄春。」又聯曰：「書圃禮園無斁好，甌香研净有餘欣。」以上三宮皆康熙二十五年重建。此東六宮之敍置也。

六宮之東，有小長街。街南向東直出者爲蒼震門，街東爲内庫房。其北向西者爲欽昊門。門中向南爲天穹門。門内爲天穹寶殿，祀昊天上帝。御筆聯曰：「無言妙化資元始，不已神功運穆清。」千嬰門之北，有殿宇五所，所謂乾東五所也。由日精門長街而南，其東爲仁祥門，再東相對爲陽曜門。正中爲齋宮，雍正九年建。凡南北郊及祈穀、常雩大祀，皇帝致齋於此。前殿五楹，中設寶座，御筆匾曰：「敬天」，聯曰：「克踐厥猷，聰聽祖考之彝訓；無斁康事，先知稼穡之艱難。」東暖閣聯二，一曰：「天道欽崇永保命，萬幾敕毖屢省成。」一曰：「一念純誠昭格本，萬緣清静旦明中。」西暖閣聯曰：「皓月空懸心鏡朗，妙雲擁護智珠圓。」後殿御筆匾曰：「誠肅殿」，又匾曰：「莊敬日强」，聯曰：「慎獨謹幾，旦明懷帝載；思艱圖易，宵旰念民依。」東室聯曰：「一編金鑑懷無逸，五夜銅籤警未央。」西寢宮匾曰：「敬止」，聯曰：「午夜端居欽曰旦，寅衷昭事格惟馨。」又聯曰：「洗心宥密欽羲傳，致德精明稟禮經。」又聯曰：「吉蠲致敬先三日，昭格惟誠矢一心。」

御製齋宮詩六章，章十四句 壬戌

有侐齋宮，翼翼沉沉。穆穆皇考，聖祖之心。丕冒萬宇，上帝是欽。維日南至，郊祀孔臨。遷坐變食，在懸無音。凝祉受釐，儼若帝歆。來戒來齋，用凜難諶。　龍塞之山，儲有良材。乃浮於川，帝京不遲。爰經爰營，載築載培。命彼大匠，繩尺是依。其柱維南，其桷維柏。不文不鏤，海望所作。既底厥法，載觀其落。　猗與煌與，天闕之宇。鬱嵂柧棱，貝箔珠户。枚枚巖巖，乾清宮左，有丹其楹，有青其瑣，既深以嚴，亦安而妥。不敞不軒，周廬綿綿。曰維億年，利我後人。　昔在聖祖，心齋肅肅。考建兹宫，匪誇華屋。致潔致誠，毋疏毋黷。律中黄鍾，一陽始復。將事大祀，心乎穆穆。爰卽而齋，爰薰而沐。瞻仰昊穹，以集厥福。　自古建章，萬户千門。亦有大夏，摧嗺成觀。彼何爲兮，此則可原。匪以富而侈，匪以飾而繁。制樸而渾，居兹敬存。有堂則明，有室則温，我後子孫，永保斯孔安。　永言保之，戒彼崇臺。我宅是宇，心乎我思。我祖我考，廓此丕基。我曷承之，俾堂構是。貽天饗惟誠，民歸惟慈。惟慈惟誠，匪以僞爲。我後子孫，尚克念兹。

世宗憲皇帝御製冬至齋宮詩

晨曦炯炯潔齋宮，一縷爐烟散綺櫳。暖氣潛回葭管律，早梅先綻玉階風。中孚默契天人理，來復明彰造化功。漫道書雲成故事，精禋惟藉寸心通。　凌寒松柏耐嚴冬，帶月含霜度禁鐘。午夜無眠思戒凜，詰朝崇祀務齋恭。初陽鼓動開三殿，萬象昭回映九重。嘉節屆臨生意始，虔祈上帝惠吾農。

御製冬至齋宮偶閲舊稿誌懷詩戊午 静聽迢迢宮漏長，齋居暫屏萬幾忙。那無詩句娱清景，恰有梅梢送冷香。案積陳編閒檢點，志期舊學重商量。灰飛子夜調元律，又喜天心復一陽。

御製冬至齋居詩庚申 消息初陽復，南郊大祀臨。一衷思帝載，至日見天心。丙夜幾常勅，齋居念轉深。燔柴將對越，惴惴敢忘欽。

御製冬至齋居詩辛酉 對越乾乾矢素衷，更臨禋祀惕淵沖。齋宮夜永穿松漏，緹室陽回協月筩。省歲每期時不易，占年惟望雪酬豐。案頭編簡閒披閲，舊學商量慎始終。

御製夏夕齋居詩壬戌 歸鴉噪宮城，暮景侵虚殿。金尃羅夏卉，芳被薫風扇。而予適齋居，志豈循物玩。曠懷熙皞治，未愜黔黎願。撫景每增慚，披衣坐待旦。

御製冬至齋居詩壬戌 應節灰飛琯，書齋金寫人。扶陽思往聖，省歲驗斯民。斜景依南陸，羣星拱北辰。肯堂欽至教，同此凛明禋。

御製上辛祈穀齋居詩癸亥 三朝度王正，六日届上辛。青陽靄彤墀，海壖含韶春。萬彙昭以蘇，昌昌笞令辰。惟予繼百王，祈穀遵先民。滌志此齋居，穆穆將明禋。心乎曷思維，政事有弗勤。屋漏苟或愧，其奚對昊天。祖宗廓丕基，肯構賴子孫。彼野有遺賢，何以拔茅掄。彼民有竊歎，何以咸聽聞。凡此恭默思，愧怍流汗顔。尚希鑒予衷，維皇降康年。

御製夏至齋居卽事詩癸亥　黼扆遷常座，明堂闔左扉。撫辰懷嬗代，勅命凜時幾。北陸將依晷，南薰漫叶黴。蕩暄風習習，燭鬱旭暉暉。齋處封章少，遥聞晝漏稀。敢祈誠意假，因驗道心微。

御製冬至齋宮疊舊韻詩癸亥　金翼南飛綫晷長，騤驔六御趁歸忙。將陳寅祀虔心璧，又領齋居戒意香。小往大來堪體驗，民情物理入籌量。八年政教曾何補，負扆常懷媿答陽。

御製祈穀齋居述懷詩甲子　元日將祈穀，齋居滌志清。天人畏相與，理欲驗方萌。澤共初春布，心存旦氣平。九年勤實政，一意黜虚名。每勵終如始，由來滿易盈。過因德涼積，災爲治乖呈。午夜頻惶促，衷懷益屏營。明廷咨碩輔，何以慰予情。

御製夏至齋居詩甲子　消息無停運，易簡理不窮。平秩南訛時，昬亢旦危中。矩澤將有事，齋處於法宮。惺惺既滌志，夔夔復省躬。況當望雨殷，益覺憂思忡。彭怒張飛廉，炎歊畏祝融。一飢已不啻，玉食忍獨豐？開卷遺煩緒，往復披難終。鏡己率增慚，胡寧識予衷。

御製冬至齋居詩甲子　金翼南飛候，土圭北至時。精禋遵在昔，齋宿重於兹。黍谷陽將復，蓮箭刻欲遲。戒心恒惴惴，思過每夔夔。政治嗟何似，慚惶只自知。黄雲承日下，太史漫陳詞。

御製上辛祈穀齋居詩乙丑　青陽臨左个，精祀考禋宗。萬寶祈惟穀，三時重在農。良宵自徙倚，淑景漸春容。詩思來相湊，穿牕午夜鐘。

御製雩祭齋居詩乙丑　節惟龍已見，卜云吉其符。圜丘將有事，祈歲爲民謀。齋居滌身心，顒若敬以孚。冬春雪雨滋，慰我三農夫。舉趾播嘉種，胼手闢荒蕪。羣然望豐稔，將謂逭飢臞。芃芃未觀麥，青青已瞻蒲。設十日不雨，此意復虞辜。空庭盼雲脚，佇立徒嗟吁。

御製夏至齋居詩乙丑　撫序夏維至，占時月屆臯。明禋修祀典，勅法省刑曹。自是當遷坐，從來不舉醪。心憂遥卜歲，志慰近霑膏。觀象思羸豕，聞聲應伯勞。清宫本無暑，不必學禪逃。

御製齋宫疊舊作韻詩乙丑　將臨大祀惕予躬，肅肅清齋此在宫。一氣迴時天意見，諸緣淨處道心融。閒聽韶磬松風外，坐驗周圭日影中。昭事惟馨吾敢謂，只餘顒若數年同。

御製祈穀齋居詩丙寅　黍谷氣昭蘇，鄒律春迴旋。中辛爲上日，祈穀陳衷淵。國家有興立，所賴民之天。伊古重兹祭，承事敢弗虔。矧予德滋薄，調爕無神權。十歲稔鮮書，暵澇或連緜。遑云政無疵，敢謂朝進賢。刑罰固已省，詎無盆底寃？比户縱蠲租，富庶何有焉？凡此恭默思，益覺增惕乾。齋宫清漏永，琴書静且妍。朝來布同雲，玉戺頻俄延。何當六出花，尺盈三輔田。

御製常雩齋居詩丙寅　宜晹宜雨信無違，茂對清和麗瑣闈。敢詡休徵符肅乂，不忘勑命凜時幾。齋宫籟静猊烟直，高閣宵清玉漏稀。却憶邇年當此際，望雲常自夜披衣。

御製夏至齋居詩丙寅　北至將臨祀，清齋此勑躬。景量銅望臬，暑避玉宸宫。浴德藏於密，祈年慎厥終。敢誇膏澤沛，愓息曩時同。

御製冬至齋居疊舊作韻詩丙寅　評論晝短與宵長，旋轉羲娥了不忙。乍對銀缸遲漏刻，因披青簡發芸香。姬公易繫原堪見，工部詩懷未易量。遷坐致齋欽祀事，天心來復又開陽。

御製祈穀齋居詩丁卯　祈穀齋居當穀日，轉寅首祚倍寅恭。重民三事曰惟祭，陳政九疇端在農。節物漫教輝火樹，春容先自警宵鐘。明衣景仰宣尼慎，詩句清吟更有顒。

御製雩祭齋居詩丁卯　勤民重農功，稽典肇雩祭。聖訓必躬親，頻年謹從事。北方春旱多，率似成常例。龍見未届期，祈請先小祀。南郊步禱時，忸怩貴躬備。去歲蚤邀眷，首夏甘霖賜。麥無禾則有，已是叨明惠。今年乃更幸，膏澤春常曁。孟夏月之朔，優渥遠邇逮。撫時舉常雩，齋居切虔致。受寵宜若驚，此理無巨細。廣殿引薰風，罘罳晃新霽。慰懼兩相縈，要矣終年計。

御製夏至齋居詩丁卯　元祀儼將臨，遷坐凜明旦。讀卦玩金柅，撫時卜石燕。豈惟例徹樂，早已敕減膳。修省切衷獨，愧以諭羣彦。驕陽烈中天，炎風蕩廣殿。廣殿清嚴所，尚不禁熇暵。傷哉彼稚苗，待澤亟隴畔。日暮未興雲，翹首益增歎。

御製祈穀齋居詩戊辰　排遣閒情解百憂，區區肯爲一身謀。惟清六志將祈歲，資始三春此迓庥。静聽閭閻誠既庶，却慚富教尚難周。所希大有寰區徧，禮義隄防好細求。

御製冬至齋居詩戊辰　齋宫仍几此清哦，真覺光陰迅織梭。静裏檢量一歲事，何其樂少祇憂多。

御製夏日齋居詩己巳　方澤將臨祀，清蹕返法宫。齋居用蠲潔，漏永南薰風。春夏雨旱霑，麥禾可冀豐。迴憶數年來，厚幸鮮或逢。平秩欣南訛，益切乾乾衷。

御製祈穀齋居詩庚午　發歲祈靈大享壇，齋居清夜未云闌。惟幾永念欽惟命，自省何能强自寬。涖政久虞敷政忽，閱人多覺識人難。所希鴻貺綏豐屢，粗與吾民共治安。

御製雩祭齋居詩庚午　龍見舉常雩，爲農祈雨澤。匪故必躬親，穹壇奠蒼璧。受福志敢希，勤民心實劇。自我肇元祀，率際望霖迫。去年實厚幸，今春足三白。邇日每作風，炎燥虞傷麥。圓靈錫嘉貺，甘膏沛一夕。餅餌香應期，禾黍生皆勃。屈指數年中，如茲曾幾值。孰謂予過憂，予憂未虛擲。

御製夏至齋居詩庚午　短晷圭臬直，景風殿閣生。致齋潔予志，對時體物情。孜孜奉日德，慄慄欽火行。族雲已蓊鬱，膏雨將澍零。祇期苗待蘇，那憐卉争榮。網軒崇以邃，宜涼意氣清。廕暍豈遍及，郤暑慚獨寧。

御製祈穀齋居詩辛未　伊古重民天，祈穀實大祀。仲辛屆首春，東郊逮于耜。遷坐御齋宮，猶懼吾心弛。銅人如師保，屋漏十手指。微誠冀少通，貺我豐年美。豐年豈易綏，寰宇博九陲。大有信希遘，粉飾我不爲。水旱亦常有，濟之在及時。所虞人力薄，究賴天恩垂。天恩匪可倖，孜孜勉勤政。省方典固昭，與祭義應敬。蕆事乃啟蹕，孚顒仰神聽。錫福和且平，願共斯民慶。

御製夏至齋居詩辛未　逼閏節候遲，北至月將徂。致齋居法宮，薰風度瑣疏。雨時祛炎歊，晝長屏讌娛。静驗消長機，切體治亂塗。終始慎厥與，斯言良警予。　誓戒勅有司，大祀簡庶務。萬幾惟一心，豈有可息處。春巡經四省，率幸春苗佈。桃源數州縣，歎後常廑慮。麥秋究何若？諮詢馳驛路。譬父母憐子，尤切於新晤。沉沉中禁夕，丁丁高漏遲。翩翩燕羽頏，細細花氣馡。英英雲復佳，夜雨庶可期。甘膏豈辭多，禾麥率長齊。因憶當往年，正歌雲漢時。

御製祈穀齋居詩壬申　大祀重初辛，清齋潔意身。幸看田積玉，恰應日臨人。咨政常多愧，求賢若可親。敬勤隨歲永，憂樂後先頻。

御製雩祭齋居對雨之作壬申　常雩非望雨，值雨益庥徵。繡野春餘潤，油雲午更凝。松濤聽漸息，簷溜看徐增。卜度田功茂，淵懷愜静憑。

御製大齋詩壬申　大齋庶政屏，晝接廷臣退。延佇玉砌間，俯仰銅人對。九德緬古昔，一心周宇內。剛柔協强燮，豐歉籌保乂。宵旰念民依，旦明懷帝載。

御製齋宫書事詩壬申　致齋廣殿晝沉沉，緑潤庭槐布影深。明旦曰臨欽敕命，雨暘時若祝關心。敢忘渴望經疇昔，益切冰兢繼自今。芳草窗前宜静寄，晚來又喜作輕陰。

御製夏至齋居詩壬申　朶殿納薰風，雨後生微涼。致齋屏庶政，益覺清晝長。渴烏滴珠遲，早蓂流綺香。時紀驗伏陰，王道欽扶陽。睪然懷古人，仲舒三策詳。

御製正月二日祈穀齋居對雪詩癸酉　元正纔過致虔齋，典重祈年倍切懷。静聽排門鳴爆竹，春音一片與人諧。六出霏霏入晚濃，玉花紛綴禁中松。發祥捷報新春喜，不問詞林問老農。惠山仿得竹爐成，臘雪嫌微未試烹。今日優霑方愜意，合尋韻事煮三清。臘底敲吟間潤疎，新年清興共春舒。心花喜映祥花潤，莩甲勾芒盡起予。

御製雩祭齋居詩癸酉 甘膏霑暮春，麥隴逢葱翠。大田亦已播，南畝無閒地。比似向年間，籌農心實慰。常雩此致齋，敢忘勤民事。族雲傍晚濃，希霖仍切意。澤豈辭其優，況乃逾旬既。風勢漸刁騷，又覺愁弗置。

御製夏至齋居詩癸酉 景短日長候，分龍占雨朝。剛欣五寸繼，又隔一旬遥。厪意依千畝，齋居守禁寮。扶陽有明訓，敢不惕於昭。

御製常雩齋居詩甲戌 旬餘逢八齋，端居得靜便。靜便心應適，而轉愁緒繁。緒繁云緣何？望澤意殷然。往來郭門外，非不麥芊芊。及時施甘膏，乃可期餅饘。絮雲亦屢作，率被狂風牽。齋無不用敬，明禋況祈年。望柱占礎潤，遑問春闌珊。

御製冬至齋居詩甲戌 子半陽生候，齋居意倍虔。端惟乾是體，詎止坐云遷。午夜厪無逸，四時祈有年。同雲天宇重，翹望又依然。

御製祈穀齋居詩乙亥 微霰雖飄望密零，經冬顒佇不遑寧。首勤農政祈初歲，仰冀大禧布始青。人日欲迎輝綵勝，元正甫過誦椒馨。致齋宴賞都無事，朝夕疇咨引在廷。

御製雩祭齋居詩乙亥 齋宮路寢左，人祀乃遷居。一歲率三度，此心弗改初。春霖霑緑野，和旭静丹除。天貺今年疊，持盈益畏予。

御製進宫齋戒之作丙子　民天重祈穀，致齋返九重。滌慮屏庶務，遷坐居法宫。顒若對銅人，如臨師保同。惟有望江南，災餘憫彼農。何當大轉旋，澤國綏我豐。

御製齋居卽事詩丙子　朶殿深沉暑不留，清齋晝静篆烟浮。短長南北日占晷，小大往來易惕周。覺道有風原解愠，思量無雨那消愁。問予愁果全消未？尚爲籌邊繫念悠。

御製齋居詩丁丑　鶉首星臨次，羲車日最長。辨方慎水火，協紀驗柔剛。雞漏報遲箭，龍舟罷遠塘。遄臻緣毖祀，詎爲度端陽。

御製正月進宫齋戒作戊寅　行春卜吉奉徽音，大祀先庚返禁林。東陸心期金兆穰，西山背指玉爲岑。鳳城萬户桃符焕，太液長橋蝃蝀尋。北寺南臺佳且便，虔齋未敢事登臨。

御製雩祭齋居詩戊寅　剛過夏禘致追思，卽值虔齋雩祭時。敢恃霑膏優往歲，益殷祈稔凛先期。座遷燕寢興居肅，味徹腥辛淡泊宜。蜀望誰能不萌志？雲生還切沐恩滋。

御製雩祭齋居疊去歲韻詩己卯　又逢齋宿一回思，今日多慚是昔時。豈似春膏霑去歲，正當雨澤歎愆期。綢繆豫計穀其湧，劑酌先商政所宜。倘得微誠通帝鑒，早施恩澍沐甘滋。

御製北郊齋戒進宮詩己卯　以我迫愁旱，慈懷亦不紓。右壇祈霖罷，返蹕咨興居。遲日北至臨，大祀躬承諸。豫期致虔齋，復此歸彤廬。細雨雖略霑，霈渥何有乎？憶昔承恩命，代祭數歲餘。北方例多旱，望澤無歲無。爾時廑分憂，詎今憂萃予。計窮乃反本，嗟哉懷始初。

御製將舉大雩之祭進宮齋戒詩己卯　廿日三進宮，憂勞廑民瘼。方社及方澤，懇禱應未符。計窮力已竭，敢虔舉大雩。徹懸屏絲竹，減膳用菜蔬。思過冀迴天，返躬惟責吾。紫禁夏日長，徬徨靡所如。

御製祈穀齋居詩庚辰　元正昨纔過，翼日齋居虔。祭無不用敬，況此祈民天。慶典例弗舉，在虡徹樂懸。歲前已立春，春屏朱户駢。秋金雙麥穗，綵綺太平錢。徵吉非爲己，所願豐農田。蓮漏遲銅壺，幾暇殊清便。安靜迓崇禧，無妨什華篇。

御製祈穀齋居即事詩辛巳　祈穀此致齋，偏欣值穀日。晴和叶嘉占，遷坐孚顒謐。鴛瓦積雪鋪，雞樹韶光櫛。寶勝扶綺疏，不問知元吉。新正簡幾務，省躬益精密。聖狂一念間，應違千里疾。重熙固此時，保泰如虞失。昊貺信有徵，心存衹無逸。

齋宮之東爲毓慶宮。前爲祥旭門，再南爲前星門，入門爲惇本殿。殿後即毓慶宮正殿也，今爲諸皇子所居。

國朝宮史卷之十三

宮殿三

内廷下

月華門之西爲西一長街，南卽内右門，中爲近光右門，北爲長康右門，轉東卽瓊苑西門也。由近光右門而北向，東之門凡三，曰咸和右門、廣生右門、大成右門。咸和右門之西相對爲純佑門。中間南向者曰永壽門。門内爲永壽宮。前殿御筆匾曰：「令儀淑德」。廣生右門之西相對爲崇禧門，中間南向者曰翊坤門。門内爲翊坤宮。前殿御筆匾曰：「懿恭婉順」，後殿匾曰：「懋端壼教」，聯曰：「德茂椒塗綿福履，教敷蘭掖集嘉祥。」大成右門之西相對爲長泰門。中間南向者曰儲秀門。門内爲儲秀宮。前殿御筆匾曰：「茂修内治」。以上三宮，俱順治十二年重建。三宮之西爲西二長街，南則螽斯門，北則百子門也。街西與純佑門相對者曰嘉祉門。再西爲啟祥門。中間南向者亦曰啓祥門。門内爲啓祥宫。前殿御筆匾曰：「勤襄内政」。與崇禧門相對者曰敷華門。再西爲綏祉門。中間南向者曰長春門，門内爲長春宫。前殿御筆匾曰：「敬修内則」，後殿匾曰：「德協坤元」，西室匾曰：「德洽六宫」。與長泰門相對者曰咸熙門。再西爲永慶門。中間南向者曰咸福門。門内爲咸福宫。前殿御筆匾曰：「内職欽承」，聯曰：「敬順禔躬吉，温恭受福宜。」後殿匾曰：「滋德含嘉」，聯曰：「天倪超萬象，神氣領三無。」東室匾曰：「琴德簃」，西室匾曰：「畫禪室」。以上三宫，俱康熙二十二年重建。此西六宫之敍置也。

百子門之北向爲乾西五所。近東者今爲重華宫，皇上龍潛時舊邸也。宫之前曰重華門，門内爲崇敬殿。殿内匾曰：「樂善堂」，皇上潛邸時書也。聯曰：「聖訓光昭，敬誠常自勗；天倫敦叙，忠孝在躬行。」張廷玉奉命書也。

御製樂善堂記　昔樂善堂集中，有所謂樂善堂記者，蓋用此堂之名，以名圓明園賜居桃花塢之堂，而記亦記彼處之勝，與宫中此堂無涉也。然彼時之樂善，祇數典漢東平王以爲亟。今斯堂則爲重華宫之前殿，不可以桃花塢堂之記概之。因思東平之樂善，原數典於大舜，所謂樂取於人以爲善也。兹適爲重華宫之前殿，則今之樂善，祇宜景仰大舜之爲，而不必更囿於東平之蹟矣。夫大舜之取諸耕稼陶漁之善，世遠固不可徵，而詢岳咨牧，載在虞書者，彰彰可考。無非舍己從人，與人爲善。而地平天成，庶績咸熙，胥於是乎基之，是乃千古帝王之法則，而非藩服屏翰者所可相提並論，其事體大而責任重也。昔之效東平爲甚易，今之企大舜爲綦難，是不可無記，以朝夕體之心而措諸政也。然而其志在是，其慚亦在是矣。

堂之東、西暖閣俱供佛像。東暖閣聖祖仁皇帝御筆匾曰：「意蕊心香」，聯曰：「蓮花貝葉因心見，忍草禪枝到處生。」西暖閣御筆匾曰：「吉雲持地」，聯曰：「滿字一如心得月，梵言半偈舌生蓮。」堂之後爲重華宮，東室匾曰：「芝蘭室」，世宗憲皇帝御筆聯曰：「芰荷香繞垂鞭袖，楊柳風橫弄笛船。」西室御筆聯曰：「篆裊金爐，入座和風初送暖；花迎玉佩，映階芳草自生榮。」

御製題重華宮舊書室詩癸亥　何曾寂寞仲舒帷，依舊明窗愛暖曦。閒却七絃調雁柱，汲來六一煮銀絲。三餘樂有陳編伴，幾暇權無奏牘披。彷佛當年吟破臘，掞牋搦管恰移時。

御製春正與諸王及内廷大學士、翰林等小宴重華宮聯句，復得詩三首丙寅　蘭殿辛盤迓早春，展親更復洽臣鄰。從來盛事成佳話，況是宗藩與吉人。金荔色酣朱乍點，玉梅香度粉初皴。説之燈夕詩如繪，花萼樓前雨露新。報道東來風是條，鴻龍運斗已旋杓。杸榐焕彩春方麗，鳷鵲堆銀雪未消。五色書雲光燦爛，雙葩結燄影招摇。慶雲半壁懸西宇，景物迎人正復饒。初韶應律正光昌，亶矣春和聚一堂。殷鼎調梅惟傅相，漢臺賡句有梁王。樂調太簇鳴虞磬，節煮浮圓勝楚餭。同任股肱民社寄，勗哉無或負明良。

御製重華宮新正試筆詩丁卯　旋轉東皇又踐春，光風嫩日湊芳辰。聲傳爆竹千門喜，頌入椒花萬象新。牡蠣窗前梅遞馥，屠蘇杯裏酒餘醇。撫時奉若奚謀志，資始乾元在體仁。

御製新正令日重華宮恭侍皇太后宴詩丁卯　令日韶光令，重華喜氣重。綺筵王母壽，綵勝早春容。爵繼屠蘇捧，屏開仙木穠。篩簾晴旭麗，噴鼎瑞烟濃。恃愛頻申勸，承恩忘致恭。宮中行樂處，錫類萬方從。

御製新春與大學士並内廷翰林等重華宮聯句小宴，復成近體詩丁卯　興慶宮中翰墨筵，每教令日紀韶年。情關一德聯堂陛，樂叶八音調管絃。體物漫稱詩禁雪，抽思應許興奔泉。天街爆竹聲砰磕，却喜陽和萬里宣。

御製重華宮書室題壁詩丁卯　餞秋時節破冬初，旭影温暾在綺疏。依舊年光經一紀，每從幾暇樂三餘。猊烟靄靄縈銀蒜，蓮漏泠泠滴玉蜍。静憩非關參半偈，暫教六欲少因祛。

御製新春奉皇太后重華宮小宴詩戊辰　紛來鸞鳳數無央，玉扆金輿擁百祥。西望瑤池降王母，東迎蒼駕莅青皇。魚龍曼衍頻陳瑞，火樹蘢葱待熖光。七種豫挑人日菜，萬年先進上元觴。

御製新正重華宮侍皇太后膳詩己巳　開紀亞新禧，承歡敢後時。青陽臨左个，王母降西池。許案還增感，萊衣勉自持。畫屏層鏤勝，寶樹疊分枝。花艷先春發，燈光入夜披。更期三五月，輪滿泛瑤巵。

御製新正重華宮侍皇太后宴詩庚午　獻春行慶始天家，王母班龍降葆車。風到五朝初有驗，人當七日半非賒。華燈光引團圞月，椒酒香留泛瀲霞。邀得慈顏歡顧處，上林猶積玉爲花。

御製新正重華宮詩辛未　卽漸青韶到玉鑾，新年書史伴清歡。錦呈天鹿裁幡勝，篆引仙凰噴麝蘭。風定蓮壺添永漏，雪融鴛瓦避輕寒。奏章尚簡心餘暇，鏡古勤思體治安。

御製重華宮侍皇太后宴詩辛未　首歲熙春宴，重華介壽辰。綵屏開令節，瓊爵獻慈親。樂奏千年曲，燈迎五夜新。樓頭紛瑞玉，淑氣協鴻鈞。

御製重華宮侍皇太后宴詩壬申　初春景物邕和韶，繡衮承歡載頌椒。寶籙重欣開綺甲，瑶觴首介獻芳朝。沉香火底銀簧暖，濃麝風前玉蕊嬌。願共寰中尊愛意，千秋萬歲奉東朝。

御製重華宫小宴大學士及内廷翰林諸臣詩壬申　重華文宴集羣仙，瑞應瓊樓霽景鮮。民瘼心關既均此，天恩額慶合同然。間拈吟管聊酬節，笑指春枓又隔年。賀監金門重應制，致予逸興益飛遄。蓂開十葉應昌辰，和會衣冠燕愷申。生面齊看戲毬獸，别裁奚藉捉刀人。毋相容易一堂樂，尚共疇咨四海春。嘉夜傳柑遲五日，冰輪如待載賡頻。

御製新春重華宫恭侍皇太后家宴詩癸酉　孫曾引領綵衣迎，行樂宫中和氣盈。鴛瓦棲雯爲喜色，鳳笙按曲是春聲。五辛盤獻先人日，六葉蓂舒正午晴。愛敬一心承色笑，願留羲馭駐南榮。

御製重華宫書室疊舊作韻詩癸酉　芸籍依然此緹帷，偶來小坐惜流曦。知行未逮玉無玷，俯仰幾何鬢有絲。兩字聖狂銘切凜，千秋治亂鏡明披。徘徊擬欲賡前詠，落筆都成自愧時。

御製新春重華宫侍皇太后宴詩甲戌　西望瑶池近，羣迎王母臨。歡同萬方養，春始九重深。屏綴延年篆，笙調太簇音。六鼇蘭作皵，百寶霧成陰。入畫元朝慶，徵詩吉字吟。瑞雯飄喜氣，天意卽人心。

御製新正重華宫恭侍皇太后宴詩乙亥　慈祥門對啟祥開，西望鸞儀王母來。寶勝瑞迎人日帖，綺筵壽介紫霞杯。和風未覺舒宮柳，晴旭渾看綻殿梅。入夕九華迎令節，更聞萬户鬧春雷。

御製新正重華宮詩丙子 銅龍問安迴，紫鳳披圖始。屏展椒餘馨，帖懸勝裁綺。青宫奉時詔，丹書凜敬止。南望江鄉遥，饑寒徧閭里。西厘雪嶺外，勞苦衆軍士。萬方縱小康，兩端切深揣。方伯新奏雪，邊郵亦報喜。受俘指日期，多稼三秋擬。

御製新正重華宮侍皇太后宴詩丙子 淡蕩青陽盎，棼熅瑞旭舒。載陳家慶宴，欣迓大安輿。軟節雖纔過，韶春正好初。長筵列孫子，諸戲舞龍魚。玉食萬方養，仙籌億數餘。祥和肇皇室，四海遍吹噓。

御製立春日雪，與大學士及内廷翰林聯句重華宮，是日復得詩二首丙子 條風今日是新春，吉色華光靄柍桭。茗果雅堪酬盛節，杯盤何必亟兹辰。悦心甘澤霑三白，堅齒生香試五辛。同有燮時祈歲責，卽看京兆出耕人。青韶入律喜陽和，瑞雪端應兆麥禾。散漫烟輕微露日，紛敷花發不論科。席珍會處那辭屢，墨揭鐫成無乃多。不異股肱交警意，載賡庸作豈妨歌。

御製新正重華宮侍皇太后宴詩丁丑 安輿迓中禁，綵服引諸孫。春酒介眉壽，華燈先上元。韶光融瑣闥，和氣靄薇垣。栢葉千齡願，長承色笑恩。

御製重華宮新正詩戊寅　春臺此日衆同躋，訢合東皇萬福禔。左个青陽迎紫鳳，元辰嘉祉應金鷄。載昭土德祈豐楙，敬授人時紀攝提。兗豫徐淮籌作乂，沮洳幸涸舉耕犂。

御製新正重華宮侍皇太后宴詩戊寅　青陽雖盎靄龍墀，首祚承歡奉聖慈。彤管不勝書懿德，金庭長此御隆祺。寶檠蘭餤九華燭，玉醴椒芬萬壽巵。雖是年年依例事，如斯約以十千斯。

御製新正重華宮侍皇太后宴詩己卯　毓德當年處，大安此日扶。奉時欣引達，養志冀怡愉。仙木雲成慶，春屏勝作符。慈寧千萬壽，祥肇歲朝圖。

御製重華宮曲宴和闐回長漠咱吧爾詩己卯　朝天兼值預朝正，曲宴宜教沐寵榮。爾父誠爲識時務，王臣詎有限裨瀛。舊宮小會輕齊史，新域來賓願武成。入律東風方湊達，春臺樂與物咸亨。

御製新正重華宮侍皇太后宴詩庚辰　鳳輦臨龍閣，新年第一祥。彤庭增喜氣，緑野遍春光。欣答初韶令，欽稱萬壽觴。枌橑蘭百和，勝帖燕雙翔。綵服孫曾繞，遐齡日月長。宮中行樂養，欲以化羣方。

御製重華宮曲宴御前藩王、大臣、侍衛及內廷翰苑諸臣卽席得句詩庚辰　曲宴重華隔許年，旰宵惟是屢籌邊。却欣氾勝占三白，況值武成拓八埏。嘉與賢藩酬綺節，便宣翰苑賦瑶篇。尚懷奏凱歸來者，風雪長途正著鞭。

御製新正重華宮恭侍皇太后宴詩辛巳　太昊昌昌啟節東，承歡綺宴合青宮。七旬開秩慶方始，四海爲家養備隆。馥馥芳蕤噴温卉，磑磑新社繪春工。侑盤時果來西域，宋史唐書可或同。

東廡爲葆中殿。殿内匾曰：「古香齋」，聯曰：「四壁圖書饒古色，重簾烟篆挹清芬。」西廡爲浴德殿。殿内匾曰：「抑齋」，聯曰：「賞心於此遇，即事多所欣。」

御製題抑齋詩壬戌　窗紗浸緑鳥聲頻，拂拂花香户外新。座有蘭烟文作篆，壁留箏字額題銀。偶然得句緣新意，長自躭書是宿因。慚愧當年齋内客，擘牋煮茗一閒身。

御製夏日齋居重華宮抑齋作詩甲子　瑣窗瀟灑静無塵，得意忘言舊似新。但使心中無芥蔕，何須户外列松筠。壁留亥字銅仙駐，案有丁年玉帙陳。却愧向來齋内客，匡牀消夏一閒人。

宮後爲翠雲館，聯曰：「古訓手披勤，每兢寸陰求日益；民依心默運，常先萬姓祝年豐。」東室匾曰：「養雲」，聯曰：「白雲有古調，青山無俗緣。」東次室匾曰：「長春書屋」。西室匾曰：「墨池」，聯曰：「屏展烟鬟，雲鶴閒看心共遠；座凝香篆，風松静覺韻偏清。」西次室匾曰：「澄心觀道妙」。重華宫之東爲漱芳齋，齋内匾曰：「正誼明道」。

御製賦得正誼明道詩壬午　天人三策對，帝命相江都。爰致卒然問，惟陳卓爾謨。道明功豈計，誼正利休圖。試譬魯諂柳，堪知粤伐吴。羞稱五伯詐，較識一仁無。終得驕王革，何妨訣相誣。政經真法訓，漢室最醇儒。詮義書屏扆，將爲出治模。

東室匾二，一曰：「莊敬日强」，一曰：「高雲情」，聯二，一曰：「清燕凝神，天和閒處養；從容守正，元化静中涵。」一曰：「花香鳥語羣生樂，月霽風清造物心。」東次室門上聯曰：「由舊典時式，其永無愆；思庶政惟和，不敢自逸。」門内匾曰：「静憩軒」。

御製題静憩軒詩丙寅　室是舊書齋，一向此習静。明道有至訓，動定静亦定。萬幾值清暇，詎無堪適興。義府有餘樂，琴軒致虚□。玉版頃閒搨，吟几仍晚凭。會心皆可參，玩物斯爲病。明窗駒影過，誰識流陰兢。昔以忘天倪，今以觀物性。

西室聯二，一曰：「寫誠敬之心，禮章樂亮；會恬熙之象，日麗風和。」一曰：「緑綺琴彈白雪引，烏絲絹寫黄庭經。」殿後穿堂匾曰：「稽古佩文」，聯曰：「恭己奉三無，澄心待萬幾。」堂後西向匾曰：「金昭玉粹」，聯曰：「瑞景瓊樓開錦繡，歡聲珠閣奏雲韶。」東室匾曰：「隨安室」。

啓祥宫之西南向者爲延慶門，門内爲延慶殿。殿後爲廣德門，門内爲撫辰殿。匾曰：「斂福宜民」，聯曰：「生機對物觀其妙，義府因心獲所寧。」殿後爲建福宫，乾隆五年建。匾曰：「不爲物先」，東室聯曰：「交泰三陽肇羲象，斂時五福協箕疇。」西室聯曰：「香藹綺疏，蕙圃敷榮滋湛露；風清釦砌，芝房擢秀映長春。」

御製建福宫賦　居寰中以御物，凛天命兮難諶。懼大業之弗勝，恒乾惕兮小心。戒峻宇與雕牆，鑒酒池兮肉林。愧饑溺其未解，遑安逸兮是尋。乃者新宫落初，玉戺金鋪，創名建福，義何居乎？蓋是地也，圍於宫牆而弗加擴，卑於路寢而弗增華。畏炎歊之相偪，乃託興乎清嘉。儉不至陋，幽而匪遐。況在重華之右，比之興慶之宫，未費司農之帑，何勞庶民之攻。經之營之，募千夫而齊力；如松如竹，閲數月而成功。於是殿方馺娑，宫比駘盪。長春長樂，披青簡而空傳；太和保和，凭朱欄而相望。千門萬户兮笑漢制之太奢，茅茨土階兮欽堯儉之堪尚。軒號静怡兮期成性之常存，齋名敬勝兮恐舉念之或妄。亭顔惠風兮欲膏澤之旁敷，閣扁延春兮與羣生而咸暢。觸目警心兮守此志而始終，居安思危兮常廑懷而籌量。爾其文石矗立，嘉禾叢生，羅芝田兮蕙畹，來燕賀兮鶯鳴。披薰風兮思解愠，對時雨兮樂向榮。觀太宇兮調元化，育萬物兮驗農耕。又何必焚隋廷之甲煎，樹漢苑之金莖，歌陳宫之玉樹，聽唐曲之新聲，而始稱悦情也哉！於時而春，覽生意而欣欣；於時而夏，遠煩暑而灑灑。乃其秋也，偉西成之可慶；乃其冬也，體貞元之凝命。載色載笑，奉慈闈而承歡；來游來歌，與良臣而交儆。於以承先，釐肯構而勿忘；於以示後，庶斯言之是聽。重曰：洪範有言，斂時五福。敷錫庶民，與時茂育。予宅是居，心乎肅肅。受天之祜，匪藉田燭。建民之極，匪侈華屋。繼繩光烈，對越於穆。進賢納諫，懲惡旌淑。志苟懷安，是謂不穀。尚慎旃哉，永膺天禄。

御製建福宫新春詩癸亥　禁城景物報和韶，初轉寅方玉斗杓。漏洩春光梅破蕾，招摇風信柳拖條。池心鏡面氷將解，牆角銀根雪欲消。棖撥詩腸量多少，新年覺比舊年饒。

御製夏日建福宫詩癸亥　松檜陰森緑映筵，可知鳳闕有壺天。含風蘚面紋常縐，得雨花心色更鮮。棄日一篇詩詠杜，消閒半幅紙臨宣。渴烏虬箭無須報，旭影階除卽漸還。粉褪新竿幾个亭，吟風疏籟亦堪聽。最欣幽賞供青睞，何必遐觀罨綺櫺。鳥過花林紅瑣碎，烟含蘭畹紫丁星。假山徹夜流甘雨，夢作匡廬瀑水泠。丹楓底事慕山林，無那松篁瀟灑心。境自遠塵皆入詠，物含妙理總堪尋。金城漏永芙蓉静，玉宇宵明象緯沉。正是南薰長養候，好將解阜驗鳴琴。

御製暮春恭奉皇太后建福宫賞花侍膳之作丙寅　新花迴雁報春歸，韶景長舒愛日暉。幾个緑筠吟鳳管，雙株紅杏舞萊衣。酒斟北斗升玫陛，壽指南山映瑣闈。恰喜宫中承色笑，芳辰風物總光輝。

御製建福宮紅梨花詩己巳　不計香風幾度頻，嬌紅嫩緑各争新。最憐雨後偏饒韻，底事春來易愴神。葉態花姿剛相稱，蜂衙蝶陣豈無因。一枝佛鉢堪清供，便欲因之悟六塵。

御製建福宮對雨詩壬申　朝隮復棼絲，冥濛勢旁午。朝罷此宴息，耕犂方待舉。前墀羅春花，潤含花下土。芳菲襲翰思，綽約延清覩。喜豈喻近臣，慰惟共農父。有秋其尚遥，無逸以爲所。

御製建福宮詠紅梨花詩甲戌　李花太白海棠紅，斟酌穠纖著禁叢。最是麝風琳月下，仙人遥在蕊珠宮。

宮後爲惠風亭，又北爲静怡軒。匾曰：「與物皆春」，聯曰：「雨潤湘簾，苑外青巒飛秀；風披錦幙，階前紅葯翻香。」

御製静怡軒晚對雨詩壬戌　不辨鳳城漏，如聞金戺琴。楣欄滌暑氣，花木沃芳心。延爽試風袂，迷歸亂晚禽。詞臣已退食，玫陛獨清吟。

御製題静怡軒詩庚辰　彤宮宴息處，清舒敞雲楣。綷疏例弗卻，珠綴奢厭施。琴書箇中富，間亦陳鼎彝。穆然古與對，三代興翹思。漢唐兩文帝，尚未窺藩籬。三代詎易言，以此增忸怩。側席恒不遑，奚曾靜且怡。

御製靜怡軒作歌辛巳　城市人烟庶倍常，宮廷繚繞圍紅牆。比較園居實覺熱，祇有靜怡猶爽涼。靜怡爽涼寧繫境，白傅詩禪趣堪省。然予憂樂以天下，自怡詎可常耽靜。

西室匾曰：「四美具」。其屏間則御筆「視、聽、言、動、思」五箴也。室後聯曰：「墨壺琴薦相先後，舊詠新裁自品評。」又聯曰：「蘭殿藹晴暉，爐烟結翠；芝宮呈秀采，砌草舒芳。」軒後爲慧曜樓。樓西爲吉雲樓，聯曰：「吉雲垂大地，慈鏡照諸天。」樓下匾曰：「如是室」，聯曰：「華海澄明，性源離色相；法鈴朗徹，覺地了聞聲。」吉雲樓西爲敬勝齋，閣上匾曰：「旰食宵衣」，聯曰：「看花生意蕊，聽雨發言泉。」閣下西室匾曰：「性存」，聯曰：「致虚涵白室，式古凜丹書。」

御製敬勝齋詩庚辰　君道典謨備，始終惟一欽。丹書爰取義，白室此爲箴。常有圖書伴，如承師保臨。凜乎朽索喻，逸豫致萌心。

齋西匾曰：「德日新」，聯曰：「牙籤披古鑑，香篆引澄懷。」其庭中垣門上東向鐫御筆匾曰：「朝日暉」。其東山石上鐫御筆題曰：「飛[illegible]」。垣西爲碧琳館。東向樓上匾曰：「靜中趣」，聯曰：「參得王蒙皴法，寫將杜甫詩情。」又聯曰：「與物皆春，花木四時呈麗景；抗心希古，圖書萬軸引清機。」又左聯曰：「軒墀饒秀潤，書史足吟哦。」右聯曰：

「味道研精義，隨時愛景光。」樓下聯曰：「素心悦澹泊，勝托惟静虛。」又曰：「窗意包涵畫，天容醖釀春。」

御製碧琳館詩壬申　疊石爲假山，植檜稱温樹。咫尺藺阡間，縹緲蓬壺趣。雕繪詎足尚，澹泊素所慕。可以貯琴書，遐心期古遇。户外響輕風，琅玕奏韶濩。佳景足一窗，新名恰當可。奚事建章宮，門户千萬夥。漏報出花鐘，篆裊沉檀火。後樂惟同民，先憂益厪我。永言煢獨哀，豈啻富人哿。殷懷周海寓，深居敢宴盤。寸陰信不假，萬幾焉有閒。輕裘念鶉結，玉食軫糲餐。聖狂别罔克，朝夕凛惕乾。肯堂勵方來，保此磐石安。

碧琳館南爲妙蓮華室。聯曰：「青蓮法界本清淨，白毫相光常滿圓。」又聯曰：「轉諦在語言而外，悟機得真實之中。」妙蓮華室之南爲凝暉堂，亦東向。聯曰：「十二靈文傳寶炬，三千淨土蔭慈雲。」其南室匾曰：「三友軒」。

御製題三友軒詩丁卯　三友之名始宣尼，直諒多聞益德資。香山取譬琴詩酒，放達翳非余所師。獨有玉局稱正見，直號植物松竹梅。名稱義元隱未發，我將觸類引伸之。蒼松自具直之性，梅傳春信諒也宜。摐金戛玉時多聞，妙喻舍竹其復誰。奚待結契霜雪裏，天然同德聲應隨。寓意於物有奇遇，名蹟歷歷琳瑯披。十八公的雲西筆，海粟長賦留雄辭。君子林稱真定論，國子博士小篆題。更愛梅事合元宋，小清祕物傳今斯。揀金集狐有如是，自天合也非人爲。嘗鼎一臠足味道，況斟雉膏道可知。篋藏書室識寶重，窗外延客霜其眉。千株一穗翩左右，是一是二誰然疑。因蘇遡孔志未逮，高山景仰深長思。

御製三友軒詩庚辰　妙蹟緣收益友三，名軒聊復助佳談。詎惟笈裏古香挹，更愛窗前生意含。觸目無非遠塵俗，會心皆可入研覃。幾餘適足供清賞，廣厦千間憶輒慚。

凝暉堂之前爲延春閣，北與敬勝齋相對。閣内南面匾曰：「惠如春」，聯曰：「瑶階鶴繞三株樹，玉宇鸞鳴九子鈴。」又聯曰：「玉砌風清，五色祥光連棟宇；銅籤晝靜，四時佳氣集蓬壺。」東室門上匾曰：「清華」，西室門上匾曰：「朗潤」。東次室聯曰：「四序調和懷育物，萬幾清暇愛攤書。」東面室内匾曰：「潔素履」，聯曰：「山水之間發清響，古今以上多同人。」右室聯曰：「拂檻露濃晴樹濕，卷簾風細落花香。」西面匾曰：「靜觀自得」，聯曰：「閒爲水竹雲山主，靜得風花雪月權。」又曰：「燕賀鶯遷，樂意相關禽對語；蘭芽桂蕊，生香不斷樹交花。」左室匾曰：「芝田」，右室匾曰：「蘭畹」，二層樓上匾曰：「澄懷神自適」。聯三，一曰：「吟情遠寄青瑶障，悟境微參寶篆香。」一曰：「春靄簾櫳，氤氳觀物妙；香浮几案，瀟灑暢天和。」一曰：「緑水亭前羅帶繞，碧山窗外畫屏開。」最上樓匾曰：「俯暢羣生」。

御製延春閣對雪詩 壬戌　天衣𩅦𩆵羃寒原，詰旦瓊霙集瓦鴛。望去玉龍猶夭矯，舞來銀鳳正聯騫。含毫裁句端溪潤，引火烹茶古鼎温。卜麥樂餘憂更繼，誰家茅屋凍鴟蹲。

御製雪後登延春閣眺望詩 癸酉　瑞霙既委積，祥曦亦曈曨。素雲扶柏枝，芳飆遞梅叢。新正清暇餘，延閣深禁中。載豁卽景目，兼舒體物胸。皇都千萬户，珠樓十二重。撫此金甌固，益切玉燭融。北斗挹璇杓，西山展畫峯。和風氾萌陽，吾將事祈農。

延春閣之西門上石刻御筆，南向者曰：「含象」，北向者曰：「懷芬」。閣前疊石爲山，巖洞磴道，幽邃曲折，間以古木叢篁，饒有林嵐佳致。山上結亭曰「積翠」，山左右有奇石，西曰「飛來」，東曰「玉玲瓏」。山之西穿石洞而南，洞鐫御筆曰：「鷲峯」。南有静室，東向匾曰：「玉壺氷」，又匾曰：「鑑古」，聯曰：「湘管摛新會，芸編發古香。」折而南有聯曰：「地學蓬壺心自遠，身依泉石興偏幽。」又曰：「奇石盡含千古秀，好花長占四時春。」其上有樓，供大士像。聯曰：「智珠不斷恒河界，明鏡長懸兜率邊。」又曰：「流水如有意，高雲共此心。」

御製賦得玉壺冰詩 戊寅　玉壺愔愔嘉夜長，華燈蘭燄氷爲光。箕風畢雨此清暇，潑墨摛毫復静忙。申申緩箭渴烏水，銅瓶芳遞梅花蕊。輕裘温室不知寒，無易由言吾過矣。

月華門之西相對者爲遵義門。門西向南者爲養心門，中爲養心殿，皇上宵旰寢興之所也。凡辦理庶政，召對引見，一如乾清宫。殿内世宗憲皇帝御筆匾曰：「中正仁和」。寶座屏上御筆聯曰：「保泰常欽若，調元益懋哉。」東暖閣内御書皇祖聖祖仁皇帝聖訓曰：「天下之治亂休咎，皆係於人主之一身一心。政令之設，必當遠慮深謀，以防後悔。周詳籌度，計及久長。不可爲近名邀利之舉，不可用一己偏執之見。採羣言以廣益，合衆志以成城，始爲無偏無黨之道。孝者，百行之原，不孝之人斷不可用。義者，萬事之本，不義之事必不可爲。孝以立身，義以制事，無是二者，雖君臣父子不能保也。」皇考世宗憲皇帝聖訓曰：「敬天法祖，勤政親賢，愛民擇吏，除暴安良。勿過寬柔，勿過嚴猛。同氣至親，實爲一體。誠心友愛，休戚相關。時聞正言，日行正事。勿爲小人所誘，勿爲邪説所惑。祖宗所遺之宗室宜親，國家所用之賢良宜保，自然和氣致祥，綿宗社萬年之慶。」閤下聯曰：「憂其所可恃，懼其所可矜。」後室門上匾曰：「寄所托」，聯曰：「汲古得修綆，守道無異營。」又曰：「書圃禮園無斁好，甌香研淨有餘清。」東室爲寢宫，西室匾曰：「隨安室」，聯曰：「無不可過去之事，有自然相知之人。」東南室匾曰：「明窗」。

御製明窗詩癸亥　冬日誠衰日，三餘樂歲餘。晏温浮碧綱，遲麗度朱疏。把卷忘言處，含毫得句初。太康古有戒，俯仰惜居諸。

御製明窗詩丙寅　徙倚明窗下，温暾朱烏光。寄閒忘景急，致遠覺時長。裝火檀噴鼎，扶盆橘染湘。玩辭届來復，安静養微陽。

御製明窗詩戊辰　冬日故可愛，况在明窗間。綱軒静微風，蠣牖散嫩暄。歲功驗玉燭，時序窺銅渾。三餘于焉適，萬幾聊以閒。陡憶蜀西軍，遐心數往還。

西暖閣世宗憲皇帝御筆匾曰：「勤政親賢」，又聯曰：「惟以一人治天下，豈爲天下奉一人。」

御製養心殿銘　人心惟危，在閑其邪。道心惟微，在培其芽。其閑其培，皆所爲養。操存舍亡，毋須臾放。有如時雨，沃此寸田。大公順應，動直静專。動匪憧憧，静匪寂寂。矧其爲君，更宜乾惕。一念之善，百禩蒙庥。一念之惡，萬姓貽憂。養之之方，存誠主敬。克己復禮，外王内聖。孰本孰末，外由内施。任重道遠，責萃君師。朶殿崇崇，顧名思義。作此銘辭，永訓後世。

御製養心殿四箴　我皇考聖訓曰：「敬天，法祖，勤政，親賢。」事止四端，義該萬理。自古帝王莫不守此以治，違此以亂。予小子踐阼以來，平旦莊誦，惟日孜孜。畏與年長，會隨時觸。爰集經書成句，衍義綴辭，各得十六韻。入目警心，既因自勵，亦以昭示來茲。

皇矣上帝。詩 鑒觀四方。詩 昭假于下。詩 赫赫明明。詩 惟聖時憲。書 承天而時行。易 終日乾乾夕惕若。易 無怠無荒。書 畏天之威。詩 勑天之命。書 不顯亦臨。詩 俾爾彌爾性。詩 惟予一人。書 曷其奈何弗敬。書 敬勝怠者吉，義勝欲者從。國語 日日新，又日新。禮記 清明在躬。禮記 無然畔援，無然欣羡。詩 昭升於上。書 在止於至善。禮記 先天而天弗違，後天而奉天時。易 我不敢知。書 我其夙夜。詩 念茲在茲。書 怵惕惟厲。書 安而不忘危。易 於緝熙。詩 永言配命。詩 弼我丕丕基。書 右敬天箴

明明我祖。書 既受帝祉。詩 我來自東。詩 永清四海。書 之綱之紀。詩 惟民所止。詩 無忝皇祖。詩 奉先思孝。書 作樂崇德。易 肅肅在廟。詩 春禘秋嘗。禮記 思其所樂。禮記 聖有明訓。書 如日月之照臨。書 式如玉，式如金。左傳 布在方策。禮記 罔有不欽。書 峻命不易。詩 遺大投艱于朕身。書 如親聽命。禮記 罔不惟德之勤。書 曰仁與義。易 迭用柔剛。易 一張一弛。禮記 不愆不忘。詩 民可近，不可下。書 無教逸欲有邦。書 夙興夜寐。詩 其爾典常。書 啟佑我後人。書 俾爾熾爾昌。詩 右法祖箴

天行健。易聖人則之。易克綏厥猷惟后。書一日二日萬幾。書罔遊于逸。書庶績咸熙。書曰予一人。禮記昧爽丕顯。左傳與公卿大夫共飭國典。禮記考禮正刑一德。禮記無敢不善。書夙夜匪懈。詩敷政優優。詩惟幾惟康。書斯謀斯猷。書執事有恪。詩亦又何求。詩百工熙哉。書我獨不敢休。詩綱紀四方。書惟皇作極。書先之勞之。論語不遑暇食。書念之哉。書業廣惟勤。書勤則不匱。左傳時乃日新。書承天之道。禮記純亦不已。禮記政貴有恒。書慎終于始。書 右勤政箴

粤若稽古。書明四目，達四聰。書論道經邦。書謂之三公。周禮三事大夫。詩百辟卿士。詩宣力四方。書以佐天子。詩惟后非賢不乂。書其惟吉士。書寤寐求之。詩任賢勿貳。書靖共爾位。詩期予于治。書自朝至於日中昃。書晝日三接。易若涉淵水。書用汝作舟楫。書臣哉鄰哉。書尚克相予。書予其敷心腹腎腸。書出入自爾師虞。書假以溢我。詩我應受之。詩用勵相我國家。書邇可遠在茲。書人亦有言。詩惟治亂在庶官。書所寶惟賢。書惟一德一心。書欲至於萬年。書 右親賢箴

御製養心殿古幹梅詩己未　爲報陽和到九重，一枝紅綻暗香濃。亞盆漫憶辭東嶠，第作友何須倩老松。鼻觀參來諳斷續，心機忘處對春容。林椿妙筆林逋句，却喜今朝次逢。

御製養心殿杏花詩辛酉　託根依玉砌，綻蕊臨珠殿。却羞欺雪梅，小試宜春面。案

香風度簾，晝静霞明扇。方厪蔀屋憂，未擬華林宴。

御製仲冬養心殿詩壬戌　積素凝鴛瓦，更籤遲漏銅。華榱横蜺紫，藻井倒茄紅。几淨詩情逗，窗明梅意融。南飛金翼候，欽若凜淵衷。

御製養心殿對雪詩壬戌　密雪灑遥天，同雲棟宇連。宫梅重糝玉，殿柳先裝綿。節卜春和近，恩叨帝澤宣。隴畦凝思處，緑麥正芊芊。

御製仲春養心殿詩癸亥　棼橑焕晨煦，春信歸候桃。詄蕩雙闕開，翕翕昞神皐。平秩厪予懷，與物含甄陶。身居九重上，心爲天下勞。

御製養心殿杏花疊前韻詩甲子　吉亥將耕耤，齋居臨朶殿。映軒芳樹嘉，復覩春風面。難尋吟思邈，依舊陽和扇。望澤方憂農，遑適清閒晏。

御製養心殿杏花詩乙丑　清曉光風拂玉墀，絳雲香雪映窗枝。無端春暮相看際，正是年來共賞時。脈脈難傳徒畫筆，盈盈不盡是芳思。榮枯悟得皆常住，誰藉傳真谷與熙。

御製養心殿碧桃樹詩乙丑　芳姿拈詠感無端，露井依依艷未殘。九十韶華都過也，尚攜春色待人看。豈是春光爲少留，新愁舊恨記從頭。由來仙樹元都種，不落詩人淚不休。

御製養心殿杏花詩丁卯　昨夜女夷剪絳紗，綱軒新對一枝斜。因思杜牧風流句，又見清明時節花。戲蝶不妨供點綴，流鶯未許恣周遮。色香紛處堪清悟，石鼎烹雲沃道芽。

御製季秋養心殿詩丁卯　閲武揚鑾返北庭，軒宫疇政驗辰星。有秋歷覽登三輔，旰食惟期協九經。温樹延年餘翠影，寒花正色發幽馨。災黎陡憶吴淞郡，廣殿高居敢自寧。

御製新春養心殿詩甲戌　蒼龍轉玉斗，紫禁闓青陽。金戺蓂葉舒，綺殿梅英芳。奉時欽體仁，祈歲顒履祥。開年百務簡，惕夕一心强。好惡戒己私，詩書挹古香。疇咨許有翼，勑命勵無疆。

御製養心殿對雨誌懷詩己卯　適纔郊外來，悉心閲農務。高下總迴青，刺土青秧佈。下隰實潤濕，高原耕不誤。及觀太液池，涸澤仍如故。因思再雨佳，傍晚霏甘澍。雞樹枝生烟，鴛瓦溜垂霔。玉溝流不及，釦砌積水聚。此雨誠酣暢，甽渠定灌注。清苑應普霑，潞河通舟路。交易噬嗑資，刳木涉川輸。民惟赴時勤，我以大公付。絶勝補偏爲，功倍天恩遇。

御製新正養心殿詩庚辰　西師歸振旅，東陸舒由庚。執徐奉執規，持躬凜持盈。三白兆宿歲，萬幾簡新正。閒中足養心，而予有所怦。懷安豈良圖，無逸斯元亨。自强勵不息，善長時偕行。

御製養心殿齋居雨後作庚辰　雨過河源爽氣鮮，炎風不到㪚屏邊。咄哉無易由言爾，可忘周書廿七篇。

御製養心殿晚坐詩庚辰　園亭多水木，自是氣清涼。宫禁翡翠瓦，五雉圍紅牆。夏候所弗宜，暖氣蒸炎陽。朝儀詎可闕，適已寧云臧。兹來乃迥别，竟日爽風飀。立秋遲三日，律先報白藏。晨從郊外來，多稼雲將黄。既欣望歲稔，且免籌邊章。九州奏書達，云時若雨暘。諸凡皆順吉，惟是敬不遑。

御製養心殿晚坐詩辛巳　園林夏氣清，空庭市烟近。視朝不可闕，暑節彤闈返。雨霑弗覺炎，涼飀雖樹晚。此時雖幾閒，農務籌邇遠。大抵麥收佳，禾黍苗芃菀。但祈時暘若，可冀西成允。誰爲無望人，望歲吾尤緊。

其西室匾曰：「三希堂」，聯曰：「懷抱觀古今，深心託毫素。」

御製三希堂記　内府祕笈，王羲之快雪帖，王獻之中秋帖，近又得王珣伯遠帖，皆希世之珍也。因就養心殿温室易其名曰「三希堂」以藏之。夫人生千載之下，而考古論世於千載之上，嘉言善行之觸於目而會於心者，未嘗不慨然增慕，思與其人揖讓進退於其間。羲之清風峻節，故足尚；卽獻之亦右軍之令子也。而王珣，史稱其整頽振靡，以廉恥自許。彼三人者，同族，同時，爲江左風流冠冕。今其墨蹟經數千百年治亂興衰、存亡離合之餘，適然會萃於一堂，雖豐城之劍、合浦之珠，無以踰此。子墨有靈，能不暢然蹈忭而愉快也耶！然吾之以「三希」名堂者，亦非僅爲藏帖也。昔聞之蔡先生名其堂曰「二希」，其言曰：「士希賢，賢希聖，聖希天。或者謂予不敢希天，予之意非若是也。常慕希文、希元之爲人，故曰二希」。余嘗爲之記矣。但先生所云，非不敢希天之意，則引而未發。余惟周子所云，固一貫之道，夫人之所當勉者也。若必士且希賢，既賢而後希聖，已聖而後希天，則是教人自畫，終無可至聖賢之時也。孟子曰：「盡其心者，知其性也。知其性，則知天矣。」人人有盡心知性之責，則人人有希聖希天之道。此或先生所云非不敢希天之意乎？希希文、希元而命之曰「二希」，古人託興名物，以誌弗忘之意也。則吾今日之名此堂，謂之爲希賢、希聖、希天之意可，慕聞之先生之二希而欲希聞之之希亦可。卽謂之王氏之帖，誠三希也亦可。若夫王氏之書法，吾又何能贊一辭哉！

閣後夾道門匾曰：「自強不息」。北接後軒三楹，東爲無倦齋，西爲長春書屋。聯曰：「閒尋綺思千花麗，靜想高岑六義清。」內室聯曰：「景深莩甲含胎際，春在人心物性間。」又聯曰：「麗日和風春淡蕩，花香鳥語物昭蘇。」

養心殿後爲穿堂，堂屏門東西各有匾，曰「雲流」，曰「風振」，俱南向。向北匾曰：「蘭芃涵春」。二層殿上北向匾曰：「與物皆春」，聯曰：「心天之心而宵衣旰食，樂民之樂以和性怡情。」東暖閣門匾曰：「樂天閣」，內室門聯曰：「仲尼不爲已甚者，惟帝若是其難之。」門內匾曰：「攸芋齋」，聯曰：「情將物外適，道與古人期。」

養心殿之前爲御膳房，匾曰：「膳房」，聖祖仁皇帝御筆也。

景運門之東相對爲誠肅門。入門南向爲奉先殿。世祖章皇帝以太廟時享，孝思未申，命稽往制建立奉先殿，順治十四年告成。前殿七楹，後殿如之。凡朔、望、薦新、歲時展禮及册封諸大典禮先期告祭，俱內務府掌儀司領其事。殿東爲夾道，卽蒼震門前直街也。街東爲寧壽宮，宮正殿二重，前爲寧壽門，列金獅二。門內東爲凝祺門，西爲昌澤門，再西爲履順門。門外卽夾道直街也。

聖祖仁皇帝御製寧壽宮頌　天開壽域，地會瑶池。南極添算，北辰降慈。螽斯衍慶，白鶴來儀。躬勞著訓，福祉永綏。恭獻長壽，敬託腐詞。

寧壽宮之後爲景福宮。前爲景福門。門內正殿二重，前殿御筆匾曰：「芳徽純嘏」，東暖閣匾曰：「彤闈鶴算」，西暖閣聯曰：「寶婺騰暉，錦雲呈五色；璇庭絢綵，珠樹發三花。」宮西有花園，門榜曰「衍祺門」。又西爲蹈和門，門外卽夾道直街也。

聖祖仁皇帝御製景福宮頌　慈顏懿教，祇奉銘箴。福祉靈壽，遐齡喜深。松筠玉樹，繞砌清音。淑德純嘏，萱枝茂林。揮毫敬頌，永日葵心。

景福宮之後爲兆祥所，今爲皇子所居。西爲花園，又西卽神武門也。

隆宗門之西爲慈寧宮，順治十年建。東爲永康左門，西爲永康右門。正中南向爲慈寧門，前列金獅二。門内正殿御筆匾曰：「寶籙駢禧」，又匾曰：「慶隆尊養」，聯曰：「愛日舒長，蘭殿春暉凝綵仗；慈雲環蔭，萱庭佳氣接蓬山。」後殿供奉佛像，聖祖仁皇帝匾曰：「萬壽無疆」，御筆聯曰：「百八牟尼，現莊嚴寶相；三千薝蔔，聞清淨妙香。」又聯曰：「人天功德三摩地，龍象威神兩足尊。」前殿東廡南有佛堂，聖祖仁皇帝御筆匾曰：「四星容華」，宮左殿宇二層，東有門曰慈祥門，與啓祥門遥對。慈寧門之南爲長信門，凡大朝賀，門前陳設皇太后儀駕，文武二品以上大臣俱於門外隨班行禮。南爲永安門。其左爲迎禧門，右爲覽勝門。右門之内卽花園也。園中爲咸若館。東北爲端化亭，上有樓。樓之南有室，匾曰：「含清暉」。咸若館前有池，池上爲臨溪亭。東爲翠芳亭，西南爲緑雲亭。

聖祖仁皇帝御製慈寧宮問太皇太后安詩　定省深宮曙氣催，承恩獻壽捧霞杯。晨昏敬睹慈顏豫，不盡歡欣踴躍迴。

聖祖仁皇帝御製元旦慈寧宮行禮詩　大簇初分來萬國，融融淑景動青陽。曈曨翠蓋祥雲覆，縹緲蘭宮瑞氣揚。節遇三元開寶歷，時逢四始奉霞觴。山呼拜舞臣民樂，願祝千年正未央。

聖祖仁皇帝御製夏日同三王慈寧宮問太皇太后安詩　九天旭日照銅龍，朝罷從容侍上宮。花萼聯翩方晝永，晨昏常與問安同。

御製詣慈寧宮問皇太后安詩己未　親詣慈寧問起居，曈曈曙色曉光舒。承歡祇領徽音訓，歸路思維樂有餘。

御製冬至慈寧宮行禮詩己未　和風習習滿簾櫳，慈壽無疆祝華嵩。不獨宮闈增喜氣，光天孝養萬方同。　拜舞瑶階日影移，南山爲壽獻新詩。宮中堯舜垂裳處，正是初陽乍復時。

御製冬至次日慈寧宮行禮詩庚申　霜薄觚稜旭影浮，彤墀拜舞動旗旒。初陽暖律迴葭管，亞歲祥光遶鳳樓。萬國歡心同孝養，六宮壺教霈恩流。年年最喜稱觴日，常近增添海屋籌。

慈寧宮之西爲壽康門。門内爲壽康宮，恭奉皇太后頤攝起居之地也。御筆匾曰：「慈壽凝禧」，聯曰：「玉琯應陽春，祥開南極；璇宮呈麗景，慶洽西池。」中殿聯曰：「慶叶瑤圖，融和開壽域；祥呈閬苑，熙皞樂康衢。」東暖閣聯曰：「福集璇圖天永錫，祥開綺甲日重光。」又聯曰：「光華呈愛日，仁壽遍和風。」後殿聯曰：「鳳集桐花來絳闕，鶴銜桃實自丹山。」西室聯曰：「金盤露滿瑤華麗，丹粟祥凝鶴算綿。」又聯曰：「歡心依日永，樂志願春和。」皆御書。

壽康宮之後，咸安宮舊址也。乾隆辛未爲皇太后六十萬壽恭建壽安宮祝釐，閱辛巳，恭逢聖母七旬大慶，復重葺增新，稱觴申祝於此。宮門御筆榜曰「壽安門」，入門爲春禧殿。殿北爲壽安宮。正殿匾二，一曰：「長樂春暉」，一曰：「瑤樞純嘏」，聯三，一曰：「百福屏開，慶叶九如宏壽域；五雲景麗，恩敷萬象入春臺。」一曰：「壽國樂舒長，韶成九奏；安輿承悅豫，舞效三呼。」一曰：「香扆引祥風，序符清晏；仙壺承愛日，景叶升恒。」東暖閣匾曰：「景暉」，曰：「熙春」，聯曰：「紅梅翠竹天然畫，妙理清機不盡吟。」又曰：「松牖樂春熙，既安且吉；蘭陔宜晝永，曰壽而昌。」東樓下匾曰「集慶」，曰「宣豫」，聯曰：「芝棟雲霞麗，蘭陔日月長。」又曰：「宜春苑滿恒春樹，介壽筵開益壽花。」西暖閣聯曰：「慶霄暉壽曜，仙圃麗春光。」又曰：「鈞庭延淑景，璇戺藹祥風。」西樓下聯曰：「靜裏遠懷千古事，意中常滿十分春。」殿前左右延樓，迴抱相屬，中庭有崇臺三層，上層匾曰：「慶霄韶濩」，聯曰：「鳳翥輝呈阿閣瑞，珠聯景繪泰階符。」中層匾曰：

「曾城廣樂」，聯曰：「圖籌遞演京垓積，律吕環生上下和。」下層匾曰：「崑閬恒春」，聯曰：「鳴豫叶雲韶，頌集九如開壽域；祝釐陳綵舞，歡聯萬象譜春臺。」殿後庭中，疊石爲山，植竹其間，左右各有室三楹。東曰「福宜齋」，齋内聯曰：「西池增寶籙，南極耀珠躔。」西曰「萱壽堂」，聯曰：「寶篆長生籙，瑶屏集瑞圖。」

御製壽安宫銘 辛未題額，匪創伊修。慈寧六秩，行慶延庥。愛日循環，千甲載週。金穰辛建，物盛已述。七秩爰開，萬壽惟悠。合天下養，與太古謀。瓊宫枚枚，有桷有桴。蘭陔叶什，梅席稱觴。鴻儀重舉，以十爲籌。則百斯十，始而復周。

慈寧宫之東北即啓祥門外夾道也。其北南向爲凝華門。門内爲雨華閣。閣三層，覆以金瓦，俱供奉西天梵像。上層御筆榜曰「雨華閣」，中層匾曰「普明圓覺」，聯曰：「青蓮法界普清淨，白毫相光離色空。」又聯曰：「三身具足根塵外，萬法齊歸願海中。」下層閣内聯曰：「具神通力，生歡喜心。」又聯曰：「善果皆歡喜，香雲普吉祥。」又聯曰：「靈鷲風香傳妙偈，澄潭月皎印真如。」下層匾曰：「智珠心印」，聯曰：「花布妙香霏四種，金塗傑閣現諸天。」又聯曰：「般若慈源，遠通華海滙；菩提覺路，妙轉法輪圓。」又聯曰：「妙果圓成，華海同歸無盡藏；靈因静證，珠宫常雨四時花。」又聯曰：「寶界現莊嚴，雲凝華鬘；香臺開般若，雨散曼陀。」閣後爲昭福門。門内爲寶華殿。殿後爲香雲亭。其北爲中正殿。匾曰：「然無盡燈」，聯曰：「妙諦六如超衆有，善根三藐福羣生。」皆御筆也。

壽安宮之北爲英華門。門内爲英華殿，亦供奉佛像之所。庭中有菩提樹七株。

御製英華殿菩提樹詩壬戌　何年畢鉢羅，植兹清虚境。徑尋有旁枝，蟠拏芝幢影。翩翩集佳鳥，團團覆金井。靈根天所遺，嘉蔭越以静。我聞菩提種，物物皆具領。此樹獨擅名，無乃非平等。舉一堪例諸，樹以無知省。

御製英華殿菩提樹歌辛巳　我聞法華調御丈夫成道處，乃於伽耶城中菩提樹。又聞華嚴海會諸如來，一佛一樹乃至恒沙數。一亦非合恒沙數非離，是佛是樹皆菩提。娑羅貝多閻扶誰則見，惟有菩提之樹鬱葱蔚郁常依佛日生光輝。英華之殿聳層甍，勝國莫考，國初曾以居慈寧。思齋太任篤奉佛，爰供法像延禧篤祜貽雲仍，時來瞻禮意肅穆，裝嚴寶軸相好合梵經。或云：即是北斗之七星，貝帙一一名可徵。菩提七樹森列庭，是誠不可思議標祥禎。枝枝葉葉數無萬，如斯無萬數，繩繩繼繼永世綿皇清。

御製英華殿菩提子數珠詩辛巳　七樹恒沙結子多，數珠拈百八云何。欲因悠久卜皇祚，詎是尋常佞佛陀。顆顆圓融開意蕊，纍纍聯綴振禪柯。蓮池淨業吾無暇，静置如聞鳴法螺。

英華殿之西北有城隍廟，雍正四年建，其祀典亦掌儀所司也。廟東爲祀馬神之所。又東即神武門也。

國朝宮史卷之十四

宮殿四

景山

神武門之北，過橋爲景山。山之前爲北上門。門左右向北，長廡各五十楹，其西爲教習内務府子弟讀書處。東門曰「山左裏門」，西門曰「山右裏門」。北上門之内爲景山門。入門爲綺望樓，樓後卽景山也。山周二里餘，有峯五，中峯高十一丈六尺，左右峯各高七丈一尺。又次左右峯各高四丈五尺。峯各有亭，踞其巓中曰「萬春」，左曰「觀妙」，又左曰「周賞」，右曰「輯芳」，又右曰「富覽」，俱乾隆十六年建。山後爲壽皇殿。殿舊爲室三，居景山東北，乾隆十四年上命所司重建。南臨景山中峯，正中寶坊一，前榜曰：「顯承無斁」，後曰：「昭假惟馨」。左右寶坊二，左之前榜曰：「紹聞祗遹」，後曰：「繼序其皇」。右之前榜曰：「世德作求」，後曰：「舊典時式」。北爲甎城門三，門前石獅二，門内戟門五楹，大殿九室，規制仿太廟。左右山殿三楹，東西配殿五楹，碑井亭各二，神厨、神庫各五。既落成，敬奉聖祖仁皇帝、世宗憲皇帝御容，皇上歲時瞻禮於此。並自體仁閣恭迎太祖高皇帝、太宗文皇帝、世祖章皇帝暨列后聖容，敬謹尊藏殿内，歲朝則展奉合祀，肅將祼獻，以昭誠慤云。

御製壽皇殿碑文　予小子敬循壽皇殿之例，建安佑宮於圓明園，以奉皇祖、皇考神御。重垣廣墀，戟門九室，規模略備。而歲時朔望，來禮壽皇。聿瞻殿宇，歲久丹雘弗焕，且爲室僅三，較安佑反遜鉅麗，予心歉焉。蓋壽皇在景山東北，本明季遊幸之地，皇祖常視射較士於此。我皇考因以奉神御，初未擇山向之正偏，合閟宫之法度也。乃命奉宸發帑，鳩工庀材。中峯正午，磚城戟門，明堂九室，一仿太廟而約之。蓋安佑視壽皇之義，壽皇視安佑之制，於是宫中苑中，皆有獻新追永之地，可以抒忱，可以觀德。傳不云乎，歌於斯，哭於斯。則壽皇實近法宫，律安佑爲尤重。若夫敬奉神御之義，則見於安佑宫碑記，兹不復述。惟述重建本意，及興工始末歲月。蓋經營於己巳孟春，而落成於季冬上澣之吉日云。敬作頌曰：惟堯巍巍，惟舜重華，祖考則之。不競不絿，仁漸義摩，祖考式之。弘仁皇仁，明憲帝憲，小子職之。是繼是繩，曰明曰旦，小子恧之。天遊雲徂，春露秋霜，予心惻之。考奉祖御，于是壽皇，予仍卽之。製廣向正，爰經爰營，工勿亟之。陟降依憑，居歆攸寧，羹牆得之。佑我後嗣，緜禩於萬，匪萬億之。觀德於茲，無然畔援，永欽識之。

御製重修壽皇殿竣，是日奉安神御禮成述事六韻庚午　壽皇聖祖興居久，先帝思親展孝弘。神御妥靈宋遺制，衣冠原廟漢諸陵。欽承有繼馨香薦，追遠長懷陟降憑。子午向山期必正，規模合度量爲增。僾聞愾見千秋永，景福鴻禧百世凝。觀德皇皇惟是凜，肯堂切切詎斯能？

御製清明日拜謁壽皇殿詩戊寅　紫殿彤闈神御憑，清明肅拜典相仍。羹牆有慕嗟何及，堂搆非遥此敬承。舊禮漫傳粳粥薦，新烟還看柳絲凝。那堪子厚書重展，指日吾將謁二陵。

殿後東北曰集祥閣，西北曰興慶閣，殿東爲永思門，門内爲永思殿。殿西暖閣，御筆聯曰：「一氣感通昭陟降，萬年嗣服式儀型。」東暖閣樓上聯云：「祖德思無逸，天心格有孚。」又東爲觀德殿，聖祖仁皇帝御筆匾曰：「正大光明」，聯曰：「琴韻聲清，松窗滴露依蟲響；書帷夜永，蘿壁含風動月華。」再東爲護國忠義廟，范關帝立馬像。聖祖仁皇帝御筆匾曰：「忠義」。

西苑上

西苑在西華門之西，門三，中榜曰「西苑門」。

御製仲春西苑卽景詩戊寅　鑾輅西華祭後移，趯臺更服便疇咨。還餘清暇千官退，揭對韶光一賞宜。積素已消簷際雪，輕黄欲上柳梢絲。聽鴻樓上看迴雁，春色人間許共知。

御製夏曉西苑詩己卯　視罷朝儀换禮衣，揭從西苑攬清暉。液池見有波披縠，天宇時還雨點璣。草木春機纔得復，黍稌秋稔又將希。畧饒餘興觀魚樂，害馬除看鷺遠飛。

入苑門，卽太液池也。源出玉泉山，從德勝門水關達後湖，流入禁地，滙爲巨池。周廣數里，夾岸多槐柳，池中蒲藻交紛，禽魚翔泳，爲仙洲勝地。瀛臺在其南，闡福寺在其北。萬善殿、紫光閣東西對峙。上跨長橋，樹坊楔二，東曰「玉蝀」，西曰「金鰲」。橋北爲北海，橋南爲中海，瀛臺南爲南海。中海有亭，出水中。御書石碣曰：「太液秋風」，卽燕山八景之一。盛夏芰荷如錦，冬月水澤腹堅，則陳氷嬉於此，循國俗修武事而習勞行賞之意寓焉。

御製蜡日坐氷牀渡太液池誌興詩樂善堂集　破臘風光日日新，曲池凝玉淨無塵。不知待渡霜花泠，暖坐冰牀過玉津。　太液人行步玉花，金鰲遥望鎖烟霞。勝遊不數瓊華島，愛聽寒林噪暮鴉。

御製太液池泛舟詩壬戌　新水一篙深，載舟猶力弱。偶來弄澄碧，滄浪意可樂。天空旲雁閒，波静魴鯉躍。是時春始半，夾岸夭桃灼。旋惹東風吹，紅英貼波落。韶華固不牢，長歌興所託。

御製泛舟太液池作癸亥　黛染林西數朶峯，分明倒浸玉芙蓉。潤含曲岸深深翠，漲過平橋暗暗淙。幾隊仙儀排控鶴，一泓蓬島泛游龍。金堂十二非吾慕，只有華胥欲問蹤。

御製太液池泛舟詩甲子　春信今年早去年，花朝花事已堪憐。漂桃留得三分色，度柳分來幾縷烟。鳥語向人偏絮聒，天光蘸水越澄鮮。素懷雅契虚舟樂，任泊青蒲白芷邊。

御製泛舟太液池作乙丑　躍有潛魚飛有鳶，輕舟平渡緑楊烟。薫馨花事誠何似，荏苒春光亦已然。適去古人不知幾，盼來韶景又須憐。玉壺澄澈無些滓，却契天親鏡喻禪。

御製太液池泛舟詩丙寅　菰蒲蕭瑟颭秋烟，玉蝀橋邊偶放船。俯數游鱗圓沼澈，仰觀迴雁朔風傳。劇憐西昊清涼候，勝讀南華十七篇。物物羲經真易簡，天機豈待悟魚鳶。

御製太液池泛舟詩丁卯　玉蝀橋頭駐六驄，溶溶太液一舟通。苑花隄柳添烟景，弱葦新蒲茁露叢。烟中樓閣座中移，雨後風光慰後思。憂慮勾消詩數首，清和恰似昨年時。　漭沆澄波疊翠涵，天光雲影適來參。獨春依葦毿毿白，遠嶂踈眉淡淡嵐。　樹沃濃青花發紅，疇人占節報南風。一般西望經行處，却與前朝迴不同。

御製初春太液池泛舟詩戊辰　新波泛瀲漾晴烟，上苑韶光穉可憐。幾幀屏山全入境，一篙春水恰勝船。　乍見輕黃上柳絲，春來幾度棹移時。繪之詩句渾如畫，迴雁高飛太液池。　凍解神池泛緑漪，湖光山色發華滋。蒸霞結綺無須盼，好是含苞未放時。

御製雨中太液池泛舟詩己巳　太液新蒲拂畫船，兩行水樹罨朝烟。浥枝潤葉知時雨，列坐流觴上巳天。鳥奏繁音争管急，魚喁錦浪蹙紋圓。前朝豐澤親耕罷，却喜甘膏渥弄田。

御製太液池泛舟詩癸酉　翠鑾停柳岸，遊龍盪蘭渚。岸芳已蔫繇，渚禽亦容與。作監念水舟，對時思相輔。御橋螮蝀横，團殿松杉古。飛雨忽棼絲，溟濛迷處所。

御製太液泛舟詩甲戌　宿雨初收曉露溥，微風水面送輕寒。新荷纔點田田葉，激石微添細細湍。團殿平臨紫虛表，躍臺南指緑雲端。泊舟底識添遊興，岸柳烟絲潤未乾。

御製太液雨泛詩甲戌　玉蝀橋邊候綵舟，横流適可命黄頭。新蒲弱柳烟絲冪，妙與方壺繪幻浮。菜花結子麥抽芒，暢好烟畦潤露光。誰識九天城闕裏，許多農景貎江鄉。迎眸北島復南臺，面面珠簾未捲開。今日清遊餘興在，波光瀲灔待晴來。

御製太液池泛舟詩丁丑　朝晴夜雨果然宜，淡淹紫霞泛液池。底識甘膏南畝渥，隄楊猶帶露珠垂。冬宜紫禁夏宜園，還蹕因掄新狀元。籲俊勑幾慰雨後，躍臺薰景便中論。

御製太液池泛舟詩己卯　新漲輕黄酒似鵞，蘭舟太液漾晴和。波間藻葉冰融展，隄外楊絲日暖拖。景美真如天上坐，花遲詎擬霧中過。棹謳不用黄頭發，鳧雁皆能水調歌。

御製太液池泛舟即事詩庚辰　錫宴花門備禮容，乘閒蓬島泛遊龍。仍攜帕首俾同樂，所喜葵心總致恭。春水生來蘭葉細，霽烟低處柳條濃。西瀛試問爲何若，道是真如天上逢。半月韶光爾許殊，氷消漭沆水平湖。更逢雨霽祥暉候，可喚仙遊碧海圖。理趣鳶飛復魚躍，生機白芷與青蒲。對時懷遠胥和順，益凜虧盈奉化樞。

御製賦得太液柳詩壬申　人字低臨太液池，栽培誰辨永宣時。居然後老同彭祖，未覺先零傲悦之。春景青瞳仍望望，秋風緑髮故絲絲。世間松柏翻難並，得地延年意可思。

御製詠液池鳧雁詩己卯　匪因慕稻粱，亦弗慮矰繳。禽中大隱乎，液池寄所託。一解 鎩翮鶴立岸，垂涎鳧雁樂。造物本無私，於何殊厚薄。二解 烟波任翺翔，何異衡湘若。設爲子路共，三嗅應必作。三解

御製戲題液池荷詩己卯　池涸零星幾朶花，那看膏沃致光華。因之有會昌黎語，未得真源漫自誇。

御製太液池觀荷詩辛巳　宿雨初收太液池，紅花總是出塵姿。巧逢鳴蹕旋清禁，似向人言正好時。　蹟久泥深花最稠，西池原在帝王州。人間若復方君子，應是八元八凱流。　香霞難想檀兮麝，文錦何妨緑與紅。却恨春明真夢語，獨教佳景讓秋風。　等閒未放擷芳船，葉葉花花契静緣。讀遍三唐採蓮曲，阿誰不是愛妖妍。

御製太液氷嬉詩十二韻丙寅　順時陳國俗，擇地試雄觀。號令傳河若，威儀紀水官。光凝元玉浦，聲咽碎珠灘。散處雲馳宇，紛來雪噴湍。端因智獨勝，奚必力俱殫。疾以徐斯疾，安其危乃安。御風列應讓，逐日夸無難。迅似巖飛電，温知犀辟寒。超羣殊閃爍，作勢更槃珊。擬議弦催箭，形容鏡舞鸞。一時誇奪幟，獨步早登壇。妙義韜鈐外，

憑人著眼看。

御製冰嬉賦　陸行之疾者，吾知其爲馬。水行之疾者，吾知其爲舟、爲魚。雲行之疾者，吾知其爲鶻鵬鶥鶚。至於冰，則向之族莫不躃躃膠滯滑擦而莫能施其技。國俗有冰嬉者，護膝以芾，牢鞋以韋。或底含雙齒，使齧凌而人不踣焉。或薦鐵如刀，使踐冰而步逾疾焉。較東坡志林所稱，更爲輕利便捷。惜自古無賦者，故賦之。其辭云：「歲暮星窮，和叔告冬。陰凝北陸，律中黄鍾。景長而土圭可測，瑞兆而雲物皆同。撫序兮羣辟殷聘，考時兮三農蒇功。有厲疾之征鳥，鮮求信之蟄蟲。吽嚴飆兮栗烈，凜肅氣兮穹窿。於斯時也，火井無燠，温泉不熱。何水不凝？何波不結？阻平川之會海，徒望澮瀠；勒奔峽之傾流，惟聞幽咽。澌盈九曲，謝神禹之剔鬟；涷合三山，駐王喬之旌節。躍魚之表孝曾傳，覆鳥之昭祥見説。則有鏡呈太液，璧寫龍池。占昏危之應宿，值顓頊之司時。沍而不流兮礙矜鱗之鯉，凝而原澈兮踈倒影之梅。皓皓皚皚兮暎白塔之孤矗，溓溓泠泠兮隔玉蝀之横攲。載取載藏兮順彼月令，以訓以賚兮陳我冰嬉。爰答歲華，率循舊典。陳旅集衆，既雷動而風行；結部整行，埒春蒐而秋獮。玄冥受律，戢水族與波臣；蚩尤秉旗，乃暴禦而祟遣。於是戎士憑怒，武卒振拳，渴思一試，遑慮誰先。齊搏其轇轕兮盱陸離以屬聯，駭營營其佖路兮紛傑僊以羅騈。袒劉吕之左右兮各殊事以布班；倏陰陽之閉闔兮期奏績以勤宣。衣袨後，膝蔽前。韡齒雙利，鞢刀兩偎。編伍森列，齊隊便旋。於斯少息，以待號令之傳焉。爾其屯萬人於中堅兮屬堪輿以壁壘，奔八神以周衞兮招丁甲而發指。亘長緪以節止兮羣總總而切儗，驛綵旌以傳符兮看縱縱之立俟。心無別營，目不他視。遂乃朱旗颭，捷步騰，緹衣揚，輕武𨘻。聳擢布濩，陊逐趟趟。踧沺波流，遙軼猋驚。閃如曳電，疾若奔星。蹂蹈雲衢，揚揮玉京。故其爲聲也，軯磕隱訇，礌硠激越。硡砰殷轔，雜沓震疊。訇振天根，響訇地臬。熠波底之娵隅，墮林間之巢鶻。玄武縮殼而屏氣，燭龍守珠而閉闕。起涌泉，會奔物。雖天籟之號竅，比千鈞於一髮。其爲狀也，似東皇整駕於若木之墟，羲帝弭節於扶桑之津。應真挂錫以凌虛，茅君驂龍以狃天。過驥羣而駿足搶捍，上扶搖而鵬翼圖南。蠖略迴翔，演溰糾紛。鏡大圓而晶晶晶晶，珠萬琲而爛爛璘璘。交差曼衍，歷落皴鱗。突都盧兮輕趫，迅龍驤兮鱗振。奕六虬兮沛艾，御八風兮穆旼。首進者却視而小憩，繼至者錯履而躠跟。虞後來之比肩，更前往而擢身。傑者得幟，疇與比倫。遺者失志，第如逡巡。復有革戲，其名圓鞠。漢家有執機之譬，黃帝作練戎之俗。武由是習兮其爭也君子，好謀而成兮如祭則受福。申明誓兮衆聽無譁，陳廣場兮各司其局。乃其氷牀駐於琉璃之界，豹尾扈於鸑鷟之隈。千官儼立於懸圃，萬隊佇待乎瑤階。歷天之旗，影捎朶殿；昭雲之蓋，光熻趯臺。殆而容與，惄若儃徊。執事者中立而不倚，争捷者有前而無回。珠毬一擲，虎旅紛來。思摘月兮廣寒之窟，齊趁星兮白榆之街。未拂地兮上起，忽從空兮下迴。突神龍之變化，蕤翔鳳之鬖髿。鷁鶂燕居，姌嫋鴻猜。怡情悦目，有如是哉。夫其伯仲分，甲乙第，併前行賞，縱後亦逮。勇者特旌，任者均賜。普被曰仁，有差曰義。則豈啻西苑飾紅板之柁，温泉設錦鞍之戲而已乎？重曰仲尼有言，射觀德兮。安不忘危，舊是式兮。惟歲之宴，以休以息兮。一日之樂，匪賚曷得兮。敬告後人，無或逾則兮。」

由西苑門循池東岸，度板橋，折而西，臨池面北，正門三楹，榜曰「德昌門」，左右朝房五楹，門内正殿五楹亦北向。聖祖仁皇帝御筆匾曰：「勤政」，御筆聯曰：「常切單心歸宥密，每懷勑命凜幾康。」殿後面南正門榜曰「仁曜門」。由仁曜門而南，渡橋爲瀛臺。平堤石欄，歷級而登，有閣向北，聖祖仁皇帝御筆榜曰「翔鸞閣」。閣廣七楹，建相風金鳳於屋極，左右延樓迴抱，各十九楹。閣後東西樓對聳，閣道相通。東曰祥輝樓，西曰瑞曜樓。由閣而南爲涵元門，門内東向爲慶雲殿，西向爲景星殿，正中南向爲涵元殿，御筆匾曰：「天心月脅」。

御製冬日涵元殿詩壬戌　插架三千玉帙陳，明窗領略小陽春。庭虚時聽松風古，香静還思梅蕚新。階草向暄猶織毯，液波知暖尚拖銀。底緣未釋中心悶，多少茅檐失所人。

御製初冬夜涵元殿作甲子　晚風息古樹，淡日歸西嶺。重簾下虛堂，良夜侵尋永。香篆炧斜烟，燈花落餘影。棲松鶴彈梵，驚漏烏啼冷。一卷盡我書，半箭適兹靜。

御製冬至後一日涵元殿作甲子　墨沼芸編几席清，雲爲棟宇玉爲京。陽回線晷依然永，影到花欞分外明。瀑瀉冰光欺雪素，梅知春意放寒英。端居不爲敲詩苦，無限徘徊省歲情。

御製冬夜涵元殿詩戊辰　下春落金翼，暮靄散曛黄。温樹穩棲鴉，冰疏含夜光。雪後景氣清，壺中松竹蒼。朶殿迴天半，猊鑪避朔涼。玉琴靜徽軫，棐几堆縹緗。居稽聊自得，晝短欣夜長。三復蟋蟀詩，好樂期無荒。

東室御筆匾曰：「含經味道」，聯曰：「四面波光動襟袖，三山烟靄護壺洲。」又曰：「風篁叶韶濩，雲樹藹蓬壺。」

殿之東爲藻韻樓，西爲綺思樓，正北相對爲香扆殿。

御製香扆殿詩己卯　環瀛南面據崇基，建置猶傳勝國貽。金界樓臺思訓畫，碧城鸞鶴義山詩。茁庭祇合三珠樹，漾牖宛同百子池。未及澄懷淳樸也，每因閱古率評時。

香扆殿之東有室三楹，北向，匾曰：「溪光樹色」，聯曰：「圖畫參生動，詩書閱古芳。」北接三楹，西向，匾曰：「虛舟」，聯曰：「閒雲入窗牖，清露滴梧桐。」又曰：「心澹水木秀，興幽魚鳥閒。」又曰：「鑪香晝靜芸編展，花海春深竹檻清。」

御製賦得虛舟詩戊寅　芸齋臨太液，芝榜署虛舟。趣味南華永，蹟惟勝國留。灑然閱今古，曠若忘沉浮。秋月當窗印，春波拍岸柔。幾曾慮風浪，無礙侶鳧鷗。我有濟川意，還殷作楫求。

香扆殿之西有室三楹，北向，匾曰：「水一方」。

御製賦得水一方詩戊寅　躍臺三面水，書室敞南榮。亭接迎薰近，池臨太液清。畫如展李趙，境卽是蓬瀛。三復蒹葭什，懷賢獨泥情。

北接東向者三楹，匾曰：「蘭室」，聯曰：「亭臺涵月鏡，花木暢天機。」又曰：「過眼寸陰求日益，關心萬姓祝年豐。」

香扆殿後南向崇基，臨下卽躍臺陂舊址。御筆匾曰：「瀛臺」。左右有樓拱峙，東爲春明樓，西爲湛虛樓，中庭有木變石一株。

御製瀛臺觀木變石詩樂善堂集　異質傳何代，天然挺一峯。誰知三徑石，本是六朝松。苔點猶疑葉，雲生欲化龍。當年吟賞處，借爾撫遐蹤。

御製瀛臺木變石歌效李長吉體辛酉　大山穹谷崇且盤，山頭鶴駐曾棲仙。岑巒嶇峿扶孱顔，金堂玉室相鈎連。雲興霞蔚吐紫烟，含囊靈瑞如陶甄。靈林冥冥冠其巔，其幽叢雜多桂蘭。是爲天宇宅天男，乃有異木鎮厚坤。蚖蓊杜松非其倫，蔽虧天日無朝昏。爲舟十數皆其孫，匠石却顧持斧奔。水龍噴泉沃厥根，啼蛄弔月星漏痕。干雲負霜枝曲卷，靈鶬振翅毛羽鮮。老桂漫誇吴質眠，白榆空足沈郎錢。櫛櫛銀雲車蓋翩，挂以雙丸繞魄淵。壽比散木已有年，女夷不敢司厥權。付之圓蓋全其天，枝離幻作秦女焉。會觀木石兹同壇，爲髮爲身一體全。亭亭傑豎無比肩，暖春生玉疑藍田。磷磷爛爛出五源，女媧煉石兹尚存。傍林揷巖絶攀援，奇礓詎妨山溜穿。五丁不可奪其堅，端州石工安足論。移來曾受海神鞭，五車能上東馬牽。都下傾城咸厭觀，方壺蓬島資盤桓。辭山不戀山木繁，瓊臺璿室何丸丸。罘罳風吼露掌寒。漢唐池館今依然，爲薪非火悟火傳。

御製題瀛臺木變石六韻庚辰　香扆前墀嶼，稜稜勝國留。莫稽來所自，難悟是何由。風雨長林裏，荆凡大海陬。精華有獨得，氣味本相投。寧介榮枯意，還辭斤斧修。春明如續録，文獻此堪求。

又南臨水爲迎薰亭，匾曰：「對時育物」。

聖祖仁皇帝御製夏日迎薰亭詩　苑啟時初夏，亭陰午未闌。雨過池藻碧，日綻海榴丹。水木含清景，禽魚得静觀。薰風能解愠，試取玉琴彈。

自翔鸞閣至迎薰亭，統名「瀛臺」，三面臨水。圍置奇石，雜植花樹。層巖幽壑，委曲曼迴。蓼渚蘆灣，參差掩暎。其南卽南海也。

御製瀛臺記　入西苑門有巨池，相傳曰「太液」。循東岸南行，折而西，過木橋，遂宇五間，爲勤政殿。自勤政殿南行，石堤可數十步，階而升，有樓門向北，扁曰：「瀛臺門」。內有殿五間，爲香扆殿。殿南飛閣環拱，自殿至閣，如履平地。忽緣梯而降，方知爲上下樓。樓前有亭，臨水，曰「迎薰」。亭東西奇石古木，森列如屏。自亭東行，過石洞，奇峯峭壁，轇轕蓊蔚，有天然山林之致。蓋瀛臺惟北通一堤，其三面皆臨太液，故自下視之，宮室殿宇，雜於山林之間，如圖畫所謂海中蓬萊者。名曰「瀛臺」，豈其意乎？

聖祖仁皇帝御製瀛臺偶作　蟬鳴槐葉緑，魚躍芰荷風。太液臨斜景，參差更不同。

聖祖仁皇帝御製瀛臺詩　紅闌橋轉白蘋灣，疊石參差積翠間。畫舸分流簾下水，秋花倒影鏡中山。風微瑶島歸雲近，日落青霄舞鶴還。乘興欲成蘭沼詠，偶從機務得餘閒。

聖祖仁皇帝御製夏日瀛臺許奏事諸臣網魚攜歸詩　西苑頗幽邃，崇臺俯畿甸。鮮雲蔭修廊，南薰拔廣殿。水木既周遭，卉物亦葱蒨。嵐光翠欲流，林暉清可薦。於兹滌煩暑，敢曰恣游衍。眺遠暢陽和，居高協靈撰。朝來覽封事，灑灑意忘倦。高閣晝漏移，彤墀集羣彥。靖共往汝諧，勤劬答予眷。姑爲池籞遊，從容任所便。投綸錦鬛飛，舉手纖鱗見。委蛇退食心，庶幾娱式燕。

聖祖仁皇帝御製瀛臺詩　歲序開炎節，離宮繞翠微。蓮香聞講席，柳色暎垂衣。物阜風光好，時清奏牘稀。罷朝鵷鷺散，花下珮聲歸。

世宗憲皇帝御製瀛臺泛舟詩　春深遊上苑，鼓枻盪中流。波湧方壺島，林開翡翠樓。落花飄兩岸，垂柳拂扁舟。此日歡無極，君恩被獨優。　暮轉西池棹，風微錦浪平。蜻蜓閒自得，鸂鶒遞和鳴。舉網雙鱗獲，停盃四韻成。仙山何處訪，即此是蓬瀛。

御製二月十三日恭侍皇太后遊瀛臺紀事詩己未　永康曉闕問安迴，鳳輦晨遊重侍陪。摇曳晴光看御柳，分明春色遍宮梅。西山翠暎屏風列，太液氷融鏡面開。仰識慈顔多悦豫，熙熙萬物樂春臺。

御製夏日題瀛臺詩壬戌　文軒梧竹倍淒清，座擁琳瑯爽自生。高處近天無暑氣，人間此地是蓬瀛。水涵銀海月爲鏡，苔點瑶階石作枰。草木敷榮魚鳥適，由來物物遂生成。

御製雨中瀛臺泛舟詩壬戌　雲爲棟宇玉爲田，草木懷新總淨妍。自是方蓬難得到，却教仙漢破輕烟。

御製秋日瀛臺詩壬戌　嵐光波影鬭新晴，樓觀圖雲鏡裏明。八月桂風天半馥，西山曉翠座中横。苔紋點砌排碁局，霞縷飛空曳綵旌。更喜晶陽輝素宇，詩情人意共秋清。

御製冬日瀛臺卽事詩壬戌　禁城鷄樹曉烟凝，谿壑天然偶眺登。積素墜枝全作雨，懸流落澗半成氷。丹樓翥鳳三洲外，玉殿踈龍五色層。淮浦災餘籌卒歲，肯因清晏釋心憑。駊娑青驄踏玉華，鏡中軒閣列仙家。步來梅圃疑新畫，坐久氷牀當小艖。屈戍祥風浮篆細，琱璒晴靄入簾斜。天心來復誰知覺，有脚陽春已動葭。

御製臘日侍皇太后遊瀛臺恭紀詩壬戌　臘雪纔封釦玉除，祥雲羣捧大安輿。眼前景物供吟筆，鏡裏河山入綺疏。梅蕊嫩還依日煦，柳條禿不倩風梳。春暉煥景仙壺永，至樂優游奉起居。

御製夏日瀛臺詩癸亥　文墀綠縟軟莎茵，鏡水屏山盡遠塵。風過横塘筠是珮，雨餘曲岸柳爲人。目窮碧落興懷舊，景豔朱明得句新。猶憶丁年多暇豫，扁舟時泛藕花濱。雲鎖林關綠欲齊，瀛洲一逕步芝隄。披餘芸帙香盈手，坐久蘭烟篆吐猊。畫裏湖山空粉墨，鏡中樓閣印玻瓈。南薰茂對澄懷永，太液波涵萬象低。

御製題瀛臺舊書舍詩癸亥　精舍遥看渚嶼連，依然書帶綠窗前。那無逸興如今日，剩有殘題憶昔年。樹色溪光成靜賞，花香鳥語絶塵緣。旋臨勤政咨時務，郢理遲登愧古賢。

御製新秋瀛臺卽景詩癸亥　霽後林巒翠黛横，無邊詩景座中生。砌葩點綴丁星紫，鏡浦周環淡沲清。漫説梯仙隣北極，喜看白帝釀西成。桑畦稻隴均堪賞，寫出終年望歲情。

御製瀛臺獨梧樹詩癸亥　瀛臺獨梧樹，凌雲勢方上。森森孫枝稠，團團佳蔭廣。吟風入静思，滴雨增幽賞。鵷鶵不敢棲，疑結九苞想。撫摩緑玉質，徧倚懷疇曩。

御製冬日瀛臺詩癸亥　方蓬何必隔塵喧，雲擁糺卿紫鳳垣。傍圃珠懸新蕾笑，垂崖玉溜凍澌痕。陽迴晷綫依然永，人静風簾自解掀。肯以羲娥資玩愒，還將消息驗貞元。

御製春日瀛臺卽事詩乙丑　雲釀疑蒸雨，花遲似駐春。莫嫌時寂寞，已覺景鮮新。蝶栩紅芳底，鷗眠緑水濱。舞雩曾點意，憶昔一閒身。佳節含韶富，閒愁觸緒多。也知春可樂，常奈悶中過。逐景聊復爾，看花似若何。維摩無説説，身不著曼陀。

御製初冬日瀛臺詩乙丑　君雁迴靈沼，卿雲擁趯臺。乾坤壺裏永，樓閣鏡中開。人字猶存柳，珠粧欲試梅。温暾明牖暖，幾暇一徘徊。書室俯清潯，芸編默會心。三餘堪偃仰，昔日此光陰。波静觀魚樂，枝空聽鳥吟。依然濠濮想，不必問泉林。

御製春正幸瀛臺曲宴外藩詩丙寅　朗𡈼璇霄霽景寬，春回别院柳將稊。奉時南面酬東陸，來賀西涼與北隄。瑞擁綺霞凝紫蓋，輝騰珠樹暎丹梯。一家中外康賓集，湛露歌成更輯圭。

御製正月十六日奉皇太后瀛臺看烟火卽景燈詞八首丙寅　夜珠東望正圓規，南極祥光暎座垂。王母瑶樽斟北斗，由來西苑是西池。鄒陽律裏氣初旋，萬歲山前春欲燃。簇簇魚龍紛陸海，離離瓊玖積銀田。誰遣微雲點太清，銀蜍爲讓火娥明。上元此日有餘樂，宣德當年奚比衡。賢王列坐賜酥茶，中外熙和久一家。百道如虹朝貝闕，萬條似箭走金蛇。雲霞錦繡燦瀛臺，花發何須殷七來。百子池邊麟卓犖，萬年枝上鳳毰毸。玉蝀金鰲亘夜光，非烟馥郁裊風香。殿前底事金蓮徹，歸第羣看相是張。火裏開花幻豈真，輪中轉法佛兮人。乍從上苑觀梅柳，葉葉枝枝有脚春。瑞葉瓊花鏤上林，東風又復作輕陰。詩人漫道妒佳景，農父多應比好霖。

御製仲春瀛臺詩丙寅　彌月遲臨幸，林亭已載陽。氷溶開玉鏡，鳥哢按銀簧。莎阪輕添色，梅叢漸怯香。池邊人字柳，放眼盼韶光。欲向芳春問，春從何處來？貞而元復始，生以息爲胎。水態緗紋動，山容黛影開。淑清枉渚畔，上巳待浮杯。勝地隨緣賞，新詩卽景敲。看松無改色，撫竹有含苞。迴雁翔靈沼，芻尼賀故巢。輕雲將作雨，屬念在青郊。

御製初夏瀛臺詩丙寅　趯臺新緑窣朱闌，一雨林塘頓改觀。棼尾風光渾似畫，鴨頭甲煎絶勝蘭。乳巢新燕護紋鳧，萬物形形色色殊。識得羲書真易簡，南風一曲想姚虞。凝黛天容誰爲洗？湔塵花氣却如蒸。弄田尺澤霑豐澤，念到皇畿喜倍增。年來憂喜更如何，六幕均調自恧多。膏壤迴蘇生意滿，靈臺欣此對清和。

御製仲秋瀛臺詩丙寅　風光澄碧宇，秋意入新詞。花木自爲景，山川亦識時。紫烟浮曲榭，白日颺遊絲。鶴顧梳翎影，魚吞在藻漪。幾閒方適趣，年有更勤思。獨憶淮揚郡，怦然心不怡。

御製歲在丙寅，序行金昊，有秋叶慶，景物咸和。敬稽皇祖時曾舉瀛臺錫宴之典，宗親咸與，爰循舊制，集王公、宗室等於八月二十七日瀛臺宴賞，用展周親，因成三律　露色烟光靄禁垣，昌辰佳宴會親藩。穀登萬寶真成瑞，菊先重陽已泛樽。拂檻蘢葱木有本，拍堤汪濊水宗源。何須禮數拘酬酢，同是神堯膝上孫。雁齒紅橋玉影明，壺天縱目儼蓬瀛。拂招林牖風光美，負帶烟霞景物清。笑語從容伯兮叔，獻酬交錯弟於兄。一堂敦睦家人吉，却陋山河帶礪盟。綺疏晴旭麗曈曨，樂事天倫和氣融。徐進雕槃瓜有瓞，繁滋釦砌樹連叢。情抒共許飛吟管，興洽偏思駐漏箭。行葦歌成欣既醉，高秋樓閣靄春風。

御製我皇祖時曾集大小臣工於瀛臺宴賞，甚盛典也。茲因西成豐稔，百物蕃昌，於八月二十八日賜宴公卿庶僚於瀛臺，以昭繼繩宣豫之意，得詩四首丙寅　趯陂鵷侶接鳴珂，霽宇空澄氣色和。共喜向筵開早菊，多緣紀歲得嘉禾。柏梁臺畔騰牋集，仙蕚亭邊載筆過。緬想虞廷傳盛事，颺言何以繼賡歌。鏡中樓閣五雲稠，皎日揚輝素景浮。湛露詩成天酒下，蓼蕭樂作徵招流。曲江早獻千秋鑑，梁國還登太液舟。三世方明陪御賞，從教佳話冠螭頭。璇霄猶覩曉蟾娟，濟濟冠裳擁慶烟。丹粟香中陳桂醑，玉山頹處酌瓊筵。崇牙徐聽鈞天奏，高閣遥聞晝漏傳。此日含毫多沈宋，昆明漫數景龍年。蘢葱鷄樹翠華留，相悦君臣共唱酬。鎬上宴開惟卜晝，樓前酺賜正登秋。在陰鳴鶴方縻爵，樂藻遊魚不避鈎。試問彬彬玉堂客，瀛臺然否即瀛洲。

御製秋日瀛臺集臣工宴賞，既仿柏梁體聯句，復召大臣及内廷翰林等三十八人用唐臣李嶠侍宴甘露殿詩爲韻，依前歲翰苑故事，朕成首什及末章，羣臣以次分賦丙寅　蘭舟玉蝀風，珂馬金鰲月。令日秩威儀，文筵盍簪笏。皇祖垂芳型，元臣會華髮。旨酒於以柔，晚香猶未歇。拈詩得李嶠，成序懷王勃。中咨山甫儔，其何補袞闕。白藏昌百嘉，西苑駐重牙。翔鳳馡香穗，遊龍卷浪花。喜因歌黍稌，政可問桑麻。水影含橋直，山容入座斜。林浮漿是濯，盤進棗如瓜。侍燕詩成處，還看飛暖霞。

御製暮春瀛臺泛舟詩丁卯　緑柳絲絲暎畫船，沿洄如坐鏡中天。杏桃破蕚鋪春色，鳧雁乘波没曉烟。錦纜牙檣啞綺靡，湖光雲影得安便。棹歌底借黄頭發，夾岸鳴禽勝管絃。

御製晚秋瀛臺即景詩丁卯　仗馬排芳岸，遊龍達玉津。趯臺宛蓬閬，香扆重逡巡。樹態疎添紫，波光皎疊銀。誰云秋色老，蘭帊鎮涵春。綺砌黄花秀，蝦簾朱鳥晶。篆烟徐遞馥，芸帙静含清。巖峽猶飛瀑，池亭可泛觥。蓼蕭遊豫處，著壁畫圖成。

御製瀛臺攬景詩戊辰　春風習以和，春水緑而鮮。春苑既駘蕩，春人亦熙閒。寄情蓬瀛地，得句水雲間。昂首眺暘臺，迴眸睎薊川。谿桃未吐霞，陌柳已帶烟。向陽鵲補巢，背雪雁下灘。萬物欣莩甲，一心圖治安。無逸戒嬉遊，有卷勉惕乾。

御製雨後瀛臺詩戊辰　朝暾散曙光，徂雲在空宇。趯坡花木叢，太液鳶魚聚。潤含草味馨，漲溢瀑聲怒。山亭水榭間，並輦同舟所。孑然成暫來，愴爾獨延佇。景光迅與否，瞥眼半年許。

御製夏日瀛臺雜詩八首戊辰　日永亭臺爽且静，雨餘花木秀而鮮。朝烟欲斂湖波澈，荷芰香中一放船。紅隄宛轉接崇臺，步屧淩晨一蝎來。據坐忽如臨百尺，迎薰亭外鏡光開。書屋桐陰依舊圓，每因幾暇此流連。樂羣當日徘徊處，瞥眼流光廿五年。春翹秋楚遞鮮新，脆促都成世閱人。贏得忘筌纔半晌，世間愁喜底爲真。山含宿潤澹烟光，試散紆懷趁曉涼。却愛水雲最深處，輕颸撲面藕花香。翰林直講還陳史，吏部分班爲進材。勤政清幽花漏杳，鳥聲紛自柳陰來。黍疇桑陌緑雲深，晴雨因時一酌斟。豐澤園饒豳野意，當年此日劭農心。窗納竹風翻鄴卷，墨研荷露染濤箋。安心未識安心竟，每藉清幾慮暫蠲。

御製孟冬上旬於瀛臺賜經略大學士傅恒及命往蜀西諸將士食，並成是什戊辰　大清聲教暨遐陬，豈有來王稽蜀酋。黷武開邊非我志，安良禁暴藉卿謀。行軍吉值初陽復，賜食恩同湛露流。轉瞬明年擒逆虜，還教凱宴侑封侯。

御製初冬瀛臺卽景詩戊辰　蒼松夭矯石嶙峋，景物初冬亦可人。雀舫已收麻塢裏，冰牀未出凍溪濱。縹緗棐几愜澄觀，橘月菱窗暖不寒。敬業樂羣當日事，年來此景更逢難。菊芳已歇未開梅，朔景靈臺一揭來。却憶前年淑清畔，掞牋仙侶共流杯。

御製仲春瀛臺詩己巳　幾閒清蹕幸瀛臺，行樂熙春亦快哉。鏡裏軒樓如畫裏，秋迴鳧雁到春迴。鳥能言勝鑾絃譜，花自裳非羯鼓催。邇日西川聞凱報，得教福地一徘徊。

御製仲春瀛臺卽景詩己巳　輕雲遲日試耕天，豐澤耕餘一泛船。鏡裏林花舒豔裔，雲邊樓閣隱神仙。智仁樂處山兮水，飛躍呈來魚與鳶。書屋脩閒甌研淨，每教清蹕爲停延。

御製雪後瀛臺卽景詩己巳　金碧樓臺瓊島邊，崇情幽賞玉壺天。三冬書史自娱耳，一雪遊觀亦偶然。素積遠螺餘冷峭，明含牡礪嫩陽鮮。何人對此無佳會，況我歡生卜麥田。

御製臘日奉皇太后遊瀛臺諸勝詩己巳　今日嘉平景漸遲，雪凝鳷鵲晃琉璃。省農幸得逢真瑞，酬節欣惟奉聖慈。蕉殿香花參梵相，液池罷虎試氷嬉。迎年臘鼓春光近，今昔評量有所思。

御製雪後瀛臺卽景詩己巳　借問湖山底最宜，最宜應是雪餘時。筠梢素積龍文織，簷際氷明玉筯垂。歲景崢嶸云暮矣，壺天瀟灑一過之。貞元消息真無息，卽漸晴窗旭影遲。

御製新正瀛臺卽景詩庚午　瓊島初歸駘宕春，行時步輦下楓宸。户懸寶炬迎嘉夜，鉼亞珠禾正穀辰。過籟竹敲金瑣碎，巡簷梅足玉精神。昨來已是隔年事，欖結從頭物象新。

御製瀛臺小宴外藩詩庚午　行慶宜春嘉客來，趯臺曲宴例教陪。晴開苑樹媚韶景，雪稃天街淨薄埃。樂奏雅寅初入律，恩頒湛露滿浮杯。一家中外熙和際，保泰孜孜日念哉。

御製暮春瀛臺泛舟詩庚午　遊龍捩舵鏡中天，太液春光劇可憐。綠柳紅橋原恰當，落花流水自便娟。圖書左右怡情久，翡翠蘭苕浴浪鮮。活潑潑真無盡藏，化機豈待悟魚鳶。

御製夏初瀛臺即目詩庚午　敬奉常雩蕆事回，仙壺咫尺暫徘徊。花含宿雨迎雕輦，樹張清陰覆曲臺。水潤凫依寧北去，堂深燕賀定南來。載賡錫宴傳佳話，繪壁流連幾往迴。

御製夏日瀛臺詩庚午　雨足旋清禁，詰旦將視朝。勤政敢刻懈，典禮期時昭。取便憩瀛臺，波光漾綺寮。漲添魚鳥樂，地静松柏喬。圖雲延閣迴，却暑涼風招。補桐已森翠，圖雲覆芳翹。夏日讀書處，景光昔非遥。

御製新秋瀛臺詩庚午　新秋問景駐瀛臺，霽宇澄空鏡影開。雜卉環階偏得意，却從何處渡愁來。

御製仲秋瀛臺詩庚午　仙家樓閣迥宜秋，瀛海瑶山翠欲流。風月清華贏四季，水天朗徹繞三洲。露浮金掌涼初動，雨過銀河暑盡收。塵世景光難入詠，崇情只擬廣寒遊。

御製雪後瀛臺卽景詩庚午　積素林巒石徑斜，和晴纔放早蒸霞。三冬望澤憂勤切，六出迎年景物嘉。圓嶠風微花破萼，藍田烟暖玉生芽。湖山韶秀清遊適，書屋摛毫紀歲華。

御製新春瀛臺卽景詩辛未　鏡中結構學蓬萊，行樂新春到躍臺。春入湖山韶且秀，雪凝樓觀淨無埃。詰屈蘭蹊竹柏清，春烟融冶泮初晴。書齋閒檢前題句，又覺新年景物迎。翰墨林中静六情，收來雪水煮三清。天街爆竹喧鳴處，都是皇州報喜聲。

御製季秋瀛臺詩辛未　素景仙壺異，秋風太液多。白輕烟斂浦，黄重菊分科。汲古稀韓綆，惜陰懷魯戈。池邊人字柳，霜意又婆娑。

御製仲春瀛臺卽景二首壬申　氷開太液試游龍，鏡面樓臺瑞靄重。傍岸青含新芷刺，隔林白引曉烟封。都來幾日因循過，便覺芳春次第逢。緣底行時今歲樂，東郊雪後土膏濃。柳生稊際花含蕊，花柳相宜爛漫前。緑渚浴鳧新樂趣，玉梅落瓣舊韶妍。輕寒不勒萌青草，細響纔淙帶碧泉。與物同遊春浩蕩，奉時布化協天權。

御製暮春遊瀛臺卽景言志詩壬申　三壺何窈窕，云在滄海中。鞭石橋難就，樓船路未通。自此慕仙者，鶩望徒希蹤。何來液池内，名境依稀同。延樓既崔嵬，假山亦玲瓏。四表達仙籟，百世鬱喬松。作者殫其力，來者享其逸。仍不免經營，要取善繼述。澄瀛漾白芷，春風敷其芳。瞻彼泱泱波，有來迴雁翔。遵陸步蘭蹊，得我讀書堂。眄懷沂上點，詎擬山陰王。名教樂無斁，匪事逞相羊。

御製雨後瀛臺攬景雜詠詩壬申　耤田耕罷視朝餘，上苑芳菲過雨初。底覺景光今日好，麥秋有望爲懷舒。水增太液漾蘭船，汀芷溪毛意盡鮮。恰似去年明聖畔，柳舒花於暮春天。三千插架有芸編，佔畢明窗憶向年。舊學商量無寸進，補桐書屋自依然。春陰瓊島紀春明，十歲春天九遇晴。今日喜逢真面目，佳名始覺有餘情。石來艮嶽勢嶔崟，千載荆凡默鑒兹。當日誠知爲燕用，壞人牆屋爾奚爲。溆清瀑布舊曾傳，溪上三間頗靜便。便與新名千尺雪，懷吴兼慕隱人賢。春烟淡沲羃平林，陶冶湖山入靜深。最喜迎眸新緑潤，西峯又復作輕陰。時和每凛持盈戒，心慰那無茂對詩。因悟人情彼我一，先憂後樂恕行之。

御製瀛臺攬景詩壬申　緑樹全含潤，紅樓迴納涼。簾旌疑燕羽，軒網錯花光。湘管摛新會，芸編發古香。試耕豐澤所，撲隴簇針秧。

御製仲夏瀛臺詩壬申　雨過河源爽籟輕，秀林嘉蔭罨文楹。三壺早識圖經注，九夏何來暑氣生。體道鳶魚看活潑，消閒書史挹菁英。麥登更喜新禾茂，慶慰還思戒滿盈。

御製人日瀛臺卽目詩癸酉　人日率逢齋，法宫虔端凝。今年已祈穀，春雪況被塍。一屏令節氣始和，卽事傳攀登。宴賞例不舉，邱壑致可憑。積素纈珠林，噴流瀉玉崚。新舊信儻然，流陰爾爲能。絲管鬧，轉覺襟懷澂。攬勝新景會，勒壁舊題曾。

御製雨後瀛臺卽景詩癸酉　内朝視事各區分，雨後餘閒意倍欣。西苑行春因命駕，仙壺如沐轉氤氲。　層樓延閣鏡光裏，緑柳紅桃烟靄中。不負好春是今歲，可無佳句答春風。君凫官雁戲文瀾，唼藻依蒲自在歡。等是淀池驚缴物，笑他擇地得棲安。松篁深處潤沾衣，也覺濃陰漸漸肥。便放輕舟剪烟景，密雲又作雨絲飛。

御製暮春瀛臺詩癸酉　豐澤耕迴攬好春，雨餘臺榭淨無塵。先憂後樂常懷我，八政九歌俱重民。心觸清機親翰墨，目遊潤景足精神。快晴更爲吾農喜，播種羣將墾藝畇。

御製瀛臺卽景雜賦癸酉　花光豔裔鳥聲諧，雨後三春是處佳。流覽朅然思静憩，澄懷堂裏一澄懷。湖山位置仿蓬瀛，萬事由來有志成。二典三謨明式在，望洋徒歎竟何情。流杯亭是勝朝蹟，從未臨流泛羽杯。却擬吴中千尺雪，三間茶舍倚松開。舊時書屋今宣席，便與佳名號補桐。每展芸編渾似昔，五絃翹首慕薰風。

御製仲夏瀛臺卽景雜詠六首癸酉　黄頭檥棹待金鰲，太液輕風送畫艘。明日致齋遊未得，好因路便事清遨。紅牆曲折鏡光開，芝字隄頭聳趯臺。却笑劉郎虛費事，遥從海上覓蓬萊。假山樹子近天然，閲世於今四百年。恰似雲中吠鷄犬，略因津逮亦成仙。入夏松篁森静姿，竹罏小試午風時。三間静室無多子，何事頻來去每遲。步出松門又放舟，蕉園鐘磬落聲幽。横從玉蝀橋邊過，白塔淩雲更舉頭。樓臺位置規浮玉，爲愛空明接水天。壁上恰書江國詠，一彈指頃向三年。

御製秋日瀛臺卽景詩癸酉　高秋霽景暢登臨，山色湖光效静深。遐想貞觀留治蹟，也教泉石一娱心。金碧樓臺學嶠壺，假山松檜緑陰扶。涵元殿裏天香放，勝賞明看畫作圖。豐澤當春憶演犂，黄雲今幸黍禾齊。艱辛稼穡三時望，曾未胼胝共兆黎。太液波澄鏡影空，蘭舟沿泛韻秋風。尋常想象稱佳話，那似當前體認工。瓊島峯巒翠岌峨，浮圖尊勝漾明波。誰教日下傳春景，可識秋光不讓多。

御製新春瀛臺卽事詩甲戌　開正行樂合瀛蓬，漢樹唐花試冶融。韶景幾分春勝裏，朱樓一朶翠雲中。昨來歲序殊新舊，資始乾元協雨風。過眼寸陰求日益，關心萬姓祝年豐。

御製冬日瀛臺卽景詩甲戌　金碧樓臺望欲仙，幾餘攬結自東旋。盆梅芳已傳冬節，庭樹蒸纔别半年。那得澄心延几席，恰如過眼看雲烟。擬詢葺築曾何謂，不覺難酬笑囅然。

御製新春瀛臺即事詩乙亥　步輦平明出趯臺，湖山氣象已韶佳。延樓綺畫連三島，喜爆春聲達六街。報午蓮箭明遞漏，向陽蕪毯隱留荄。雲容西北看來重，擬綴天花點玉階。

御製曉春瀛臺即景雜詠詩乙亥　春祈將屆還清禁，西苑因之路便臨。都爲前朝甘雪足，仙臺物物悦予心。液池新水嫩鵞兒，浮拍蘭舟畫裏移。却憶氷嬉曾幾日，迅於駒隙莫如時。簷問雪是嗛山雪，試問支硎更藉無。却喜收來仙露潔，竹罏茗盌試斯須。明亭曲砌净無塵，和淖昌昌報好春。却上慶霄樓上望，畫屏直北玉嶙峋。

御製暮春瀛臺即景雜詠詩乙亥　花明柳暗暮春初，韶秀青山過雨餘。不擬流觴修禊事，龍跳爲乏右軍書。日知閣對流杯處，觴詠當年集翰林。鼓響春音曾幾載，却成佳話壁間吟。松蘙石秀皆因舊，茶舍三間自我成。昨過田盤千尺雪，耳聲目色至今清。溶溶春水漾輕舠，戢戢新蒲起鷺翻。最好春陰瓊島望，緑瓊雲上塔輪高。金源團殿記春明，太液低臨玉蝀横。設使崑崙誠可到，此間十二是曾城。堂俯漪瀾翰墨清，熙春風物總怡情。一拈鬚一章詩就，率易由人著語評。

御製新秋瀛臺雜詠詩乙亥　雨霽輕輿登趯臺，假山窈窕復崔嵬。補桐書屋芸編展，金井葉飄書案來。紅樓翠樹俯澄瀛，砌下蟲音似有情。半月風光剛瞥眼，幾多秋意逼人清。緑船淮淮泛蘭漪，爽拂秋風太液池。一帶輕烟纔傍岸，露珠猶在柳絲垂。雲閒天淡真佳候，夜雨朝晴最稱心。底事此中翻切切，曰予無處可忘欽。

御製立春日瀛臺雪中春望詩二首丙子　初歲欣占第一祥，繽紛瑞葉應勾芒。延樓五雉皆成玉，温樹三花總是唐。緬邈渾如連遠色，氛氲真似豔韶光。祈年誠慰慰還懼，夏長秋收正爾長。經冬望澤每無眠，慶值春朝吉事駢。訝可行時向蓬島，真成舉步踏瓊田。霏微瑞色扶仙木，颯灑寒光映綺錢。有喜得教近臣共，重華文會例依前。

御製正月晦日瀛臺詩丙子　華鐙排日度侵尋，典學明禋要並欽。敢事嬉遊御苑駐，用因齋戒法宮臨。趯臺路便聊留目，霽雪泥融足慰心。却笑湖山常自若，先憂曾幾暢清襟。

御製新秋瀛臺雜詠詩丙子　琪花瑶草露華浮，水面風來香滿樓。怪底今朝披颯爽，日交秋月節迎秋。名園日涉方成趣，我却踰時始一來。了識餘閒不多得，猶然位置復何哉。竹蹊詰曲如詩讀，湖石玲瓏當畫看。屧步不妨過半里，心舒雨後曉秋寒。花鳥契幽皆悦目，林泉遠俗總怡情。設教著處標名字，反覺區區太泥生。

御製秋日瀛臺詩丙子　碧樹朱樓翠島峋，到來人似月中人。千枝共愛霏金粟，九斛誰當輸玉塵。境詣幽惟却藻繢，水澄波處養沖真。笑予未是忘言者，鳳咮龍香率喜親。

御製新正瀛臺詩丁丑　春到皇州始，臺臨禁苑西。暖將融翡翠，凍欲解玻瓈。盆雪梅彈蕚，隄烟柳漸稊。假山如讀畫，生意解供題。藻繪呈窗綺，花牋拂几綈。行將命春駕，澤國慰來徯。

御製泛舟至瀛臺即景三首丁丑　玉蝀新修飲練横，輕舟直擬達仙京。由來太液一池水，三海何人浪與名。黄頭緩著盪蘭橈，爲愛芳荷浥露饒。襲襲清香無遠近，蓬瀛猶在錦雲標。補値高桐出老枝，團陰障樹緑參差。墨壺書策三庚静，正是當年敬業時。

御製雪後瀛臺即景是日復雪詩丁丑　已喜公田三寸滋，又看仙島六花蕤。非烟非雨有如是，於畫於詩無不宜。細糝長空方緬邈，遠綏曲岸漸迷離。竹罏雖具何曾試，今日幾餘可試爲。

御製新春瀛臺詩戊寅　祭臨吉戊返宫垣，路便南臺小駐軒。綺户歲屏猶未徹，仙壺春事已堪論。柳稊欲展風還弱，梅蕚如嫌旭乍温。逐處題詩寧慮複，盤盂几杖意斯存。

御製仲夏瀛臺詩戊寅　王宫將執鎮，路便此來臨。雨後出耕犉，冰開下水禽。金摇絲柳重，緑吐綺莎深。萬物熙春意，從知造物心。

御製新正瀛臺小宴御前藩王大臣及漠咱吧爾詩己卯　運斗屠維單閼迴，順時行慶合瀛臺。千羣尚可氷嬉試，三接都教春宴陪。屏翰何妨厠葱嶺，歡娱齊説到雲來。鵠埸晴靄因觀射，云遠寧徒好樂哉。

御製新正瀛臺卽景詩己卯　攜親惠示遠來人，取便蓬壺一攬巡。延賞樓臺皆恰當，向陽景物又從新。湖山故是神仙地，松竹那論己卯春。慶節皇州簫鼓鬧，愧稱身先俾還淳。

御製仲夏瀛臺詩己卯　右壇祭罷待經筵，餘暇仙壺一覽便。氷脆無人步太液，柳柔有鳥織輕烟。愛觀生意方陶矣，雅勝韶華特熾然。隨處清供成小憩，悦心惟是手芸編。

御製仲春瀛臺詩己卯　將視朝儀又進宫，趯臺路便喜舟通。土蒸香潤雪消後，水漾波新風暢中。弄眼柳纔幾絲緑，含胎桃未十分紅。欣觀物物皆生意，保合太和總化工。

御製望瀛臺未至詩己卯　執豕修宫祀，儲牛逮耤田。必躬伊古訓，清蹕以時旋。帶水盈盈隔，凝雲漠漠連。三壺疑在卽，宛似望瀛仙。

御製人日瀛臺卽目詩庚辰　問安長樂噦鸞聲，佳祉欣占人日晴。祇以對時懷位育，因之取便到蓬瀛。歲華見説登臺賞，國典惟遵徹樂譔。寶月樓頭春色好，爲田一攬萬民情。

御製瀛臺賜宴安集延來使即席得句詩庚辰　奉檄猶慚力未宣，右旋書捧使來專。閉關難學漢光武，謁陛何斯安集延。西苑都稱到天上，南蘭羣喜沐恩先。仰流嘉彼明於順，三接應申錫賚駢。

御製瀛臺賜宴拔達山來使即席得句庚辰　歸俘獻馘識忠誠，貢使隨來萬里行。第一西方足嘉國，無雙天下此都京。俾觀禮樂三千盛，待賞烟花午夜明。重譯又須宣象寄，筠沖語異逮濛瀛。

御製瀛臺曲宴外藩詩庚辰　仙壺曲宴答韶年，舊典惟兹懷褱聯。北漠户庭真密邇，西蓬裘帕許參連。兜離歌與任僸舞，拔達山將安集延。近悦遠來寧易易，側身基命益乾乾。

御製瀛臺宴拔達山諸部回使詩以紀事庚辰　遠使徠朝宴遣歸，傾誠憐彼戀依依。燈宵剛度韶春麗，夜雨欣晴瑞旭輝。乍可頒錫聯撒荔，何妨卉服接絲衣。從來曰信大蒙重，安爾耕桑永受機。

御製瀛臺泛舟觀荷三首庚辰　朝來驟雨打新荷，雨後拏舟賞若何。白閃露光飛上下，紅滋霞影舞婆娑。火氣全無甲煎香，木蘭輕漾喜晨涼。詩人耳食擬天上，可見黃姑錦緞張。風翻露蓋深還淺，雨洗紅粧正復欹。寶月樓頭迴看好，分明宜畫又宜詩。

御製仲秋瀛臺詩庚辰　慶辰率衆叩慈寧，用奉安輿返禁廷。郊外豐收欣飽看，苑中佳景得閒停。碧天望月將圓滿，太簇秋風正淥渟。桂樹本來蟾窟種，幾枝金粟倚虛櫺。

御製雪中西苑卽景詩庚辰　徹夜繽紛曉勢并，問安迴輿步瑶京。低飄曲岸時疎密，細糝長空鎮繆縈。羃柳寒藏棲鳥語，挂崖凍隱落泉聲。冰蹊試屧堪遲意，卽景無端拙速成。

御製新正瀛臺卽景詩辛巳　鳳閣咨安茀禄躬，西華路便趯臺通。落成錫宴衣冠侶，待備閒遨松竹叢。樓現衹疑瀛海表，人行都在玉花中。陽和卽漸舒條鬯，春社還思與物同。

御製正月晦日瀛臺卽目詩辛巳　燈夕林園慶賚成，明禋典學要躬行。駕言用返中宸禁，路便聊遊西苑瀛。消雪樹根白餘潤，向陽苔色緑生榮。景龍往事無須述，風物含韶獨暢情。

御製仲夏瀛臺詩辛巳　雨霽朱明曉亦涼，順塗總駕賞烟光。誰云城市無三島，卽聽松篁有八琅。荷未放花先吐葉，燕來窺户舊巢梁。弄田自是芃新穎，悅在農郊景勝常。

御製望瀛臺未至寄題其壁詩辛巳　御園宜夏日，亟圖趁爽還。液岸度肩輿，過置咫尺間。著句題其壁，亦如親歷旃。試看昔親歷，所題奚殊焉。瀛臺信瀛臺，木石皆神仙。笑似孯腕人，可望不可攀。

循藻韻樓折而東，南向者，爲補桐書屋，皇上曩時讀書之所也。庭有雙梧，其一爲風雨所摧，乾隆甲子之歲，命奉宸補植之，因顔爲「補桐書屋」，而以舊桐斲爲四琴，貯書屋中。

御製補桐書屋詩甲子　瀛臺雙桐向所有，因循枯一成獨樹。秋夜春朝失侶陰，認巢好鳥徘徊去。老榦吟風似作悲，團葉無心捧承露。樹猶如此人何堪，爰命郭橐爲補足。佳蔭依然罨緑窗，相得乍喜矧相妬。未必人心似樹然，世間雲雨紛新故。倚桐無語立斯須，仿佛廿年前覔句。

御製春正曲宴外藩因至補桐書屋詩丙寅　梅放香珠草茁芽，果然春色最仙家。恰聽松竹勝韶管，適可琴書悦歲華。蜀紙再臨春日帖，越甌一試雨前茶。駐年要識無常住，次第花櫺旭影斜。

御製新春補桐書屋詩丁卯　嘉宴錫遠人，翠罕駐西苑。光風柳外摇，春色壺中宛。徙倚憇書屋，俯仰盻雲巘。池陽氷漸脆，牆陰雪初煖。嫩莎忽已萌，生稊未能綰。孤琴何必撫，雙鶴原堪款。幾餘此静討，逸興復不淺。大哉造化功，妙矣韶華轉。

御製補桐書屋率題丁卯　温暾曉日一窗紅，窗下工夫想像中。昔日今時猶歷歷，補桐書屋自雙桐。枯枝早是中琴材，新幹扶疎翠影堆。净几明窗新得句，肯教虚度此頻來。石門松影鬱蕭森，書室三楹倚碧岑。階下淙淙鳴曲注，朱弦不奏亦琴心。

御製補桐書屋作己巳　書屋蕭閒研席清，嫩陽堪愛一窗明。静中底覺華年近，時聽街衢爆竹聲。松門石磴步徘徊，五色雲中望躍臺。最愛庭柯餘雪在，錯疑昨夜綻寒梅。每教舊句聯新句，可識今年卽去年。憂樂向來何處著，惟餘省歲念無遷。

御製補桐書屋作辛未　初歲喜載陽，仙壺得春早。玉梯步嶙峋，石門尋窈窈。芸齋小留憩，琴音和春鳥。風竹動琅玕，雪梅綴珠藻。契理獨忘言，佩文因味道。

御製補桐書屋詩甲戌　假山疊磴窈而深，四壁琴書翰墨林。俯仰箇中猶故我，補來桐樹已成陰。

御製補桐書屋詩乙亥　倚巖書屋灑然清，簾上韶光泛額旌。幾暇悦心古圖史，新春行樂小蓬瀛。墨壺琴薦相前後，舊詠新裁自品評。静聽市聲真富庶，幾多返樸厪予情。

御製補桐書屋詩丙子　詰曲玲瓏石逕深，每來端是稱予心。新枝萋菶待三月，舊樹風華在四琴。題壁詩成今續昔，開函書展昔猶今。窗前正作紛糅勢，却爲農祥喜不禁。

御製補桐書屋題四琴之作戊辰　舊桐已枯，命工斵爲四琴，名之曰：「瀛蓬仙籟」、「湘江秋碧」、「皋禽霜唳」、「雲海移情」。既成，匣而藏之，仍置補桐書屋中。徘徊感舊，輒以命篇。愛爾特生質，成琴亦足豪。七條龍在軫，四美友成曹。非爨休成蔡，有弦何礙陶。卽看題句者，兩鬢點霜毛。

御製四琴詩乙丑　瀛臺補桐書屋所餘老桐，因循復枯，惜其材，製爲四琴，各錫之名，而題以詩。瀛蓬仙籟弱水湯茫不可極，有山三點突焦墨。齊人擘腕徒相憶，中多不死森森植。不爲爨下爲牖北，無絃亦可鳴以默。静好天然中繩尺，鳳嗉玉軫太古式。偈演無生仙籟旻，比邱得道山叟寂。補桐主人餘結習，枯榮入目迷五色。湘江秋碧不解攫醳解琴意，七絃挂壁何不可。暉十有三丁晨星，導和理性圖書左。湘江夜月來水仙，窗映飄簫緑陰鎖。何須鳴玉覔金儒，愛渠亦復周旋我。皋禽霜唳招鶴棲桐桐卽鶴，斵桐肖鶴鶴卽桐。幻哉今昔今原昔，是一是二將無同。龍齦鳳額渾餘事，春風秋月何怱怱。雲海移情補桐時節桐森森，因風常作太古音。曾不數年鄰死灰，當前枯菀同陶陰。底俟爲薪識偉物，雷霄裁作氷絃琴。成連古有今則無，移情詎必雲海深。棐几高張殿閣涼，南風一曲渺予心。

其東至聯曰：「摩空野鶴養真性，遶壑風泉清道心」。西室聯曰：「清陰欲凌霄漢上，遠意自在山水間」。北向者爲隨安室，聯曰：「柳陰分緑籠琴几，花片飛紅入鏡屏。」

御製題瀛臺隨安室詩辛酉　書室依林俯碧瀾，文窗紗緑稱遐觀。庭虚松柏泛清籟，坐久衣裳生峭寒。觸目有懷皆遠俗，忘言何處不隨安。爐烟晝永禽魚適，長嘯一聲天地寬。

又折而東，山逕間爲待月軒。軒南有海神祠，軒北有亭，亭西爲鏡光亭，東爲牣魚亭。循綺思樓而西，山上有臺，匾曰：「八音克諧」。稍北爲長春書屋，聯曰：「松烟銜翠幄，雲逕繞花源。」屋後小室曰「漱芳潤」，聯曰：「勝地尚傳詩句在，好山合作畫圖看。」其内奥室，聯曰：「悟物思遥託，悦心非外求。」

御製賦得漱芳潤詩庚辰　窈窕雲廊轉，邃清芸閣通。經書趣有永，翰墨樂無窮。潤發心源濬，芳含意蕊融。集虚原踐實，釋躁匪談空。浴德期瀸漬，研精勉擴充。詎惟資藻句，二典企欽崇。

由長春書屋而西，臨池有亭三楹，匾曰：「懷抱爽」。左右山石間，有劍石二，上刻「插笏」二字，亦御筆也。

瀛臺之南，隔池相對爲寶月樓。液池南岸向無殿宇，乾隆戊寅建樓於此。北與瀛臺相對，南臨皇城，俯見長安西街。朝騎樓廣七楹，樓上匾曰：「仰觀俯察」，聯曰：「佳興四時，同圖呈苑裏；清光千里，共鑑徹池心。」樓下東室北間匾曰「錯繡」，曰「卷綃」，聯曰：「雲容水態從頭會，秋月春風取次拈。」又曰：「玉宇近高寒，欄憑十二；慶霄增朗徹，界俯三千。」又曰：「烟雲舒卷攬勝賞，松石古澹怡遠情。」南室匾曰「芳援」，曰「玉萃」，聯曰：「雲斂琳霄目因迥，水澄蘭沼意俱深。」又曰：「寫影水中央，萬川同印；澄輝天尺五，一鏡常懸。」又曰：「風物似登瀛，景呈瑤島；雲山疑罨畫，影漾金波。」

御製寶月樓記　文有神會，落筆可以千言；興有時來，待機不妨數歲。寶月樓記之作，遲速蓋有如是。寶月樓者，介於瀛臺南岸適中，北對迎薰亭。亭與臺皆勝國遺址，歲時修葺增減，無大營造。顧液池南岸，逼近皇城，長以二百丈計，濶以四丈計，地既狹，前朝未置宮室。每臨臺南望，嫌其直長，鮮屏蔽，則命奉宸既景既相，約之椓之。鳩工戊寅之春，落成是歲之秋。久欲爲記，輒以片時來往，率卽成詠罷輟。茲始敍而記之。蓋茲樓之經始也，擬以三層，既覺太侈，則減其一。延不過七間，袤不過二丈。據岸者十之四，據池者百之一。池不覺其窄，岸不覺其長。拾級而登，布席而坐，則雲閣瓊臺，詭峯古槐，峭蒨巉巖，聳翠流丹，若三壺之隱現於鏡海雲天者，北眺之勝概也。憑窗下視，迥出皇城，三市五都，隱賑縱橫，賈貿墆鬻，列隧百重，華蓋珂馬，劍珮簪纓，撫茲繁庶，益切保泰與持盈，此則南臨之所會也。於東則紫禁紫微，左廟右社，規天矩地，因上因下，授時順鄉，玉堂金馬，慚茅茨於有虞，法卑室乎大夏。奉此宮室，每同漢文恐羞之誠也。而其西則西山起伏連延，朝嵐夕靄，氣象萬千。春雨沐而農興，秋霜落而林殷，是又神皋繡壤，下視三都與兩京也。樓之義無窮，而獨名之曰「寶月」者，池與月適當其前，抑亦有肖乎廣寒之庭也。夫人之爲記者，或欣然於所得。而予之爲記常若自訟，是宜已，而不已，予亦不知其何情也！系以辭曰：「樓之聳惕，居高以悚。樓之廓坦，吾心以樂。樂與民同，悚勵己恭。樂不忘悚，樂斯益永。謂悚匪樂，悚不可藥。摛辭壁間，因識意之所存。」

御製題寶月樓詩己卯　南岸嫌長因搆樓，樓臨直北望瀛洲。一泓水鏡呈當面，滿魄冰輪映舉頭。金掌夜盤流沆瀣，玉街晨珮響琳球。康家佳句誰能繼，處上常殷保泰謀。

御製登寶月樓詩庚辰　聳出宮城五色雲，皇都佳氣郁氤氳。居中攬外襟懷暢，擊轂摩肩職植殷。正看銀屏當七日，且遲玉鏡與平分。近臣惟是知有喜，那識持盈一念勤。

御製題寶月樓詩庚辰　四時寶月最春秋，秋較春還勝一籌。看桂勝於看梅冷，對晨饒却對宵留。有雲亦爲管弦避，便夕那資燈火稠。韻語更因思白傅，可能到此不登樓。

御製寶月樓詩庚辰　輕舟遮莫岸邊維，衣染荷香坐片時。葉嶼花臺雲錦錯，廣寒乍擬是瑤池。

御製登寶月樓詩庚辰　樹古延飔爽，荷香淨露晨。艤舟登寶月，拾級俯銀淪。首善皇都地，興賢蕊榜辰。天街珂馬客，甫纔退朝人。

御製寶月樓題句辛巳　東北風吹律應條，密雲微雪灑崇朝。冰牀碾玉雙輪朗，月閣梯霞百級超。勝啟瑶筐逮人日，燈懸松棟迓元宵。御園烟火常年例，分付高樓自慶霄。

國朝宮史卷之十五

宮殿五

西苑中

由仁曜門折而東，沿隄過崑崙石渡橋，橋上有亭曰「垂虹」。又沿隄東南一亭，臨水，曰「俯清泚」。稍北爲淑清院，院建池中，漣漪倒影，楝宇浮碧。御書匾曰：「水流雲在」。

御製淑清院見桃花始開，泛杯有作壬戌　琤琮韻裏繁枝斜，纔苞錦纈遲蒸霞。如是色聲堪静悟，不必能聽倩緑芭。峭寒尚切披香殿，青韶却讓淑清院。天公濯垢認三生，今朝却見春風面。

御製淑清院詩庚午　石徑度流泉，奇探小有天。樹垂冰作雨，砌暖玉生烟。屈膝紅牆遶，蜵蜎紫閣連。不如深翠處，精舍足幽偏。

御製冬日淑清院詩丙子　小陽節氣喜暄妍，深峭通幽曲徑穿。涑水落崖皆玉立，假山閱歲似天然。底須桃李芳争艷，獨愛松筠秀且娟。又是年來冬景矣，冰牀早候柳隄邊。

御製淑清院詩戊寅　地是勝朝地，名傳昭代名。假山如太古，活水似横庚。愛聽禽音淑，閒看花氣清。玩辭知取義，仰見聖人情。

御製新春淑清院詩庚辰　西苑筵開惠遠人，需傳外辦且逡巡。石泉益峭緣經雪，竹柏雖蒼解媚春。趁暇仙壺聊悦目，聞韶翰席越怡神。土膏香潤向陽草，念到農田慰是真。

御製淑清院詩辛巳　積素在喬松，融落如細雨。得徑詰曲叢，攬景神仙所。飛泉不計寒，帶冰濺石嶼。春物雖未昌，春意實已鼓。散步淑清間，日月緬上古。

御製淑清院詩辛巳　金碧樓臺瓊島望，淑清山水瀑簾聞。一般都是勝朝蹟，奢儉之間異所欣。

御製淑清院詩辛巳　朝罷乘凉御苑歸，淑清咫尺换朝衣。假山古即真仙境，松籟生寒翠十圍。石罅淙泉聲益壯，竹梢滴露翠猶深。卅年前此徜徉者，迴憶原無此日心。

院東北隔水有室，南向，聖祖仁皇帝御筆匾曰：「葆光」。

御製葆光室詩戊寅　假山閲世如太古，穿幽乃造十笏所。上有詭石聳雲根，下有渫泉淙神乳。注焉不竭酌不窮，兩字葆光威鳳舞。羹牆宛憶神堯年，艾蓬誰究蒙莊語。

院左渡小橋，有堂三楹，舊爲「蓬瀛在望」。乾隆己卯，平定回部捷音甫至，適江右大吏以臨江新獲周鎛鐘十一枚上於朝。功成作樂，瑞器斯出，天人孚應之理，有如此者。上考定爲鎛鐘，貯之堂内，易名「韻古」，爲文以記之。

御製韻古堂記 韻古堂因何而作也？曰：用舊堂而易以新名，是易也，非作也。然則因何而易也？曰：以獲古鎛鐘，貯之斯堂，易其名，亦可云作也。鐘之出，以臨江牧者物色坡陀間，掘地而得古鐘十一。地方大吏以聞，傳至闕下，辨其名，知爲周時所鑄，是宜羶薌其事而爲之記也。堂在淑清院，南臨液池，可望瀛臺，故舊名曰「蓬瀛在望」。而今易之爲「韻古」也。蓋自黄帝命伶倫與榮將鑄十二鐘以和五音，是鐘之於樂爲最古。黄鐘而下，三分損益，上下遞生。黄鐘定而八音六律無不定，以立均出度，紀之以三，平之以六，成於十二，以爲萬事根本。故帝王制禮作樂，莫不以是爲棘。或曰：鎛鐘大小殊，編鐘大小同，其説如何？律鐘之説又如何？曰：八音無非律，磬亦律磬，琴亦律琴，其他諸樂，無不皆然，獨鐘云乎哉？然金聲而玉振之，金爲始，故曰：律鐘。非編鎛之外别有所爲律鐘也。云有律鐘者，篤古泥而不知音者也。鎛鐘大小殊而厚薄同，編鐘大小同而厚薄殊，其不同者，正所謂同也。且如排簫長短殊而一孔，長簫一器而六孔。長簫、編鐘之説也，排簫、鎛鐘之説也。故鎛鐘、排簫先出，而編鐘、長簫後出，此首創質朴、椎輪大輅之義也。律應十二，鐘缺其一，爲補成之，以全厥初也。聆其聲，頗不合於今律，則以古器經久而移其本音，古人論之詳也。我聖祖心天之心，政古之政，親考律吕，正齊量，無不大當。而獨未及鎛鐘者，豈以時將有待，故引而未發耶？今既得古鎛鐘於西師奏凱之時，則闡前開後，備八音之正撰，垂一代之鴻規，在此時乎！在此時乎！故因記韻古堂而申其義如此也。

左側垣門，石刻「曲澗浮花」四字，爲聖祖仁皇帝御筆。門東巖壑窈窕，林樹深幽，有飛泉瀑布下注池中，流繞細渠，屈曲穿石間。中爲流杯亭，榜曰「流水音」，聯曰：「積素墜枝全作雨，懸流落澗半成冰。」皆御筆。

御製過「曲澗花香」，遊流杯亭、日知閣諸勝詩樂善堂集　西苑曠且奥，肇自明代作。瓊華萬玉堆，太液千夫鑿。平地起蓬瀛，城市而林壑。松篁幾百年，參天秀崖崿。秋深鴻雁鳴，春暖桃李灼。肅廟求神仙，林亭更開拓。方士朝扶鸞，虚皇夜飛鶴。丞相冠蓮花，將軍赤符縛。雞犬倏已昇，殿宇還如昨。　盛朝建邦畿，舊制因城郭。何獨廢西苑，姑亦存其畧。高居非昔比，偶，幸行宫若。雍正二年夏，承恩開講幕。避暑供遊息，勝迹頻探索。湛湛芳草青，潑潑遊魚躍。葱葱梧桐枝，爛爛蓮花萼。或宴水雲榭，佳景開芳酌。或賦迎薫亭，妙句隨興落。師友得從容，昆弟善笑謔。是秋獮塞北，奇峯峭天削。回思此間山，宛似日出爝。因緣不復至，撫景懷佳約。時過玉蝀橋，波光含漠漠。烟際辨樓臺，松竹紛竽籥。彈指十年間，何異風鳴鐸。前日重來遊，未能窮其樂。遥矚淑清院，凍片不可泊。今朝好風景，遲日中天爚。步自瀛臺橋，踏冰行蹻蹻。乾蘆尋曲徑，虚殿開金鑰。穿雲洞户深，步石川梁迮。乃知洞裏天，自與尋常各。冬深景寂寞，翠剩琅玕籜。閒坐流杯亭，更登日知閣。會心濠濮間，呼朋嗒然噱。其北乃假山，巉巖何磊硌。攀緣徑絶處，深澗戲騰踔。時我徑過之，我童猶畏却。其上掛瀑布，結搆儼廬霍。飛沫雜冰流，玉牙排斷齶。其他乃不凍，疑有馮夷託。當年觀魚亭，塵土生珠箔。歸鞍適然返，聊爾何住著。我聞山水緣，好者不爲惡。何必買山錢，底須蠟芒屩。前居水中萍，兹遊林裏雀。異日得清暇，還教度略彴。

御製題瀛臺流杯亭詩甲子　憑欄俯碧流，佳景喜相酬。素色因心净，清音與耳謀。仙人捧醇酎，春鳥弄箜篌。惡旨思前戒，盈科悟進修。

御製燕九日游瀛臺淑清院、流杯亭諸勝詩丙寅　青陽過月望，谷風習以暄。林鳥有佳音，勝地無俗緣。初正多清暇，禁囿滋韶妍。淑清巒谷幽，一徑引壺天。其潭冬不氷，飛泉墜潨然。泉石相激越，齒齒玉在懸。入池原卽水，誰信履霜堅。覩兹變幻奇，使我心神躅。脩禊事尚遥，漫學永和年。虚亭但少憩，坐望孤松巔。短牆接曲隄，冰牀猶可前。渡彼琉璃浦，來此蓬萊山。樓閣五雲中，鸞鶴三珠間。猶愛書室清，補桐我所顔。几席無塵氛，琴書與静便。花櫺蕩晴暉，坐久覺旋遷。閒聽九市中，爆竹餘聲喧。歲華昔者誰，皇州景物繁。百年被熙和，因思保泰難。此日燕九日，白雲盛事傳。邈彼鳳城外，車馬紛溢填。松月忽入懷，十笏儼大千。物物皆通密，與我相周旋。

御製題瀛臺流杯亭瀑布水詩壬戌　戛玉復摐金，飛流下十尋。迴波能送酒，緩溜似調琴。信可蘭亭樂，依然濠濮心。何須覓蓬閬，城市有山林。

御製淑清院流杯亭作乙丑　跳波下懸崖，入池徐涎瀠。轇轕蔭虬枝，泉石含淑清。四柱架牝壑，流杯學蘭亭。是處萬景全，結搆如天成。朱明鏡無暑，玄冥澗不氷。偶來對清泚，翠蹕輒爲停。匪騁浮觴歡，聊結樂水情。

由亭北水中步石而度，爲素尚齋。

御製素尚齋詩丙子　瀛臺金碧輝，淑清泉石邃。泉石大家四，金碧將軍二。畫品有定評，奚煩重致議。所以臨西苑，淑清必一至。倚巖架樸斵，古樹圍蓊萃。迸水流不氷，詭峯飛欲墜。齋名取山莊，敬識聖人意。崇情返樸真，澆習防浮僞。兩言契葛亮，六策懷賈誼。用當座右銘，浴德期純粹。

御製素尚齋詩己卯　樸斲冠峥嶸，雲窗幽且明。琴書無不備，几研有餘清。春夏秋冬景，飛潛動植情。於斯設絜矩，吾獨取匡衡。

御製素尚齋詩己卯　樸棁曾非藻，幽齋雅欲仙。松間覓雲徑，石罅盼壺天。雨足花噴麝，風過鳥遞絃。愁中久拋置，今得稍周旋。

御製戲題素尚齋詩庚辰　密雲拖雨興，剛罷視朝曾。可以換端冕，聊因攀蔓藤。丹梯耐幽賞，白屋合芳稱。屢著山龍入，顧言底是能。

御製素尚齋小憩詩庚辰　臚傳蕆鴻儀，夏清詢慈履。於焉返御園，更衣取便邇。黼芾入山林，笑未能免矣。雨後峭蒨佳，石激聲更美。書堂棲嵚崎，素尚宗堯旨。西苑及仙莊，何必分彼此。怡神既遠塵，得句亦戒綺。士習與文風，斯之繫深企。

齋西步石級而下，有室，御筆匾曰：「得靜便」，聯曰：「境詣幽惟却藻繢，水澄波處養天真。」齋東堆疊奇石，雜植疎篁，爲茂林脩竹、清流激湍之觀。石上鐫御筆曰「紫雲」，曰「奪造化功」。向南有室，聖祖仁皇帝御筆匾曰：「賞脩竹」。左右曲廊，駕水環繞而下，御筆匾廊間曰：「響雪」，聯曰：「庭竹張真畫，階泉滴暗琴。」

御製響雪廊詩戊寅　曲廊曼接千尺雪，淅淅常聞響碎霙。體物既堪方靜色，忘懷雅合晤清聲。

其東南層巒磊砢，飛瀑下注，匯而爲池，仿佛吴中寒山千尺雪。作室其上，南向，匾曰：「千尺雪」。室内左右有門，匾曰「凝華」，曰「流靄」，聯曰：「書遇會心皆可讀，泉能觸慮劇堪聽。」

御製千尺雪詩癸酉　吴下寒山愛佳名，熱河田盤率倣作。松濤泉籟或仿佛，路遥豈得常憑託。咫尺西苑傳春明，結搆頗具林澗樂。四百餘年樹石古，峭蒨信佳究穿鑿。我書二字題簷端，亦有雪花拂簷落。揣稱終疑未恰當，雪後今來一斟酌。人之稱也徒彼哉，天之然兮誰此若。

御製題瀛臺千尺雪詩癸酉　雨後瀑聲鼓舞石，春深波影湧沉花。竹爐茗盌渾堪試，内苑吴山本一家。

御製千尺雪詩甲戌　借問真佳處，端惟心暢時。瀑聲新雨壯，夏日小年遲。茗盌原堪瀹，縑圖偶慢披。神游三即一，區别亦奚爲。

御製題千尺雪詩乙亥　假山皴石黛，迸水噴氷花。小擬吴中雪，兼陳惠上茶。畫情饒是秀，春物盎惟嘉。研淨甌香處，心田沃道芽。

御製千尺雪詩丙子　新年行樂小蓬瀛，泉石天然愛淑清。水閣向稱千尺雪，春朝喜值六花霙。迷離上下噴珠玉，應答琤琮奏管笙。遲却寒山素梅約，長官防誤恤民情。

御製千尺雪作戊寅　懸流無定態，千尺假名諸。趁便來春曉，偏宜是雪餘。隔松看凍鶴，躍藻出飛魚。亦識綺言戒，其如景起予。

御製千尺雪詩戊寅　飛流不計尺，計尺謾名千。聲是無聲界，色非有色天。淙篁五音和，漱石六花濺。客歲寒山畔，牽情屬偶然。

御製千尺雪詩己卯　寒山憶昔曾題句，臨瀑三間教仿爲。清暇偶來參耳觀，原同聽雪閣聽時。

御製千尺雪詩庚辰　信有仙家縮地方，松泉呼欲出宧光。楣間底藉題千尺，倚檻常欣滿意涼。

御製千尺雪詩辛巳　引流亦藉天然勢，雨後峥嶸落激湍。底識不辜盛名處，坐來六月却生寒。

又東爲魚樂亭，中横石刻，御書曰：「箇中自有玉壺冰」。

御製魚樂亭詩己卯　禽去絶駭鷩，漲生任潛躍。豈必藉濠梁，今來識魚樂。

循池岸折而南，爲日知閣。閣建石梁上，下爲水閘。太液池水從此出，達於織女橋者也。榜爲聖祖仁皇帝御書。閣内御筆扁曰：「漱玉飛珠」，聯曰：「秋月春風常得句，山容水態自成圖。」

御製日知閣詩己卯　閣據飛淙表，璇題號日知。機參賢者語，情見聖人辭。既凜無忘義，又如默識時。曩予成薈記，自審每慚斯。

閣後左門穿石洞而東南，爲春及軒。

御製春及軒詩己卯　山複水之涯，苔蘇柳已絲。熙春及節句，觸目會心時。念彼西疇事，厪吾東作思。英英常薈蔚，膏雨願如期。

軒左爲交蘆館。

御製交蘆館詩戊寅　屧窗恰對玲瓏壁，游目通明俯碧湖。鷗鷺菰蒲都自在，便因相見悟交蘆。

御製交蘆館詩庚辰　蒼蒼中若有人伊，偶值憑窗亦玩之。春去秋來一何似，此蘆纔倒彼蘆搘。

又左爲芸齋。

御製芸齋詩己卯　古芸馡馥小窗明，研淨甌閒道趣生。曾是少年績學處，祇慚兩字曰躬行。

由芸齋折而稍南，爲賓竹室。室内聯曰：「自是林泉多藴藉，依然書史得周旋。」

御製賓竹室詩丙子　月下檀欒影，風前淅颯聲。籦兮吹汝和，夷也聖之清。等度真瀟灑，安排豈城平。便應延入幕，□底鎮南榮。

御製賓竹室詩己卯　風颯與烟凝，相看總絶勝。高低均致遠，疎密自分層。翰墨延嘉客，松梅結古朋。琅玕成實後，惟待下金鵬。

室南爲蕉雨軒。聯曰：「春泉石罅淙聲細，新竹風前弄影娑。」

御製蕉雨軒詩戊寅　十笏幽居益灑然，軸蕉簪石小庭前。臨窗恰稱聽春雨，萬琲驪珠摐緑天。

又南，有樓三層，北向臨水，曰雲繪樓。聯曰：「道堪因契真佳矣，畫豈能工有是夫。」又曰：「衆皺峯如能變化，太空雲與作沉浮。」

御製雲繪樓詩庚辰　棣通景物鬬韻妍，又見魚鱗皴遠天。水墨丹青争獻技，東皇寧許一家傳。

樓西有室，匾曰：「韻磬」。

御製韻磬居詩辛巳　風水相呑吐，磬聲出碧粼。自成宫與角，底辨主和賓。似矣彭蠡口，居然泗水濱。東坡笑李渤，蓋是特欺人。

又折而西南，爲清音閣。聯曰：「宫商之外有神解，律吕以來無是過。」閣與雲繪樓上下俱相通，有門曰印月。門外東南則船塢也。

由清音閣沿隄而南，土山隆起，山嶺有門三楹，北向。入門，崇基二層，上爲同豫軒。軒廣五楹，其西與寶月樓相望。其東室聯曰：「魚躍鳶飛參物理，耕田鑿井樂民和。」内有一室，匾曰「大圓鏡」，曰「小方壺」。聯曰：「夏屋暢清吟，風篁半嶺；春城通曉望，烟樹萬家。」其西室聯曰：「麗日和風春澹蕩，花香鳥語物昭蘇。」

御製同豫軒得句丁丑　因迴爲高得軒榭，扆窗俯處見閭閻。對時育物恒關切，士習民風藉驗覘。春色滿皇州入詠，後樂以天下同忺。心殷保泰戒鳴豫，周易分明注福謙。

御製同豫軒得句丁丑　太和詰旦御臚傳，西苑更衣取静便。雨後峯姿都沃若，風前竹韻特悠然。窗臨闤闠民藏富，治協剛柔志體乾。同豫端知在時若，敢因怡肆益因虔。

御製題同豫軒詩庚辰　在卦坤遇震，德爲順以動。利建侯行師，其説備周孔。此軒雖舊搆，此義實常竦。作樂崇顯承，清刑服林總。鳴凶有必吝，介吉無慮恐。盱視遲則悔，大得朋接踵。貞疾蒙業安，成渝致戒重。六爻旁通情，大易寧鑿空。於焉觀玩辭，如弗勝洞洞。傳詎藉田丁，策如讀晁董。庭前植碧梧，吾將企萋菶。

御製上巳日同豫軒作詩庚辰　西苑將凱宴，南軒先憩駕。正逢祓除節，韶光藹相迓。

紅紫入花徑，葱蒨籠巖樹。同豫信同豫，耆定籌邊罷。然予敢肆志，敬怠不少借。高謝晉永和，寧云關治化。

軒後左右，複道歷級而上，爲鑑古堂。西室聯曰：「心觸清機□翰墨，目遊潤景足精神。」

御製鑑古堂詩戊寅 壁號圖書聚，筳惟翰墨攤。常懷三鑑對，寧棘一身安。無逸凜明訓，與稽愜古歡。顧名思義處，所愧是貞觀。

軒左右各有別室。左室曰「香遠」，聯曰：「鳶飛魚躍天機錦，秋月春風大塊章。」

御製香遠室詩庚辰 可遠觀猶不可親，色香一例淨無塵。山陰鏡裏如相訪，髣髴其人是賀循。

右室曰「静柯」，聯曰：「會心多野趣，契理謝言詮。」

御製静柯室詩己卯 書室瀟然號静柯，喬枝窗外自婆娑。驀思庾信方點筆，興寄東陽得幾多。

御製静柯室詩庚辰 古樹扶疎户外羅，春風秋月鎮婆娑。漆園未晤知魚者，祇道無端静在柯。

香遠室之西有静室，榜曰「自在觀」。山下有室，榜曰「鷺濤」，皆御筆也。

由仁曜門而西，有屋數楹，爲聖祖仁皇帝養蠶之所。又西有橋，建亭其上，榜爲「結秀亭」。

御製結秀亭詩戊寅　亭臨七月驗豳風，鋤雨犁雲凭覽中。環秀當年定遠近，劭農今古意還同。

亭西爲豐澤園，向南，門五楹。門外一水横帶，前有稻畦數畝，聖祖仁皇帝每親臨勸相。世宗憲皇帝歲耕耤田，先期演耕於此。我皇上勤民務本，舉行舊典，歲以爲常。

御製豐澤園記　西苑宫室，皆因元明舊址，惟豐澤園爲康熙間新建之所。自勤政殿西行，過小屋數間，蓋皇祖養蠶處也。復西行，歷稻畦數畝，折而北，則爲豐澤園。園内殿宇，制度惟樸，不尚華麗。園後種桑十株，聞之老監云，皇祖萬幾餘暇，則於此勸課農桑，或親御耒耜。逮我皇父纘承丕業，敬天法祖，世德作求。數年以來，屢行親耕之禮，皆豫演禮於此。乃知聖聖同規，敦本重農，用躋天下於熙皥之盛。若瀛臺之建於有明，飛閣丹樓，輝煌金碧，較之此園，固爲美觀。而極土木之功，無益於國計民生，識者鄙之。行一事而合於天心，建一園而合於民情，身率先而天下丕變，吾於是乎知皇祖、皇父之爲首出之聖也。

御製仲春上幸豐澤園演耕耤禮，上躬四推，命臣等終畝。恭擬應制十韻詩樂善堂集

大地陽和淑景韶，潛蘇土脈應風條。洪鈞普扇百昌序，大造均舒萬物調。翠輦臨耕旗閃爍，金輿載駕玉鏤雕。行行西苑停鑾輅，泛泛天池盪畫橈。帝耒四推膏壤沃，皇躬一撥甫田遥。先期已見寅恭懋，終畝還思教澤饒。種布期生連理穗，壟開願長九岐苗。追思聖祖觀耕地，却值吾皇演禮朝。豐稔歲功九道遍，太和景象萬方昭。放勳久頌堯功茂，協帝重瞻舜德超。

御製豐澤園演耕耤禮詩甲子　千畝將臨耤，三推豫習耕。脈膏方起動，節序過清明。禮以勤農重，詩因觸念成。猶思終畝教，望歲倍關情。

御製豐澤園演耕耤禮詩乙丑　撫時維盎鬯，覛土已滋融。舉趾良辰合，習儀舊制同。嘉生分稌黍，公畝正南東。祇盼盈疇緑，何心夾岸紅。率先循聖教，懷永切微衷。念彼服田者，艱哉一歲中。溺飢常在抱，勤勩敢辭躬。痌瘝無他願，祈天綏我豐。

御製豐澤園演耕詩丁卯　霽靄光烟向遠低，演耕豐澤趯臺西。今年却先春三月，前日欣瞻雨一犁。緬想芳型農重也，仰承渥澤志欽兮。上林太液增新景，黛耜青箱湊好題。

御製豐澤園嘉穀既穫，命大學士、九卿觀之，兼成近體八韻詩丁卯　我皇祖以農桑

爲重，於瀛臺之西別建一園，黍高稻下，左右區分，蠶屋桑疇，後先相望。驗田功而重本計，貽訓良深。皇考年舉耤田之禮，每先期演耕於此。予小子仰聖蹤之同揆，其敢弗複？茲當萬寶告成之際，王畿遍覽而旋，越我弄田，亦登嘉穀。對時有喜，點筆成章。

較晴量雨一年中，家法釐農聖聖同。倬彼公田經舜步，欽茲本務對豳風。三春於是青箱播，九夏曾看玉穟芃。實好實堅欣始遇，維穈維芑類皆充。莖莖尺穗真希見，顆顆圓璣允化工。快目稍酬祈國志，因心敢懈凛淵衷。勤耕時溉兼逢歲，山左江南可遍豐。鷺序傳觀休進頌，先憂後樂事何窮。

御製豐澤園演耕詩己巳　帝耤耕將舉，苑卿甸早治。多因重稼穡，詎止習威儀。沃壤南東矣，新犁往復之。烏鳴春欲半，蠖屈土全滋。農父荷鋤立，親藩布種隨。渰雲欣有渰，膏澤被無私。每以試耕日，頻思觀禮時。豳郊宛在目，不必詠周詩。

御製經略大學士、忠勇公傅恒奏凱金川，率領諸將士還朝，錫宴豐澤園，周昭飲至之典。即席得長律一首己巳　卡撒功成振旅歸，昇平凱宴麗晴暉。兩階干羽欽虞典，六律宮商奏采薇。湛露應教頒幕殿，甘膏更慶遍春畿。持盈保泰咨同德，偃武修文凛勅幾。

御製豐澤園宴準噶爾夷使詩庚午　光春嘉宴液池頭，席幕高張愷澤流。小部魚龍陳角觝，遠方玉帛逮渠搜。薄來厚往遵經訓，戢武安邊表大猷。瑞雪應時晴更好，午曒意似爲人留。

御製豐澤園賜外藩小宴詩辛未　高張黄幕斎雲垂，珀色流霞泛紫卮。我謂嘉賓漫矜式，羣稱屬國奉威儀。零陵琯玉調雙鳳，少海驪珠燦九枝。行慶發祥同宴衎，一家中外保雍熙。

御製豐澤園演耕詩壬申　春暮西園屆演耕，土膏動處物勾萌。勤農知稼承家法，謏擬惟循典故行。夜雨雖微足浥塵，潤含烟柳緑絲新。西山又見英英吐，優澤惟期遠近匀。太液東風送畫船，到來京兆奉絲鞭。盛儀略較農壇殺，漢典由來有弄田。農衣農具錯綜陳，意在毋忘農苦辛。瞥眼迴思成隔歲，昨年江國爲觀民。

御製豐澤園演耕詩癸酉　耕耤前辰例演耕，無非民事廑躬行。仗排上苑春風麗，土潤新犁時雨晴。種佈從教付林監，耒陳不必命農卿。憲皇家法過周制，肯播伊予敢懈誠。

御製豐澤園詩丙子　軃軛氷牀度，因臨豐澤園。試耕還有待，問景略堪存。竹重琅玕節，麥培餅餌根。閭閻增富庶，未可禁人喧。

御製豐澤園演耕詩戊寅　豐澤春犁習，良規聖考留。那忘隨種日，忽作教耕秋。無逸聽聽訓，知艱慎率猷。隴頭偶迴顧，殊似服先疇。

御製豐澤園演耕詩己卯　歲舉何須習，由來爲重農。聖人家法示，吉亥祭期逢。雖弄田惟敬，不衡畝自從。所希膏澤溥，寰宇兆崇墉。

御製新春豐澤園詩庚辰　今春豐澤真豐澤，珠有光輝玉有烟。潤蔚千塍物勾甲，融調太蔟氣規圜。柳絲積素消垂雨，簷筯條氷化滴泉。亟待西來新使到，蓼蕭好與荅韶年。

御製豐澤園詩庚辰　黍高稻下總登場，豐澤今秋實倍常。九穗雙岐漫來獻，四方普熟是真祥。

御製豐澤園小憩詩辛巳　樸斲先朝制，劭農今日同。若時真是澤，未穫敢言豐。惟此勤民計，無他廑我衷。曉涼復餘暇，暫憩瑞雲叢。

御製豐澤園得句辛巳　曲宴諸藩候巳牌，晨閒問景液池涯。最欣素積喬松頂，已有青迴嫩草荄。菜町竹籬堪學圃，窗明几淨擬蕭齋。迎眸潤意開韶月，豐澤今年兆實佳。

入園門爲惇敍殿。殿舊名「崇雅」，乾隆壬戌仲秋宴王公宗室於此，聯句賦詩，賞錫歡宴，因移「崇雅」額於别殿，易名「惇敍」。殿内匾曰：「睦親九族」，聯曰：「彝訓念貽謀，本支百世；仙源長篤慶，華萼一堂。」又曰：「玉水涵波遠，瓊林浥露榮。」皆御筆也。

御製惇敍殿柏梁體聯句詩序　乾隆丙寅秋八月，式宴王公、宗室於瀛臺之惇敍殿，法皇祖也。惟時朕諸叔父列王爵者四人，皇弟封王者二人，皇子三人，宗室王公有爵者三十二人。念我羣從子姪孫姓之同出自皇祖者，或俟封或爵不至與宴之例，十年以來未舉和會之典，親親之誼疎焉，則亦命入今日之座，凡六十有二人，其以事故是日未至者復五十餘人。於戲！自黃虞以來，有大德者之得其位、得其祿、得其名，壽如我皇祖者其誰耶？卽子孫之繁衍，雖文王不得尚之，使目前之振振揖揖，皇祖、皇考式臨式憑，予與諸弟兄子姪孫姓稱觴獻壽於其間，其愉悅鼓舞，又當何如。歡極而戚，固情之所必至也。然今日之宴會，我皇祖、皇考實式臨之，實式憑之。諸伯叔父自當以予言爲不謬也，則又灑然以怡焉。昔漢武帝柏梁之宴，同姓者惟梁王武及宗正安國而已，其餘皆羣臣，然尚以此留詩。唐明皇改「集仙館」爲「集賢」，籲俊之義尚矣。而周親未與，亦闕典也。朕今易「崇雅」爲「惇敍」，以紀今日之事，復倡爲首句，以俟衆作之成。凡今茲之掞藻得句者，皆我皇祖、皇考遺教之所垂也，又何必舉金谷之例乎？

御製惇敍堂詩丙子　惇敍名堂始自予，每來欲去且徐徐。齊家治國從來重，木本水源未可疎。瓊壁聯吟七字在，錦筵回首十年餘。會當歲美還幾暇，行葦和歡更繼初。

其東爲菊香書屋。殿後曰「澄懷堂」，榜爲聖祖仁皇帝御筆。康熙初年，詞臣常於此進講。堂内匾曰：「觀衆妙」，聯曰：「心田喜色良勝玉，鼻觀真香不數蘭。」東室聯曰：「偶在參天一，閒憑味道腴。」

御製澄懷堂詩壬戌　細草輕莎緑滿堂，荷風槐雨滿新凉。池塘瀲灔鷗朋集，簾幙蕭閒燕子翔。四壁圖書鑑今古，一庭花木驗農桑。金猊篆裊澄懷永，民事艱難子細商。

御製秋日澄懷堂詩甲子　窗納寥天此暫凭，曉烟烘翠遠峯凝。詩尋六義因心淨，懷到三秋共景澄。鱗集蓼磯欣得地，松依菊圃作佳朋。底須逸志託泉石，延爽軒墀總絶勝。

御製澄懷堂詩己卯　書堂搆豐澤，七十有餘年。佳景春光駐，聖人寶額懸。席珍常接引，義府足周旋。詎止羹牆慕，紹聞勵勉旃。

又北有樓，榜曰：「遐矚樓」，聯曰：「體物豈緣誇麗藻，撫時端藉勵雄心。」又曰：「千疊雲峯空外迥，三農雨露望中深。」樓下聯曰：「窗通碧水蒼山外，人在光風霽月間。」東室聯曰：「攬景真無盡，會心迥不同。」西室匾曰：「圖史自娱」，聯曰：「點綴雲峯留玉宇，參差水榭引朱船。」

御製遐矚樓詩辛酉　宇空千里近，樓迥一窗虚。坐久塵氛遠，曠懷寄太初。溪田圍綠野，樂事在桑麻。一幅豳風景，凭高玩歲華。涵元朔氣通，松檜鏡光中。南望仙壺景，蓬瀛不在東。雕甍煥虬龍，飛閣連雲漢。芸編散古香，樂此不知倦。林空帷乍捲，氷合鏡逾明。登覽非娛目，憑觀萬物情。

御製遐矚樓詩丙子　高樓延遠稱遐矚，詎爲憑窗萬景全。欲效重瞳思廣視，還虞一指蔽當前。

由豐澤園而西，有亭曰「荷風蕙露」。與亭相對有門，南面石刻匾曰：「静谷」，聯曰：「勝賞寄雲巖，萬象總輸奇秀；青陰留竹柏，四時不改蘢葱。」北面石刻匾曰：「雲竇」，聯曰：「月地雲階，别向華林開静境；屏山鏡水，時從芳徑探幽蹤。」入門卽爲崇雅殿。殿内東室聯曰：「乍雨乍晴春事好，宜詩宜畫物華殊。」西室聯曰：「翠合三山連閬苑，波涵一鏡儼蓬瀛。」又曰：「金猊靄入瑶編潤，玉樹花均蔀屋香。」殿後東爲静憩軒，西爲懷遠齋。又後有臺，北向臨水，榜曰：「歌舞昇平」，聯曰：「水中樓閣浮青島，天上笙歌繞碧城。」其南隔水相對爲純一齋，匾爲聖祖仁皇帝御筆。齋内聯曰：「烟景滿前供妙墨，芳洲隨處引清遊。」

御製純一齋詩己卯　過雨乘晨爽，遊園憩舊齋。卽今對景日，仍昔重農懷。綈几披芸簡，松簷仰古叙。兩言賅衆義，未易涉津涯。

庭中引水爲池，左右有廊相通。齋後修竹萬竿，其西卽春耦齋也。由德昌門折而西，有門東向，入門循山徑紆曲而南，爲春耦齋，北向，東室聯曰：「卽事既多美，託好有常因。」又曰：「曉露蘭陔外，香風禾隴間。」又曰：「心澹水木秀，興幽魚鳥同。」西室聯曰：「林薄濃陰藏別院，汀洲新水漲前津。」閣上聯曰：「縈洄水抱中和氣，平遠山如蘊藉人。」又曰：「潤挹雲霞氣，真參泉石靈。」

御製春耦齋記　語云：「周過其歷，秦不及期。」班固美其親親賢賢，固本衆建；至鄙秦以子弟爲匹夫，骨肉失藩衛，其然豈其然哉？夫秦之失，賈誼論之詳矣。闢封建之議，則莫過於柳宗元。而周之所以過其歷，後世鮮有發厥旨者。蓋自后稷、公劉，世以重農爲務，惟土物愛，知稼穡艱，至於文武成康，猶是道也。立我烝民，祈天永命，詩書所歎，略同一軌。國家龍興東海，較之周家藝荏菽、迺埸疆者固有不同。而天下初定，禮樂未遑，卽舉祈穀之祭，下力田之詔。我皇祖建此豐澤園於西苑，以劭樹藝而較晴雨。至於皇考歲舉耕耤之典，必先演耕於園北弄田，以視周家世業肯穫者有過無弗及。予小子聰聽祖考之彝訓，亦惟是無逸，作所民本食天之念，拳拳毋懈，不敢以一己之貴而忽萬姓之窮，不敢以四方之豐而忘一隅之歎。二十一年以來，此物此志也。園之内有齋，茲以「春耦」名之，而闡其說如右。石渠寶笈中舊藏唐韓滉五牛圖，農部尚書蔣溥因進其父、故大學士蔣廷錫倣項聖謨摹本，繼又得項聖謨卷。古今名蹟，一時會合，良稱藝苑勝事。夫服疇力穡，牛之資用最鉅，並貯齋中，每一展觀，如見洪縻縹鞆馴擾膏壤間。然予知依務本之意，所爲在此不在彼耳。

御製春耦齋詩丁丑 行春得餘暇，小憩臨春耦。舉趾彼尚遲，于耜吾何有。不可無此意，以身先黔首。

御製春耦齋詩丁丑 春耦鄰豐澤，田犁歲演公。代耕因展義，卽日每祈豐。暘雨今年若，黍禾夏日芃。五牛致十五，考牧可因通。

御製泛舟過御河橋至春耦齋詩戊寅 盪槳輕舟漾鏡空，石橋新葺飲長虹。芟除蘆葦滋荷芰，去惡興賢意寓中。豐澤園西池上屋，新名春耦每臨之。習耕罷固無多子，較雨量晴到此時。

御製春耦齋詩己卯 綠竹叢中詰徑幽，綺窗玉砌俯澄流。每因耕禮於時憩，試問農人得此不。寶穡綏豐真勝賞，墨林契要亦優游。齋雖老屋額新署，妙蹟爰收十五牛。

御製春耦齋漫題詩己卯 習耕罷偶憩閒齋，釦砌紗疏清且佳。念到茆簷力作者，多慚愧那更紓懷。

齋之後楹御筆榜曰：「雲木含秀」。庭際爲方池，隔池相對，有延樓數十楹，榜曰：

「聽鴻樓」，聯曰：「遠翠靄晴嵐，四山圖畫；清風生爽籟，萬竹笙竽。」東室聯曰：「烟霞表裏因心静，天水空明觸目新。」又曰：「每因物表延遥寄，似與天遊得静陶。」又曰：「風前竹韻金輕戛，石罅泉聲玉細潺。」西室匾曰：「神觀蕭爽」，聯曰：「鏡自遠塵皆入詠，物含妙理總堪尋。」

御製聽鴻樓詩丁丑　太液輕氷未解池，候惟北矣到來遲。高樓試可如斯聽，春色何妨許共知。

御製聽鴻樓詩丁丑　不必拘春不必秋，長天目送響悠悠。若於沈約詩中會，擬合更名八詠樓。

樓南，山石峭蒨，多巖洞，環以竹林，中涵小池數泓，逕路盤紆，亭榭間出。西北有小竹亭，由徑南折而東，面北爲「植秀軒」，聯曰：「幾羣鸞鶴隨吟管，四面芙蓉入緑紗。」

御製植秀軒詩丁丑　伏中移竹罷，雨後到軒初。清聽入窗牖，疏觀映砌除。寧惟將俗遠，兼可學心虚。設以菁莪擬，育才亦起予。

御製植秀軒詩辛巳　不栽楊柳不栽槐，但植篔簹繞閣齋。萬玉晴烟敲秀色，肩吾句裏識真佳。

又折而西爲石池，由池中步石而過，穿石洞出，爲「虚白室」，東向。北室聯曰：「景向淡中宜藻繢，山從老處見精神。」南室聯曰：「連林新緑間舊緑，入户泉音復鳥音。」

御製虚白室詩丁丑　石縫五丁開，假山具真理。賁緣步仄逕，虚室壺天裏。誰謂既狹間，曠望莫可揣。讀我西銘篇，顔彼南華子。底須辨異同，吉祥受止止。

御製虚白室詩戊寅　石縫賁緣峭蒨烟，虚堂小坐宛壺天。參差縱目琳瑯宇，瀟灑怡情翰墨筵。北户真宜夏六月，南華恰是第三篇。箇中應處忘懷者，我却先憂每惄然。

御製虚白室詩辛巳　石縫若無路，松巢別有天。虚原白之母，夏以日爲年。風度座拋扇，雨過樹噪蟬。吟安便移步，藉悟不留連。

又，南有亭曰「竹汀亭」。南爲愛翠樓。

御製愛翠樓詩丁丑　種竹猗猗已作林，高樓出竹翠雲侵。虚窗不礙疎還密，詰屈何妨静以深。豈止坐來滿清聽，每宜望去愜幽襟。河陽寄傲非吾事，耐可薰風一撫琴。

由竹汀過小池，穿曲徑，有石洞折而西，爲「棕亭」。又由樓南下，穿石巖而出，有佛宇一所，北向，臨池，匾曰：「大圓鏡中」。殿内匾曰：「智珠慧照」，聯曰：「天花不礙一林落，仙草真成四季芳。」其東稍北，有石門，門外横刻「薈蔚適於幽處合」，其内横刻「唅岈每與望中深」。又外石刻聯曰：「悟物思遥託，悦心非外緣。」内石刻聯曰：「芝徑繚而曲，雲林秀以重。」石門以外，卽荷風蕙露亭也。

由荷風蕙露亭循池西岸而南，爲茂對齋。齋建山上，東與寶月樓相望。聯曰：「舒卷天真任嵐靄，飛沉自得樂禽魚。」

御製茂對齋詩戊寅　因迥得高齋，俯臨見闤闠。羲經可觀象，顔之曰茂對。玩辭既呈外，保泰亦殷内。先王貴因性，夫何勞智慧。

御製茂對齋詩辛巳　御殿更衣此憩遲，宣毫江研雅相宜。可知茂對熙恬處，正是南薰長養時。

其右有室曰「涵春」。

御製涵春室詩戊寅　東皇弗偏黨，物物付以春。此室名曰涵，其意何所云。譬如天地間，人乃一粒存。心則粒之粒，量與天地均。以此例吾室，含春寧有垠。享帚不爲私，與物常同仁。

室内匾凡四，曰「花港」，曰「綠淨」，曰「魚樂」，曰「晚春齋」。西有亭曰「延賞」。

御製延賞亭詩戊寅　役情書史亦糟粕，契理鳶魚總道機。試問亭中延賞者，究於何處獲心依。

由春耦齋循池西岸而北，樹陰池影，葱翠萬狀。有高閣南向，爲紫光閣。聖祖仁皇帝時，每於仲秋集三旗侍衛大臣校射於此。後於閣前殿試武進士，至今循以爲例。皇上聖武遠揚，五年之間，平定伊犂回部，拓地二萬餘里，實爲曠古未有之功。乾隆二十五年，上嘉在事諸臣之績，因葺紫光閣而新之，圖功臣自大學士、忠勇公傅恒，定邊將軍、户部尚書、武毅謀勇公兆惠以下五十人於閣上，親爲之贊，並弆藏得勝靈纛及俘獲軍器，以誌武成。閣扁爲御書，聯曰：「干羽兩階崇禮樂，車書萬里集冠裳。」正中面南石刻上諭一道。已恭載宫殿一。其陰鐫刻乾隆二十四年四月二十五日上諭：

朕今日恭閲皇祖實録：「諭議政大臣等曰：太祖、太宗時，滿洲兵凡遇征戰，馬匹、口糧自備行走，所向立功，並無遲誤。今官兵行走處，馬匹、口糧、器械等俱給帑置辦，且以爲不足而怨咨生焉，此皆由該管官不行嚴飭之故也。朕辦理軍務，閲歷甚多。向時攻取岳州、征討雲南時，亦由決於進戰，乃得成功也。後中路出兵時，令大臣官員等會議進兵之處。衆皆謂不可，獨朕與費揚古以兵爲可進，決意進兵。噶爾丹聞我兵威，甚是驚懼，鼠竄而去。朕將中路初次運到之米，遣明珠速送至費揚古軍前。二次米亦即令續送。三次米内，朕但留十八日口糧，餘俱送西路軍前。是以兩路兵丁未至饑饉，得保全而回。彼時若輕信大臣等言，中道徹兵，則兩路兵丁安得立功奏凱耶？今觀領兵大臣、官員等祇爲保身之計，不以國事爲重，内存私意，彼此争論不和。又向兵丁等沽名市恩，多取口糧，及不能馱載，至於抛棄，全無珍惜之意。如此居心行事，可乎？朕之滿洲兵俱極精練，全在領兵者將國家之事專心辦理，不圖安逸，賞罰嚴明，則斷斷無錯悮。進兵西藏時，色楞不候衆人，獨自前往。額倫特亦隨後追至，爲國家奮不顧身，雖至失機，豈可論伊等進兵太速乎？策旺諾爾布係差往策應之兵，而遲延不前。雖伊所統兵善全而歸，伊屬下之兵固然感念，於國家事有何裨益？朕年少時，每於講武練兵等事，違命者必懲以法，内外大小悉知儆惕。由此觀之，訓練之事，不可疎忽也。兹衆喀爾喀及青海等俱服朕之風化，而策旺阿剌布坦之人霸占藏地，毁其寺廟，散其番僧。朕思伊等兵步行一年有餘，忍饑帶餒，尚能到藏，我兵顧不能至乎？今滿漢大臣咸謂不必進兵，朕謂此時不進兵安藏，賊寇無所忌憚，或煽惑沿邊諸番部，將作何處置耶？故特諭爾等，安藏大兵決宜前進。欽此。」可見大臣官員等在彼時已有爲己求安之習。蒙皇祖洞鑒一切，軍行悉由乾斷，是以天兵所向，無不奏功。朕臨御以來，屢頒訓諭，力懲積習。近歲籌辦軍務，大臣内因循不願者甚多。朕臨機獨斷，指授將軍、大臣等始獲殲除醜類，平定準夷，卽葉爾奇木哈什哈爾以次刻期戡定。而前此策楞、永常等不能遵朕諭旨奮勇進勦，惟以口糧、馬匹爲辭，心生退縮，遂至事不能集，而伊等亦罹罪殞身。匪直此也，如雅爾哈善身任專閫，率官兵力戰，臨陣邀擊，逆賊已困危城，乃不奮力遮擒，坐視潛遁，在國法斷難寬貸，不得不明正典刑。此皆中懷私念，不以國事爲事者之炯鑒也，可不用爲儆戒乎！夫兵行固藉口糧，亦當酌量輕齎，便於裹帶。若必拘泥成例，務令人攜三、四月口糧，雖有足食之名，卒致艱於馱載，中途抛棄，究於兵丁毫無實濟。是以朕前降旨謂：兵行糧隨，真前代之陋習。凡爲將軍、大臣者，於兵行應給口糧，令其酌量裹帶，撙節日用，何至匱乏？況官兵應得數目，凱旋後仍有補給之例。論此補給之項，事屬已往，於理固可不必，而必按數給予者，特朕優恤兵丁之至意耳。兵丁等不惟行走道路輕便，至回時又得補領此項，於生計豈不大有裨益？數年來，將軍、大臣中如兆惠、富德，統率戎行，諸事就理，亦因遵朕訓諭，實能奮勇身先士卒，雖間有一二未協之處，不至貽悞軍國重務，可望蕆成大功也。至滿洲兵丁，原屬精鋭，凡遇行陣，惟知勇往直前，並無退縮。乃該管大臣、官員等既不勤加訓練于平日，又不能身先倡率於臨時，是朕之精兵皆爲若輩大臣、官員等所悞，深爲可惜。凡有管兵之責者，平日果能實心訓練，臨時又復身先倡率，則師出成功，理所必至。適據富德等奏，此次健鋭營滿洲兵丁，陣前施放鳥鎗，無不精練，且人各奮勉争先。健鋭營兵係朕特設營制，簡派大臣勤加操練，朕又不時親臨按閲，始能技勇熟嫻，用克摧堅奏捷。八旗大臣、官員均有統轄兵丁之責，誠能加意教導振作，則兵丁材藝並歸精練，亦豈必在另設營制乎？於此益信肄武訓兵誠爲要務。我皇祖訓諭諄諄，誠億萬年宜欽遵勿替者也。將此通諭八旗大臣、官員等，嗣後慎勿僅務身謀，力祛苟且偷安之習，於所轄兵丁平居勤加督率，練習技藝，不忘滿洲素風。則兵丁武備既底精純，而滿洲俗尚益增淳厚，於國家事務深爲有益。將此通行八旗，各於本旗操閱處勒石，永遠遵行毋怠。欽此。

又，乾隆二十四年九月二十五日上諭：朕恭閱世宗憲皇帝實録内載：「辦理船廠事務給事中趙殿最條奏，船廠地方設立學校，令滿洲子弟讀書考試。」欽奉皇考諭旨：「本朝龍興，混一區宇，惟恃實行與武略耳，並未嘗恃虚文以粉飾。而凡厥正務，悉胳合於古來聖帝明王之徽猷，並無稍有不及之處。觀此可知實行之勝於虚文矣。我滿洲人等純一篤實、忠孝廉節之行，豈不勝於漢人之文藝、蒙古之經典歟？今若崇尚文藝，一概令其學習，勢必至一、二十年始有端緒。恐武事既廢，文藝又未能通，徒成兩無所用之人耳。欽此。」仰見我皇考期望八旗崇尚朴誠、勤修武備之至意，實當永遠欽遵，爲億萬世不易之凖。而凡滿洲人等所以是訓是行，務爲屏虚崇實者，無不備於此矣。去歲文童應試，伊等私行傳遞，繼復肆行喧鬨，經朕治罪，並降旨令三品以上大臣子弟嗣後有願就試者，必國語、騎射兼優，方準奏聞應試。蓋恐滿洲人等惟務虚文，不敦實行，以致舊日淳朴素風漸至廢棄耳。乃蒙我皇考早鑒及此，諄諄戒諭，以滿洲惟務讀書，倘不能精詣優通，恐武事既廢，文藝又不能通，徒成一無用之人。是朕不得已如此辦理，亦惟兢兢仰體皇考明訓，並非有意裁抑，一概不準考試也。今歲鄉試届期，伊等又不遵旨具奏，竟潛任伊等子弟悉行應試。朕復降旨，將伊父兄等内惟身在軍行及職居外任不知情者加恩寬免，所有在京隱諱不行具奏者，俱行治罪。此非以其已奉明旨、尚爾朦朧僥倖之所致乎？觀此則滿洲人等之崇尚虚文，不思遵守舊俗，所關綦重，實不可不急爲挽回整頓者。嗣後各宜痛懲陋習，益盡力於滿洲應行勤習之武略，以仰副皇考再三垂訓之至意，及朕祗奉闡明、多方開導之苦心。著通行曉諭八旗，將此並勒於各旗操閲兵丁處碑陰，永遠遵行。欽此。

左右向南壁間，張御製平定伊犂及平定回部告成太學碑文。左壁爲平定伊犂圖，右爲平定回部圖。樓上聯曰：「天衢翊運風雲會，紫府名勳日月光。」其後爲新建武成殿。聯曰：「兩階干羽欽虞典，六律宫商奏采薇。」左右壁間張御製西師詩、開惑論。左右兩廡間石刻御製自乙亥軍興以來、訖己卯成功詩二百二十四首。凡神謨睿斷，午夜籌勞，備見於此。俱詳載御製詩二集中。兹特敬録紫光閣、武成殿詩於右。

聖祖仁皇帝御製秋日紫光閣射詩　碧漢層雲斂，金風别館開。騶虞賓射禮，士馬羽林材。隊引花間入，鑣分柳外催。桓桓心膂寄，堪許屬車陪。

御製紫光閣閲武舉射詩己未　掄材臨别苑，射策對明廷。養士百年久，干城九塞寧。琱弓懸滿月，羽箭速流星。爲問赳桓輩，能通黄石經。

御製紫光閣武試詩壬戌　承平詎止僅修文，武備兼掄桓赳羣。宿霧漸開凝紫翠，淩烟初試會風雲。畫正命中皆雙羽，解角能彎率百斤。正是需材喻設燎，棄繻何必學終軍。

御製紫光閣寫功臣像及諸戰圖畢，集讌落成，爰賦六韻，仍疊四章辛巳　勳標偃伯，烟銷濛氾之氛。蹟炳圖形，雲擁趯陂之勝。時則掄偉績而系贊，先教褒鄂傳神。逮一善亦臚名，乃屬鄒枚紀實。匪詡天經地緯，恰符五數之重。真逾漢史唐書，能覿百賢之萃。且聚米狀，山川阨塞壁間，八陣常存而列。星占旌纛飛揚，磧裏參斿盡掃。試按昇平王會，詎惟萬里而遥。爲思宵旰軍書，何幸五年式集。昨者歸而飲至，行觴趁上巳良辰。兹焉落以慶成，展席繼先庚嘉宴。凡在股肱心膂，藉國家翊運多才。應知竹帛旗常，承天祖垂庥永靖。維億載綏遐有象，已被丹青。予一人持滿彌殷，長鐫金石。閣就勝朝址，圖標昭代勳。格慚虞帝羽，數過漢時雲。大造無私佑，諸臣實盡勤。五年勞突將，此日幸休軍。有覺上林表，斯干液水濆。落成緣戢武，錫宴重摛文。建置維旌績，運籌匪詡勳。永期紀功勩，寧爲賞烟雲。保大天垂貺，開遐予敢勤。帑原出内庫，督未命將軍。掄武駐冬日，慶成臨沼濆。詰戎求世德，寳訓揭鴻文。伊犂征不戰，五月已成勳。將謂業安石，誰知事幻雲。驅馳常廑遠，擘畫不辭勤。最恨庫車輸，深虞黑水軍。轉旋叨昊綍，仍執竟淮濆。始末親籌筆，其觀勒壁文。衛拉勞前烈，重華與放勳。敢云成不日，惟凜望如雲。載先傳柑宴，允嘉荷戟勤。歸春舞干旅，洗甲伏波軍。風嫩中和樂，氷酥太液濆。賡歌鴛鴦侶，可以共論文。

御製紫光閣落成錫宴卽席得句辛巳　落成勳閣液池濱，廣宴都陪宣力人。幸際時休頌照燭，宜聯句亦引垂紳。嬉文恬武由來戒，保泰持盈一再申。旭日春雲欣協象，祥花滋麥冀霑頻。

御製尊藏得勝靈纛於紫光閣，詩以紀事辛巳　亭障靖金牙，威宣載旆燧。烽銷洱海，德表結旌。爰開高閣以圖形，並弆靈旒爲守器。原夫一麾臨閫外，彌文不侈。禡機七宿炳，壇中壯志。初傳鐃鼓，方過祁連。而壓陣千山，風鶴騰聲，更驅疏屬以從軍，百步沙蟲掃跡。昔也緬李程刁斗，遜是森羅。今焉輝褒鄂弓刀，逾其英特，彼龍堆邈矣。詎惟銅柱齊標而虎紐纍然，合與金符同譜。從此電霜生色，匪徒充武庫之儲。還將日月承華，庶永隸奉常之掌。麟閣圖形例紫光，大師靈纛並尊藏。招摇伊古資神祐，功績從今紀太常。信是元戎篤忠悃，肯忘羣力効疆場。持盈知足懷乾貺，敢復佳兵恃盛强。

御製弆藏西師俘獲軍器於紫光閣，詩以誌事，并序辛巳　幕庭收絶域，運翊風雲。臺閣應中台，圖兼將相。軍儲森列，旗常已炳。上方陣獲便蕃，杖械胥登武庫。甲函青璅，得自前驅脱胄之時；鎗委緑沉，出諸後隊伏戎之會。貫矢詎來，肅慎應知。貳負先僵，佩刀疑壓。赫連早識，温禺久釁。掃蚩尤之長彗，還帶氂纓。轟尸逐之鋒車，曾資鉛彈。凡此勳名，百戰無須漂杵。矜奇方當，蹟著九功，用藉包戈紀實云爾。高閣巍巍表藎忠，弆藏俘獲類從同。戢干櫜矢肆時夏，奪鎧搴旗藉衆功。信可傳神留百世，寧稱屈指數三雄。器書名例太常紀，一善吾惟憶莫窮。

御製紫光閣曲宴外藩紀事詩辛巳　柷聲三作翕如隨，琴上春温動纍絲。中外一家宜愷樂，耕桑九服正熙怡。紫光佳話從今紀，豐澤恩筵合此移。戢武毋忘詰戎戒，皇清奕葉奉鴻禧。

御製武成殿作詩辛巳　紫光閣後殿，因額武成名。千載丹青貌，五年宵旰情。被天恩獨厚，資衆力斯誠。那更生餘望，迴思幸以驚。

紫光閣之北爲時應宫。榜爲世宗憲皇帝御筆。正殿祀龍神，匾曰：「瑞澤霑和」，亦世宗憲皇帝御筆也。

御製時應宫記　夫天一生水，坎精發祥，凝靈聚液，流爲江海，乃天地間物之最鉅者也。江海之有神，自三代、漢、唐以來，莫不祠祀惟謹。有宋大觀四年，詔天下五龍神並封王爵，龍神之尊，自是始。皇清受天命禋祀上帝后土，懷柔百神，江、淮、河、濟、五岳、四瀆之祀，載在太常。犧牲之祀，代有常典。厥後春秋犧牲之祀，代有常典。皇清受天命禋祀上帝

后土，懷柔百神，江、淮、河、濟、五岳、四瀆之祀，載在太常。犧帛之數，俎豆之器，既豐既隆，神歆以格。雍正二年，天子以爲龍神之位既尊，宜特修宫觀以致虔禱。乃於西苑内豐澤園北建時應宫，所以致誠明神，俾雨暘時若，稼穡以成者也。夏六月，霖雨彌旬，幾至於澇，皇父步行往禱，其日即晴。又明年，黄河清百餘里，此非神人効靈、河海清晏之明驗乎？夫以天子精誠，通於神明，以之事天饗帝，罔不昭格，而況於龍神乎？信哉誠之能感物也。是爲記。

時應宫之東，向北有門曰福華門。其外即金鰲玉蝀街也。由西苑門循池東岸而北，蒲葦盈水，榆柳被隄，古木秀石，參錯其間，爲蕉園舊址。向北爲蕉園門。

聖祖仁皇帝御製中元日蕉園詩　中元來太液，秋爽下林端。水檻臨流入，風窗捲幔看。魚遊迷藻荇，鷗戲悦沙灘。宇宙無塵翳，涼生月一團。

御製遊蕉園詩樂善堂集　氷牀聲裏過長湖，遠岸人行似畫圖。雪覆蕉園松突兀，雲生古殿路虚無。南臨太液風鈴語，北望瓊華塔影孤。屐齒幾番遊歷處，寒林已聽噪歸烏。

門之南稍折而西，面南爲萬善門。門内卽萬善殿也。正中佛龕前世祖章皇帝御筆匾曰：「敬佛殿」，御筆聯曰：「萬象證圓通，金輪妙轉；三乘皈定慧，華海長涵。」又曰：「了悟徹聲聞，花拈妙諦；淨因空色相，月印明心。」殿後聖祖仁皇帝御筆匾曰：「敬佛」。殿兩旁各有迴廊曲室。後殿圓蓋穹窿，爲千聖殿。其東爲迎祥館，西爲集瑞館。萬善殿之東室，聖祖仁皇帝御筆匾曰：「惠迪吉」，其西室御筆匾曰：「敬佛」。

聖祖仁皇帝御製上元幸萬善殿戲作詩　雪霽寒輕景物鮮，上元臨幸偶參禪。方丈無人般若静，天花虚落古松前。

御製中秋日恭侍皇太后萬善殿瞻禮，隨遊瀛臺諸勝，敬成一律庚申　金風玉露共徘徊，爲奉慈遊特地來。璧月圓時瞻月相，壺天深處是天台。香風桂子堆金粟，酒獻南山作壽杯。無限歡欣隨輦道，人間端的有蓬萊。

由萬善門西行，抵水埠，有亭出水中，御筆匾曰：「水雲榭」。中有石碣，刻御書「太液秋風」四字。臨流彌望，晃漾無際，所謂中海也。

聖祖仁皇帝御製水雲榭聞梵聲詩　水榭周遮集翠苔，薰風拂處午雲開。忽聽梵誦驚殘夢，疑是金繩覺路來。

御製水雲榭詩樂善堂集　雲無心出岫，水不舍長流。雲水相連處，蒼茫數點鷗。坐席生烟雲，石欄俯秋水。空明是我心，何如漆園史。

御製太液秋風詩樂善堂集　秋到宸居爽籟生，玉湖澄碧畫橋横。荷風晚送殘香氣，竹露涼敲緑玉聲。翠合三山連閬苑，波涵一鏡儼蓬瀛。由來禁籞林泉好，行樂還同萬物情。

御製賦得太液秋風詩丙寅　秋容入液池，水面得新詩。始向蓮根漾，徐從蘋末吹。過橋低玉練，度浦閃金漪。魚躍疑迎爽，舟行忽忘遲。來兮更何自，逝者乃如斯。怳憶洞庭上，微風葉脱時。

御製賦得太液秋風詩丁卯　蘭舟泛太液，葭岸起秋風。蹙得波紋細，分來日影融。偃蘆帷益白，經蓼已辭紅。幾度濯清處，吟懷迥不同。

御製太液秋風疊前韻詩辛未　微見商飈蘋末生，鏡瀾玉蝀影中横。非關細雨頻傳響，何事平流忽有聲。爽入金行閶闔表，波連瑶渚躍臺瀛。高秋文宴傳佳話，已覺犂然今昔情。

御製賦得太液秋風詩癸酉　太液漾華舟，金飈爽氣流。風來閶闔表，景助鳳麟洲。縠影明漪日，蘋飈颯度秋。蓼花剛爛爛，蘆穗早浮浮。隔岸聽銅雀，乘波玩玉鷗。心緣劭農慰，題任觸懷投。

御製賦得太液秋風詩丙子　呈漪如應律，拂沼似行空。三架水雲榭，千秋閶闔風。依然閱今古，誰與辨雌雄。似妒鏡光白，偏拖縠影紅。波瀠驚睡鴨，岸響送吟蟲。佳景春明紀，由來賞莫窮。

水雲榭之北，有白石長橋，如虹偃水面，以通行人來往。東西樹坊楔二，東曰「玉蝀」，西曰「金鰲」。橋下洞七，中洞南向石刻匾曰：「銀潢作界」，聯曰：「玉宇瓊樓天上下，方壺圓嶠水中央。」北向石刻匾曰：「紫海迴瀾」，聯曰：「繡縠紋開環月珥，錦瀾漪皺焕霞標。」橋西紅牆夾道有門相對，南曰福華門，其北爲陽澤門，可達於闡福寺也。

御製過玉蝀橋詩甲戌　明當啓蹕謁橋山，此日清宮夙駕還。迤邐蝀橋過玉馬，漣漪春水漾銀灣。迴翔鳧鴈心含喜，新茁蘋蒲意總閒。韶景方欣遍融洽，輕雲又見冪孱顔。

金鰲玉蝀橋之東有崇臺，即臺址爲圓城，周數百步，設以睥睨。兩掖有門，東爲「昭景」，西爲「衍祥」。門各有樓，入門由磴道左右分上，中搆金殿，爲承光殿，即元時儀天殿之舊也，俗名團殿。殿内御筆匾曰：「懸圃風清」，聯曰：「何處五雲多，大羅天上；飛來三嶠秀，太液池邊。」殿前有古栝，槎枒拏攫，傳爲金時遺植。

御製承光殿詩三首丙寅　三嶠飛來秀所鍾，崇基朶殿抗疏龍。虯枝夭嶠扶珠綴，鬱作當時翠影濃。曾聞一月日邊明，尚覺歌聲繞繡甍。此際倚欄飛逸興，却殊雲樹弔華清。

遺蹟金元一慨然，踞盤形勝攬全燕。空澄何似瀛池水，玉蝀秋風五百年。

御製秋日承光殿詩丙寅　雲窗號閬風，壁殿學蟾宮。擬向姮娥問，輪匡是異同。古風披壽栝，秋實進仙桃。玫階思載厚，黻扆惕居高。

御製承光殿古栝行丙寅　五鬛爲松三鬛栝，名雖稍異皆其儕。牙槎數株倚睥睨，歲古不識何人栽。夭矯落落吟萬籟，盤拏鬱鬱排千釵。徒聞金元師棟宇，兩人並坐傳齊諧。甕城久閉殿閣寂，綺榱落色風争催。珊瑚反掛珠簾斷，喬柯雪夜烏鳴哀。嗟嗟偃蹇凌雲姿，難辭根幹纏蒿萊。往來或有尋題者，弔古感慨多徘徊。瓊華遺跡惜就圮，況近紫禁城西隈。爰葺爰築命匠人，事殊經始攻靈臺。時向重基駐行蹕，金鰲蜿蜒空明皆。盤桓嘉蔭撫壽客，真堪弟視竹與梅。春朝緑雲參天青，秋夕碧月流陰皚。靈和之柳非倫比，滄桑閱盡依然佳。滄桑閱盡依然佳，嗚呼，種樹之人安在哉！

御製秋日承光殿詩丁卯　月宇鳳城西，金鰲雉堞低。荷殷紅錦纈，水静緑玻璃。氣爽天原近，基高漢與齊。秋風俯太液，素節已堪題。

御製承光殿詩己巳　詰旦還清禁，明晨將視朝。路歧臨傑搆，座裏眄重霄。雲散天容暢，雨霑暑氣消。到兹憂慰屢，松檜自森喬。

御製夏孟承光殿詩庚午　圓殿號承光，金源松檜蒼。蹟陳宜賦詠，路便每徜徉。琴瑟含清徵，璣衡協正陽。前朝甘雨足，與物樂時昌。

御製承光殿卽景詩庚午　金源喬木蔭松槐，簇就團圞七寶臺。太液秋風窗裏挹，西山顥氣座間來。墨壺琴薦俱堪撫，閣漏階籤且漫催。馥郁天香飄桂子，此花雅合月中栽。

御製承光殿詩辛未　似月琉璃界，中規詄蕩閶。蝀鰲橫飲練，鳷鵲密鋪銀。乘暇境尋勝，含韶景湊新。時行饒樂意，嘉與物皆春。

御製仲夏承光殿詩辛未　掄魁三歲届，返蹕九重臨。憩息登崇址，徜徊撫古林。澄懷寄雲水，生意暢魚禽。北會餘金殿，南薰驗舜琴。雨時山早翠，日永樹移陰。敢懈祈年志，憂勤與日深。

御製承光殿詩壬申　朶殿中間睥睨高，先春臨眺興因豪。庭前檜匝陰千步，隄外船添水一篙。機暢鳶飛與魚躍，景明玉蝀復金鰲。低雲又隱西山色，好及耕時潤土膏。

御製承光殿詩壬申　碧殿金鰲據左陲，來乘路便每神移。喬松四面皆宜畫，詭石一拳都入詩。瓊島春陰霏濕翠，液池新水漲輕漪。書堂小憩聞天籟，謀耳清泠意與遲。

御製承光殿詩癸酉　三推耕耤回，塗順臨崇殿。松枝輕靄低，花色明霞絢。儀天名久消，太液波猶見。飛潛禽魚適，暄凉節候變。鑒古惕有赫，自强勵無倦。

御製承光殿詩甲戌　祭届春祈轉法宫，崇基路便御橋東。冰消太液呈溶漾，景入芳辰漸冶融。石秀松蕤清賞外，新題舊詠静評中。明當遷坐遊觀戒，咫尺軒墀得憩躬。

御製承光殿詩乙亥　朶殿年芳入綺錢，崔巍疑陟閬風巔。琪花瑶草神仙地，細雨柔風上巳天。陰凝瓊華遮半塔，渡含太液漾輕船。登臨底識予心慰，四野春膏沃甫田。

御製承光殿詩乙亥　祈春迴法駕，路便一登臨。雪積西山遠，波涵太液深。盆梅新歲色，庭檜古時陰。韶景融芳潤，因之暢素心。

御製承光殿作丙子　曾城十二匪崑崙，每凭朱闌興欲軒。白帝素娥留古栝，秋風太液自金源。暇當綈几身聊憩，景入紗疏意與存。重搆輿梁利行旅，新看虹影飲波翻。

御製承光殿詩庚辰　每還宫禁無非事，極往團亭切問安。暫憩常欣於便道，俯吟實暢此遐觀。節臨首夏清陰佈，水足今年太液寬。人意天心胥順適，越因兢業敢因歡。

御製承光殿得句辛巳　高閣綺筵慶落成，蓼蕭燕譽會公卿。瑟絲琯竹欣儀具，玉蝀金鰲取暇行。廣殿春明最古蹟，團城太液即仙瀛。撫兹粥粥懷殷鑒，敢曰今方際治平。

御製承光殿詩辛巳　地臨北渚崇臺據，名取西京勝國貽。玉蝀亭衢接闉闍，瓊華翠色映罘罳。金源景概指琪樹，明代波瀾在液池。鑒夏撫兹常致凜，覯文繄我更勤思。

御製首夏承光殿詩辛巳　太室脩禋罷，仙園問寢迴。更衣因便路，憩駕陟崇臺。雨裏多清況，風前無點埃。研甌芳潤漱，可以託吟裁。

御製首夏承光殿詩辛巳　掄彦迴清禁，怡情登迴臺。蹟陳傳日下，境美是雲來。炎避因蒼栝，雨佳致緑苔。披薰惟覺愧，敢曰阜民財。

殿南有石亭，以置元代玉甕。鐫御製「玉甕歌」於上，並刻詞臣四十人應制詠玉甕詩於柱間。

御製玉甕歌乙丑　玉有白章，隨其形刻爲魚獸出没於波濤之狀。大可貯酒三十餘石，蓋金元舊物也。曾置萬壽山廣寒殿内，後在西華門外真武廟中，道人作菜甕，見輟耕録及金鰲退食筆記。命以千金易之，仍置承光殿中，而繫以詩。昔夏有德聲教訖，九牧貢金來魏闕。鑄鼎象物備神姦，山澤遍逮遺海物。化工爲鑒敷土心，藍田日暖露山骨。工倕縮手不敢斵，仍借剛斧來月窟。含形内虛象海德，葆苞元氣洞芒芴。駭波沓灕迴逈涎，驚瀾瀇漭涌澌汨。習坎有孚坤厚載，魄淵朝夕輪出没。浮黍幾粒見三山，泰華安能詡昂屹。何奇不有怪不儲？湯湯漻滈鬱呵嗽。鴐山之鰲横海鯨，天吴蝄象紛怳欻。元蠵紫貝朱鼊鼉，肥遺蟕蠵鼉蜞蚏。赤龍焚蕴修鼅浮，蒼虬揵鰭海馬突。鱅鮨鰔魜鯤鰤鮷，鮰鯚魼鰨鱛魦鱖。珊瑚璹瑁鮫人珠，孕珍産瑰宏決鬱。用協上下承天庥，重逾九鼎光朝黻。千秋法物昭靈奇，歊雲吐景鎮溟渤。匪同器寶乃待人，方周大訓楚檮杌。瓊斝繡簋吁奇淫，商彝晉鐸埋蓬蔚。瓊島春陰萬景全，廣寒高殿青雲拂。倒茄下垂紅狎獵，沉香横泥氣蓬勃。從臣敬獻南山頌，樽擬白獸頌章戟。存亡蜃市閲荆凡，谷陵秦項紛遺仡。金露秋風憶桂香，悽傍山人煨榾柮。五陵年少重金刀，誰從蘭若尋荒碣。惜乎古器就湮滅，有如獻璧連遭刖。刮苔滌垢露光晶，天然豈用施劘劂。波臣水族羣躨跜，夏鼎秦丁難撓扣。承光相望接堆雲，人有懷歸物豈不。信哉安得如汝壽，漢京銅仙應愧艴。

御製玉甕詩己巳　玉甕爲金元舊物，嗣淪没古刹中，以貯菜甕，後購得仍於承光殿前爲啟一小亭置之，並命内廷翰林等各賦一詩，卽刻于楹柱。偶幸承光殿，復成是篇。幾年蕭寺伴寒虀，仍置承光焕彩霓。夢覺金源成故蹟，聲騰玉署艷新題。若爲巧合延津畔，竟得天全露掌西。松杪照來千載月，夜涼依舊影淒淒。

殿後爲敬躋堂。堂十五楹，南抱承光殿，其北環城，臨積翠堆雲橋。東爲古籟堂。堂内匾曰：「昭一」，聯曰：「蒼官壽客結好友，岸芷汀蘭入畫圖。」

御製古籟堂詩庚辰　謖謖拂虚牖，泠泠來廣筵。有聲祇金石，何物更蹄筌。團蓋一十丈，少言五百年。今朝幾務少，略得久周旋。

御製古籟堂率述詩辛巳　太古此天地，太古此風月。斯堂籟稱古，名因古栝發。栝雖老他樹，生自金源勃。以視嵩陽植，籟古千載越。偓佺遺堯物，古更嵩陽突。展轉溯厥初，古固不可竭。惟其不可竭，謂斯古亦達。喬枝落落鳴，那管閒批抹。

又東爲朶雲亭。堂西爲餘清齋。齋西室匾曰：「環秀」，曰「涵虚」。聯曰：「座挹山光兼水態，窗延秋月與春風。」

由齋内曲廊而西爲沁香亭。

御製沁香亭詩辛巳　臺亭百步接迴廊，液沼平陵號沁香。甲煎罷燒雲錦纈，果然六月有春光。

其後累石爲小山，山上有亭，榜曰「鏡瀾亭」。圓城外東西界以紅牆，東爲承光左門，西爲承光右門。北駕石梁，制如金鰲玉蝀，南北有牌坊二座，其南曰「積翠」，北曰「堆雲」。過橋卽永安寺也。

北京古籍叢書

[清] 鄂爾泰　編纂
左步青　點校

國朝宮史

下册

北京出版集團公司
北京出版社

國朝宮史卷之十六

宮殿六

西苑下

永安寺爲金源瓊華島，踞太液池中，奇石疊纍而成，皆當時輦致艮獄之遺也。元時稱萬壽山，亦稱萬歲山，石磴陰洞，古檜喬松，縈紆蔭鬱，儼然壺嶠。舊有廣寒殿，相傳爲遼后梳粧臺。

御製視事既畢，自南臺御氷舵，淩太液，遂至瓊華島，登臨瞻眺，雜詠誌賞詩甲戌

封事淩晨畢閱披，公卿次第接疇咨。稺春悅可尋吟眺，漫聽新歌坐玩時。淑清泉石淑而清，竹鼎瓷壺事茗烹。篩牖嫩陽攬韶秀，徘徊真覺稱其名。氷凝太液鏡光皚，轆轆舵牀坐渡來。聲雜排門鳴爆竹，權輿帝里是春臺。細霙昨日玉攢團，積素嶢峯直北看。怪底重裘猶覺怯，蕉園鍾梵落高寒。承光高殿鬱參差，玉甃澆春想昔時。只有檜松

仍好在，東風旭影上罘罳。　春陰瓊島正堪憑，淑景層楣瑞靄凝。仙木綺錢增吉兆，五風十雨願休徵。

御製遊瓊島躍臺諸勝即景雜詠八首甲戌　節前瓊島我曾登，惜少銀花積翠崚。此日行春御園返，雪消欣看暖霞蒸。　假山温樹續嵯峨，仲月風光已鬯和。冰戲迴看曾未久，漪瀾堂外瀲新波。　心耽翰墨足淹留，每到偏欣閱古樓。通會重拈過庭語，神詮一論照千秋。　蕉園迤邐命輕輿，冰不勝牀舟礙諸。未肯湖心事椎鑿，多人勞作每厪予。　鬱葱雲裏聳瀛臺，麗日和風寶扇開。何必龍鱗將翠羽，壺中木石總仙材。　長堤東轉粉墻過，院號淑清倣軸薖。若向溪山論本色，緊予意向此間多。　茶舍三間背綠筠，竹罏雅合案頭陳。松風蟹眼聊清課，喜是收來雪水新。　税枯和淖向妍韶，遺蹟猶堪指勝朝。太液池邊人字柳，春來還嫩舊時條。

御製瓊島春望詩甲戌　太液池邊瓊島蒐，登臨縱望氣佳哉。新蒲弱柳高低綠，杏蕊桃花次第催。玉笋含陰隱壺嶠，銀奩倒影畫樓臺。萬家春樹皇居拱，生計籌量日幾迴。

御製瓊島攬景詩甲戌　雨後宜登眺，林嵐觸目清。陰寧春勝夏，島匪石惟瓊。放子魚穿藻，賀羣燕掠楹。麥秋今可望，茂對一怡情。

御製望瓊島未至詩丙子　傳宣内殿共吟詩，棽麗金根未可遲。閱古清芬原滿意，瓊花秀色早迎眉。丹梯亦自防泥滑，玉樹相將吐蕚蕤。别有神心通妙理，望山端比步山宜。

御製人日瓊華島詩丙子　凝和積素績嶙峋，眺賞真宜七日人。故事登臨傳勝節，國朝絲竹戒斯辰。清遊静寄翻成趣，石秀松蕤倍有神。卽看春陰還釀雪，多多益善豈辭頻。

御製進冰牀攬瓊華島諸勝詩丙子　岸柳將舒眼，液波尚凍心。冰牀猶可渡，瓊島便因臨。亭榭日成趣，杉松歲與深。東郊屆舉趾，卽景望春陰。

御製坐冰牀至瓊華島詩己卯　宴賚有餘暇，瓊華欲陟臨。不殊渡湖面，直可步波心。轣轆徐依岸，嵯峨近出林。六花希過臘，卽景望春陰。

御製題艮嶽石詩壬申　木鳳曾同燕用來，一拳獨立刦餘灰。月明彷彿廣寒殿，勃窣嫦娥白玉臺。

順治八年，立塔建寺，爲白塔寺，今爲永安寺。寺門三間，南向。入門爲法輪殿，殿内御筆匾曰：「慈雲覺海」，又匾曰：「人天調御」，聯曰：「靈鷲風香傳妙偈，澄潭月皎印真如。」又曰：「青蓮法界本清淨，白毫相光常滿圓。」殿後拾級而上，有坊一座，其南榜曰「龍光」，北曰「紫照」。左右有亭二，東曰「引勝」，西曰「滌靄」。亭後各有石，東曰「崑崙」，西曰「嶽雲」。由甬道拾級而上，左右有方亭二，東曰「雲依」，西曰「意遠」。亭下各有石洞，可緣以升降。其東洞有匾曰：「楞伽窟」。正中爲正覺殿。殿之後爲普安殿。御筆匾曰：「慧根圓相」，又匾曰：「如如不動」，聯曰：「真諦總涵華海露，慈光長仰德山雲。」又曰：「心鏡朗懸空色相，智燈長滿燭人天」。殿前東爲宗鏡殿，西爲聖果殿。殿後石磴層躋而升，爲善因殿，中供梵銅佛像。殿後卽白塔也。由白塔東下至山足，爲智珠殿，東向，供文殊佛像。御筆匾曰：「般若香臺」，聯曰：「塔影迴懸霄漢上，佛光常現水雲間。」其前圓墻如月城，由殿後緣山徑折而北，爲交翠庭。聯曰：「波光入窗澹，草色護堦新。」

御製交翠庭詩戊寅　擇向開亭更向山，縈青攢黛瑣孱顏。春陰瓊島疑迷路，只在碧琳天地間。

庭北迴廊環遶而下，爲看畫廊。下有石室，中涵巖洞。洞內供大士像，洞門上石刻「真如」二字。別室有小樓，聯曰：「天潤雲非繫，波空月自明。」

御製看畫廊詩乙亥　迴廊詰曲稱看畫，看者原爲畫裏人。步步景移朗朗照，故知倪范鮮精神。

御製看畫廊詩戊寅　長廊時屧步，活畫每迎人。那論黄和范，雅宜秋復春。五言拈氣韻，六法失精神。寄語丹青客，於斯可問津。

御製看畫廊詩戊寅　緑樹紅荷又一時，爽風不斷鏡中吹。恰如春夏秋冬畫，幅幅臨窗對景披。

御製看畫廊口號己卯　佳處真延視聽娛，蜃樓攬景坐斯須。亦無絲竹非觴詠，漫認蘭亭修禊圖。

御製看畫廊詩庚辰　迴廊曼轉碧欄扶，雲斂長空鏡水鋪。便擬宣傳畫博士，霽天粉本快成圖。

又折而東，至山麓，有石碣刻御書「瓊島春陰」四字，燕山八景之一也。

御製瓊島春陰詩樂善堂集　瓊華瑶島鬱嵯峨，春日輕陰景色多。雲護鳳樓松掩映，瑞凝仙掌竹婆娑。低臨禁苑滋苔蘚，遠帶郊畿蔭麥禾。更向五雲最深處，好風時送九韶歌。

御製瓊島春陰疊前韻詩辛未　艮嶽移來石岌峨，千秋遺蹟感懷多。倚巖松翠龍鱗蔚，入牖篁新鳳尾娑。樂志詎因逢勝賞，悦心端爲得嘉禾。當春最是耕犂急，每較陰晴發浩歌。

御製賦得瓊島春陰詩癸酉　傑竪石幢標四字，邇年真未負春陰。已欣宿雨滋南畝，又見新雲冪遠林。薈蔚適於幽處合，嶒岈每與望中深。乘閒欹案觀墳典，陶侃名言獲我心。

其南爲見春亭，又南卽智珠殿。殿前有橋。渡橋而東，卽陟山門也。由智珠殿後折而南，爲慧日亭。又南，穹碑二：一順治八年建塔碑文，一雍正十一年重修碑文，皆臣工恭紀。永安寺西，山半有亭，扁曰：「蓬壺挹勝」。又西，由山麓躡級而上，爲悦心殿，臨幸常視事於此。天光雲影，魚躍鳶飛，萬景畢呈，實據西苑全勝。東室聯曰：「員嶠曉烟連碧漢，曲池春雨念蒼生。」又曰：「是處暢觀頗役目，此間閟景足澄心。」西室扁曰：「静挹古香」，聯曰：「雲端曠奥軒疑畫，樹杪高低圃是懸。」

御製悦心殿作甲子　飛閣流丹切顥空，登臨縱目興無窮。北憑太液平鋪鏡，南接金鰲側飲虹。冬已半時梅馥馥，春將迴處日融融。摩娑艮嶽峯頭石，千古興亡一覽中。

御製八月十七日登白塔山悦心殿，理事餘暇，輒成近體，用舊作韻丙寅　鷁影留痕在碧空，憑高秋色目堪窮。綺疏映日垂珠綴，飛觀連雲曳綵虹。灔灔玉河波始動，瀼瀼金掌露方融。悦心此日知消息，都在西成茂對中。

御製仲秋悦心殿詩戊辰　憑虚俯碧寄崇情，爽湊高秋萬里清。漫擬堯樽傾北斗，稍欣穋穛報西成。向常應益歡娯際，何事偏多感慨生。卽景也知饒豫象，寫懷不覺譜商聲。

御製新春悦心殿詩庚午　朵殿憑高俯液池，行時恰值悦心時。山容積雪融和盎，物象熙春詄蕩披。待引魚龍輝火樹，先招鸞鳳試氷嬉。奉三正喜三陽泰，輔相裁成有所思。

御製臘日雪後悦心殿詩乙亥　嘉平瓊島景清妍，積瑞凝華靄霽烟。剛覺天膏希邇日，果然臘雪慶迎年。粥香惟祝農祥應，氷戲還思士氣騫。正值伊犂傳悔罪，佇看露佈共春旋。

御製悦心殿詩丙子　輕陰沓嶂籠，積素連林綴。松篁稱古春，絲管屏華節。朵殿既深沈，虛牖還清絶。手潑金壺汁，興飛玉田屑。寧匪頻來處，今朝果心悦。

御製悦心殿詩丙子　納遠虛窗萬景羅，往來清憩此爲多。金仙露下清秋氣，玉蝀風生太液波。自是山林在廊廟，不妨黼芾入松蘿。問予底事心知悦，暘雨剛時蔚黍禾。

御製悦心殿詩丙子　氣澄景已清，雨霽山愈翠。位置本人工，歲久足幽致。詎秖春陰佳，請看秋光媚。瓊島暎峭蒨，太液披清泌。遠俗得靜怡，味道資深契。可以減芻豢，孰云非禮義？

御製悦心殿詩丁丑　初歲餘閒廣殿臨，仙壺韶景遞侵尋。梅含喜色舒昌蕊，鳥漸能言弄好音。勝展綺屏御人日，雲籠瓊島正春陰。便希六出瑶林綴，此外無他悦我心。

御製夏日悦心殿詩丁丑　緑樹重陰曉露濃，崇基朶殿暑安容。視朝每厪勑幾要，駐輦偏懷修己恭。瓊島罨圖峯崒嵂，金鼇夾鏡水沄溶。適來策騎城西路，聊合於斯悦爲農。

御製上巳日悦心殿詩戊寅　橋山欽奠爵，皇都將發軔。駕言御園返，東道取路順。青郊宿雨晴，瓊島含芳潤。良辰逢禊節，駐輦聊因近。古貴祈介祉，用三自魏晉。是日適元巳，巧值乃偶僅。馬射既罷陳，羽觴底須進。時和切深懼，保泰凛明訓。信樂知彼曾，先憂審吾分。

御製新秋悦心殿詩戊寅　視朝有事法宫臨，路便先兹憩悦心。太液波瀾待風細，瓊華峯嶺入雲深。荷香過雨常來座，松籟生涼正滿襟。四壁詩題消歲月，衹贏幾點鬢霜侵。

御製上巳日悦心殿詩己卯　終風三日息，春風轉淑和。從來稱上巳，便以臨瓊華。朶殿冠嶔崎，下視萬民家。載舟每凛予，流杯底襲他。過雨柳絲青，山桃欲綻花。目前縱澤潤，此後知如何。悦心詎言易，惟覺憂懷多。

御製季夏悦心殿詩己卯　往來雖路便，今歲乃初臨。先是都愁旱，兹番幸獲霖。敢云沐天眷，惟益勵吾欽。磴石得披歷，齋書偶譯尋。古香棄幾暇，穡實待秋深。未可輕言悦，悦斯虞放心。

御製季秋悦心殿詩己卯　孟冬太室祀，豫日法宫臨。便路來瓊島，崇椒延藻襟。鏡光澄液沼，豳景繪秋深。觸緒懷民瘼，寧容易悦心。

御製坐冰牀至悦心殿詩庚辰　篘沖錫宴有餘閒，瓊島韶光暖鏡間。尚可翠鸞輕柁試，徐過玉蝀一橋彎。凍酥岸覺看波漾，春到物知聽雁還。今日悦心真恰當，窗憑積素慰開顔。

御製凱宴畢乘舟至悦心殿詩庚辰　上巳從來合宴遊，似兹凱宴得曾不。良辰盛典還多暇，耐可新波漾綵舟。　春融瓊島翠嶔崟，别殿疏龍憩悦心。綈几蘭亭觀定武，恍同逸少會山陰。　土潤新蕪緑到階，春光今歲識真佳。舊題黏壁閒吟過，始覺籌邊悦釋懷。

御製秋日悦心殿詩庚辰　祇苑適維新，廣殿兹迴憩。佛日欣懸華，金天快澄霽。心因三農悦，境亦三島逮。設非稼穡佳，寧得襟懷契。

御製題悦心殿詩辛巳　豁庨山殿俯孱顔，義府優游片刻閒。若問予心何所悦，適來郊外緑畦間。

其後爲慶霄樓，匾曰：「雲木含秀」，聯曰：「延賞亭臺皆入畫，向陽景物又從新。」

御製慶霄樓卽目詩庚辰　堵波高矗傑樓横，伊字當前三點成。霄是眼華由景度，月如心印任虧盈。且遲慧草緣堦茁，正喜唐花映座榮。繡户懸燈從未賞，常年孤負此稱名。

樓後有亭曰「擷秀」。亭西奇峯秀矗，有亭南向，匾曰：「妙鬘雲峯」。悦心殿之東爲静憩軒。慶霄樓之西爲揖山亭。

御製揖山亭詩庚辰　亭畔介昂藏，博褒貌服蒼。愛他好風度，不是擬元章。　令人磬折者，却自揖山亭。可悟漆園論，主賓誰定形？

稍西，拾級而下，有延廊環抱山石間，築室其中，榜曰：「一房山」，聯曰：「好山一窗足，佳景四時宜。」又曰：「翠霏峯四面，青罨户千螺。」

御製賦得一房山詩戊寅　架楹玲峯上，步磴嵌巖底。寅緣陟其巔，仍在一房裏。開窗盼羣嶺，攢簇參席几。秀色互映帶，妙趣無彼此。炙轂辨難窮，轉物理若是。

由房内南間石巖蟠旋而下，爲蟠青室。

御製蟠青室詩戊寅　落落庭前千歲松，之而蟠屈儼青龍。荆凡閲盡元明世，依舊參天翠色濃。

由悦心殿前循山西行，有石橋。南北坊楔各一，前後各有榜，南向曰「涵秀」，曰「濯錦」，北向曰「挹源」，曰「艷雪」。渡橋有坊楔二座，前後各有榜，南向曰「芳渌」，曰

「舞藻」；北向曰「靜游」，曰「紉香」。其中爲琳光殿。殿後爲甘露殿。榜曰：「蓮界慈緣」，聯曰：「不二啟津梁，同歸法海；大千空色相，自覓心珠。」庭多奇石，環繞皆水。又後有殿，榜曰：「水精域」，聯曰：「鎮留嵐氣閒庭貯，時落鐘聲下界聞。」琳光殿北，延樓二十五楹，左右圍抱相合。御筆匾曰：「閱古樓」。乾隆丁卯，以內府所藏魏晉以下名人墨蹟，命儒臣擇其尤者鈎摹上石，爲御定三希堂法帖三十二卷。既成，以石刻列嵌樓壁上下，翰墨琳瑯，輝映廊廡。樓後層有匾曰：「翠湧虹流」。

御製閱古樓詩甲戌　寶笈三希萃法珍，好公天下壽貞珉。樓飛四面開屏幛，神聚千秋作主賓。不雜嬴劉誇博廣，略存魏晉要精真。游絲燈影參元契，大塊文章沆瀣津。

御製閱古樓詩甲戌　新題閱古署延樓，每與前賢共倡酬。一晌徘徊神別契，士衡賦識卓千秋。

御製閱古樓詩乙亥　精華四壁萃球琳，通會參餘怯背臨。獨喜惜陰澄靜照，更因稽古契遐心。

御製閱古樓詩丙子　目成此日吟中句，身在前朝望裏圖。著壁風華千古閱，與稽豈止繫斯須。

御製題閱古樓詩庚辰　壁勒千年字，架藏四部書。每因暇來憩，欣與古相於。翰墨漱芳潤，雲烟幻卷舒。欲詢陸司馬，所閲竟何如？

御製題閲古樓靜室詩庚辰　千秋法寶聚球琳，三寸離鈎妙義尋。大士如如破顔笑，威音那畔祇而今。

樓之後楹，平臨山池，建石亭於上，鐫御筆匾曰：「烟雲盡態」。其北爲畝鑑室。先是，乾隆癸酉於山之西麓闢地，得古井一泓，御製古井記以識其事。因於閲古樓北搆樸室三楹，周以步櫩，後臨方塘，引古井之水由石亭山池注之。御書顔其室曰「畝鑑」，聯曰：「天光水態披襟袖，岸芷汀蘭入畫圖。」左室聯曰：「山容空外秀，波態席前浮。」右室聯曰：「一泓水鏡呈當面，滿魄氷輪映舉頭。」後室聯曰：「鏡光呈朗照，竽韻發清機。」

御製古井記　白塔永安寺，蓋就瓊島故地而建。所謂廣寒殿、玉虹金露之亭，皆湮没不可考。適有所營葺，工人於山之西麓掘地得廢井一，瓻甃木盤，層纍鱗裓，尋丈以深，泃泃有水。不濁以習，巽下坎上，合羲經義，轆轤綆汲可致山巔。乃知輟耕録所稱「引金水河於山後，轉機運㪺至山頂」者，舍近求遠，妄也明矣。不寧惟是，所云「島土取自塞外」者，更妄也。當時縱爲厭勝，或少取塞外之土置此，則有之矣；豈有鑿掘輦致於數千里外以成是山之理？意者疏浚液池，不能移土於遠，即就近成此島耳。夫顯而易見者尚淆訛至此，史氏之耳食影談，任好惡而顛倒是非，吁可咤哉。井不可幕，而杜牧闢之，顧謂廢井之無水者，或致傷人。今得此於堙埋土封中，不浚可汲，導流助景，事半功倍，故樂從司工之請而存之。瓊華島始於金，至元時改稱萬壽山，或訛爲萬歲山，兹不具論。惟是甓甃盤幹，半千年物，而人視之與今之木若甎無以異。若夫宣德、成化之瓷，則人寶之，其初豈離土哉？物之托質，失尺寸而貴賤殊別，與夫人之好惡逐目役高下鮮定衡者，吾以慨古澄照，息其是非焉。

御製畝鑑室詩甲戌　方塘開一畝，樸室得三楣。古井新成記，春明昔費辭。松頭浴月影，藻面漾風漪。幽致今朝別，當前氷鑑宜。

御製畝鑑室詩甲戌　古井方深浚，天池訝迴成。漣漪半畝澈，風月四時清。繁藻頳魚躍，新林黃鳥鳴。寧惟斯用汲，即事凜王明。

御製畝鑑室詩乙亥　千年古井事新淘，山半渟流學濮濠。何必本來較高下，爐峯還比瀑簾高。

御製畝鑑室詩庚辰　疏剔得古井，事半功倍蕆。居然一畝池，巖腰鏡光展。小閣俯其上，每來興不淺。愛臨綺縠披，那問轆轤轉。激行雖有時，就下固無舛。所以子輿氏，示人曰性善。

御製畝鑑室有會詩庚辰　山池鑿半畝，㪺水貯泛瀲。得秋氣亦澄，依臨如披鑑。江湖所鑑廣，畝鑑如盆甖。然當照物時，明也原非暗。大智所未知，小智知堪念。執兩而用中，服膺慎莫厭。

御製畝鑑室詩辛巳 斠水渾成畝鑑池，書齋池上對偏宜。漫須致誚涸堪待，且看常逢盈不虧。一節之明皆自得，無私而照卽吾師。設如水落原非鑑，物意不留高更奇。

由閱古樓而北，爲漪瀾堂，據瓊島北麓，略仿金山規制爲之。南瞻窣塔，北俯液池，正中北向爲碧照樓。長廊六十楹，左右環繞俱有樓。東盡倚晴樓，西盡分涼閣。樓上聯曰：「空明愛天水，飛躍任鳶魚。」

御製雪後登碧照樓吟望詩己卯 昨已傳宣瓊島遊，詰朝積雪景偏幽。卽看氷影銀揩鏡，更勝波光碧照樓。古木揚猗梅破蕚，小山煥彩玉成邱。向來粉壁無題句，似爲今番清賞留。

樓下爲門，榜曰：「湖天浮玉」。入門卽漪瀾堂也。聯曰：「蘿逕因幽偏得趣，雲峯含潤獨超羣。」又曰：「籟動風滿谷，波澄月一奩。」西暖閣聯曰：「四面波光動襟袖，三山烟靄護壺洲。」堂後檐榜曰：「秀寫蓬瀛」。

御製題漪瀾堂詩癸酉 勝蹟遙思瓊島陰，每因餘暇一登臨。雲樓高下規浮玉，春樹參差吐鬱金。出浪魚喁披錦縠，入松風籟譜瑶琴。漪瀾匪慕滄浪意，舟水民情静會心。

御製秋日漪瀾堂詩癸酉　雁塔凌霄漢，鸞堂枕碧濤。色聲歸静域，草木盡仙曹。練影窗前飲，虹光堤外韜。微風看太液，真覺九秋高。

御製暮春漪瀾堂詩甲戌　岧嶢峙穹塔，衍漾浮液湖。畫樹疊峯稜，緑縠周堂除。白烟帶嫩柳，紫茸發新蒲。繢藻潛遊鱗，梯浪起飛鳧。妙趣上下察，神詮動植俱。三歎吾與點，言志何傷乎？

御製漪瀾堂詩甲戌　弓樣圍樓鏡樣波，中堂儼是影清娥。慢言七寶瓊居綺，不藉千枝桂樹娑。檐際光翻銀液藻，窗間聲按羽衣歌。獨予水鑒因心切，澄照何當惕對多。

御製漪瀾堂詩丙子　堂座漪瀾瀾未漪，澄觀恰得會心資。氣機理趣無多子，好是端倪藴釀時。

御製漪瀾堂詩己卯　春冰未泮湖，春氣已昭蘇。仙木吉祥御，綺屏瑞靄扶。獲金不殊地，浮玉宛成圖。比是新豐市，胡寬底藉乎？

御製題漪瀾堂詩庚辰　凍解碧瀾漪，憑窗又一時。影翻横梠練，色借蘸楊絲。圖畫難容擬，貞元誰所爲。高齋設致語，道是衹如斯。

御製漪瀾堂小憩詩庚辰　漭沆澄虚若鏡空，贏他鏡者漾微風。有情魚躍鳶飛共，無定遊絲燈影同。瑶島陰含五雲表，液池秋滿一窗中。澡身浴德時披對，學海因之數莫窮。

御製漪瀾堂詩庚辰　湖堂北向號漪瀾，太液秋風正好看。月朗雅宜常對鏡，桂香那藉更薰蘭。金山圖畫張京國，白帝權衡御水官。陡憶下河重被潦，民艱戚戚倩誰寬。

御製漪瀾堂詩辛巳　山北讀書堂，液池俯檻旁。因風常得態，無月定何妨。早識人情似，惟慚筆陣方。子輿觀有術，切己勉成章。

碧照樓之左爲遠帆閣，亦北向，閣上聯曰：「水光山色淡容與，雲帆月舫常留連。」又曰：「湧金何事稱圖畫，浮玉端知在户庭。」閣下南向扁曰：「層觀上躋」，東室扁曰：「即事多美」，聯曰：「雲卧天遊無不可，風清月白致多佳。」

御製遠帆閣詩庚辰　浮玉樓臺似，江天入企情。雖殊石簰側，亦有布帆横。頗覺宜風月，而非爲利名。遥瞻無恙者，疑過潤州城。

御製遠帆閣戲題詩庚辰　氏父見遠帆，如梭織未已。其景故入詠，高閣因成此。十來偶一登，十登偶一試。舟無七八多，行弗一二里。水亦豈云濶，帆亦何曾駛。黄頭已劼搨，不覺其勞矣。爲官驅怯往，爲己禁難止。一笑悟人情，人情即至理。

閣後爲道腴齋，聯曰：「風自涼經松越峭，月原明映水逾清。」西室聯曰：「静參倪筦禽魚適，悦可襟懷翰墨憑。」閣上聯曰：「石古泉清，軒窗爽且静；風恬露潤，花竹秀而鮮。」

御製道寧齋詩癸酉　仲舒對制册，道者治所繇。諸葛戒中郎，寧静非外求。是皆述公奭，至論昭千秋。虚齋顔道寧，以道寧能不。雕繪詎足尚，澹泊有餘休。無益不可作，自問殊難酧。

御製道寧齋詩乙亥　液池氷已泮，著處可橈停。窗納峯遥白，階含苔嫩青。韶光纔醖釀，春物未薰馨。静觀孰無志，艱哉以道寧。

御製道寧齋詩戊寅　祓禊流觴兩不須，湖山趁便小遊紆。對時真愜農桑慶，寧道非關視聽娱。風軟柳條皆綰玉，雨餘花樹尚貫珠。窗前擬謝芳菲節，一卷言經静味腴。

漪瀾堂之右有堂，匾曰：「晴欄花韻」，聯曰：「樹將暖旭輕籠牖，花與香風並入簾。」西室匾曰：「壺天」，東室匾曰：「宜雪」。前有臺與堂相對，堂右爲紫翠房。

御製紫翠房詩庚辰　漪瀾堂畔室，假山圍茜峭。傑池互羅落，嶙峋入窅窱。紫翠幻萬狀，朗朗延曦照。生色畫屏張，誰能觀儌妙。

房之東爲蓮華室，聯曰：「相於明月清風際，只在高山流水間。」

御製蓮華室詩戊寅　玉芙蓉上置精舍，櫺樣都摹君子花。偶至不妨結清習，炷香閲妙法蓮華。

相對有小室，匾曰：「真如」。供梵王像。聯曰：「黄花翠竹常相住，仙露明珠自在心。」

漪瀾堂之後，奇石萬疊，巖壑玲瓏，石洞攀援出山頂，有亭，爲摺扇形。扁曰：「延南薰」，聯曰：「五明招得薰風奏，七寶修成璧月清。」其東，山上有亭，扁曰：「一壺天地」。

御製賦得一壺天地詩庚辰　十笏無餘地，一壺有別天。虚窗足攬結，詰徑偶延緣。寥落四禪表，希夷萬景全。神謀惟妙達，俗慮不期蠲。領要契元始，入微得自然。張中如驀遇，那擬問金編。

亭東爲環碧樓，樓前有小石平臺。

御製環碧樓詩丙子　窈窕迴廊宛轉通，到來層搆聳壺中。討源每以初艱致，得趣因之轉不窮。座挹山光兼水態，窗延秋月與春風。憑高望遠真空濶，正藉巖枝護鬱葱。

御製環碧樓詩丁丑　一樓一室各稱名，得概隨方自會情。著語再三率因便，搜題左右不妨生。重陰疊翠地無隙，玉露金風天與清。最喜近郊堪縱目，村村寶穡望西成。

御製環碧樓詩庚辰　危昂石筍矗崚嶒，迴得雲樓倚曲陵。萬碧叢中行不盡，到來騁望更欄憑。

由樓繞廊而下爲嵌巖室，聯曰：「澗築松濤相問答，峯容波態總氤氲。」

御製嵌巖室詩丙子　見天於仙壺，生樹不土壤。谷情有顧盼，峯勢自偃仰。揭簷低可尋，布席方容丈。近步雖縈紆，遐視極寥朗。王宰奚形容，韓衆或來往。

御製嵌巖室詩丁丑　假山似真山，巀嶭亦岨峿。結宇依峭蒨，時時落花雨。會之乃不窮，卽之復無所。人境誰使然，於斯難著語。

西渡石橋，有亭曰「小崑邱」。由亭西南石磴委宛而上，有平臺石柱，爲銅仙承露，卽道寧齋後也。承光殿之東與蕉園門相對者爲桑園門。入門循池東岸而北數百步，過陟山門、篍門，路西有水殿一區，以藏御舟。路東，門三楹，西向，入門，循廊躡山而北，有堂據山巔，北向者曰「雲岫」，聯曰：「風月清華嬴四季，水天朗澈繞三洲。」

御製雲岫厂詩己卯　坐來恠底濕衣襟，却見英英出碧岑。一縷欲飛何處去，定知瓊島作春陰。

御製雲岫厂詩己卯　湖水未增波，岫樹已迴翠。夏季景始佳，雨後雲生易。巖廊接芸室，拾級探幽致。逐步薈蔚狀，愜懷蒼茫意。

西向者曰「崇椒」。由崇椒長廊曲折北下，有軒，北向臨池，榜曰：「濠濮間」。軒內匾曰：「壺中雲石」。聯曰：「眄林木清幽，會心不遠；對禽魚翔泳，樂意相關。」又曰：「畫意詩情景無盡，春風秋月趣常殊。」

御製賦得濠濮間詩己卯　峭蒨青葱表，澄漪綺碧潯。聊因搆樸屋，詎欲擬華林。俯仰得天趣，沖融散遠襟。生機含水石，靜度逮魚禽。信矣堪明志，於焉亦會心。六朝非所企，渭上倘容尋。

池三面，纍石爲山，東有水洞二，水之來去所經也。軒北有石梁，曲折池面，北接石坊。坊上石刻横書，南向曰「山色波光相罨畫」，北向曰「汀蘭岸芷吐芳馨」。又石刻聯二，南向曰：「日永亭臺爽且静，雨餘花木秀而鮮。」北向曰：「蘅皋蔚雨生機滿，松嶂横雲畫意迎。」由石門而北，門三楹，入門爲春雨林塘。殿内匾曰：「動静交養」，聯曰：「烟景入疏簾，圖書帶潤；波光縈曲岸，水木餘清。」東室聯曰：「迴如碧宇吟懷曠，閒寄白雲幽興長。」後軒臨方池，榜曰：「空水澄鮮」，聯曰：「雨餘山色深於黛，風定波光正可人。」

御製賦得春雨林塘詩庚辰　靄靄纔彌谷，淒淒遂灑春。論時真及節，稱德乃爲仁。林暗輕烟合，塘明細浪皴。微寒夫豈礙，嘉澤更希均。接上連枝杪，入虛起蘊淪。情知緑野外，明日出耕人。

池北相對爲畫舫齋，匾曰：「竹風梧月」，東室聯曰：「詩句全從畫裏得，雲山常在鏡中留。」東次聯曰：「於淡泊中尋理趣，不空色際忘言詮。」又曰：「常借青山作屏障，由來大塊假文章。」西室門匾曰「浴德」，曰「汲古」，聯曰：「布席只疑天上坐，憑欄何異鏡中遊。」一室内聯曰：「雲容水態不相厭，畫意詩情分與投。」又曰：「窗近春洲，宛爾棹波聞欸乃；簾開秋水，恍然載月漾空明。」四周以廊，臨瞰方池，澄波映照，不殊浮畫船於碧波中也。

御製畫舫齋詩己卯　松棟俯林塘，如維青雀航。風荷呈静影，烟樹入晴光。圖畫參生動，詩書閲古芳。憑窗成小憩，興寄米襄陽。

御製題畫舫齋詩己卯　樸齋幾架俯琳池，等度名稱畫舫宜。明月清風自無盡，�篙桂棹底須施。滄浪清濁付童子，烟雨瀟湘訝虎兒。祇有載舟規義切，十思疏裏得吾師。

御製題畫舫齋詩己卯　畫舫乘來畫舫齋，是同是異費安排。虚舟若悟南華旨，所遇欣之總大佳。

御製畫舫齋詩庚辰　芸齋臨鏡瀾，涵漪清可愛。仰觀俯而察，古稽文與佩。顔之曰畫舫，詎學襄陽再。譬如亘大地，咸知水以載。何屋而非舟，舟寧獨此在。誰能具達觀，於斯悟津逮。

御製是日復至畫舫齋詩庚辰　賓筵賦罷小優游，韶月壺天耐賞酬。已似乘浮氷欲解，却原不共水常流。高飛迴雁猶猜櫓，負陟潛鱗未受鉤。綈几瑶箋供置句，拈吟真是泛虚舟。

御製畫舫齋詩庚辰　宿齋復還宫，北至將臨祀。路便憩水堂，雨後景尤美。景美非所耽，戒深允宜揣。譬如水載舟，前賢揭其旨。對時企薰絃，觀物凜金柅。

御製畫舫齋詩庚辰　畫舫予所喜，云舟不是舟。雅宜風澹蕩，那共水沉浮。荷浄初過雨，竹涼颯似秋。分明太液上，借與米家遊。

池上兩廊各有室，東曰「鏡香」，聯曰：「静與心謀寧有色，香生鼻觀亦無空。」又曰：「露湑花遞馥，風動水生紋。」西曰「觀妙」。

御製鏡香室詩庚辰　花向鏡中看，香亦鏡中吐。六根及六塵，錯綜互水乳。本來無定相，名字幻爾汝。曰鼻觀目嗅，羣指爲妄語。蒼頡輾然笑，已定難易古。不如且臨鏡，雨後風前佇。是謂君子室，實卽化人所。

御製鏡香室詩庚辰　灑然書室俯琳塘，鑑古欣披瀲灧光。浄植真成佛土卉，風前時散鏡中香。

齋左水石間，有古槐一柯，構亭其間，顏曰「古柯」，聯曰：「金波長漾中秋月，玉鏡平分明聖湖。」

御製古柯庭詩己卯　庭宇老槐下，因之名古柯。若尋嘉樹傳，當賦角弓歌。閱歲三百久，成陰數畝多。底須向王粲，工拙較如何。

御製古柯庭詩庚辰　古槐五百年，幾度荆凡閱。春明跡已邈，淳于夢亦歇。閒亭構其側，几榻皆清絶。樹古庭亦古，偶憩輒怡悅。滿庭緑瓊陰，一窗黄夾纈。顧竹如得朋，比榆自多潔。壁間逸史畫，早爲傳神設。

庭後有室，西向，匾曰：「奥曠」，聯曰：「山參常静雲參動，躍有潛魚飛有鳶。」

御製奥曠室詩己卯　月廊通曲奥，雲牖納虚曠。得概既不一，會趣亦殊狀。清音憑暗泉，静寄對奇嶂。位置信遠俗，俯仰堪生暢。而何每慊然，未敢吾心放。

畫舫齋之右，池上架石梁，搆廊其上，曲折達於西室。匾曰：「小玲瓏」，室内匾曰：「得真趣」，聯曰：「有懷虚以静，無俗窈而深。」又曰：「雨後峯姿都渥若，風前竹韻特悠然。」

御製賦得小玲瓏詩己卯　洞房通窈窕，虚牖納嶙峋。於小偏得趣，惟清不受塵。光含月淰淰，質擬玉璘璘。蓦遇蘇公買，仇池可結隣。

水殿之北爲龍王廟。廟後中路，有小渠亘之，自太液池注水入春雨林塘者也。上有橋，橋南北，坊各一，南向榜曰「貯月」，曰「摛錦」；北向榜曰「軼雲」，曰「延春」。渡橋北行，即蠶壇也。

先蠶壇在西苑東北隅。先是，聖祖仁皇帝時於豐澤園之左設立蠶舍，養蠶以繅以織。世宗憲皇帝允禮臣議，建先蠶祠於北郊，比先農。皇上御極之七年，命議親蠶典禮。廷臣議以北郊蠶壇道遠，皇后親莅未便，且其地水源不通，無浴蠶所。考唐宋時后妃親蠶，多在宫苑之中。明代亦改建於西苑，宜從舊制。上允其議，命所司相度建壇。

兹地垣周百六十丈，南面稍西，正門三，左右門各一。入門爲壇一成，方四丈，高四尺，陛四出，各十級。三面樹桑柘，西北爲瘞坎。壇東爲觀桑臺，高一尺四寸，廣一丈四尺，陛三出。臺前爲桑園，臺後爲親蠶門。入門爲親蠶殿。殿内御筆匾曰：「葛覃遺意」，聯曰：「視履六宮基化本，授衣萬國佐皇猷。」殿廣五楹，東西配殿各三楹。殿後爲浴蠶池，池北爲後殿。殿内御筆匾曰：「化先無斁」，聯曰：「三宮春曉覘鳩雨，十畝新陰映鞠衣。」屏間俱繪蠶織圖。後殿規制如前殿，均覆以緑琉璃瓦。宮左爲蠶婦浴蠶河，自外垣之北流入，由南垣出，設牐啓閉。南北木橋二，南橋之東爲先蠶神殿，西向，覆以緑瓦。左右牲亭一，井亭一。北爲神庫，南爲神厨。殿垣左爲蠶署三間。北橋之東有屋二十七楹，西向，是爲蠶所，皆符古制云。由蠶壇沿隄西北，爲鏡清齋。面池門三楹，入門爲荷沼。沼北，南向堂五楹，不施丹雘。榜曰：「鏡清齋」，齋内匾曰：「不爲物先」，聯曰：「照檻浄無塵，風來水面；開簾光有象，月印波心。」又曰：「憑觀悟有術，妙理契無爲。」又曰：「庭餘松竹足消夏，架有詩書藉討源。」東室聯曰：「圖書左右周旋久，翡翠蘭苕浴浪鮮。」後軒聯曰：「峯姿濯翠入澄照，鏡影含虚愜曠懷。」

御製鏡清齋詩戊寅　臨池搆屋如臨鏡，那藉旃摩亦謝模。不是物形妍醜露，每因憑切奉三無。

御製鏡清齋即目詩戊寅　依依冷節過藏烟，咫尺壽皇展謁旋。景物雖憑有餘慕，色空都幻若爲緣。底須遂過修穹塔，擬向知非種福田。流水行雲何住著，犂然澄動會當前。

御製仲春鏡清齋得句己卯　邇日春雲屢作陰，經筵適罷偶遊臨。知仁山水樂非獨，易簡乾坤趣可尋。五點三點雪飛采，一聲兩聲雁送音。當前澄照涵精理，察察爲明戒在心。

御製鏡清齋詩己卯　池上搆齋虛，池光漾綺疏。詎將形示物，每以鑑開予。照膽何須爾，澄懷祇澹如。設誠因水喻，亦欲戒無魚。

御製雨中憩鏡清齋詩庚辰　水齋玉蝀北，液渚桂舟通。却爲還宮内，乘閒憩雨中。披來欣颯沓，望去轉溟濛。活汞揩摩後，明當朗鑑銅。

御製題鏡清齋詩庚辰　輕騎取乘涼，西苑早云到。如此神仙境，騎過寧非躁。况本無急務，路便一觀徼。鏡清真鏡清，不示憎與好。萬物備於斯，坦然祇澄照。

御製鏡清齋作辛巳　水蓋鏡之静，照物每呈象。水蓋鏡之動，既照還滌盪。是時春水生，容裔澄而朗。可因悟代謝，無不欣俯仰。書齋展易讀，動静兹交養。

御製季夏鏡清齋作辛巳　皇子成婚返禁林，水齋取便一來臨。石泉過雨聲偏壯，夏木鋪陰翠益深。成趣静因工斷手，引機動以景怡心。如駒迅影卽常住，何礙星星鬢角侵。

御製鏡清齋詩辛巳　階倚琳塘若住空，含虚鏡影入窗中。無於水鑑於民鑑，義喻載舟原可通。

御製雪中鏡清齋詩辛巳　水鏡風與開，氷鏡雪與揩。開或光無定，揩實朗益佳。配藜照曜呈，上下晶明皆。觸景得新會，今朝雪裏來。

齋東臨池有室，爲抱素書屋。

御製題抱素書屋詩戊寅　書齋顔抱素，瀟灑得天然。窗畫森疏竹，階琴滴暗泉。每因悟禮後，還與慎幾先。略識葆光義，南華齊物篇。

御製抱素書屋詩庚辰　樸斲書齋研席清，涵今茹古足陶情。詎惟繪事斯津逮，益欲淳風是訓行。

由書屋東廊而下，爲韻琴齋。西向聯曰：「賞心樂事無倫比，妙色真聲兼占之。」又聯曰：「爽澄蘭沼波吹細，風度松林籟泛輕。」

御製韻琴齋詩戊寅　調軫拭徽都謝，春温廉折自呈。惟是角徵關意，未須雲海移情。

御製韻琴齋詩辛巳　曲廊側畔千竿竹，聽去琤琮望轉深。何必定於俯流水，方將謂是韻文琴。不關指上宫商調，常愜心源微妙音。隔牖猗猗如有語，勝他桐向爨餘尋。

齋左向南一亭，臨太液池岸，榜曰：「碧鮮」。鏡清齋之西，有山池石梁，築室其上，榜曰：「畫峯室」，聯曰：「花香鳥語無邊樂，水色山光取次拈。」

御製畫峯室詩戊寅　紫邏青縈户外山，畫情憑足悦幾閒。若於藝苑尋名氏，只在倪黄伯仲間。

御製畫峯室詩辛巳　蹬石度溪流，書室秀而野。初不知有峯，峯列北窗也。高下入畫情，是誰逸筆寫。謝客句斯拈，李仙燭斯把。丹青色或渝，松杉韻非假。奇在聽有聲，瀑布泠泠瀉。

鏡清齋之後，北臨山池。池左右皆峯巒巖洞。飛瀑流泉，縈洄環注，池中有石壩，上下潺湲不絶。架廊三楹於上，爲沁泉廊。

御製沁泉廊詩己卯　回回百道泉，其上三間屋。漾影惟雲霞，品聲定絲竹。却憶夏月旱，缾罄罍亦恧。今來弄汜光，瀺灂清可掬。流爲太液波，潛飛任魚鷺。於此悟深原，一足無不足。

御製沁泉廊詩庚辰　緑雲如蓋石泉流，把筆巖廊小憩留。風爽雲閒樹蟬亮，與人著意報新秋。

御製沁泉廊納涼詩辛巳　雲廊對鏡齋，沁泉斯其名。引水流屋下，落溪颯有聲。步屧過石橋，乘涼坐南榮。松風送爽來，正值宿雨晴。澄照與清聽，均足怡神情。因悟就濕性，所貴由天成。搏激夫何爲，子輿論實精。

廊西有巖，幽邃窈窕，石門岈然。巖上爲枕巒亭，四周皆山也。

御製枕巒亭詩己卯　小山結搆儼三叜，俯視如臨大壑瀼。著個笠亭嵂崒頂，祗疑蓮朵湧珠宮。

御製枕巒亭詩辛巳　假山壘真石，相忘以歲久。四柱枕其巔，風月隨所受。峭蒨蒼崖矗，傑池翠陰糾。豈不在城郭，居然謂林藪。移情咫尺間，濠濮夫何有。

廊東有石橋，橋南即抱素書屋。橋北繞池由石磴而上，爲罨畫軒。東室聯曰：「一室之中觀四海，千秋以上驗平生。」西室匾曰：「標青」。

御製罨畫軒題句詩戊寅　適步讀畫廊，高軒見罨畫。來憑罨畫窗，讀畫隔岸對。彼此誰主賓，一例供清會。景納春秋佳，格究倪黄派。想象軒有言，却不勞行邁。

御製罨畫軒詩庚辰　小憩雲軒片刻閒，俯臨近水復遥山。石渠底用攜佳卷，六法天然丈室間。

御製罨畫軒得句詩庚辰　罨畫今朝又覺殊，紅霞影襯緑雲鋪。分明倩馬和之筆，寫得荷亭納爽圖。

御製罨畫軒詩辛巳　畫水謂之水，畫石謂之石。惟其有定名，未能免浮跡。茲軒號罨畫，初無成見擇。波態復嵐光，風清與月白。偶來一俯仰，觸目皆莫逆。點筆詠真圖，身在圖中適。

循軒東廊而南，有屋兩楹，北俯清泚，榜曰：「焙茶塢」，聯曰：「巖泉澄碧生秋色，林樹蕭森帶曙霞。」

御製焙茶塢詩戊寅　石上泉依松下風，竹罏製與惠山同。蔡襄不止工其法，因事還思善納忠。

由鏡清齋沿隄西南爲西天梵境。有琉璃牌坊，南臨太液池，南向榜曰：「華藏界」，北向榜曰：「須彌春」，坊北山門榜曰：「西天梵境」。入門爲天王殿，左右石幢二，左刻金剛經，右刻藥師經。殿後爲大慈真如寶殿，御筆匾曰：「恒河演乘」，聯曰：「無住蔭慈雲，葱嶺祇林開法界；真常揚慧日，鷲峯鹿苑在當前。」又北向聯曰：「日月輪高，眄七寶城如依舍衛；金銀界浄，湧千華相正規優曇。」殿後歷級而登，有大琉璃寶殿。殿二層，榜曰：「華嚴清界」，聯曰：「七寶同莊，金界普成具足相；三輪共轉，玉毫齊放大圓光。」又曰：「現法化報身，分湧真常連葉；攝聞思修教，並拈微妙曇華。」殿四面，迴廊六十七楹，四隅各有樓相接。西天梵境之西，有琉璃牆如屏障，牆北爲真諦門。門内爲大圓鏡智寶殿。殿内匾曰：「法界真常」，聯曰：「歡喜普人天，增五福德；莊嚴護龍象，現八吉祥。」殿後有亭曰「寶網雲亭」。亭北及左右屋宇四十三楹，皆貯四藏經板之所也。

太液池之北有亭五，中曰龍澤，左曰澄祥，曰滋香；右曰湧瑞，曰浮翠。亭建水中，面臨北海，所謂五龍亭也。亭後石坊二，南向榜曰：「性海」，北向榜曰：「福田」。其北爲闡福寺。

御製闡福寺碑文　太液池之北有亭五，翼然臨於水裔。玉蝀前横，瓊島東抱。波光塔影，淪漣映帶。亭之北綴以閒館，爽塏軒豁，蓋仍前明之舊。康熙中，皇祖臨駐西苑，常奉太皇太后避暑於此。後以其地奉安仙馭几筵，遂相沿爲内廷遷次之所。越乾隆七年，肇先蠶壇於液池東北隅，相距甚邇。聖母皇太后以繭館盛儀，宜致蠲潔，命改建佛宇。朕遵懿旨，爰出内帑，勅將作葺其舊址，略爲崇飾。寶坊傑竪，香刹雙標，用如幻金剛三昧造大法像，高丈六者三倍之而羸，具慈愍性，有大威神，搆層簷以覆之。珠網璇題，金碧照耀，冠於禁城諸刹。上爲慈聖祝釐，下爲海宇蒼生祈祐。始事於乾隆乙丑三月，越明年八月告成，因名之曰「闡福」。思自無始刼來，生人生物，凡諸福德，各各具有，亦各具足。而彼衆生，芸芸冥冥，惟以各得所欲爲福。未得求得，已得求益，無有饜足。爲嗔爲忮，爲丐爲寇，窮刧相尋，輾轉纏縛。時惟因陀羅秉南面權，廓紘恢綱，約以皇度，馭以禁憲，沐以膏澤，浸以醇醲，敷錫多福於有生衆。厥有生衆善根深固，一心信嚮，正知正見，屏諸邪雜，咸得福慶。安樂老壽，滿所願欲。如其弗祇弗延，迺背而馳，式抵大戾，備諸苦惱，亦其自取。大慈氏發洪誓願，施無畏力，拯諸厄難，隨聲赴感，一時普度拔去孽根，頓生福慧。孽緣净盡，福應備臻，於其本來了無欠缺。要知法王非以己福施彼衆生，亦非别能於彼衆生有所增益。凡此諸福，衆生自有，亦各具足，能仁慈悲，遂得普度。古聖帝明王斂福錫福，其亦有同於此也耶！乃闡其義而説頌言：一切有爲法，不能造諸福。能受諸福者，皈依法王力。譬坐暗室中，迷悶不得出。忽遇大力人，闢門開四牖，因得大光明。此大光明相，非藉他目見。又如沉巨海，飄泊無邊底。忽遇大慈航，脱離惡濁浪。及登彼岸已，乃適得本來。告爾種福因，衆生性具足。迷惑不自知，種種成顛倒。願依法王力，恒河沙衆生。乃至未來刧，自性悉清净，各各受諸福。恒河沙衆生，所受諸福德。同一清净性，是爲福德聚。

入寺門爲天王殿。殿後榜曰：「宗乘圓鏡」，聯曰：「妙華普現無窮境，慧日常懸自在天」。再後爲大佛殿，規制宏敞，倣正定隆興寺。重宇三層，簷前各有御書匾額，其上層曰「大雄寶殿」，中曰「極樂世界」，下曰「福田花雨」。聯曰：「真諦别傳，趨妙莊嚴路；能仁權應，現常清浄身。」殿内榜曰：「有大威德」，聯曰：「放百寶無畏光明，歷刼智珠長朗；入三昧甚深微妙，諸方心印同圓。」

御製闡福寺大佛用去歲正定隆興寺禮大佛詩韻丁卯 我聞如來超過一切圓覺與聲聞，天上天下稱獨尊。弟子萬二千人俱，孰登其堂孰入門？三身四智定何有？如水印月空寫雲。四十九年未曾説一字，文殊大士何乃請再轉法輪？乃今巍巍堂堂現實相，横遍妙界其高傑竪窮蒼旻。圍繞提婆那伽與其眷屬，各肅肅蹴踏閃多伽耶及諸異類甡紜紜。儵忽纔鑿七竅混沌死，異哉千手千眼誰與爲疏分？憶我去年巡冀野，時則十月星乃辰。隆興古寺問象教，佛香高閣瞻金神。屏息不能一詞贊，倚欄聊息塵中身。歸來落成值此寺，是一是二徒云云。久欲成詩頌相好，其如萬慮常縈塵。穿池曾未聚衛士，督工奚用命將軍。翼然五亭臨水裔，勝國遺蹟今猶存。薄伽演梵五乘具，慈寧祝釐一念真。其旁瀟灑築書室，研席清事還堪論。徘徊得句賡舊韻，所欣俯仰迹成陳。黏壁聊復記時日，歲維丁卯月小春。

再後有殿，御筆匾曰：「真實般若」，聯曰：「正法眼長明，慧燈不滅；無漏身自在，性海遥通。」一寺東爲澂觀堂，堂内匾曰：「水天清永」，聯曰：「青未了時山障合，白初出處月窗虚」。堂之後有殿，匾曰：「寄清浄心」，聯曰：「雲移峯影天常静，風蹙波紋水不知。」皆爲御筆。

御製澄觀堂詩庚辰　五龍亭久液池堧，闡福重修種福田。大抵舊聞增日下，何妨新額揭簷前。春風秋月隨時會，後樂先憂與物甄。澄到無澄觀始得，心期擬似水同然。

闡福寺之西有門，外爲通衢，即陽澤門道也。

雍和宮

雍和宮在皇城東北，世宗憲皇帝藩邸也。登極後命名曰「雍和宮」。皇上御極之十年，念龍池肇迹之區，非可褻越。因莊嚴法相，選高行梵僧司守，以示蠲潔崇奉之意。宮前左右寶坊二，左之前榜曰：「慈隆寶葉」，後曰：「四衢浄闢」。右之前榜曰：「福衍金沙」，後曰：「十地圓通」。正中石坊一，南向，前匾曰：「寰海尊親」，後曰：「羣生仁壽」。自是而内，甬道綿亘，爲昭泰門。門以内東西列碑亭。中爲雍和門。門内天王殿，匾曰：「現妙明心」，聯曰：「法鏡交光，六根成慧日；牟尼真浄，十地起祥雲。」左右環以迴廊，正中爲雍和宮，聯曰：「接引羣生，揚三千大化；圓通自在，住不二法門。」宮後爲永佑殿，聯曰：「般若慈源，覺海原無異派水；菩提元路，德山相見別峯雲。」殿後爲法輪殿，匾曰：「恒河筏喻」，聯曰：「是色是空，蓮海慈航遊六度；不生不滅，香臺慧炬啓三明。」左右山殿各三楹。左爲藥師壇，聯曰：「甘露灑芳林，香飛薝蔔；法雲開慧海，光徹琉璃。」又曰：「華海慈航，宏仁恢六度；香臺慧炬，朗照啓三明。」殿後爲萬福閣，匾曰：「放大光明」，聯曰：「以不可思議説微妙法，具無量由旬作清浄身。」又曰：「説法萬恒沙，金輪妙轉；觀心一止水，華海常涵。」又曰：「丈六顯金身，非空非色；大千歸寶所，卽境卽心。」又曰：「合大地成形，非有爲法；與衆生同體，作如是觀。」中層匾曰：「浄域慧因」，下層匾曰：「圓觀並應」，聯曰：「慧日麗璇霄，光明萬象；法雲垂玉宇，安隱諸方。」東爲永康閣，聯曰：「慧日朗諸天，圓輝寶相；吉雲垂大地，浄掃塵根。」西爲延綏閣，聯曰：「獅座寶花，拈來參妙諦；檀林法乳，觸處領真香。」閣後爲綏成殿，乾隆元年敬安世宗憲皇帝神御，皇上歲時展禮。洎重建壽皇殿落成，遂移奉焉。

御製雍和宮碑文　我皇考世宗憲皇帝肇封於雍邸，在京師艮維，與太學左右相望。逌紹纘大統，正位宸極，爰命舊第曰「雍和宮」，設官置守。甍宇堊飾，無增於昔，示弗忘也。越歲乙卯，弗弔昊天，龍馭上賓，攀髯莫逮。維時喪儀具展，禮當奉移。念斯地爲皇考藩潛所御，攸躋攸寧幾三十年。神爽憑依，倘眷顧是，迺卽殿宇而飭新之，以奉梓宮。易覆黃瓦，式廓門屏，櫺星綽楔，規制略備。洎山陵禮成，於此敬安神御，歲時展禮，至於今十稔。予小子紹庭陟降之忱，朝夕罔釋。深惟龍池肇迹之區，既非我子孫析圭列邸者所當褻處，若曠而置之，日久蕭寞，更不足以宏衍慶澤，垂熹於無疆。曩我皇考孝敬昭事我皇祖，凡臨御宴處之適且久者，多尊爲佛地。曰福佑寺，則沖齡育德之所也；曰恩佑寺，則鼎成陟方之次也。永懷成憲，厥有舊章。而稽之往古，「修真」本唐高龍躍之宮，「慈慶」乃渭水慶善之宅。宋則祥符錫慶，祠號「景靈」。咸因在潛之居，實曰神明之隩。後先一揆，今古同符。是用寫境祇林，莊嚴法相，香幢寶網，夕唄晨鐘，選高行梵僧居焉，以示蠲明至潔也，以昭崇奉至嚴也，以介福釐至厚也。我皇考向究宗乘，證涅槃三昧，成無上正等正覺。施洽萬有，澤流塵刼，帝釋能仁，現真實相，羣生托命，於是焉在。豈特表範睟容，爲章浄域已哉？予小子瞻仰之餘，間一留止，緬憶過庭，怵惕興慕。敬勒石以紀，系以頌曰：「於皇皇考，禔福無疆。奕奕朱邸，積慶流長。乘六以御，兹焉發祥。時雍協和，聖謨孔彰。其一 鼎成於湖，神御攸奠。陟降在天，聖靈式眷。愾乎斯聞，僾乎斯見。超宋景靈，邁唐慶善。其二 懿彼浄覺，廣樹良因。澄圓性海，般若通津。慧燈普照，法寶常新。敷華玉地，轉曜金輪。其三 矧是丹宮，藩封拜賜。載寢載興，凝喜集瑞。人世香臺，梵天忉利。擁吉祥雲，開歡喜地。其四 標新福界，冥契慈緣。雁堂集侶，鹿苑棲禪。香華送雨，貝葉霏烟。雲車風馬，歆顧珠筵。其五 仰惟聖德，昊天罔極。以妙明心，運大願力。孰爲權應，孰爲真實。無去無住，歷止千億。其六　慈雲廣蔭，甘霔長濡。入涅槃海，繫如意珠。恒沙大千，共味醍醐。不可思議，浹髓淪膚。其七　灼灼靈儀，巍巍瑞相。言瞻言依，徘徊惻愴。十地四天，鴻恩融暢。盡未來際，永資慈貺。其八」

御製八月二十三日皇考二週諱辰，以禾稼盈疇，勉從諸王大臣請，未得恭謁泰陵，謹於雍和宮行禮。中懷耿耿，孺慕莫伸，灑淚述哀，敬成一律丁巳　淒淒涼露雨沾裳，每憶音容痛斷腸。寢殿秋深冠劍肅，鼎湖雲隔路途長。未酬高厚懷終古，豈意星霜歷大祥。去歲几筵猶在望，迴看雍邸助悲傷。

御製清明日雍和宮行禮感成長句辛酉　六載流光逝水同，悽愴孺慕思無窮。當年侍膳躍龍沼，此日含哀興慶宮。祇擬承歡春夢裏，可能聆訓午庭中。徘徊欲去還留住，無限悲雲滿碧空。

御製謁雍和宮作甲子　僾聞愾見，仰聖日於光天。瑶宇琳宮，表躍龍於兹地。宛爾疇昔，悽然賦詩。　翠華來舊地，寶相寫新蓮。興慶當年邸，無生曩日禪。詎資師象力，如是色空詮。結構棲真宇，徘徊浴日淵。春音驚電閃，芝字尚星懸。東壁圖書府，虛庭霜露邊。秋風空拂席，春鳥不調絃。眼底明如幻，窗前影復遷。式觀增惕息，欲去重留連。獨憶趨庭日，瞻雲意惘然。

御製宿雍和宫感成長律庚午　躍龍邸第象筵施，來往因緣每駐兹。漫擬福田原有爲，藉非佛地更何宜。盆榴宛復簪符節，庭草猶然拜訓時。即我而今知愛子，雲天仰睇邈含悲。

宫之東爲書院。院門三楹，入門爲平安居，匾爲世宗憲皇帝御筆。殿内御筆匾曰：「因寄所托」。後有書室三楹，其北有堂。堂後爲如意室，匾亦世宗憲皇帝御筆也。殿内御筆匾曰：「與天遊」。東室爲佛堂，聯曰：「於澹泊中尋理趣，不空色際忘言詮。」西室内聖祖仁皇帝御筆匾曰：「爲善最樂」，御筆聯曰：「情將物外適，道與古人期。」如意室之後，正中南向爲書院正室，世宗憲皇帝御筆匾曰：「太和齋」。又匾曰：「爲善最樂」，聯曰：「種德在寬仁，俾昌爾後；立身惟忠孝，永建乃家。」皆聖祖仁皇帝御筆。東寢宫，御筆匾曰：「窗含遠色」，西室屏門上，前曰：「勸農」，後曰：「課織」。繪耕織圖於屏間。庭中爲山。山東南有亭，世宗憲皇帝御筆匾曰：「翼然」。齋後殿二重，其前，御筆匾曰：「静挹化源」。大和齋之東，其南爲畫舫。舫之後，左右迴廊相接，北向有臺，匾曰：「大塊文章」。其南向正室與臺相對者，聖祖仁皇帝御筆匾曰：「五福堂」。堂内御筆匾曰：「悦目賞心」，聯曰：「大德曰生，到處和風甘雨；與民偕樂，隨時擊壤歌衢。」堂後有書室數楹，御筆匾曰：「幽偏自怡」，聯曰：「健行乾不息，遜志益無方。」太和齋之西爲海棠院，匾爲世宗憲皇帝御筆。

院内御筆匾曰：「香紅雨」，院後書屋匾曰：「清暉娱人」，聯曰：「雲山觀動静，花木驗農桑。」又後室御筆匾曰：「高雲情」。由海棠院西循廊而北，有長房一帶横繞，由長房之西臺門拾級上下，更後延樓一所，西爲斗壇，聖祖仁皇帝御筆匾曰：「祝齡壇」。壇東爲佛樓。樓前有平臺。其東佛堂三楹，宫西爲關帝廟。廟内佛殿，匾曰：「香林寶月」，亦御筆也。

國朝宮史卷之十七

經費

王制：「冢宰制國用，量入以爲出。」國家法制，一切財用，歲有定額。至於内廷經費，則領於内務府，不以煩度支焉。謹考周官九式，羞服、幣帛、匪頒、好用，蓋兼内外而言之。若宮正均其稍食，宮伯掌其衣裘，各有專職，法綦備矣。後代史家多詳宮中名位設立，其所云秩視某官者，亦僅約略等次；而財賦出入，未之有紀，或相習於奢侈。有明之季，脂粉錢歲至四十萬兩，内用薪炭，巧立名色，糜費更甚。我聖祖仁皇帝鑒往規來，禁浮返樸，垂爲誡諭，家法昭然。皇上儉德永圖，親加釐定，上自后妃嬪御，下暨左右灑掃之役，限之以等威，析之以日月。上下稱其位，豐約適其宜。謹小慎微，斟酌至善。惟慈寧大慶，必隆禮備物，竭情盡慎，於是乎有侑觴之奉，有日進之儀，明乎以天下養德之至也。若夫躬行儉約，以風示海内，日用飲食，皆有恒經，載諸宮中則例者，具可考稽。昔貢禹奏循古節儉而推其效，至於家給人足，天下太平。臣等排纂之餘，且以慶我朝郅治之隆，所以户有蓋藏，民多富庶者，此道得焉耳。謹志經費三卷，以昭億萬年法守。

經費一

鋪宫

皇太后　玉盞金臺一副、金執壺二、金方一、金盤十五、金碟六、金盌五、金茶甌蓋一、嵌松石金匙一、金匙二、金鑲牙箸一雙、金雲包角桌二、銀方一、銀盂一、銀盤四十、銀碟十、銀碗十五、銀茶甌蓋十、銀匙十五、銀鑲牙箸十雙、銀茶壺三、銀背壺十五、銀銚四、銀火壺二、銀鍋二、銀罐二、銀罐三、銀杓四、銅提爐二、銅八卦爐四、銅手爐二、銅瓦高燈六、銅遮燈二、銅蠟簽十四、銅剪燭罐八副、銅簽盤五、銅舀二、銅簸箕一、錫盆十、錫池二、錫茶碗蓋五、錫茶壺三十四、錫背壺四、錫火壺二、錫坐壺八、錫裏冰箱二、錫屜鈷二、鐵八卦爐一、鐵火爐十、鐵火罩六、鐵坐更燈六、鐵火鑷四、黃磁盤二百五十、各色磁盤百、黃磁碟四十五、各色磁碟五十、黃磁碗百、各色磁碗五十、黃磁鍾三百、各色磁鍾七十、各色磁杯百、磁渣斗六、洋漆矮桌二、漆合三十、漆茶盤十五、漆皮盤二十五、戳燈三十、香几燈十四、羊角手把燈八。

皇后　玉盞金臺一副、金執壺二、金方一、金盤十五、金碟六、金碗五、金茶甌蓋一、嵌松石金匙一、金匙二、金鑲牙箸一雙、金雲包角桌二、銀方一、銀盂一、銀盤三十、銀碟十、銀碗十、銀茶甌蓋八、銀匙十、銀鑲牙箸八雙、銀茶壺三、銀背壺十三、銀銚二、銀火壺二、銀鍋二、銀罐二、銀杓三、銅提爐二、銅八卦爐二、銅手爐二、銅瓦高燈四、銅遮燈一、銅蠟簽十四、銅剪燭罐六副、銅簽盤五、銅舀二、銅簸箕二、錫盆十、錫池二、錫茶碗蓋四、錫茶壺三十、錫背壺四、錫火壺二、錫坐壺八、錫裏冰箱二、錫屉鈷二、鐵八卦爐一、鐵火爐五、鐵火罩四、鐵坐更燈四、鐵火鑷二、黃磁盤二百二十、各色磁盤八十、黃磁碟四十、各色磁碟五十、黃磁碗百、各色磁碗五十、黃磁鍾三百、各色磁鍾七十、各色磁盃百、洋漆矮桌二、磁渣斗四、漆合二十六、漆茶盤十五、漆皮盤二十五、戳燈二十、香几燈十、羊角手把燈四。

皇貴妃　銀茶甌蓋二、銀匙一、銀鑲牙箸一雙、銀茶壺一、銀銚一、銀束小刀一、銅手爐一、銅蠟簽六、銅剪燭罐一副、銅簽盤四、銅舀一、銅簸箕一、錫茶碗蓋二、錫茶壺四、錫背壺一、錫銚三、錫火壺二、錫坐壺二、錫噴壺一、錫唾盂二、鋄金鐵雲包角桌一、鋄金鐵鑷一、白裏黃磁盤四、各色磁盤四十、白裏黃磁碟四、各色磁碟十五、白裏黄磁碗四、各色磁碗五十、白裏黄磁鍾二、各色磁鍾二十、磁缸二、漆合四、漆茶盤二、羊角手把燈二。

貴妃　銀茶鍾蓋一、銀匙一、銀鑲牙箸一雙、銀茶壺一、銀銚一、銀束小刀一、銅手爐一、銅蠟簽四、銅剪燭罐一副、銅簽盤四、銅舀一、銅簸箕一、錫茶碗蓋二、錫茶壺四、錫背壺一、錫銚三、錫火壺一、錫坐壺二、錫噴壺一、錫唾盂一、鋄金鐵雲包角桌一、鋄銀鐵鑷一、黄地緑龍磁盤四、各色磁盤三十、黄地緑龍磁碟四、各色磁碟十、黄地緑龍磁盌四、各色磁碗四十、黄地緑龍磁鍾二、各色磁鍾十五、磁缸一、漆合二、漆茶盤二、羊角手把燈一。

妃　銀茶甌蓋一、銀匙一、銀鑲牙箸一雙、銀茶壺一、銀銚一、銀束小刀一、銅蠟簽四、銅剪燭罐一副、銅簽盤四、銅舀一、銅簸箕一、錫茶碗蓋二、錫茶壺四、錫銚三、錫火壺一、錫坐壺二、錫噴壺一、錫唾盂二、鋄金鐵雲包角桌一、鋄銀鐵鑷一、黄地緑龍磁盤二、各色磁盤二十、黄地緑龍磁碟四、各色磁碟八、黄地緑龍磁盌四、各色磁碗三十、黄地緑龍磁鍾二、各色磁鍾十二、磁缸一、漆合二、漆茶盤二、羊角手把燈一。

嬪　銀茶甌蓋一、銀匙一、銀鑲牙箸一雙、銀茶壺一、銀銚一、銀束小刀一、銅蠟簽二、銅剪燭罐一副、銅簽盤二、銅舀一、銅簸箕一、錫茶碗蓋二、錫茶壺二、錫銚三、錫火壺一、錫坐壺一、錫噴壺一、錫唾盂二、鋄銀鐵雲包角桌一、亮鐵鑷一、藍地黄龍磁盤二、各色磁盤十八、藍地黄龍磁碟四、各色磁碟六、藍地黄龍磁碗四、各色磁碗二十、藍地黄龍磁鍾二、各色磁鍾十、磁缸一、漆合二、漆茶盤一、羊角手把燈一。

貴人　銅蠟簽二、銅剪燭罐一副、銅簽盤一、銅舀一、銅簸箕一、錫茶碗蓋一、錫茶壺二、錫銚二、錫火壺一、錫坐壺一、錫噴壺一、錫唾盂一、鋄銀鐵雲包角桌一、亮鐵鑷一、緑地紫龍磁盤二、各色磁盤十、緑地紫龍磁碟二、各色磁碟四、緑地紫龍磁碗四、各色磁碗十八、緑地紫龍磁鍾二、各色磁鍾十、漆合一、漆茶盤一、羊角手把燈一。

常在　銅蠟簽一、銅剪燭罐一副、銅茶盤一、銅舀一、錫茶碗蓋一、錫茶壺二、錫銚一、錫唾盂一、銚銀鐵雲包角桌一、亮鐵鑷一、五彩紅龍磁盤二、各色磁盤八、五彩紅龍磁碟二、各色磁碟四、五彩紅龍磁盌四、各色磁碗十、五彩紅龍磁鍾二、各色磁鍾六、漆茶盤一、羊角手把燈一。

答應　銅蠟簽一、銅剪燭罐一副、銅簽盤一、銅舀一、錫茶碗蓋一、錫茶壺一、錫銚一、錫唾盂一、鋄銀鐵雲包角桌一、鐵鑷一、各色磁盤八、各色磁碟四、各色磁碗

十、各色磁鍾六、漆茶盤一、羊角手把燈一。

皇子福晉　銅蠟簽八、銅剪燭罐三副、銅簽盤六、銅舀二、銅簸箕一、錫盆二、錫茶碗蓋四、錫茶壺六、錫背壺二、錫銚二、錫火壺二、錫噴壺二、錫水漏一、錫裏冰桶一、鐵爐四、鐵火櫃一、鐵坐更燈二、鐵杓四、鐵鏟一、鐵鑷二、各色磁盤十四、各色磁碟八、各色磁碗六、各色磁鍾二十、各色磁罐二、漆合六、漆茶盤一、戳燈二、香几燈二、羊角手把燈二。

皇子側室福晉　銅蠟簽二、銅剪燭罐一副、銅簽盤二、銅舀一、銅簸箕一、錫盆一、錫茶碗蓋一、錫茶壺二、錫銚一、錫背壺一、錫火壺一、錫噴壺一、鐵爐一、鐵杓一、鐵鏟一、鐵鑷一、各色磁盤八、各色磁碟四、各色磁碗四、各色磁鍾八、漆合二、漆茶盤一、羊角手把燈一。

年例

皇太后　金二十兩、銀二千兩、蟒緞二疋、補緞二疋、織金二疋、粧緞二疋、倭緞四疋、閃緞一疋、金字緞二疋、雲緞七疋、衣素緞四疋、藍素緞二疋、帽緞二疋、楊緞六疋、宮綢二疋、潞紬四疋、紗八疋、裏紗十疋、綾十疋、紡絲十疋、杭細十疋、綿紬十疋、高麗布十疋、三線布五疋、毛青布四十疋、粗布五疋、金線二十綹、絨十斤、棉線六斤、木棉四十斤、二號銀鈕二百、三號銀鈕二百、二等貂皮十、三等貂皮二十、五等貂皮七十、裏貂皮十二、海龍皮十二。

皇后　銀一千兩、蟒緞二疋、補緞二疋、織金二疋、粧緞二疋、倭緞四疋、閃緞二疋、金字緞二疋、雲緞七疋、衣素緞四疋、藍素緞二疋、帽緞二疋、楊緞六疋、宮紬二疋、潞紬四疋、紗八疋、裏紗八疋、綾八疋、紡絲八疋、杭細八疋、綿紬八疋、高麗布十疋、三線布五疋、毛青布四十疋、粗布五疋、金線二十綹、絨十斤、棉線六斤、木棉四十斤、裏貂皮四十、烏拉貂皮五十。

皇貴妃　銀八百兩、蟒緞一疋、補緞一疋、織金一疋、粧緞一疋、倭緞二疋、閃緞一疋、金字緞一疋、雲緞六疋、衣素緞三疋、藍素緞三疋、帽緞一疋、楊緞四疋、彭緞四疋、宮紬二疋、潞紬三疋、紗八疋、裏紗七疋、綾七疋、紡絲七疋、杭細七疋、綿紬六疋、高麗布八疋、三線布三疋、毛青布十五疋、深藍布十五疋、粗布五疋、金線十四綹、絨八斤、棉線六斤、木棉三十斤、裏貂皮三十、烏拉貂皮四十。

貴妃　銀六百兩、蟒緞一疋、補緞一疋、織金一疋、粧緞一疋、倭緞二疋、閃緞一疋、金字緞一疋、雲緞四疋、衣素緞三疋、藍素緞二疋、帽緞一疋、楊緞二疋、彭緞一疋、宮紬二疋、潞紬三疋、紗四疋、裏紗七疋、綾六疋、紡絲七疋、杭細五疋、綿紬五疋、高麗布六疋、三線布二疋、毛青布十二疋、深藍布十二疋、粗布五疋、金線十二綹、絨六斤、棉線四斤、木棉二十五斤、裏貂皮二十、烏拉貂皮三十。

妃　銀三百兩、蟒緞一疋、織金一疋、粧緞一疋、倭緞二疋、閃緞一疋、金字緞一疋、雲緞四疋、衣素緞二疋、藍素緞一疋、帽緞一疋、彭緞三疋、宮紬一疋、潞紬二疋、紗四疋、裏紗五疋、綾五疋、紡絲五疋、杭細五疋、棉紬五疋、高麗布五疋、三線布二疋、毛青布十疋、深藍布十疋、粗布三疋、金線十綹、絨五斤、棉線三斤、木棉二十斤、裏貂皮十、烏拉粧皮二十。

嬪　銀二百兩、蟒緞一疋、織金一疋、倭緞一疋、倭緞一疋、閃緞一疋、雲緞二疋、衣素緞二疋、帽緞一疋、楊緞一疋、彭緞一疋、宮紬一疋、潞紬二疋、紗一疋、裏紗二疋、綾三疋、紡絲三疋、杭細三疋、高麗布四疋、毛青布八疋、深藍布八疋、粗布四疋、金線六綹、絨三斤、棉線三斤、木棉十五斤、裏貂皮四、烏拉貂皮二十。

貴人　銀一百兩、倭緞一疋、雲緞二疋、衣素緞二疋、藍素緞二疋、帽緞一疋、楊緞一疋、宮紬一疋、潞紬二疋、紗二疋、裏紗二疋、綾二疋、紡絲二疋、高麗布三疋、毛青布六疋、深藍布六疋、粗布三疋、金線三綹、絨三斤、棉線二斤、木棉十二斤、裏貂皮四、烏拉貂皮十。

常在　銀五十兩、雲緞一疋、衣素緞一疋、藍素緞一疋、彭緞一疋、宮紬一疋、潞紬一疋、紗一疋、綾一疋、紡絲一疋、木棉三斤。

答應　銀三十兩、雲緞一疋、衣素緞一疋、彭緞一疋、宮紬一疋、潞紬一疋、紗一疋、綾一疋、紡絲一疋、木棉三斤。

皇子福晉　蟒緞一疋、織金二疋、粧緞一疋、倭緞一疋、閃緞一疋、雲緞二疋、衣素緞二疋、帽緞一疋、楊緞一疋、彭緞一疋、宮紬一疋、潞紬一疋、紗一疋、裏紗一疋、綾三疋、紡絲三疋、杭細三疋、綿紬三疋、高麗布四疋、毛青布八疋、深藍布八疋、粗布四疋、金線六疋、絨三斤、綿線三斤、木棉十五斤、烏拉貂皮十。

皇子側室福晉　蟒緞一疋、倭緞一疋、閃緞一疋、雲緞一疋、衣素緞一疋、楊緞一疋、潞紬一疋、紗一疋、裏紗一疋、綾二疋、紡絲二疋、杭細二疋、高麗布二疋、毛青布二疋、深藍布四疋、粗布二疋、金線三綹、絨一斤八兩、棉線一斤八兩、木棉七斤八兩、烏拉貂皮五。

公主　銀二百四十兩、按月支給。官女子、銀六兩、雲緞一疋、宮紬一疋、紗一疋、紡絲一疋、杭細一疋、木棉二斤、家下女子、彭緞一疋、綿紬一疋、毛青布二疋、深藍布一疋、夏布一疋、木棉二斤。

乳母　銀二十四兩、雲緞一疋、衣素緞一疋、潞紬一疋、紗一疋、綾一疋、綿紬一疋、深藍布四疋、夏布一疋、木棉三斤、米二十四斛。

保母　銀二十四兩、米二十四斛。

日用

皇太后　猪一口、盤肉用，重五十觔。羊一隻、鷄鴨各一隻、新粳米二升、黄老米一升五合、高麗江米三升、粳米粉三斤、白麪五一斤、蕎麥麪一斤、麥子粉一斤、豌豆折三合、芝蔴一合五勺、白糖二斤一兩五錢、盆糖八兩、蜂蜜八兩、核桃仁四兩、松仁二錢、枸杞四兩、曬乾棗十兩、猪肉十二斤、香油三斤十兩、鷄蛋二十個、麪筋一斤八兩、豆腐二斤、粉鍋渣一斤、甜醬二斤十二兩、清醬二兩、醋五兩、鮮菜十五斤、茄子二十個、王瓜二十條、白蠟七枝、內一枝重五兩，三枝各重三兩，三枝各重一兩五錢。黄蠟二枝、各重一兩五錢。羊油蠟二十枝、各重一兩五錢。羊油更蠟一枝、夏重五兩，冬重十兩。紅籮炭、夏二十觔，冬四十觔。黑炭。夏四十觔，冬八十觔。

皇后　猪肉十六斤、盤肉羊肉一盤、鷄鴨各一隻、新粳米一升八合、黄老米一升三合五勺、高麗江米一升五合、粳米粉一斤八兩、白麪七斤八兩、麥子粉八兩、豌豆折三合、白糖一斤、盆糖四兩、蜂蜜四兩、核桃仁二兩、松仁一錢、枸杞二兩、曬乾棗五兩、猪肉九斤、猪油一斤、香油一斤六兩、鷄蛋十個、麪筋十二兩、豆腐一斤八兩、粉鍋渣一斤、甜醬一斤六兩五錢、清醬一兩、醋二兩五錢、鮮菜十五斤、茄子二十箇、王瓜二十條、白蠟五枝、内一枝重三兩，四枝各重一兩五錢。黄蠟四枝、各重一兩五錢。羊油蠟十枝、各重一兩五錢。羊油更蠟一枝、夏重五兩，冬重十兩。紅籮炭、夏十觔，冬二十觔。黑炭。夏三十觔，冬六十觔。

皇貴妃　猪肉十二斤、羊肉一盤、鷄一隻、或鴨一隻。陳粳米一升五合、白麪五斤、白糖五兩、核桃仁一兩、黑炭、夏三十觔，冬六十觔。六安茶葉十四兩、每月。天池茶葉八兩。每月。

貴妃　猪肉九斤八兩、陳粳米一升三合五勺、白麪三斤八兩、白糖三兩、核桃仁一兩、曬乾棗一兩六錢、香油六兩、鷄蛋四個、麪筋四兩、豆腐一斤八兩、粉鍋渣八兩、甜醬六兩五錢、清醬八錢、醋二兩五錢、鮮菜十斤、茄子八個、王瓜八條、白蠟二枝、各重一兩五錢。黄蠟二枝、各重一兩五錢。羊油蠟五枝各重一兩五錢。紅籮炭、夏十觔，冬十五觔。黑炭、夏三十觔、冬六十觔。鷄鴨共十五隻、每月。六安茶葉十四兩、每月。天池茶葉八兩、每月。

羊肉十五盤。每月。

妃　猪肉九斤、陳粳米一升三合五勺、白麪三斤八兩、白糖三兩、核桃仁一兩、曬乾棗一兩六錢、香油六兩、豆腐一斤八兩、粉鍋渣八兩、甜醬六兩五錢、醋二兩五錢、鮮菜十斤、茄子八個、王瓜八條、白蠟二技、各重一兩五錢。黄蠟二枝、各重一兩五錢。羊油蠟二枝、各重一兩五錢。紅籮炭、夏五觔，冬十觔。黑炭、夏二十五觔，冬四十觔。鷄鴨共十隻、每月。羊肉十五盤、每月。六安茶葉十四兩、每月。天池茶葉八兩。每月。

嬪　猪肉六斤八兩、陳粳米一升三合、白麪二斤、白糖二兩、香油五兩五錢、豆腐一斤八兩、粉鍋渣八兩、甜醬六兩、醋二兩、鮮菜八斤、茄子六個、王瓜六條、白蠟二枝、各重一兩五錢。黄蠟二枝、各重一兩五錢。羊油蠟二枝、各重一兩五錢。紅籮炭、夏五觔、冬八觔。黑炭、夏二十觔，冬三十觔。鷄鴨共十隻、每月。羊肉十五盤、每月。六安茶葉十四兩、每月。天池茶葉八兩。每月。

貴人　猪肉六斤、陳粳米一升二合、白麪二斤、白糖二兩、香油三兩五錢、豆腐一斤八兩、粉鍋渣八兩、甜醬六兩、醋二兩、鮮菜六斤、茄子六個、王瓜六條、白蠟一枝、重一兩五錢。黄蠟一枝、重一兩五錢。羊油蠟三枝、各重一兩五錢。紅籮炭、冬五觔。黑炭、夏十八觔，冬二十五觔。鷄鴨共八隻、每月。羊肉十五盤、每月。六安茶葉七兩、每月。天池茶葉四兩。

每月。

常在　猪肉五斤、陳粳米一升二合、白麪二斤、白糖二兩、香油三兩五錢、豆腐一斤八兩、粉鍋渣八兩、甜醬六兩、醋二兩、鮮菜六斤、茄子六個、王瓜六條、黄蠟二枝、各重一兩五錢。羊油蠟一枝、重一兩五錢。黑炭、夏十觔，冬二十觔。鷄鴨共五隻、每月。羊肉十五盤。每月。

答應　猪肉一斤八兩、陳粳米九合、隨時鮮菜二斤、黄蠟一枝、重一兩五錢。羊油蠟一枝、重一兩五錢。黑炭夏五觔，冬十觔。

皇子公主同　白蠟一枝、重一兩五錢。羊油蠟三枝、各重一兩五錢。羊油更蠟一枝、夏重五兩，冬重十兩。紅籮炭、冬五觔。黑炭。夏十五觔，冬二十五觔。

皇子福晉　猪肉二十斤、陳粳米一升二合、老米六合、紅小豆六合、白麪八斤、懷麯一錢五分、菉豆粉二兩、芝麻六合、澄沙六合、白糖一斤、香油一斤五兩五錢、鷄蛋五個、麪筋八兩、豆腐一斤、豆腐皮三張、粉鍋渣二斤八兩、水粉三兩、豆瓣四兩、菉豆芽四兩、蔴茹一兩、木耳五錢、甜醬一斤、清醬八兩、醋四兩、白鹽四兩、醬瓜一片半、醬茄半枚、醬擘藍半枚、花椒五分、大料五分、薑五錢、鮮菜五斤、白蠟一枝、重一兩五錢。黄蠟六枝、各重一兩五錢。羊油蠟十枝、各重一兩五錢。羊油更蠟一枝、夏重五兩，冬重十兩。紅籮炭、夏五觔，冬十觔。黑炭、夏三十觔，冬七十觔。羊肉十五盤。每月。

皇子側室福晉　猪肉十斤、陳粳米九合、老米一合、白麫二斤八兩、懷麵五分、菉豆粉一兩、芝蔴一合、澄沙二合、白糖四兩、香油七兩、鷄蛋三個、麫筋四兩、豆腐八兩、豆腐皮一張、粉鍋渣十三兩、水粉一兩、豆瓣一兩五錢、菉豆芽一兩五錢、蔴菇八錢、木耳三錢、甜醬五兩五錢、清醬二兩五錢、醋一兩五錢、白鹽三錢、醬瓜一片半、花椒二分、大料二分、薑二錢、鮮菜三斤、黄蠟一枝、重一兩五錢。羊油蠟二枝、各重一兩五錢。黑炭、夏十觔，冬十八觔。羊肉十五盤。每月。

官女子　猪肉一斤、白老米七合五勺、黑鹽三錢、隨時鮮菜十二兩。

家下家女　白老米七合五勺、隨時鮮菜十兩、黑鹽三錢。

乳姆保姆同　猪肉一斤、老米七合五勺、隨時鮮菜十二兩、黑鹽三錢。

國朝宮史卷之十八

經費二

恭進

皇太后聖壽恭進

銀一萬兩、大號小珍珠三百串、小珍珠三百串、大號小珊瑚珠三百串、小珊瑚珠三百串、上用緞紗等六十三疋內滿地風雲龍緞一疋、龍緞一疋、蟒襴緞二疋、粧緞二疋、織金二疋、閃緞二疋、倭緞四疋、補子緞二疋、金字緞二疋、龍紗一疋、蟒紗一疋、補子紗一疋、各色緞二十疋、素緞七疋、衣素七疋、宮紬二疋、帽緞二疋、紗四疋。官用緞紗等三十七疋內蟒襴緞一疋、粧緞一疋、織金一疋、閃緞一疋、補子緞一疋、各色緞十五疋、素緞三疋、衣素三疋、宮紬二疋、帽緞一疋、楊緞三疋、彭緞三疋、紗二疋。

皇太后大慶恭進

謹按：乾隆十六年辛未十一月二十五日，恭遇皇太后六十大慶，於年例恭進外，每日恭進壽禮九九。自二十一日起，凡五日。

二十一日恭進　御筆萬壽頌緙絲圍屏一架、三秀雙清緑玉如意一柄、天和長泰繡迎手靠背坐褥一分、長生智慧佛一尊、無量福德佛一尊、吉祥尊勝佛一尊、華藏莊嚴佛一尊、大通智勝佛一尊、日月燈明佛一尊、妙光普照佛一尊、大慈廣潤佛一尊、蕊香幢王佛一尊、以上佛一九萬品同輝繡花燈一對、八方綺合繡花燈一對、佛沼層雲繡花燈一對、湘臺四照繡花燈一對、華井舒霞繡花燈一對、鼇山露萼繡花燈一對、瀛洲駢錦繡花燈一對、緑波明月繡花燈一對、九枝春艷繡花燈一對、以上寶燈一九龍鳳山河宋瑪瑙花觚一件、雙蟠百福紅瑪瑙花瓶一件、瑞捧雙桃五色瑪瑙花插一件、三壽作朋緑瑪瑙花插一件、瑶圃芝雲五色瑪瑙花插一件、天禄長春五色瑪瑙花罇一件、紅英雪幹二色瑪瑙花插一件、松茂萬年黄瑪瑙花插一件、雙魚兆瑞二色瑪瑙花插一件、以上瑪瑙器一九百福磬宜白玉鼇磬一架、彩翼雲凫白玉罇一件、八方寧謐白玉杯盤一副、鶴鹿僊齡碧玉壺一件、南極呈符漢玉壽星一座、芝鶴同春青玉雙孔花插一件、拈花集鳳碧玉佛手花插一件、歲寒三友白玉雙孔花插一件、金蘐春茂白玉筆山一件、以上玉器一九雲雷圓象三足鼎一件、僊葩集瑞大花罇一件、翠雲抱珥雙環罇一件、蓬壺結秀方瓶一件、雙螭蟠彩花囊一件、翠嶠僊罍壺一件、方壺供壽四足鼎一件、沆瀣承天方罇一件、蕉葉敷青美人觚一件以上古銅器一九武陵僊種甜桃一盒、洞庭秋色橙子一盒、太平瑞實蘋果一盒、露井含華桃乾一盒、萬紀昇平蘋果乾一盒、嘉慶餘甘李乾一盒、雲液凝酥敖爾布哈一盒、絳雪流輝山梨麪一盒、元珠霏屑英俄麪一盒、以上果盒一九萬福天全一軸、瑤光煥彩一軸、三星拱照一軸、慶演潮音一軸、壽山福海一軸、萬年吉慶一軸、西池佛果一軸、牟尼現瑞一軸、九畹芝英一軸、以上畫軸一九雲岫春暉一册、四季長春一册、羣仙祝壽一册、蓬山僊館一册、閬風麗景一册、繡谷呈芳一册、麟洲集慶一册、金英薈秀一册、瑤池輯瑞一册、以上畫册一九静壽同符五嶽圖五卷、恩波廣潤四瀆圖四卷、以上畫手卷一九貝闕文鏐銀九九、香國祥芬藏香九九、箕疇錫福哈達九九。

二十二日恭進　御書受天百禄圖一軸、瑤池星彩玉壽星一尊、安敦葉吉繡迎手靠背坐褥一分、玉燭長調紅玻瓈蠟臺一對、篆靄金猊紅玻瓈香爐一座、楊枝滴露紅玻瓈花瓶一對、黄雲垂慶蠟石磬二架、法圓妙轉鍍金輪二件、以上供獻一九綏山福永象牙蟠桃大盆景一件、塗林嘉粒象牙石榴大盆景一件、寶掌拈花象牙佛手大盆景一件、華林丹顆象牙柿子大盆景一件、春臺日麗象牙牡丹盆景一件、珠囊啓瑞漢玉石榴盆景一件、安期僊果漢玉棗樹盆景一件、石砌長春象牙月季花盆景一件、瑞實金英象牙桃菊盆景一件、以上盆景一九陀林慧眼彩漆象眼几一對、瑤池紫蒂彩漆菱花几一對、錦城霞綺黄漆海棠几一對、大素含輝黑漆長几一對、僊山樓閣描金長几一對、緑萼僊春黑漆梅花几一對、元英泳翠黑漆菱花几一對、金蓮湧現描金長几一對、壇山輳玉南海四方几一對、以上香几一九藍田挹瑞紫檀白玉如意二柄、紺雪凝華紫檀漢玉如意一柄、春嵐潤秀紫檀碧玉如意一柄、晴波僊藻紫檀緑玻瓈如意一柄、朝霞霽景紫檀紅玻瓈如意一柄、綺日東升紫檀紅瑪瑙如意一柄、金塘碧水黄楊青玉如意二柄、以上如意一九瑤池景福蜜蠟金桃一件、瓊枝擢秀蜜蠟瑞芝一件、先春嵩祝蜜蠟松竹梅一件、蟠根僊實蜜蠟壽桃一件、海林珠琲蜜蠟安榴一件、雲圃珍蔬蜜蠟秋茄一件、蒼鱗蔚秀蜜蠟高松一件、兜羅妙相蜜蠟佛手一件、華林赤實蜜蠟柿子一件、以上盤一九延齡寶炷上沉香一盒、蜜樹凝膏中沉香一盒、南山紫氣降香一盒、僊木瓊枝檀香一盒、金界雲芬芸香一盒、萬年松液藏松香一盒、黄英壽篆香餅一盒、朱霞壽篆香餅一盒、蔚藍壽篆香餅一盒、以上香一九錦幄春烘彩漆手爐九件、手爐一九蓬壺遐算壽星一件、夔篆僊匏圓爐一件、九節延年如意一柄、錦英含瑞金花椀四件、秀出琪花六稜餅一件、壺天日永罐一件、以上葫蘆器一九平安百和竹節盒一件、梧鳳鳴祥桐烏一件、太和保合哈嗎盒一件、壽徵五福圓盒一件、春永僊葩花籃一對、九如聯頌連環一件、三陽開泰盒一件、壽昌有象人物一件、瑞葉呈符册頁一件、以上象牙器一九明光五色玻璃器九九、承露延年各色菊花盤九九、龍文鳳藻彩緞九九。

二十三日恭進 御筆貝葉春暉報恩經一部、景駐蓮壺自鳴鐘一架、静怡自在繡迎手靠背坐褥一分、繡錯方隅鼎式盒一件、芝蓋雲幢八吉祥八件、以上寶器一九仁壽呈符水晶硯山一件、瑶臺捧露銀晶花插水盛一件、仙蓂平安銀晶瓶一件、萱庭儀鳳銀晶罇一件、雙環獻瑞水晶罇一件、玉井流華銀晶花插一件、雙螭拱壽銀晶罇一件、燕喜三祝水晶罇一件、四方平泰茶晶鉼一件、以上晶器一九碧海龍翔萬窑提梁壺二件、錦繡圍春萬窑五彩花觚一件、壺天衍壽哥窑蓍草方瓶一件、昌嶠聯芳萬窑雙耳罐二件、三元祥靄定窑爐一件、秋水光涵霽緑罐一件、絳幘籌添霽紅僧帽壺一件、以上古瓷器一九瑶池僊樂方屏一架、花散諸天腰長屏二架、羣真獻壽圓屏二架、圓光寶相四角屏二架、昇平耕織四角屏二架、以上插屏一九火齊枝駢珊瑚朝珠一盤、金粟攢珍蜜蠟朝珠一盤、緗蓮垂露碧玉朝珠一盤、佛髻光懸翠生石朝珠一盤、金星騰耀噶什倫朝珠一盤、瓊島凝香伽楠朝珠一盤、彩貫流霞碧瑘玜朝珠一盤、僊葫瑞粒椰子朝珠一盤、黄玉流輝蠟石朝珠一盤、以上朝珠一九梭龍絳靄薰貂冠一頂、慈雲結蓋薰貂冠一頂、華海元珠海龍冠一頂、衮龍繡藻貂絲金龍貂袍成件、僊機雲錦緙絲團龍貂褂成件、福壽雙臻古銅緞天馬袍成件、萬禩吉光紅青緞天馬褂成件、江山朝拱醬色緞銀鼠袍成件、瑶圃羣芳紅青緞銀鼠褂成件、雲虬擁福繡黄緞金龍棉袍成件、團圞集慶繡紅青八團金龍棉褂成件、富貴長春醬色緞棉袍成件、流虹華渚紅青緞棉褂成件、瑞叶仙莖古銅緞棉袍成件、重輪焕彩紅青緞棉褂成件、黄龍應瑞繡龍夾紗袍成件、八寓隆平繡龍夾紗褂成件、花開四照古銅夾紗袍成件、芝雲春繡紅青夾紗褂成件、紫氣東來醬色夾紗袍成件、九天霞彩紅青夾紗褂成件、以上冠服一九事事如意面簪成分、梅英綵勝面簪成分、景福長綿面簪成分、日永琴書簪成對、日月昇恒萬壽簪成對、仁風普扇簪成對、萬年吉慶邊簪成對、方壺集瑞邊花成對、瑶池清供邊花成對、以上簪飾一九吉雲香篆鼎一件、四方同軌方鼎一件、太平寰宇三足鼎一件、六合儲祥夔耳鼎一件、兩儀開泰三陽鼎一件、仙蓂長春梅式鼎一件、霜筠獻瑞竹節鼎一件、珥日承鼇朝冠三足鼎一件、瑶光紫氣鼎一件、以上彝鼎一九慈雲普福洋漆交泰瓶二件、蟠桃福會磁膽瓶二件、仙芝介壽磁膽瓶二件、金枝重翠玲瓏花囊二件、羲爻呈瑞交泰瓶一件、以上花瓶一九丹淵萬歲金九九、英山百鍊銀九九、豐茸春靄貂皮九九。

二十四日恭進　御筆萬年寶筏心經塔一軸、萬歲嵩呼沉香仙山一座、山岳同安繡迎手靠背坐褥一分、多寶祥光石塔一座、延壽無量藥師經二部、祥符玉燭洋彩蠟簽二件、寶幢法供滿達二座、放大光明白玻瓈桌燈一對、以上供器一九應真拱壽山石羅漢十八尊、羅漢二九厚坤永載白玉五嶽磬一架、珠聯璧合白玉連環合符磬一架、福永仙壺白玉夔福提梁卣一架、福慶長綿蜜蠟夔福磬一架、祥徵儀鳳牛油石夔鳳磬一架、景星效慶温都魯牙磬三架、日報平安雕竹提梁卣一架、以上磬一九霜筠標翠竹節耳杯盤一副、象叶羲文八卦杯盤一副、瑶草雲敷雙芝耳杯盤一副、秀擢雙莖芝耳杯盤一副、瑞彩璘瑞仙芝螭耳杯盤一副、瑞應雲從雙龍耳杯盤一副、天池騰躍雙夔耳杯盤一副、寰海飛鱗雙螭耳杯盤一副、錦江擷綺葵花式杯盤一副、以上杯盤一九金絲呈慶蟠桃盤一件、秋英不老菊花盤一件、玉井流香荷花盤一件、滄海游龍五螭盤一件、黄雲茁秀九芝盤一件、向日抒丹葵花盤一件、秋圃霏英海棠盤一件、福慶綿長瓜瓞盤一件、安石敷榮海榴盤一件、以上石盤一九方諸流映玻璃掛鏡九件、鏡一九壺天百和玻璃瓶鼻煙九瓶、鼻烟一九長春萬壽花一件、雲霞散綺花一件、萬彙抒丹花一件、繡谷鸞翔花一件、芝圃羅英花一件、仙萼敷春花一件、優鉢拈花花一件、富貴披香花一件、金英吐瑞花一件、以上花籃一九仙萼含英梅花几盒四對、祥呈疊勝方勝几盒二對、雙芝衍慶如意几盒一對、璧月流輝圓几盒一對、瀛寰承瑞八角几盒一對、以上几盒一九香參鼻觀鼻煙壺九九、普象春熙宜興瓷九九、玉繭雲機彩緞九九。

二十五日恭進　御筆瑶光炳彩壽星一軸、繡谷香濃花卉炕屏一架、福壽康寧繡迎手靠背坐褥一分、四表朝天四足方鼎三件、仙嶠烟霞三足圓鼎三件、金輪抱耳朝冠耳圓鼎三件、以上鼎一九 萬國同春掛屏一面、萬方膏雨掛屏一面、萬笏朝天掛屏一面、萬頃恩波掛屏一面、萬年琪樹掛屏一面、萬壑泉聲掛屏一面、萬松晴雪掛屏一面、萬嶺明霞掛屏一面、萬峯積玉掛屏一面、以上屏一九 祥呈郊藪磬三架、福壽天全磬三架、龍文瑶彩磬三架、以上石磬一九 佛鉢香雲白玉碗一件、春嵐霽色青玉碗一件、銀漢秋澄白玉碗一件、雙龍騰靄青玉碗一件、琪花吐艷青玉碗一件、圓池暈碧碧玉碗一件、璧沼盤花碧玉碗一件、壽域同春碧玉碗一件、瑞卉聯芳青玉碗一件、以上玉碗一九 暖律回春銅手爐九件、手爐一九 露掌高擎白玻璃高足盃一對、瓊脂雲液白玻璃盃一對、沆瀣流慈玻璃刻花法盞一對、彩焕璇杓玻璃刻花把鍾六對、以上盃一九 夔龍奉壽方鼎一件、羣芳彙秀花籃一件、壺嶠長春獸環罐一件、雲表金莖把碗一對、層城仙拱幢盒一對、蓬閬羅珍盆景一對、以上琺瑯器一九 瑶池佳氣東莞香九盒、香一九 百寶莊嚴南漆奩粧三對、五雲耀彩南漆几櫃一對、春臺仁壽南漆奩對一件、諸天妙相無量壽佛九九、萬彙鈞陶磁器九九、億載泉流千錢九九。

乾隆二十六年辛巳十一月二十五日，恭遇皇太后七十大慶，於年例恭進外，每日恭進壽禮九九。自十六日起，凡十一日。

十六日恭進　御筆升恒慶壽安宮銘三屏風寶座成分、人天勝果無量壽佛一九、福田廣濟無量壽佛一九、性徹真如無量壽佛一九、得大歡喜無量壽佛一九、智炬長明無量壽佛一九、玉毫現瑞無量壽佛一九、慧珠妙朗無量壽佛一九、聲聞寶覺無量壽佛一九、華海總持無量壽佛一九、以上佛九百尊三藏神光塔龕三座、塔龕三座火樹凝華珊瑚如意一柄、璇霄映碧永昌玉如意一柄、明霞焕彩芙蓉石如意一柄、金芝擢秀龍油珀如意一柄、榮光捧日鶴頂紅如意一柄、黄雲垂蔭蜜蠟如意一柄、南山春黛孔雀石如意一柄、瓊英疊綺花石如意一柄、美韞藍田催生石如意一柄。以上如意一九

十七日恭進　御筆寶籙駢禧匾額一面、慧福同尊擦擦無量壽佛一九、宏濟羣生擦擦無量壽佛一九、光徹大千擦擦無量壽佛一九、法鏡長圓擦擦無量壽佛一九、金乘瑞相擦擦無量壽佛一九、勝幡清净擦擦無量壽佛一九、福被恒沙擦擦無量壽佛一九、慈雲普蔭擦擦無量壽佛一九、調御諸天擦擦無量壽佛一九、以上佛九千尊般若珍臺掛龕二十八座、掛龕二十八座松雲金彩龍油珀卧蠶紋如意九柄、如意一九雲霄飛舞紫檀黄緞繡金龍几屏一座、九天垂拱紫檀緙絲金龍寶座一張。

十八日恭進　御筆萬壽聯珠緙絲圍屏一架、福德天全釋迦牟尼佛一尊、長生智慧無量壽佛二尊、龍華闡法彌勒佛一尊、吉祥妙喜喇嘛佛一尊、香海莊嚴觀世音菩薩一尊、法雲普潤白衣救度佛母一尊、大慈廣濟緑衣救度佛母一尊、寶幢尊勝金剛勇識菩薩一尊、

以上佛一九雲捧香臺紫檀木龕九座、佛龕一九慧日長懸無量壽佛九尊、佛一九白毫光滿紫檀木龕九座、佛龕一九大通福慧釋迦牟尼佛三尊、上乘正覺燃燈佛二尊、法輪廣運彌勒佛二尊、十方安樂阿彌陀佛二尊、以上佛一九珠光現瑞楠木葫蘆龕一座、佛龕一福永須彌磁無量壽佛九尊、佛一九華嚴法界楠木葫蘆龕一座、佛龕一妙明自在觀世音菩薩一尊、智珠普照八大菩薩八尊、以上佛一九法藏光華楠木葫蘆龕一座、佛龕一慈航利濟緑衣救度佛母九尊、佛一九青蓮寶品楠木葫蘆龕一座、佛龕一瑞容滿月無量壽佛九軸、畫像佛一九金仙祝聖壽山石羅漢十八尊、羅漢二九圓光寶相擦擦佛九尊、佛一九天人永護長壽經一部、貝多珍品長壽灌頂經一部、恒河功德無量壽佛經一部、檀木寶篆長壽經一部、法海潮音長壽成法經一部、龍藏金函藥王經一部、大乘妙典尊勝儀軌經一部、梵夾春暉佛母儀軌經一部、菩提真諦長壽成法經一部、以上經一九放大光明銅鍍金塔九座、塔一九多寶祥光銅鍍金塔一座、千花湧現金漆木塔八座、以上塔一九蓮界環周鍍金滿達一件、沆瀣凝華磁奔巴壺一件、楊枝灑潤磁奔巴瓶二件、天雨寶花廣琺瑯六方瓶二件、梵天轉運廣琺瑯輪二件、以上供器一九四時玉燭廣琺瑯蠟臺一對、博山瑞靄廣琺瑯香爐一件、曼陀散彩廣琺瑯浄瓶一對、瑜伽浄寶銅鍍金滿達二件、甘露長涵銀鍍金寶瓶二件、以上供器一九毗耶浄域銀鍍金壇城一座、珠林香雨銀鍍金花一件、九葩垂蔭銀鍍金蓋一件、法源仙唄銀鍍金螺一件、寶界圓通銀鍍金輪一件、慈雲廣覆銀鍍金傘一件、蓮臺香遶銀鍍金腸一件、曇華常滿銀鍍金罐一件、梵海蹤鏗銀鍍金魚一件、以上供器一九法幢永護廣珐瑯將軍寶一件、祇園同樂廣珐瑯男寶一件、散花仙侶廣珐瑯女寶一件、陀林大力廣珐瑯象寶一件、檀山龍駟廣珐瑯馬寶一件、智光圓朗廣珐瑯三寶珠一件、照臨香界廣珐瑯輪寶一件、圓光妙轉廣珐瑯輪二件、以上供器一九光生蓮藏銀珐瑯七珍一分、天花現瑞銀七珍一分、紺席舒華銅鍍金七珍一分、百寶尊嚴銀鍍金七珍一分、珠龕珍器銀八寶一分、法筵清淨銀鍍金八寶一分、芝幢梵蓋銀八吉祥一分、天龍供養銅鍍金八吉祥一分、檀海香雲銀九供一分、以上七珍八寶八吉祥九分寶絡垂雲哈達九九、金地霞芬藏香九九、苕琬雕華紫檀木嵌玉如意九柄、如意一九絳雪呈華山查糕一盒、瓊琚珍品木瓜糕一盒、紫英絢采酸棗糕一盒、金粟涵芳桂花糕一盒、紺玉流輝玫瑰糕一盒、雲粉含春梅蘇糕一盒、碧芽凝液茶葉糕一盒、黛葉清芬薄荷糕一盒、香蒸珠粒松子糕一盒、以上紅綵漆几盒一九九重春色紫檀緙絲花鳥九屏一座、昇平端拱紫檀竹式緙絲寶座一張。

十九日恭進　御筆萬國共球職貢圖掛屏一件、仙島金霞龍油珀卧蠶紋如意九柄、如意一九洱海氷絲緬甸國綿布九疋、芝泥獻瑞蘇祿國土九兩、南金貴品安南國銀九錠、珍木瓊脂安南國泡速香九十斤、蓬山銀液琉球國白錫九塊、丹爐百鍊琉球國紅銅九把、貝闕仙機琉球國蕉布九疋、兜羅香繻琉球國綿子九卷、鮫宮百和暹羅國龍涎香九塊、寶樹凝芳暹羅國沉香九塊、栴林仙炷暹羅國白檀香九塊、絳宇祥芬暹羅國降香九塊、瀛島金膏暹羅國藤黄九塊、炎洲石髓暹羅國硫黄九塊、滄波霞綺暹羅國紅布九疋、龍藏瓊綃西洋國布九疋、麟洲寶幣西洋國銀錢八十個、扶桑火浣朝鮮國布九疋、上清玉紵朝鮮國夏布九疋、冰蠶香縷朝鮮國綿紬九疋、紫海豐毫朝鮮國水獺皮九張、五花璀璨朝鮮國龍席九領、桃笙光照朝鮮國涼席九領、冰紋瑞藹朝鮮國頭號紙九卷、銀光澄素朝鮮國三號紙九卷、矞雲織彩土魯番布特他緞一疋、橦華珍貢朝塔爾布一疋、緑波春浣拉達克漢緞一疋、璇霄紫氣布魯克巴阿湯緞一疋、絳霄綺麗阿素瑪緞一疋、明光瑞質阿多里什緞一疋、七襄文錦阿拉擦緞一疋、天梭繡組齊卜彌緞一疋、蘭縑五色達爾路紬一疋、金縠盤花那木湯紬一疋、玉縷成章痕都斯坦銀絲緞九疋、絳綈耀日痕都斯坦盪花紬三疋、香羅疊采痕都斯坦金花手帕三條、織文春麗痕都斯坦五彩金邊布三疋、寶筒光絢痕都斯坦洋漂花布六疋、雲機含藻痕都斯坦金花布三疋、紫罽凝華伊犂花氈九塊、貢陳九特沙爾虎金九條、崑圃琳瑯和闐玉九塊、天方珠粒回子葡萄九匣、祇園仙實藏果九匣、瑯玕珍幅回子紙一百張、錦雯雲縷回子金線九股、漢渚瑶絲回子銀線九股、葩蕊長圓回子囊一盒、錦苞啟秀回子饅圖一盒、芝粉含珍回子綽齊博勒一盒、金酥含彩回子薩穆巴勒蘇一盒、琳液調香回子察勒巴克一盒、紫霄雲片回子哈克察一盒、瓊葉流馨回子格勒得一盒、琪樹交柯回子桑子一盒、丹房仙餌回子托噶赤一盒、以上紅彩漆捧盒一九瑤池麗景彩漆繡花鳥五屏一座、山岳同安紫檀緙絲寶座一張。

二十一日恭進　御筆連藏光明墨刻華嚴心鏡圖一軸、春華秋實各種雕縷如意一九、康寧永錫繡迎手靠背坐褥一分、金闕榮光黄瑪瑙松椿花插一件、瑶池嘉會紅白瑪瑙仙人桃椿花插一件、萬年長茂花瑪瑙松椿花插一件、九天慶喬紅白瑪瑙流雲洗一件、玉沼明霞瑪瑙盌一件、蓬壺仙掌瀚海石佛手水注一件、松喬錫籙紅白瑪瑙松鹿花插一件、西池翠蓋紅白瑪瑙荷葉洗一件、丹霄糺縵紅白瑪瑙流雲水盛一件、以上瑪瑙器一九五福駢臻南漆寶蓋掛燈九對、寶燈一九丹山彩羽掛屏一件、閬苑傳觴掛屏一件、芝田採秀掛屏一件、天禄長春掛屏一件、福應三陽掛屏一件、瀛洲仙境掛屏一件、碧嶂喬林掛屏一件、瑶圃聯芳掛屏一件、諸天花雨掛屏一件、以上彩畫掛屏一九天球仙樂漢玉璧磬一架、曇華春永漢玉扛頭花囊一件、五雲景福青玉提梁卣一件、瓊漿獻壽青玉瑣子壽字執壺一件、玉井涵芳萊玉蓮花瓶一件、瑶光焕彩黄玉壽星一件、琪圃芝雲青玉流雲夔把花澆一件、上闌珍品碧玉櫻桃陳設一件、觚稜瑞靄青玉出戟方觚一件、以上玉器一九仙闕琅音青緑乳丁鐸一件、天杓酌酒青緑商斗一件、瑞獻般文青緑獸面高足圓盤一件、寶氣歙雲青緑彝一件、碧牙鏤采青緑商犧獸尊一件、三才法象青緑朝天耳三足鼎一件、錦蕊生香青緑渣斗花囊一件、函關仙騎青緑犧牛尊一件、慶流三祝青緑商三喜豆一件、以上青緑器一九瀛海驪珠龍眼一盒、上苑瓊瑰栗子一盒、崑圃長春延壽果一盒、玉池珠顆建蓮一盒、仙露明珠葡萄一盒、絳囊仙品荔枝一盒、寶樹銀丸白果一盒、安期珍品白棗一盒、蓬山翠粒松子一盒、以上填漆菊花式捧盒一九純嘏天長壽字無量壽佛一軸、光炳弧南壽星一軸、海上銖衣宋緙絲仙人一軸、祥光朝斗壽星一軸、瑶天清唳仙鶴一軸、梵相莊嚴祝聖羅漢一軸、金界光明心經寶塔一軸、瓊帔稱觴麻姑一軸、紫庭翔舞鸞鳳一軸、以上畫掛軸一九瑶林香雪一册、萬壽無疆字畫一册、閬風仙景花鳥人物一册、智仁同樂山水一册、錦圃羅英一册、壽岳仙淵一册、羣芳集瑞一册、琪葩毓秀一册、以上畫册一九天人協慶感應篇一卷、仙山樓閣圖一卷、溪山春靄圖一卷、福禄綿長圖一卷、春臺共樂人物一卷、絳闕朝元圖一卷、玉京仙奕圖一卷、清都福會圖一卷、壽昌有象人物一卷、以上手卷一九紫府精鏐元寶九九、甄陶品彙瓷尊瓶九九、蓬壺仙種葫蘆器九九、雲霞組繡紫檀緙絲十二屏一座、紫極凝禧紫檀緙絲寶座一張。

二十二日恭進　御筆萱闈集慶條對一分、西崑呈瑞沉香方朔山子一座、天和禔福繡迎手靠背坐褥一分、瑞綿仙颷黄楊木嵌青玉如意一柄、錦蕚珠英紫檀鑲嵌花卉如意一柄、景福長生象牙嵌瑪瑙如意一柄、玉井舒華白檀香嵌瑪瑙如意一柄、慶衍三多紫檀嵌瑪瑙如意一柄、寶珠長滿白檀香嵌玻璃如意一柄、華林騈瑞黃楊木嵌瑪瑙如意一柄、九芝毓秀沉香嵌瑪瑙如意一柄、華寶同芳沉香鑲嵌花卉如意一柄、以上如意一九魚藻清音青玉魚磬一架、雲咸叶奏白玉瑣子夔龍流雲磬一架、兩儀同慶白玉雙福磬一架、泰階璧合白玉瑣子合符磬一架、九韶應節白玉瑣子磬一架、箕疇聯錫白玉瑣子夔福雙連磬一架、龍藏儲珍白玉八寶連環雙福磬一架、鈞天玉振白玉瑣子磬一架、升恒合頌白玉福壽磬一架、以上玉磬一九仙猊率舞水晶獅子蓋罐一件、蓬山永戴水晶鰲魚筆山一件、彤管光生水晶筆筒一件、璇宮朗照水晶軒轅鏡一件、九苞瑞羽銀晶鳳凰雙蓋尊一件、香生寶葉水晶芝草水盛蓋瓶一件、玉樹珍禽粉晶鳳凰桃椿花插一件、瑶蕊留春紫晶玉蘭花插一件、璧水瑶翎銀晶皃式蓋尊一件、以上水晶器一九寶露涵英均釉出戟花觚一件、慶占抱珥青花白地吉利瓶一件、萬彙敷榮均釉玲瓏花籃一件、六宇同春三彩磁六方扁瓶一件、瓊沼仙鱗白磁木魚壺一件、碧落璇杓定窑柳斗一件、銀塘風蓋均釉荷葉洗一件、仙掌高擎嘉窑八仙高足圓罐一件、璧月長圓官窑盤一件、以上古磁器一九碧漢光涵玻璃插屏一件、銀華映采玻璃畫插屏一件、璇臺麗景畫玻璃博古插屏一對、璧海霞峯彩漆鑲玻璃鰲山插屏一件、仙都嘉慶玻璃吉慶插屏一件、上林春霽玻璃花鳥插屏一件、清輝四照玻璃插屏一件、雲嶠流芬堆香插屏一件、以上插屏一九火齊星懸珊瑚朝珠一盤、翠粒珠聯青金石朝珠一盤、金粟圓光蜜蠟朝珠一盤、朝霞霽色碧[王亞][王厶]朝珠一盤、瓊樹凝香伽楠朝珠一盤、金星澄耀噶什倫朝珠一盤、玉璇暈彩羊睛朝珠一盤、崑林仙粒椰子朝珠一盤、萬年黛色面松朝珠一盤、以上朝珠一九毳冕春融熏貂冠二頂、玉綖光靄海龍冠一頂、翠雲繡衮緙絲金龍貂皮袍褂成套、吉光珍腋緞面天馬皮袍褂成套、玉毫絢綵緞面銀鼠皮袍褂成套、雲機瑞錦繡緞綿袍褂成套、九華仙組素緞袍褂二套、龍綃五色繡袷紗袍褂成套、蘭綺含風袷紗袍褂二套、以上冠服一九五福陳疇面簪成分、天開純嘏面簪成分、壺天集慶面簪成分、寶掌拈花簪成對、西池獻壽簪成對、萬年嵩祝簪成對、天保磬宜簪成對、卿雲擁福簪成對、緑雪含芳簪成對、丹臺凝靄南漆鼎式香几八件、層城珍拱南漆子母几盒一件、以上漆器一九仙島熙春雕象牙花尊一件、寶華含露均釉膽瓶一對、螺峯湧翠霽青觀音瓶一對、蒼虬拱瑞雙耳瓶一對、彤霞映日霽紅觀音瓶一對、以上花瓶一九璚粒霏香松子餅一盒、桂粉春融南魯酥一盒、銀荷澄露白蓮花酥一盒、錦英香滿黃海棠酥一盒、九苞耀彩粧花酥一盒、絳雪流輝紅元酥一盒、翠雲凝液緑腰酥一盒、素璞凝華白元酥一盒、金蕊含芳葵花酥一盒、以上填漆菊花式捧盒一九荊南百鍊金九九、朱提珍貢銀九九、紫茸豐靄貂皮九九、錦圃生香紫檀繡詩意花卉九屏一座、清晏迎禧紫檀緙絲寶座一張。

二十六日恭進　御筆貝葉長生金字無量壽佛經一部、南極榮光茶晶壽星一尊、垂衣集慶繡迎手靠背坐褥一分、崑岡擢秀碧玉松芝花插一件、寶樹長青碧玉松椿花插一件、上林緗綺碧玉桃花椿插一件、雲虬獻瑞碧玉龍首花插一件、祥徵飛舞碧玉龍鳳蓋罐一件、露井舒華碧玉桃椿水盛花插一件、嶰谷鸞音碧玉鳳竹花插一件、瑶島蟠枝碧玉桃椿花插一件、雪嶺雙清碧玉松梅花插一件、以上碧玉器一九 蜀錦霏香海棠盆景一座、玉樹珊瑚梔子南天竺盆景一座、瓊畹香英水仙芝草盆景一座、春秋並茂梅花芙蓉盆景一座、緋衣春色碧桃虞美人盆景二座、金莖集鳳芝草鳳仙盆景一座、仙都富貴牡丹芝草盆景一座、琪圃延齡枸杞芝草盆景一座、以上銅掐絲琺瑯盆景一九 瑶臺蓂緑南漆梅花式香几二對、金綵宜春南漆方勝式香几二對、霞圃秋芳南漆海棠式香几一對、八紘平泰南漆八角式香几一對、四表光華南漆四方式香几三對、以上香几一九 金華寶蓋青玉菊芝如意一柄、九莖成瑞滑石福禄靈芝如意一柄、璇霄景福青玉雲蝠如意一柄、香臺寶篆紫檀五彩福壽如意一柄、九如永慶鸂鶒木鑲磬如意一柄、瑶巖三秀牛油石芝草如意一柄、德合莖英紫檀嵌玉福芝如意一柄、九光玉葉沉香芝草如意一柄、箕範天全紫檀嵌玉福壽如意一柄、玉池圓照瓷琺瑯面盆一對、銀河璧月磁琺瑯手盆一對、四維環拱洋磁四方套環盒一件、赤瑛疊采紅洋磁套圓盒一對、彤雲綺合五彩磁油盒一對、以上洋磁器一九 仙蓂長春黃彩漆梅花式盒一件、金霞湧現黃彩漆八寶盒八件、以上寶盒一九蘭幄春温漆手爐九件、手爐一九春壺對捧天然雙葫蘆一件、六瑚焕彩葫蘆六方瓶一對、壺天日永葫蘆雙陸瓶一對、丹臺珍器葫蘆扁罐一件、壺洲挹秀葫蘆把碗一對、蓬山瑞種趷踏葫蘆一件、以上葫蘆器一九光映蘭膏銅鑲象牙遮燈一件、方輿合慶象牙方盒一對、金枝挺秀象牙出戟瓶一件、四照仙葩象牙鑲嵌玻璃花籃一件、向日敷榮象牙葵花盒一件、清舒協體象牙臂格一件、貝闕懸黎雕象牙架磬一座、廣輪同照象牙鑲千里眼一件、以上象牙器一九閬苑蟠枝桃一盒、香染金衣朱橘一盒、霜苞秋貢廣橙一盒、玉乳流甘波梨一盒、瓊田雲粉荸薺一盒、瑶林緗顆檳子一盒、建春甘蒂獅柑一盒、華平啓瑞蘋果一盒、露浥珠囊岡榴一盒、以上紅彩漆捧盒一九雲腴五色玻璃器九九、龍盤仁壽銅鏡九九、玉藹雲機緞九九、絳霄呈瑞紫檀緙絲花卉九屏一座、萬年保泰紫檀緙絲寶座一張。

二十七日恭進　御筆萬年介祉大壽字掛屏四件、仙壺駐景自鳴鐘一架、清寧集福繡迎手靠背坐褥一分、瓊華焕采紫檀嵌白玉如意九柄、如意一九上林燕喜插屏一座、瑶臺仙榦插屏二座、秋英永壽插屏一座、金萱春茂插屏一座、海屋添籌插屏一座、河清海晏插屏一座、金莖玉樹插屏一座、錦圃春濃插屏一座、以上楚石插屏一九珍符環拱白玉八寶連環磬一架、瑶算春長青玉海屋添籌磬一架、湘陰合璧青漢玉雙磬一架、荆璆含藻青玉花籃磬一架、瑞叶虞球青漢玉夔龍磬一架、瓊珍捧壽白玉夔龍壽字磬一架、龍堂振響漢玉鰲魚磬一架、陳倉獻寶漢玉天鶏珮磬一架、海藏仙音漢玉鰲魚夔龍磬一架、以上玉磬一九光注流霞瑪瑙杯盤九分、杯盤一九丹山春永催生石鳳凰松桃花插一件、珠囊含露催生石石榴水盛花插一件、三秀駢英花石芝草水盛一件、龍池集慶漢石雙螭耳磬鈴杯一件、碧筒凝液孔雀石蓮枝洗一件、九霄葩采孔雀石流雲洗一件、坤元合德荆石腰圓盒一件、玉規暈月花石圈一件、崑崙瑞璞黄石子一件、以上石器一九珍禽效舞楠木鑲斑竹玻璃雀籠盆景一座、琪樹恒春雕沉香花插一件、虬枝擢秀沉香松椿花尊二件、萬年苞茂沉香松竹八仙臺二件、瑯玕鏤采包竹提梁卣二件、萬歲嵩呼沉香八仙慶壽仙山一座、以上木器一九百和天香鼻烟九玻璃瓶、鼻烟一九九天珠玉彩漆唾盂九件、唾盂一九丹心捧日紅漆葵花瓣罩蓋盒一對、八風合律香色漆八角罩蓋盒一對、六花獻瑞緑漆六瓣罩蓋盒一、宜春嘉兆黑漆描金方勝罩蓋盒一對、秋錦增妍黑漆描金海棠式罩蓋盒一對、圓象呈符紅漆雙圓罩蓋盒一對、四照榮敷黄漆菱花式罩蓋盒一對、八表光明黑漆描金八方罩蓋盒一對、瓊枝仙蕚金漆梅花式罩蓋盒一對、以上紅彩漆盒一九瑶池九熟桃乾一盒、蓬萊文蒂杏乾一盒、崖蜜凝甘甜果乾一盒、桂髓含芳香瓜乾一盒、紫房珍顆檳子乾一盒、瑞應承平蘋果乾一盒、元圃雲津梨乾一盒、玉文仙種李乾一盒、仙畦碧玉冬瓜乾一盒、以上紅彩漆捧盒一九壺天香靄玻璃鼻煙壺九

九、温室春調銅手爐九九、萬象陶成磁器九九、萬彙同春繡花卉九屏一座、紫微朝拱紫檀縡絲寶座一張。

二十八日恭進　御筆瑶樞純嘏扁額一面、御筆壽國舒長對一副、球琳耀采紫檀嵌玉福壽如意九柄、萬年叶吉白玉磬一架、多福罄宜白玉磬一架、神夔獻瑞白玉磬一架、仙掌呈珍白玉磬一架、江山長鞏白玉磬一架、八寶光華白玉磬一架、雲龍際會漢玉磬一架、嘉魚燕衎碧玉磬一架、金英集福碧玉磬一架、以上玉磬一九 瑶光昭朗水晶壽星一件、金鱗蟠瑞水晶龍蓋罐一件、西池駢實水晶雙桃水盛一件、玉葉生香水晶芝草蓋罐一件、秋錦舒英水晶海棠洗一件、崑崙緗蒂水晶桃式洗一件、仙畦瑞瓞水晶瓜式洗一件、珍禽率舞水晶異獸陳設一件、聲教遐宣水晶鐸一件、以上水晶器一九 瓊枝春信碧玉梅椿花插一件、翠蓋鸞迴碧玉松椿鳴鳳花插一件、喬林飛舞碧玉松椿鶴鹿花插一件、嶰谷和鳴碧玉鳳竹花插一件、千春蔚秀碧玉松椿花插一件、琅玕瑞翼碧玉鳳竹芝草花插一件、寶樹仙翎碧玉松椿芝鶴花插一件、翠篠文禽碧玉鳳竹蓋罐一件、祥徵交泰碧玉三陽圓蓋瓶一件、以上玉器一九 金霞注液黃瑪瑙蓋罐一件、仙源春麗紅瑪瑙桃椿花插一件、舞呈鏡彩紅瑪瑙天鷄花插一件、瑶海盤虬紅瑪瑙螭虎龍尾觥一件、九苞對舞粉紅瑪瑙雙鳳耳扁瓶一件、壺天送喜紅瑪瑙雙喜葫蘆鼻煙瓶一件、珠囊晉福紅白瑪瑙榴蝠陳設一件、翠島仙羣花瑪瑙松椿鶴鹿花插一件、向日敷榮花瑪瑙葵花碗一件、以上瑪瑙器一九星洲麗景廣琺瑯西洋人物瓶一件、雙虬環拱廣琺瑯五福螭虎耳瓶一對、崑閬同登廣琺瑯五彩西洋人物瓶一對、琪葩光絢廣琺瑯五彩花六方瓶一對、錦萼春暄廣琺瑯五彩洋花瓶一對、以上琺瑯瓶一九金虬湧現廣琺瑯五彩雲龍大碗四件、絳霄鱗鬣廣琺瑯五彩雲龍碗八件、錦繡團春廣琺瑯五彩洋花碗六件、以上琺瑯碗二九秋英金燦黃玻璃菊瓣碟二件、玉宇光澄白玻璃菊瓣碟一件、碧染春波綠玻璃菊瓣碟一件、赬玉流輝紅玻璃菊瓣碟一件、西峯濃黛藍玻璃菊瓣碟一件、金波瀲灩黃玻璃菊瓣碟一件、映水天光青玻璃菊瓣碟一件、絳霞散綺紫玻璃菊瓣碟一件、銀河環暎白玻璃圓碟十八件、以上玻璃碟三九銀塘香蒂哥窰菱花碟九件、窰器一九金掌涵華黃大碗九件、旭日騰輝霽紅碟九件、雲錦呈文五彩碟六件、景福長生紅蝠碟十三件、璇霄霞彩五彩盤八件、以上瓷器五九珩璜鏤采白玉夔龍連環佩九件、玉佩一九瑤京祝嘏蠟石羣仙獻壽九件、仙人一九方壺春藹銅鑲玻璃鼻煙壺九件、鼻烟壺一九翠羽迎春黃楊木梅雀一件、瑶幹雙清碧玉松梅花插一件、福地仙苗紅白瑪瑙蝠芝花插一件、九天集慶水晶福壽花插一件、瑞彩璘斒催生石獸面花插一件、春雲漾碧霽青膽瓶一件、仙巖獻果漢玉白猿陳設一件、蒼林玉羽金星玻璃松鶴筆山一件、龍池瑞靄紅玻璃螭虎水盛一件、以上南漆綉罩都盛盤陳設一九琳瑯插架洋漆格二對、彩韞琅函紫檀簡粧一對、寶髻輝懸十錦抿篦九十匣、銀櫛含章木梳九十匣、絳霄錦縷紅頭繩四十九匣、若木澄華紫檀鑲玻璃插屏九件。

二十九日恭進　御筆香山九老錦鑲挂屏一件、瑾瑜韞瑞紫檀嵌玉福壽如意九柄、如意一九仙韶儀舞白玉夔鳳磬一架、祥徵合璧白玉雙連磬一架、素鱗浮采青玉雙魚磬一架、貝闕仙音青玉夔龍磬一架、長樂駢禧碧玉雙如意磬一架、純嘏同臻碧玉福壽磬一架、瑞衍先天白玉太極磬一架、隆祺聯慶白玉雙福磬一架、萬禩珍符白玉萬字磬一架、以上玉磬一九四維環拱廣琺瑯雙環方瓶一對、仙苑留春廣琺瑯花觚一對、曇華常現廣琺瑯雙耳圓瓶一對、潤涵寶露廣琺瑯圓罐一對、珍囿般文廣琺瑯獸耳方瓶一件、以上琺瑯器一九崑島蟠枝紅白瑪瑙桃式鼻烟壺一件、瓊罍仙蔕紅白瑪瑙瓜式鼻烟壺一件、壺天春盎瑪瑙天然鼻烟壺一件、寶掌浮瑪瑙佛手鼻烟壺一件、塗林衍慶紅白瑪瑙石榴鼻烟壺一件、瑶蕊含芳瑪瑙玉蘭花鼻烟壺一件、檀木勝果瑪瑙佛手鼻烟壺一件、香繞蓬壺花瑪瑙背壺式鼻烟壺一件、瑞捧仙匏象牙葫蘆鼻烟壺一件、以上鼻烟壺一九春臺朗照紫檀鑲玻璃插屏九件、插屏一九祥輪永駐瑪瑙太平車九件、太平車一九寶鼎長調瑪瑙匙九件、匙一九碧篆祥芬東莞香九錫盒、香一九雲華爛漫五彩瓷方碟九件、碟一九彩映朝暾霽紅碟九件、丹霄集祉紅蝠碟九件、榮光長捧黃大碗八件、錦文璀璨五彩盤七件、金翠交輝五彩八仙大碗五件、九霞綺麗五彩盌七件、以上瓷器五九三霄承露白檀香福壽茶盤十件、瑶池獻瑞彩牙陳設一對、珊架凝華紫檀嵌牙玻璃掛格三對、寶帕香雲羅包頭九十匣、玉珈光耀篦子九十匣、瓊田雲粉豆麫四十五匣。

三十日恭進　御筆嵩呼介景萬壽圖四卷、慶叶安敦繡迎手靠背坐褥一分、紅雲捧福珊瑚如意一柄、葩蓋長青永昌玉如意一柄、黄中叶吉蜜蠟如意一柄、寶葉呈華花石如意一柄、三秀涵青水晶如意一柄、玉宇星澄金星玻璃如意一柄、瑞旭流丹鶴頂紅如意一柄、琳碧含輝孔雀石如意一柄、金闕芝英龍油珀如意一柄以上如意一九苞符呈瑞漢玉龍馬負圖一件、仙飈綿長碧玉瓜式水盛一件、香靉青猊碧玉獸耳彝爐一件、錦英承露青玉海棠筆洗一件、崑圃遊麐漢玉異獸水滴一件、壺嶠盤龍碧玉蟠螭葫蘆洗一件、金莖毓秀漢玉著草花囊一件、方珪輯瑞漢玉方盒一件、閬苑長生漢玉仙人花插筆架一件、以上玉器一九蓬瀛春靄緙絲掛屏一件、繡嶺珠淵緙絲掛屏一件、紫蕚鋪霞緙絲掛屏一件、四序欣榮緙絲掛屏一件、春色長圓緙絲掛屏一件、上苑聯芳緙絲掛屏一件、寶樹仙禽文竹掛屏一件、湘臯清景文竹掛屏一件、琪圃生香南繡掛屏一件、以上掛屏一九泗濱珍貢黑石磬九架、石磬一九寶月光圓白玉盌三件、碧霞注液青玉盌六件、以上玉盌一九陽和回律廣琺瑯手爐九件、手爐一九璧沼盤雲白玉雙螭耳杯一件、秋嵐滴翠青玉單把卮二件、蟠枝連理白玉連枝桃杯二件、春雲束素白漢玉文帶耳杯二件、金波泛彩漢玉三螭杯一件、翠箔同功青玉蠶紋雙耳杯一件、以上玉杯一九香茁奇葩廣琺瑯花瓶九對、琺瑯器一九寶藏氤氳東莞香九錫盒、香一九春臺雲捧紫檀鑲象牙粧臺一座、百福湘奩紫檀簡粧二對、玉案香清紫檀鑲磁香几一對、彤華寶笥南漆扶手一對、錦繡重緘南漆迎手一對、九華仙篋黑漆扇面式櫃一對、五雲錦座文竹繡墩四件、以上漆木器一九上林緗核仙桃一盒、洞庭芳蒂朱橘一盒、丹林霜實廣橘一盒、太谷雲腴波梨一盒、仙畦瓊液荸薺一盒、金囊珍品檳子一盒、仙圃金丸獅柑一盒、緑玉霏香蘋果一盒、錦房晶粒岡榴一盒、以上紅彩漆捧盒一九龍章鳳藻閃緞九疋、天機獻瑞金壽字緞九疋、蘭組生香宫紬九疋、花縑雲絢春紬九疋、寶縠含章紡紬九疋、春波疊采縐紬九疋、五紋仙縷紗二十七疋、以上彩緞九九璧月金波白銅盆九九、寶源萬載錢九九、雲綺成章紫檀緙絲九屏一座、康和履福紫檀緙絲寶座一張。

國朝宮史卷之十九

經費三

恩賜

皇后千秋

恩賜金九十兩、銀九百兩、上用緞紗等四十五疋、内蟒緞九疋、緞九疋、寧綢九疋、宮綢九疋、紗九疋。春綢九疋、綾九疋。

皇貴妃千秋

恩賜上用緞六疋、官用緞六疋、春綢六疋、綾六疋、上用果桌一張、賞用果桌八張。

貴妃千秋

恩賜上用緞四疋、官用緞五疋、春綢五疋、綾五疋、上用果桌一張、賞用果桌六張。

妃千秋

恩賜上用緞四疋、官用緞四疋、春綢四疋、綾四疋、上用果桌一張、賞用果桌四張。

嬪壽辰

恩賜上用緞三疋、官用緞三疋、春綢三疋、綾三疋、中品果桌一張、賞用果桌二張。

貴人生辰

恩賜上用緞二疋、官用緞二疋、春綢二疋、綾二疋、内用果桌一張、賞用果桌一張。

誕生皇子、公主彌月

恩賜皇后銀一千兩、幣三百端。皇貴妃銀五百兩、幣二百端。貴妃銀四百兩、幣一百端。妃銀三百兩、幣七十端。嬪銀二百兩、幣四十端。貴人銀一百兩、幣二十端。常在銀一百兩、幣二十端。答應銀五十兩、幣十端。

誕生皇孫

恩賜皇子福晉銀二百兩、幣四十端。

吉禮例用

坤寧宮孟春、孟夏、孟秋、孟冬祀神

每次用金二錠、重各五兩銀二錠、重各五十兩上用龍緞一疋、蟒襴緞一疋、粧緞一疋、片錦一疋、閃緞一疋、倭緞一疋、緞三疋、官用補緞一疋、細布二十疋。

春秋二季豎杆大祭

每次用九色潞紬綾各九尺、白夏布二尺、頭號高麗紙四張、三號高麗紙八十一張、棉線三斤八兩、紘一兩、竹料連四紙三十二張、槐子十斤、染紙用白礬二斤、染紙用撒滿衣二分。用畢交庫收貯

每月敬神

用頭號高麗紙四張、三號高麗紙五十四張、竹料連四紙二十四張、棉線一兩五錢。

四月初八日堂子浴佛

用棉花八兩、頭號高麗紙一張、三號高麗紙二十七張、棉線五錢、撒滿衣二分、用畢交庫收貯春秋祭馬神用、紅潞綢七丈一尺二寸五分、青潞綢一丈九尺一寸六分、緑潞綢二尺、三號高麗紙二十七張、竹料連四紙八張、棉線五錢、藍布幔五架。用畢交庫收貯

嘉禮例用

金册

皇后金册十頁，每頁三等赤金十八兩。皇貴妃金册十頁，每頁三等赤金十五兩。貴妃、妃金册並同。嬪金册四頁，每頁六成金十五兩。

册立皇后補行納采禮

文馬十、鞍轡具幣百端、布二百疋、甲胄十。如皇后父係外藩則用

補行大徵禮

金二百兩、銀萬兩、金茶器一、銀茶器二、銀盥盆二、幣千端、文馬二十、（鞍轡具）閑馬二十、馱甲二十。

賜后父母

金百兩、金茶器一、銀五千兩、銀茶器一、銀盥盆一、帛五百疋、布千疋、馬六、（鞍轡具）弓一張、矢一服、朝服各一襲、衣各二稱、（冬夏各一）貂裘各一、帶一、甲胄一。（如皇后父係外藩則用。）

皇子娶福晉行初定禮

金項環一、（銜珊瑚東珠各七。）金珥六、（銜東珠各一。）金釵六、（銜珍珠各五者三，銜珍珠各一者三。）金鐲二、金鈕一百、銀鈕二百、幣百端、棉三百斤、五等貂皮七十、索倫黃貂皮七十、沙狐皮一百六十、白狐皮九十、海龍皮七、染貂皮三。

賜福晋父母

金十兩、銀七百兩、狐皮朝服一、金帶一分、緞靴襪各一雙、文馬二、鞍轡全金珥六、嵌珍珠各一青狐皮袍一、海龍皮六。

初定禮筵宴在福晋父母家

羊四九、餑餑桌五十張、酒宴五十席、燒黄酒五十瓶。

成婚禮筵宴在箭亭井長房内

羊四十五、内合巹用羊五餑餑桌四十張、酒宴六十席、黄酒六十瓶。

公主下降初定禮筵宴成婚筵宴禮同。凡固倫公主筵宴二次，和碩公主筵宴一次。

皇帝前筵宴設六十席，乳酒黄酒共七十瓶，羊三十六。皇太后宫筵宴設三十席，乳酒黄酒共二十瓶，羊十八。皇太后、皇帝、皇后、皇貴妃、貴妃、妃、嬪常用桌各一張。

皇子周歲晬盤皇孫同。公主暨皇孫女並同，惟去弧矢。届期宫殿監奏請行文内務府備用。

玉器二、玉扇器二、金匙一、銀盒一、犀盃一、犀棒二、弧矢各一、文房一分、中品果桌一張。

筵宴例用

皇太后筵宴用

金瓶一、折盂一、執壺二、杓一、大鍾二十四、盃盤十分、鋼鍍金大酒盃四十。

皇帝筵宴用

金瓶三、折盂三、執壺二、杓二、盃盤十分、大鍾二十、碗二十、玉盞金盤二分、鋼鍍金大酒盃六十。

皇后筵宴用

金瓶一、折盂一、執壺二、杓一。

內廷筵宴例用

黄緞牀刷二、金黄緞牀刷二十二、地平刷一、以上俱用畢交庫收貯。寶刷松蓬菓罩三分、絹宴花五百枝、一年一次换造。通草宴花九十枝、一年四次换造。宴上各樣牌子四百三十五個。五年一次换造。

每年上元并上元前一日、除夕，皇帝宴蒙古王台吉

用餑餑桌九十張、酒四十瓶、獸肉五斤。如遇風雪不能筵宴，即將桌張頒賜。

每年上元後一日，皇太后筵宴外藩公主、格格、福晉等

用常宴桌二十張。

每年正月十四、十五等日并除夕

皇太后、皇帝、皇后暨皇貴妃、貴妃、妃、嬪前各用拉拉桌張、餑餑桌張。皇子、公主、福晉前各用拉拉桌張、餑餑桌張。

錢糧事例

一、宫殿監每年奏請向廣儲司領銀五萬兩，交自鳴鐘庫貯應用。於每月底開具四柱奏銷。

一、内廷需用各項錢糧，應於總管内務府各衙門領用者，俱由宫殿監用敬事房圖記按例行文支領。其各該處特奉上傳立卽需用各項錢糧無暇行文支領者，許各該處具支領人員職名向總管内務府支領後，仍報明敬事房。敬事房於五日内用圖記補文備案。每月一次將支領過各項錢糧開寫清單、鈐蓋圖記，於下月十五日以内呈報内務府總管查對。

一、奉特旨賞人銀兩，俱照數支給外，仍將某人傳旨之處入於月底奏銷摺内奏聞。

一、内廷年例銀兩按例支給。

一、官女子、乳母、保姆日用猪肉，俱准折銀支給。

一、出宫官女子在皇太后、皇后、皇貴妃、妃、嬪等位下者，本主俱自行賞給、不支官賞外，自貴人以下之女子，進内十五年以上者，賞銀三十兩；十五年以下者，賞銀二十兩；十年以内者，賞銀十兩。其有過犯不在年限逐出者，不賞。

一、新進宫太監，十歲以上至二十歲者，每名給恩賞銀五兩。

一、各處總管首領之太監，祖父母、父母身故者給恩賞銀十兩；兄弟故者減半支給。

一、各處總管首領太監身故，查係年久著有勤勞者，奏聞，候旨酌賞。

一、當鋪按年取利，官房按月取租，並交敬事房庫貯，俟有公項雜差等事酌量支用，年底開具四柱奏銷。取租官房一所，係雍正四年十二月賞給；當鋪一座，係雍正七年二月賞給。

一、各處總管首領太監有失誤職守，或奉特旨、或宫殿監遵旨議罰月銀係一年以外者，敬事房呈報總管内務府轉行扣除。其在一年以内者，俱收入敬事房庫貯，俟有公項雜差等事酌量支用，年底開具四柱奏銷。

一、各處總管首領太監應支給公費者，如有告假等事，俱按月扣除公費，交敬事房庫貯，俟有公項雜差等事酌量支用，年底開具四柱奏銷。

一、總管首領太監等隨駕出外，俱賞給盤費銀兩：總管每日三錢，首領每日二錢，太監每日一錢。由宫殿監屆時奏准，行文總管内務府支領。

一、總管首領太監隨駕出外，俱賞給官飯。隨侍等處總管首領太監等食外膳房飯，各宫等處首領太監等食内管領飯。由宫殿監屆時奏准，行文各該處支領。

國朝宮史卷之二十

官制

周禮：「閽者守中門之禁，寺人掌女宮之戒。設官分職，咸備其數。至醯醢籩幂之屬，皆以奄主之。」註經者謂，奄上士，奄之賢者。但言奄則府史之類。然則成周之制於内臣未嘗不斑之以爵也，第限以上士，不使踰越，而又所供惟飲食、灑掃、門户之事，人數有常，隸於冢宰，斯百世之恒經，千秋之良法也。漢、唐迄明，近寺代衆，甚者數至十萬，委任日專。當其治時，已乖體制。若夫末流頽運，僨轍相尋，詎足掛述。我朝内治修明，宮政嚴肅。世祖章皇帝鑒古垂訓，設立鐵牌，裁定内官員額僅及千餘，皆有職守。聖聖相承，無不防微杜漸，訓誡周詳。凡諸内臣，釐然秩然，各供奔走使令之役，無敢絲毫踰越。我皇上鑒於成憲，欽定規條，受爵以四品爲限，議過以三等爲差。其所掌有常事，其所司有常地，皆統屬於内務府。立法既極嚴明，而又於常給之外加賞錢糧，及夫歲時錫賚，俾之衣食贍給，於以獎其勤勞，儆其懈惰，隱寓勸懲之道。乃至老病退閒，効力年久，亦得仰蒙豢養，以終其身。恩明法立，蔑以加矣。臣等編纂宮史，首列規制，以舉大綱。次臚職事，以明官守。並詳恩賞，以示體恤之惠。載處分，以儆臨馭之嚴。將垂之億萬載，守以罔替，以與周禮春官一編並爲聖人治内之經，昭示不朽。謹述官制二卷。

官制一

條例

康熙十六年五月二十七日，設立敬事房，置總管、副總管。上諭：設立敬事房，屬内務府管轄，置總管，副總管，專司宮内一切事務，奉行諭旨及承行内務府各衙門一切文移。凡事俱照定例敬謹奉行。

康熙六十一年十一月初五日，定五品總管一員，五品太監三員，六品太監二員。

雍正元年九月初九日，定總管爲四品，副總管爲六品，首領爲七品、八品等官職。

上諭：内務府係三品衙門，其所屬敬事房總管應授四品官職，副總管應授六品官職，隨侍等處首領應授七品官職，宮殿等處首領應授八品官職。

雍正二年正月二十四日，定恩加太監錢糧。上諭：「宫中服役年久及勤慎効力之太監等，分别加賜，每月或增至銀三兩及二兩五錢，以奬勤勞。」謹按舊例，各處太監每月俱銀二兩，米一斛半，至是恩加銀兩，米亦隨增。凡增銀至三兩者米三斛，增銀至二兩五錢者米二斛半。

雍正二年二月初三日，定恩加錢糧太監額數。上諭：「各處太監按本處額數内定以恩加錢糧之額。其得恩加錢糧之人，或以事故更調離本處者，不許隨帶，仍將本處太監内擇年久出力者頂補。」

雍正四年六月二十六日，定總管首領等職銜。上諭：「敬事房正四品總管爲宫殿監督領侍銜，從四品總管爲宫殿監正侍銜，六品副總管爲宫殿監副侍銜，七品首領爲執守侍銜，八品首領爲侍監銜。」

雍正八年六月二十五日，定太監品級不必分正從。上諭：「太監等官職不分正從，如五品加一級卽爲四品，降一級卽爲六品。永爲定例。」

乾隆七年十月初五日，定宫中現行則例。上諭：「自今年欽定宫中現行則例爲始，宫内一切事務，宫殿監督領侍等須恪遵定例而行，仍於每年年底將緊要事件彙奏。有不遵者以違制論。」

欽定則例七條

一、宫内等處太監官職，以四品爲定，永不加至三品以上。其各項額定官職、額定恩加錢糧許出缺時奏補。其特恩賞給官職、錢糧不在額數者，缺出不准奏補。

一、宫内等處首領太監缺出，宫殿監揀選奏補。其宫殿監督領侍等缺出，只應將缺奏聞，候旨裁奪，不得揀選奏補。

一、各處太監恩加錢糧，俱按欽定現行則例内額數，不許增添。其定額之内有缺少者，每年年底將當差勤謹者揀選奏補。

一、太監等恩加錢糧，原爲奬勵勤勞而設。如有病至兩月仍不當差者，將所加錢糧暫停，其本處亦不必出缺，俟病痊復役仍行添給，永遠爲例。其食二兩錢糧之太監仍照舊例行。舊例，宫内等處年老久病首領太監等病一年者革退差使，給一半錢糧。病二年者革退爲民，錢糧盡行停止。其中如有當差年久出過力者，據實奏明，恩賞月銀一兩、制錢五百文。

一、每年年底於崇文門取銀二千五百兩，賞給各處總管首領太監等，宫殿監屆期按例請旨。宫殿監二百兩，四執事、四執事庫一百五十兩，自鳴鐘處四十兩，懋勤殿六十兩，尚乘轎一百兩，乾清宫六十兩，弘德殿四十兩，養心殿一百兩，鳥槍處十兩，弓箭匠處十兩，按摩處十兩，御藥房十兩，御膳房二百兩，御茶房二百兩，乾清門三十兩，內左門三十兩，內右門三十兩，月華門三十兩，遵義門二十兩，做鐘處三十兩，造辦處八十兩，南花園三十兩，圓明園一千兩。

一、每年年底於廣儲司取制錢一千五百串，恩賞衆太監等。宮殿監臨時酌定數目多寡，請旨。

一、今年所定太監等各項額已屬從優，以後非有別故，不得擅行奏請增添。

宮殿監處分則例十一條

一、接奉上諭具奏事件，如不敬謹詳明以致舛錯者，罰月銀一年。

一、揀選各處首領，如不秉公選擇得人，并不將年久出力者保舉，因而徇私者，罰月銀一年。

一、宮殿監俱係各處首領內補放之人，如有懷挾平日私憾、假公濟私者，罰月銀一年。

一、宮殿監管轄各處首領太監等，如有不秉公按例辦理、任性酷法者，罰月銀一年。

一、欽奉上諭禁約事件，須實力永遠奉行。如因日久廢弛者，查出罰月銀六個月。

一、辦理宮内一切事務，如不奮勉向前、凡事推諉者，罰月銀六個月。

一、管轄各處首領太監，如不時加查察，或犯罪而尚不知者，罰月銀六個月。

一、奉行宮内一切禮儀，如不敬謹將事，以致怠忽失儀者，罰月銀三個月。

一、各處首領太監等有應議罰議責之案，如不按例處分，或比擬舛錯者，罰月銀三個月。

一、稽查宮中一切用度，如柴炭、冰、蠟之類，有不按例節慎，以致糜費錢糧者，罰月銀三個月。

一、宮殿監非因公事使令各處首領太監者，罰月銀三個月。

以上頭等處分四條，次等處分三條，三等處分四條。宮殿監督領侍等秉公互相稽查，有犯者卽引例參奏處分，仍各記檔。若犯頭等處分三次，次等處分五次，三等處分十次，仍不知守法改悔者，宮殿監具牌請旨，交内務府治罪。其有一人犯罪而衆宮殿監等隱諱不行參奏，倘經上查出，或被告發審實者，將衆領侍等俱交内務府從重治罪。其告發之人如係首領，加一級；係太監，賞銀十兩。

各處首領太監處分則例十六條

一、禁地不許角口鬬毆，犯者係首領，罰月銀六個月；係太監，重責六十板。

一、禁地不許白日飲酒酗醉，犯者係首領，罰月銀六個月；係太監，重責六十板。

一、禁地不許相聚賭博，犯者係首領，罰月銀六個月；係太監，重責六十板。

以上三條，如係太監犯罪，該管首領失於覺察者，應照本罪減等，罰月銀兩個月。

一、各處太監等有不謹慎火燭、失誤看守者，係首領，罰月銀四個月；係太監，重責四十板。

一、各處太監等有不謹慎坐更、貪睡失誤者，係首領，罰月銀四個月；係太監，重責四十板。

一、各處太監等有不恪守法度、諠譁無禮者，係首領，罰月銀四個月；係太監，重責四十板。

一、收貯本處一切陳設官物，有不謹慎典守，以致失誤傷損者，係首領，罰月銀四個月；係太監，重責四十板。

一、收貯本處一切錢糧官物，有不謹慎典守，以致遺失缺少者，係首領，罰月銀四個月；係太監，重責四十板。

以上五條，如係太監犯罪，該管首領失於覺察者，應照本罪減等，罰月銀一個月。

一、各處太監等有將内外事情妄行傳宣者，係首領，罰月銀四個月；係太監，重責四十板。

一、各處首領有不服總管管轄者，罰月銀四個月；各處太監有不服本管首領管轄者，重責四十板。

一、欽奉諭旨傳宣事件，如不應干預之人探聽傳播者，係首領，罰月銀四個月；係太監，重責四十板。

一、失誤關防者，係首領，罰月銀三個月；係太監，重責三十板。

一、首領太監等各看守本管地方，如有擅至不應至之處者，係首領，罰月銀兩個月；係太監，重責二十板。

一、告假逾限、遲誤復班者，係首領，罰月銀兩個月；係太監，重責二十板。

一、承值一應祭祀供獻器物，如不敬謹將事者，係首領，罰月銀兩個月；係太監，重責二十板。

一、各處太監等俱屬宮殿監管轄，若宮殿監因公事傳集各處首領太監等有無故不至、以致失誤公事者，係首領，罰月銀兩個月；係太監，重責二十板。

以上頭等處分三條，次等處分八條，三等處分五條，宮殿監督領侍等不時秉公查察。有首領犯者，卽引例參奏處分；太監犯者，卽按例責處。仍各記檔。有犯頭等處分三次，二等處分五次，三等處分十次，仍不知守法改悔者，宮殿監具牌請旨，交内務府治罪。

又宮殿監凡例四條

一、太監等有在外犯法，由部院奏明提人者，宮殿監查明人犯，奏明卽行送出，以憑該部院按律治罪。

一、太監等有在内犯法，情罪較重，宮殿監不敢擅專者，奏明交内務府治罪。

一、太監等有在内犯法，情罪較重，宮殿監不能剖斷者，奏明交内務府審理。

一、宮殿監有奉上諭議罰議責事件，及宮殿監查出參奏請旨議行責處事件，皆各按處分則例引用。其有則例内所不能該者，許引例比擬奏聞請旨。

國朝宫史卷之二十一

官制二

額數職掌

敬事房

總管三員　内宫殿監督領侍一員，宫殿監正侍二員，俱四品。每月銀八兩，米八斛，公費銀一兩三錢。

副總管六員　俱六品宫殿監。每月銀五兩，米五斛，公費銀一兩一錢。

委署總管　無定額。以七品執守侍委署，仍食本職銀、米、公費。

首領二名　俱七品執守侍。每月銀四兩，米四斛，公費銀一兩。

筆帖式四名　俱八品侍監。每月銀三兩，米三斛，公費銀七錢三分三釐。

太監二十六名　内三名每月銀三兩，米三斛。五名每月銀二兩五錢，米二斛半。十八名每月銀二兩，米一斛半。公費銀俱六錢六分六釐。

專司遵奉上諭辦理宮内一切事務及應行禮儀，承行内務府各衙門交移，收取外庫錢糧，甄别調補宮内太監，查視各門啓閉，巡察火燭、關防等事。首領、筆帖式以下，專司掌案辦事，承行内務府來文，巡防火燭、坐更等事。

乾清宮

首領四名　内七品執守侍二名，每月銀四兩，米四斛，公費銀一兩。八品侍監二名，每月銀、米同，公費銀七錢三分三釐。

太監二十四名　内三名每月銀三兩，米三斛。五名每月銀二兩五錢，米二斛半。十六名每月銀二兩，米一斛半。公費銀俱六錢六分六釐。

專司尊藏列祖實録、聖訓，江山社稷金殿香燭，收貯賞用器物、本處陳設，灑掃及御前坐更等事。

乾清門

首領二名　俱八品侍監。每月銀四兩，米四斛，公費銀七錢三分三釐。

太監十二名　每月銀二兩，米一斛半，公費銀六錢六分六釐。

專司陳設御門聽政寶座、黼扆，晨昏啓閉，稽察大小臣工出入，呈報值宿侍衛名單及灑掃、坐更等事。

昭仁殿兼龍光門

首領二名　俱八品侍監。每月銀四兩，米四斛，公費銀七錢三分三釐。

太監十名　每月銀二兩，米一斛半，公費銀六錢六分六釐。

專司陳設、灑掃、坐更等事。

弘德殿兼鳳彩門

首領二名　俱八品侍監。每月銀四兩，米四斛，公費銀七錢三分三釐。

太監十名　每月銀二兩，米一斛半，公費銀六錢六分六釐。

專司陳設、灑掃、坐更等事。

端凝殿兼自鳴鐘

首領一名　七品執守侍。每月銀四兩，米四斛，公費銀一兩。
太監十名　内三名每月銀三兩，米三斛。五名每月銀二兩五錢，米二斛半。二名每月銀二兩，米一斛半。公費銀俱六錢六分六釐。
專司近御隨侍賞用銀兩，驗自鳴鐘時刻及陳設、灑掃、御前坐更等事。

懋勤殿兼本房

首領二名　俱七品執守侍。每月銀四兩，米四斛，公費銀一兩。
太監十名　内三名每月銀三兩，米三斛。五名每月銀二兩五錢，米二斛半。二名每月銀二兩，米一斛半。公費銀俱六錢六分六釐。
專司伺候宸翰及收掌文房書籍、筆墨物件，登載内起居注，御前坐更等事。

四執事

首領一名　七品執守侍。每月銀四兩，米四斛，公費銀一兩。
太監三十五名　内十五名每月銀三兩，米三斛。十五名每月銀二兩五錢，米二斛半。五名每月銀二兩，米二斛。公費銀俱六錢六分六釐。

專司伺候御用冠袍帶履，隨侍執傘、執爐，承應上用甲胄，收貯備賞衣服，御前坐更等事。

四執事庫

首領一名　七品執守侍。每月銀四兩，米四斛，公費銀一兩。

太監十八名　内五名每月銀三兩，米三斛。五名每月銀二兩五錢，米二斛半。八名每月銀二兩，米一斛半。公費銀俱六錢六分六釐。

專司收掌上用冠袍帶履，鋪陳寢宮幃幔，坐更等事。

奏事處

不設首領，屬四執事首領管轄。

太監十八名　内奏事太監四名，每月銀四兩，米四斛。隨侍太監二名、記檔太監四名，每月銀三兩，米三斛。使令太監八名，每月銀二兩，米一斛半。以上公費銀俱六錢六分六釐。其有恩賜官職者，各按品級給銀米公費。

專司傳宣諭旨，引帶召對人員，承接題奏事件，隨侍御前坐更等事。

日精門

首領二名　俱八品侍監。每月銀四兩，米四斛，公費銀七錢三分三釐。

太監八名　每月銀二兩，米一斛半，公費銀六錢六分六釐。

專司啓閉關防，灑掃、坐更等事。

月華門

首領二名　俱八品侍監。每月銀四兩，米四斛，公費銀七錢三分三釐。

太監八名　每月銀二兩，米一斛半，公費銀六錢六分六釐。

專司啓閉關防，灑掃、坐更等事。

南書房

不設首領，屬月華門首領管轄。

太監四名　每月銀二兩，米一斛半，公費銀六錢六分六釐。

專司應候内廷翰林出入，坐更等事。

上書房

不設首領，屬日精門首領管轄。

太監四名　每月銀二兩，米一斛半，公費銀六錢六分六釐。

專司供獻先師孔子香燭，陳設、灑掃、坐更等事。

尚乘轎

首領二名　俱八品侍監。每月銀四兩，米四斛，公費銀七錢三分三釐。

太監三十二名　内十名每月銀三兩，米三斛。十名每月銀二兩五錢，米二斛半。十二名每月銀二兩，米一斛半。公費銀俱六錢六分六釐。

專司承應請轎、隨侍御前坐更等事。

御藥房

首領二名　俱八品侍監。每月銀三兩，米三斛，公費銀七錢三分三釐。

太監二十名　内三名每月銀三兩，米三斛。五名每月銀二兩五錢，米二斛半。十二名每月銀二兩，米一斛半。公費銀俱六錢六分六釐。
專司帶領御醫各宫請脈，煎製藥餌，坐更等事。

交泰殿

首領二名　俱八品侍監。每月銀四兩，米四斛，公費銀七錢三分三釐。
太監六名　每月銀二兩，米一斛半，公費銀六錢六分六釐。
專司尊藏御寶，收貯勳臣黄册，驗自鳴鐘時刻，陳設、灑掃、坐更等事。

坤寧宫兼坤寧門

首領二名　俱八品侍監。每月銀四兩，米四斛，公費銀七錢三分三釐。
太監十二名　每月銀二兩，米一斛半，公費銀六錢六分六釐。
專司供奉神前香燭，陳設、灑掃、關防、坐更等事。

東煖殿兼永祥門

首領一名　七品執守侍。每月銀四兩，米四斛，公費銀一兩。

副首領一名　八品侍監。每月銀四兩，米四斛，公費銀七錢三分三釐。
太監十四名　每月銀二兩，米一斛半，公費銀六錢六分六釐。
專司陳設、灑掃、坐更等事。

西煖殿兼增瑞門

首領一名　七品執守侍。每月銀四兩，米四斛，公費銀一兩。
副首領一名　八品侍監。每月銀四兩，米四斛，公費銀七錢三分三釐。
太監十四名　每月銀二兩，米一斛半，公費銀六錢六分六釐。
專司陳設、灑掃、坐更等事。

景和門　隆福門　基化門　端則門

以上四門，首領各二名　俱八品侍監，每月銀四兩，米四斛，公費銀七錢三分三釐。
太監各八名　每月銀二兩，米一斛半，公費銀六錢六分六釐。
專司本處啓閉關防、灑掃、坐更等事。

內左門

首領二名　俱八品侍監。每月銀四兩，米四斛，公費銀七錢三分三釐。

太監十二名　每月銀二兩，米一斛半，公費銀六錢六分六釐。

專司啓閉關防、灑掃、坐更等事。

內右門

首領二名　俱八品侍監。每月銀四兩，米四斛，公費銀七錢三分三釐。

太監十二名　每月銀二兩，米一斛半，公費銀六錢六分六釐。

專司啓閉關防，稽查茶膳房人等出入，衆太監等出入。每晚起更時候，宫內等處報「無事」畢，具單呈送敬事房，并灑掃、坐更等事。

景仁宫　永壽宫　承乾宫　翊坤宫　鍾粹宫　儲秀宫　延禧宫　啟祥宫　永和宫　長春宫　景陽宫　咸福宫

以上十二宫首領各二名　俱八品侍監。每月銀四兩，米四斛，公費銀七錢三分三釐。

太監各十二名　每月銀二兩，米一斛半，公費銀六錢六分六釐。

專司本宮陳設、灑掃、承應傳取、坐更等事。

近光左門

不設首領，屬景仁宮首領管轄。

太監五名　每月銀二兩，米一斛半，公費銀六錢六分六釐。

專司啓閉關防，灑掃、坐更等事。

近光右門

不設首領，屬永壽宮首領管轄。

太監五名　每月銀二兩，米一斛半，公費銀六錢六分六釐。

專司啓閉關防、灑掃、坐更等事。

養心殿　重華宮　建福宮

以上三處，首領共四名　內七品執守侍二名，每月銀四兩，米四斛，公費銀一兩。八品侍監二名，每月銀、米同，公費銀七錢三分三釐。

太監四十五名　內十名每月銀三兩，米三斛。十名每月銀二兩五錢，米二斛半。二十五名每月銀二兩，米一斛半。公費銀俱六錢六分六釐。

專司陳設器具及收貯賞用物件，灑掃、坐更等事。

養心殿內兼吉祥門

總管一員　五品宮殿監副侍。每月銀六兩，米六斛，公費銀一兩二錢。

首領五名　內七品執守侍二名，每月銀四兩，米四斛，公費銀一兩。八品侍監三名，每月銀、米同，公費銀七錢三分三釐。

太監五十名　內十名每月銀四兩，米四斛。十名每月銀三兩，米三斛。十名每月銀二兩五錢，米二斛半。二十名每月銀二兩，米二斛。公費銀俱六錢六分六釐。

專司近御隨侍，收掌內庫錢糧及古玩、書畫，陳設、灑掃、御前坐更等事。

御書房

首領一名　八品侍監。每月銀四兩，米四斛，公費銀七錢三分三釐。

太監十二名　每月銀二兩，米一斛半，公費銀六錢六分六釐。

專司收貯書籍、古今字畫，灑掃、坐更等事。

古董房

首領一名　八品侍監。每月銀四兩，米四斛，公費銀七錢三分三釐。

太監十二名　每月銀二兩，米一斛半，公費銀六錢六分六釐。

專司收貯古玩器皿，坐更等事。

御茶房

首領七名　内七品執守侍三名，每月銀五兩，米五斛，公費銀一兩。八品侍監四名，每月銀四兩，米四斛，公費銀七錢三分三釐。

太監四十五名　内十名每月銀三兩，米三斛。二十名每月銀二兩五錢，米二斛半。

十五名每月銀二兩，米一斛半。公費銀俱六錢六分六釐。

專司上用茗飲果品及各處供獻，節令宴席，隨侍、坐更等事。

御膳房

總管三員　俱七品執守侍。每月銀五兩，米五斛，公費銀一兩。

首領十名　俱八品侍監。每月銀四兩，米四斛，公費銀七錢三分三釐。

太監一百名　內二十名每月銀三兩，米三斛。二十名每月銀二兩五錢，米二斛半。六十名每月銀二兩，米一斛半。公費銀俱六錢六分六釐。

專司上用膳饈，各宮饌品，各處供獻，節令宴席，隨侍、坐更等事。

鳥鎗處

首領一名　七品執守侍。每月銀四兩，米四斛，公費銀一兩。

太監四名　每月銀二兩，米一斛半，公費銀六錢六分六釐。

專司隨侍上用鳥鎗、御前坐更等事。

弓箭處

不設首領，屬鳥鎗處首領管轄。

太監四名　每月銀二兩，米二斛，公費銀六錢六分六釐。

專司隨侍上用弓箭、御前坐更等事。

按摩處

不設首領，屬鳥鎗處首領管轄。

太監六名　每月銀二兩，米一斛半，公費銀六錢六分六釐。

專司隨侍請髮、御前坐更等事。

南果房

首領一名　八品侍監。　每月銀四兩，米四斛，公費銀七錢三分三釐。

太監八名　每月銀二兩，米一斛半，公費銀六錢六分六釐。

專司收貯乾鮮果品、坐更等事。

鷹房

首領二名　俱八品侍監。每月銀三兩，米三斛，公費銀七錢三分三釐。

太監八名　每月銀二兩，米二斛，公費銀六錢六分六釐。

專司畜養鷹鷂、坐更等事。

狗房

首領二名　俱八品侍監。每月銀四兩，米四斛，公費銀七錢三分三釐。

太監十名　每月銀二兩，米一斛半，公費銀六錢六分六釐。

專司畜養獵犬、隨侍承應、御前坐更等事。

養牲處

首領一名　八品侍監。每月銀三兩，米三斛，公費銀七錢三分三釐。

太監三名　每月銀二兩，米一斛半，公費銀六錢六分六釐。

專司畜養禽獸、坐更等事。

鴿子房

不設首領，屬蒼震門首領管轄。

太監三名　每月銀二兩，米一斛半，公費銀六錢六分六釐。

專司畜鴿、坐更等事。

蒼震門

首領二名　俱八品侍監。每月銀四兩，米四斛，公費銀七錢三分三釐。

太監八名　每月銀二兩，米一斛半，公費銀六錢六分六釐。

專司啓閉關防、祭神房人等出入，灑掃、坐更等事。

遵義門

首領二名　俱八品侍監。每月銀四兩，米四斛，公費銀六錢六分六釐。

太監八名　每月銀二兩，米一斛半，公費銀六錢六分六釐。

專司啓閉關防，灑掃、坐更等事。

齋宮

首領一名　八品侍監。每月銀四兩，米四斛，公費銀七錢三分三釐。

太監八名　每月銀二兩，米一斛半，公費銀六錢六分六釐。

專司陳設、灑掃、坐更等事。

御花園

首領二名　俱八品侍監。每月銀四兩，米四斛，公費銀七錢三分三釐。

副首領二名　俱八品侍監。每月銀三兩，米三斛，公費銀七錢三分三釐。

太監二十四名　每月銀二兩，米一斛半，公費銀六錢六分六釐。

專司園内斗壇、四神祠香燭，培澆花樹，飼養仙鶴、池魚，灑掃、坐更等事。

天穹殿

首領二名　俱八品侍監。每月銀三兩，米三斛，公費銀七錢三分三釐。

太監八名　每月銀二兩，米一斛半，公費銀六錢六分六釐。

專司香燭、灑掃、坐更等事。

祭神房

首領二名　俱八品侍監。每月銀四兩，米四斛，公費銀七錢三分三釐。
副首領一名　無品級。每月銀二兩，米二斛，公費銀七錢三分三釐。
太監二十六名　每月銀二兩，米一斛半，公費銀六錢六分六釐。
專司祭神省牲、坐更等事。

中正殿

首領一名　無品級。每月銀三兩，米三斛，公費銀七錢三分三釐。
太監八名　每月銀二兩，米一斛半，公費銀六錢六分六釐。
專司香燭、灑掃等事。

英華殿

首領一名　無品級。每月銀三兩，米三斛。

太監四名　每月銀二兩，米一斛半。
專司香燭、灑掃等事。

欽安殿兼城隍廟

首領三名　俱八品侍監。每月銀四兩，米四斛，公費銀七錢三分三釐。
太監十二名　每月銀二兩，米一斛半，公費銀六錢六分六釐。俱充道士，專司唪誦經懺、焚修香火等事。

壽皇殿

首領一名　八品侍監。每月銀四兩，米四斛，公費銀七錢三分三釐。
太監四名　每月銀二兩，米一斛半，公費銀六錢六分六釐。
專司供奉御容前香燭、灑掃、坐更等事。

兆祥所

首領一名　無品級。每月銀三兩，米三斛，公費銀七錢三分三釐。

太監十名　每月銀二兩，米一斛半，公費銀六錢六分六釐。

專司灑掃等事。

打掃處

首領一名　八品侍監。每月銀四兩，米四斛，公費銀七錢三分三釐。

太監七十五名　每月銀二兩，米一斛半，公費銀六錢六分六釐。

專司各處灑掃、運水、添缸、一應雜差、坐更等事。

熟火處

首領二名　俱八品侍監。每月銀四兩，米四斛，公費銀七錢三分三釐。

太監二十五名　每月銀二兩，米一斛半，公費銀六錢六分六釐。

專司各處安設熟火、一應雜差、坐更等事。

柴炭處

首領二名　俱八品侍監。每月銀四兩，米四斛，公費銀七錢三分三釐。

太監二十五名　每月銀二兩，米一斛半，公費銀六錢六分六釐。
專司各處運送木柴、煤炭，一應雜差、坐更等事。

燒炕處

首領二名　俱八品侍監。每月銀四兩，米四斛，公費銀七錢三分三釐。
太監二十五名　每月銀二兩，米一斛半，公費銀六錢六分六釐。
專司宮内燒炕、一應雜差、坐更等事。

造辦處

首領二名　俱八品侍監。每月銀四兩，米四斛，公費銀七錢三分三釐。
太監二十五名　每月銀二兩，米一斛半，公費銀六錢六分六釐。
專司帶領造辦處外匠造辦一切物件。

北小花園

首領一名　無品級。每月銀二兩五錢，米二斛半，公費銀七錢三分三釐。

太監六名　每月銀二兩，米一斛半，公費銀六錢六分六釐。

專司培灌花樹、灑掃等事。

讀清字書房

不設首領，屬敬事房首領管轄。

太監六名　每月銀二兩，米一斛半，公費銀六錢六分六釐。

專司習學清文。

讀漢字書房

不設首領，屬瀛臺首領管轄。

太監十名　每月銀二兩，米一斛半，公費銀六錢六分六釐。

專司習學漢文。

皇太后宮

副總管二員　俱六品執守侍。每月銀五兩，米五斛，公費銀一兩一錢。

首領五名　俱八品侍監。每月銀四兩，米四斛，公費銀七錢三分三釐。
太監四十六名　每月銀二兩，米一斛半，公費銀六錢六分六釐。
茶房首領一名，膳房首領一名，藥房首領一名　俱八品侍監。茶膳房首領每月銀四兩，米四斛。藥房首領每月銀三兩，米三斛。公費銀俱七錢三分三釐。
太監三十六名　内茶房十名，膳房二十名，藥房六名。每月俱銀二兩，米一斛半，公費銀六錢六分六釐。

太妃位下

首領二名　俱八品侍監。每月銀四兩，米四斛，公費銀七錢三分三釐。
太監十名　每月銀二兩，米一斛半，公費銀六錢六分六釐。

太嬪位下

首領一名　八品侍監。每月銀四兩，米四斛，公費銀七錢三分三釐。
太監八名　每月銀二兩，米一斛半，公費銀六錢六分六釐。
膳房首領三名總司承應太妃、太嬪等位。内七品執守侍一名，每月銀五兩，米五斛，公費銀一兩。八品侍監二名，每月銀四兩，米四斛，公費銀七錢三分三釐。
太監三十二名　內膳房二十四名，藥房八名，不設首領，屬御藥房首領管轄。每月俱銀二兩，米一斛半，公費銀六錢六分六釐。

慈寧宮

首領十名　無品級。內充僧者二名，每月俱銀三兩，米三斛，公費銀七錢三分三釐。充喇嘛者二名，每月銀、米同，無公費。
太監五十二名　內充僧者六名，每月俱銀二兩，米一斛半，公費銀六錢六分六釐。充喇嘛者二十名，每月銀、米同，無公費。

壽安宮

副首領二名　無品級。每月銀三兩，米三斛，公費銀七錢三分三釐。
太監六名　每月銀二兩，米一斛半，公費銀六錢六分六釐。

寧壽宮

首領四名　無品級。每月銀三兩，米三斛，公費銀七錢三分三釐。
太監十六名　每月銀二兩，米一斛半，公費銀六錢六分六釐。

皇子每位下

首領一名　八品侍監。每月銀四兩，米四斛，公費銀七錢三分三釐。
太監二十名　每月銀二兩，米一斛半，公費銀六錢六分六釐。

公主每位下

首領一名　無品級。每月銀三兩，米三斛，公費銀七錢三分三釐。
太監四名　每月銀二兩，米一斛半，公費銀六錢六分六釐。

景山

總管一員　七品執守侍。每月銀五兩，米五斛，公費銀一兩。
首領二名　俱八品侍監。每月銀三兩，米三斛，公費銀七錢三分三釐。
委署首領　無品級，無定額。每月銀三兩，米三斛，公費銀七錢三分三釐。

太監　無定額。每月銀二兩，米一斛半，公費銀六錢六分六釐。其恩加月銀者亦無定額。其恩賜品級者，卽按品級給銀、米、公費。

南府

總管一員　七品執守侍。每月銀五兩，米五斛，公費銀一兩。

首領四名　俱八品侍監。每月銀四兩，米四斛，公費銀七錢三分三釐。

委署首領　無定額，無品級。每月銀三兩，米三斛，公費銀七錢三分三釐。

太監　無定額。每月銀二兩，米一斛半，公費銀六錢六分六釐。其恩加月銀者亦無定額。其恩賜品級者，卽按品級給銀、米、公費。

瀛臺

首領一名　八品侍監。每月銀四兩，米四斛，公費銀七錢三分三釐。

副首領一名　無品級。每月銀三兩，米三斛，公費銀七錢三分三釐。

太監二十二名　每月銀二兩，米一斛半，公費銀六錢六分六釐。

永安寺

首領一名　八品侍監。每月銀四兩，米四斛，公費銀七錢三分三釐。
副首領一名　無品級。每月銀三兩，米三斛。公費銀七錢三分三釐。
太監十名　每月銀二兩，米一斛半，公費銀六錢六分六釐。

春雨淋塘

首領一名　八品侍監。每月銀四兩，米四斛，公費銀七錢三分三釐。
副首領一名　無品級。每月銀三兩，米三斛，公費銀七錢三分三釐。
太監八名　每月銀二兩，米一斛半，公費銀六錢六分六釐。

闡福寺

不設首領，屬永安寺首領管轄。
太監二名　每月銀二兩，米一斛半，公費銀六錢六分六釐

雍和宮

首領一名　七品執守侍。每月銀四兩，米四斛，公費銀一兩。

副首領一名　八品侍監。每月銀三兩，米三斛，公費銀七錢三分三釐。

太監六名　每月銀二兩，米二斛，公費銀六錢六分六釐。

專司陳設、灑掃等事。

圓明園兼長春園　靜寄山莊

總管三員　内六品宮殿監一員，七品執守侍二員，每月俱銀五兩，米五斛，公費銀一兩。

首領十名　俱七品執守侍。每月銀四兩，米四斛，公費銀一兩。

副首領十八名　俱八品侍監。每月銀四兩，米四斛，公費銀七錢三分三釐。

委署首領四十二名　無品級。每月銀三兩，米三斛，公費銀七錢三分三釐。

太監四百六名　内各處當差太監三百三十六名，每月銀二兩，米一斛半。技勇太監七十名，每月銀三兩，米四斛。公費銀俱六錢六分六釐。

清漪園　靜明園　靜宜園

總管二員　俱七品執守侍。每月銀五兩，米五斛，公費銀一兩。

清漪園

首領三名　俱八品侍監。每月銀四兩，米四斛，公費銀一兩。

副首領五名　無品級。每月銀三兩，米三斛，公費銀七錢三分三釐。

太監一百四名　每月銀二兩，米一斛半，公費銀六錢六分六釐。

靜明園

首領一名　八品侍監。每月銀四兩，米四斛，公費銀七錢三分三釐。

副首領二名　無品級。每月銀三兩，米三斛，公費銀七錢三分三釐。

太監五十四名　每月銀二兩，米一斛半，公費銀六錢六分六釐。

靜宜園

首領一名　八品侍監。每月銀四兩，米四斛，公費銀七錢三分三釐。

副首領二名　無品級。每月銀三兩，米三斛，公費銀七錢三分三釐。
太監四十四名　每月銀二兩，米一斛半，公費銀六錢六分六釐。

暢春園

總管二員　俱七品執守侍。每月銀五兩，米五斛，公費銀一兩。
首領十名　無品級。每月銀三兩，米三斛。
副首領五名　無品級。每月銀二兩，米一斛半。
太監四十名　每月銀二兩，米一斛半。

湯山

首領一名　無品級。每月銀三兩，米三斛，公費銀七錢三分三釐。
太監四名　每月銀二兩，米一斛半，公費銀六錢六分六釐。

避暑山莊

總管一員　七品執守侍。每月銀四兩，米四斛，公費銀一兩。

內務府所屬

掌儀司

首領五名　俱八品侍監。每月銀三兩，米三斛。

副首領八名　無品級。每月銀二兩五錢，米二斛半。

太監一百名　每月銀二兩，每年米十六斛。恩賞每月公費銀四十分，每分銀六錢六分六釐。

司樂太監六十名　每月銀二兩，米一斛半。恩賞每月公費銀四十分，每分銀六錢六分六釐。

圓清太監六名　每月銀二兩，每年米十六斛。

斤斗太監十四名　每月銀二兩，公費銀六錢六分六釐。

鑾儀衛
副首領四名　無品級。每月銀二兩五錢，米二斛半。
太監三十名　每月銀二兩，每年米十六斛。

營造司
首領二名　俱八品侍監。每月銀三兩，米三斛。
副首領三名　無品級。每月銀二兩五錢，米二斛半。
太監四十名　每月銀二兩，每年米十六斛。恩賞每月公費銀十五分，每分銀六錢六分六釐。

太和殿　中和殿　保和殿
首領四名　無品級。每月銀三兩，米三斛。
太監十名　每月銀二兩，每年米十六斛。

文華殿

太監二名　每月銀二兩，每年米十六斛。

武英殿

太監二名　每月銀二兩，每年米十六斛。

奉先殿

首領二名　無品級。每月銀三兩，米三斛。

副首領五名　無品級。每月銀三兩五錢，米二斛半。

太監二十名　每月銀二兩，米一斛半。

景山

首領二名　無品級。每月銀三兩，米三斛。

太監八名　每月銀二兩，每年米十六斛。

尚衣監

太監二名　每月銀二兩，每年米十六斛。

武備院

太監二名　每月銀二兩，每年米十六斛。

酒醋房

首領一名　無品級。每月銀三兩，米三斛。

太監三名　每月銀二兩，每年米十六斛。

奉宸苑

首領二名　無品級。每月銀三兩，米三斛。

太監十名　每月銀二兩，每年米十六斛。

禮部所屬

萬善殿

首領四名　無品級。正副各二，俱充僧。每月銀三兩，米二斛。

太監十五名　俱充僧。每月銀二兩，米二斛。

番經廠

首領二名　無品級，充喇嘛。每月銀二兩五錢，米一斛半。

太監十名　俱充喇嘛。每月銀一兩五錢，米一斛半。

漢經廠

首領二名　無品級，俱充僧。每月銀二兩五錢，米一斛半。

太監六名　俱充僧。每月銀一兩五錢，米一斛半。

道經廠

首領二名　無品級，俱充道士。每月銀一兩五錢，米一斛半。

太監十名　俱充道士。每月銀一兩五錢，米一斛半。

工部所屬

門神庫

首領一名　無品級。每月銀一兩五錢，米三斗。

太監八名　每月銀一兩，米三斗。

簾子庫

首領一名　無品級。每月銀一兩五錢，米三斗。

太監八名　每月銀一兩，米三斗。

太常寺所屬

太廟

首領一名　無品級。每月銀三兩，米三斛。

太監二十名　每月銀二兩，每年米十六斛。

社稷壇

首領一名　無品級。每月銀三兩，米三斛。

太監四名　每月銀二兩，每年米十六斛。

傳心殿

首領一名　無品級。每月銀三兩，米三斛。

太監四名　每月銀二兩，每年米十六斛。

陵寢内務府所屬凡首領太監等缺出，由内務府奏明，知會宫殿監擬名奏派，其銀米等俱於陵俸内支給。

陵寢

首領二名　無品級。每月銀四兩，米四斛。

太監十名　每月銀二兩，米一斛半。

妃園寢

不設首領，屬本陵首領管轄。

太監六名　每月銀二兩，米一斛半。

國朝宮史卷之二十二

書籍

宮史志書籍，垂法守也。古者延閣、廣内之藏，著爲書目。惟是使者所求，寫官所録，秘省官庫所積，取足薈古今、資掌故已爾。我朝文治光昭，藏書之富，冠於往代。内府所貯圖書，具於天禄琳琅，東壁琅函諸編者，彪炳美富，無煩載述。惟是聖聖相承，大文彌耀。世祖章皇帝制作昭明，垂光册府，微言大義，炳若日星。聖祖仁皇帝契苞符之秘鑰，探洙泗之淵源。六十一年中，性道文章，廣大悉備。世宗憲皇帝篤志紹庭，單心宥密，仰羹牆而見道，守精一以執中。謨訓煌煌，光於前烈焉。皇上以内聖外王之學，發爲垂世立教之文。言根至道，事紀殊勳，真足同天地之幬載，朗羲娥之照燭者矣。臣等敬謹編次，釐爲十有六類。首登實録，以彰功德之原。次紀訓諭，以昭詒謀之大。於御製仰聖學之高深，於方略述成功之懿鑠。若夫表章六經，釐定諸史，靈臺占荚之學，職方益地之圖，有典有則，厥功懋焉。至於纂言有要，用示訓行載道者，文聿標準，則類書極載籍之博，字學播同文之庥；與凡儲珍祕殿，著録石渠，壽官局之棗梨，勒琅函之金石者，焕乎咸具大觀焉。已綜而録之，皆列朝心傳之要，手定之書，聖作明述，以爲出治之本者，而非如劉略、班藝以下，徒侈網羅古籍，蒐輯舊文，無關政理者比也。其竺乘梵文，統於三藏，貯之浄境者，咸不列於是編。

書籍一

實録

太祖高皇帝實録一部

崇德元年十一月，太宗文皇帝命儒臣恭纂。康熙二十一年十月，聖祖仁皇帝命重修。書成，凡十卷。雍正十二年十一月，世宗憲皇帝命加校訂。

皇上御製序　粤稽自古帝王，乘時建極，膺天命而佑下民，豐功駿烈，垂諸史乘，炳炳麟麟，是以紀言紀事，必詳且覈焉。況於聖人首出，開物成務，經緯天地，奠麗河山，智勇沉深，謨猷訏遠，布爲法則，著爲章程，將使後世子孫繼繼承承，遵循罔軼，詎不重歟？洪惟太祖承天廣運，聖德神功，肇紀立極，仁孝睿武，端毅欽安，弘文定業。高皇帝以聖神文武之姿，受天眷命，誕興東土，爰總義旅，遹求厥寧。九國連兵相向，一怒而討平之。明人四路來攻，亦尅日盡殲於境外。師出有名，光明俊偉，威愛並立，近服遠懷。當是時，衆部來歸，英豪響附，奮迹遼瀋之間，而號令行於萬里，帝業之興，何其神也。由是天人協應，建國紀元，修明庶政，教育羣倫，創國書，分旗制，申軍令，定禮儀，經營締造之際，旰食宵衣，不遑暇逸。故乃綱舉目張，傳之億萬年而不可易，心法治法與二帝三王有同揆也。太宗文皇帝繼天登阼，命儒臣敬輯實録，規模略備；聖祖仁皇帝復加蒐考，修纂成書。尊藏内府，並貯史宬。惟是山川疆土以及臣僚名氏，前後間有異同，清、漢之文，或簡或繁，未經畫一。我皇考世宗憲皇帝懼有舛訛，特開史館重加校訂，按日進呈，親爲閲定。朕纘承丕緒，仰體前徽，用復潔誠披覽。卷帙如舊，繕録一新。祗祗乎覘開國之鴻模，昭垂統之大業。書曰：「監于先王成憲，其永無愆」。詩曰：「昭兹來許，繩其祖武。」於以率攸行而保天祜，其敢忘紹庭上下之思哉。謹序。

太宗文皇帝實録一部

順治九年正月，世祖章皇帝命儒臣恭纂。書成，凡六十五卷。康熙六年十一月，聖祖仁皇帝命恭校，十二年七月命重修。雍正十二年十一月，世宗憲皇帝命加校訂。

皇上御製序　洪惟太宗應天興國，弘德彰武，寬温仁聖，睿孝敬敏，昭定隆道顯功。文皇帝徇齊敦敏，廣大寬仁，早從太祖贊襄大業，才德冠世，中外歸忱。迨乎嗣統之年，敦宗睦族，戢衆安民，御將行師，開疆拓土。軍威震疊，而以不嗜殺爲心；武功赫濯，而以善養人爲務。存朝鮮故土，字蒙古遺氓。明政不綱，天人共憤，且舊與我國有隙，於是應天順人，率師直抵燕京，聲罪致討。猶念彼爲中國，功垂成而弗取，天性仁厚，大度豁如，固已超越百王、包涵六合矣。至若建官分職，推賢舉能，愷澤龐鴻，刑章平允，設制科以崇文教，開言路以重忠良，隆規鉅典，巍乎！焕乎！皆一統之大猶，百世之良矩也。世祖章皇帝輯爲實録，六十有五卷。聖祖仁皇帝命儒臣蒐討訂正，繕録成編，尊藏惟慎。皇考世祖章皇帝孝切崇先，敬加披覽，以前後字句之未盡畫一也，復令臣工校對，而躬爲閲定焉。朕仰承遺志，莊誦繹思，用竣厥事。緬惟帝典商盤，前王之懿範也，天球琬琰，宗廟之重器也，昔之君珍爲世寶，奉以無墜。矧夫典章所紀，謨烈所垂，造邦制治之圖，啓泰貽安之要，煌煌簡册，世昭法守，何止帝典商盤、天球琬琰之寶重也耶。謹序。

世祖章皇帝實録一部

康熙六年九月，聖祖仁皇帝命儒臣恭纂。十一年書成。凡一百四十六卷。雍正十二年十一月，世宗憲皇帝命加校訂。

皇上御製序　我國家受天眷命，統一萬邦，日月所照，血氣之屬，咸切尊親。亦惟是小心翼翼之忱，有以通帝載而昭來許。故乃朝廷宫府之政，罔不參稽古訓，溥協人心，制定於一時而慮周乎萬世，重熙累洽，至於今兹。海隅蒼生，穆然想見盛德，信乎開國之規模，詒謀遠而流澤長也。洪惟世祖體天隆運，定統建極，英睿欽文顯武，大德弘功，至仁純孝。章皇帝神靈天亶，沖齡踐阼，紹我太祖、太宗丕緒，懋建大猷，勤思上理。當是時，流賊已入京師，明祚已成板蕩，遂因明將吴三桂之請，命將士入關，定燕京，殄羣寇，挈斯民於水火之中，而登之袵席之上。爰主郊禋，式頒正朔。自古得天下之正，未之有比也。政令彰施，百度具舉，滌前代之煩苛，沛興朝之膏澤，治化翔洽，達乎四表。由是制禮作樂，敷教明刑，虚己以尚賢，推誠以納誨，斟酌損益，秉至中而時措之，著爲謨訓，載在簡編，皇哉唐哉！子孫世世守之，以成久安長治之業，於是乎在。康熙十一年聖祖仁皇帝特開史館，纂輯實録，凡一百四十六卷。雍正十二年，皇考世宗憲皇帝恭閲全書，復令儒臣重加校訂，事未竣而龍馭上賓。朕哀戚之餘，飭令陸續進呈，敬加披覽。嗚呼！睹世祖、聖祖經綸之鉅典，則知創業之甚難。念世宗繼述之深衷，則知守成之不易。方策可傳者，紀綱之成軌；夙夜罔間者，兢業之一心。敢弗繹思而敬承之，以迓上天無疆之休。則是書也，誠致治之權輿，萬年之鴻寶矣。謹序。

聖祖仁皇帝實録一部

康熙六十一年十二月，世宗憲皇帝命儒臣恭纂。書成，凡三百卷。

世宗憲皇帝御製序　粤稽古載籍以來，聖帝明王，德隆業茂，莫不揚休紀美，照耀簡編。若夫上天純佑，下民聚扶，輿積厚之氣篤生至聖。備道德之崇廣，集皇王之大成，經綸宇宙，彪炳帝紀，巍巍乎！蕩蕩乎！自羲、軒至今，未有如我皇考聖祖仁皇帝之盛者也。洪惟太祖、太宗肇搆鴻基，發祥垂裕。世祖開天建極，統一寰區。暨我皇考天亶神靈，丕承先烈，以徇齊敦敏之質而學有緝熙，以繼體守成之時而事兼開創，以光華格被之勳而日新盛德，以郅隆熙洽之運而時勑幾康。臨御寶阼六十餘年，歷服綿長，超越千古。仁漸義摩，文經武緯。典章大備，聲教覃敷。峻德崇功，蟠天際地。有如敬天凜昭事之誠，尊祖切覲揚之志。郊壇禋祀，歲必躬親，廟享薦馨，心虔對越。用致蒼穹之昭格，聿彰謨烈之顯承。奉事兩宫，尊養備極，承歡致敬閲數十年。巡幸則躬扶鸞輅，侍疾則步禱南郊，送龍輴而親行，瞻寢園而灑淚。自古天子之孝，莫與比隆。友愛裕親王等垂老靡間，視疾臨喪，恩禮交至。推仁宗室，教育天潢，展親惇族，誼莫厚焉。宵旰食，明目達聰，親政六十餘年，夙夜勵精，始終惟一。臨軒召對，虚己求言。敷陳有益於民生，必蒙採録；廉能實見諸治效，立荷寵褒。眷耆舊而體貌優崇，簡俊乂而程材器使。小廉大法，百僚皆得其人；綱舉目張，庶司各修其職。四方之利弊周知，萬里之情形洞燭。愛民如子，軫恤維殷。普樂利於農桑，裕蓋藏於積貯。偶遇水旱，立沛恩施，發帑蠲租，動以數百萬計。即在屬國，運粟賜糧，視同一體，德洋恩溥。故黎庶樂業，中外阜康。慎重刑章，哀矜庶獄，每於奏讞明允之中施仁法外。嚴寒停遣，盛夏弛刑，大逆寬族誅，叛人無孥戮。如天好生之德洽於民心，欽恤之仁無以加矣。講幄弘開，精研道要。考六藝之折中，抉性理之精義。宸翰則鸞迴鳳翥，天章則玉振金聲。御定諸書，包涵萬有，融貫百家。緗帙瑶編，充牣册府。生知天縱，莫名聖學之高深。加以重道尊師，表章儒術，親詣闕里，瞻拜加虔。賜博士於五賢，躋紫陽於十哲。訓飭多士，敦崇實學。加科廣額，惠浹儒林。壽考作人，於斯極盛。聖武布昭，神謨密運。大戈所指，立奏膚功。平三逆，收臺灣，布爾尼應期而授首，鄂羅斯望風而請命。躬率六師，三臨朔漠，殲噶爾丹而藩服乂安。命將徂征，長驅絶域，復達賴喇嘛而西陲寧謐。銷鋒灌燧，俾薄海内外永慶昇平。廑念河防，親臨指授，覽全河之形勢，運疏瀹之神功。開中河，築高堰，而淮、黄底績，東南獲衽席之安。濬永定，隄子牙，而漳、滏順流，畿甸享膏腴之利。地平天成，萬世永賴。至若躬行節儉，而大官服御務崇樸素之風；秉德謙沖，而徽號鴻名屢却廷臣之請。至誠不息，而朝乾夕惕，本行健以法天；聖敬日躋，而肅廟雝宫，儼動容之中禮。凡兹盛美，莫罄名言。是以久道化成，太和翔洽，天庥滋至，歲奏屢豐，户樂盈寧，人登仁壽。自古未賓之國重譯踵至，載高履厚，莫不尊親。升遐之日，自僻壤遐陬，遠暨蠻夷荒服，含生負氣之倫，感慟哀號，如喪考妣。羣臣恭擬廟謚，曰聖、曰仁。祇薦祖號，萬口一心，允孚公論。猗歟休哉！至矣大矣！朕纘承鴻緒，念切紹庭。踐阼之初，卽簡命大臣等，董率儒臣開館纂修，發金匱之祕藏，稽綸言於政地。表年繫日，敬謹編輯。紀言紀事，鉅細靡遺。朕齋肅展禮，親加詳閲，歷今九載，敬成聖祖仁皇帝實録若干卷。又於尊藏皇史宬外，恭繕全帙，虔供几案。時時展讀，以遂朕敷時繹思、繼志述事之意。於戲！帝載難名，而歲功昭布，日月之運行，星辰之經緯，可以仰觀成象焉。聖德難名，而治法昭垂，條理之精詳，規模之宏遠，可以仰求成憲焉。我皇考參贊位育之神，欽明精一之藴，雖非簡牒所能殫述，而鴻謨駿業，炳於紀載，與天無極，萬世勿諼。後之紹作君作師之任，求治統道統之全者，於是乎在。敬弁言簡端，以昭示我子孫，俾永永敬承於億萬世。謹序。

皇上御製序　皇祖聖祖仁皇帝臨御六十一年，耿光大烈，融鑠古今，積惠襲恩，淪浹寰宇，功德之盛，具載實録，垂千萬禩。我皇考世宗憲皇帝御製序文，推本上天，孚佑下民。列祖垂裕後嗣，篤生至聖，開邃古以來未有之盛業，煌煌乎言之廣大精密至矣，蔑以加矣。予小子寅承丕緒，紹聞衣德，兢兢業業，仰思繼述皇祖、皇考成憲，日於治事之先，展誦列祖實録，周而復始。皇祖實録卷帙浩繁，排日敬覽，寒暑靡間，至自今凡數閱矣。緬惟尚書、史記所載，古帝王治化之隆，各極其至。而孔子於堯曰：「惟天爲大，惟堯則之，蕩蕩乎民無能名焉。」於舜曰：「無爲而治。」孟子則曰：「王者之民，皞皞如也。」予嘗推繹其旨，想見唐虞中天之盛。乃今思皇祖之世之民，有以知孔孟之言，信乎其能知聖人也。皇祖自親政之始，即手鉏三孽，蕩定南疆、滇、黔、閩、粤之奥，揭日月而掃氛雺。海内赤子，喁喁向風。由是亭之毒之，煦以淳風，沃以甘澍，浸以醲化，甄以大鈞，數十年之間南奠臺、澎，北犂沙漠，命將肆征而閭左無徵發之警。親臨淮河，指授方略。歷吴會，涉會稽，登岱宗，謁闕里，西巡關隴，抵雲中三覲祖陵，觀於東海，歲出塞外，獮狩上都。天行之健，古無以加。而庠序詠仁，氓庶樂業，市廛殷阜，卒伍服習，熙熙然相忘於無所事事。於焉正晷緯，考律度，定元聲，焕爲宸章，灑爲奎翰。集古帝王文治之大成，而穆清宥密，凝然不見經營之迹。簡任公卿百執事，器使而責其成。俊壽魁碩，布列有位。外自節鉞連帥以至守令，賢否清濁立判。剔侵蠹，勵廉平，吏治蒸蒸，無綜覈之煩。而德意宣究，蠲逋賑恤，肆赦緩刑；指揮深宫之中，風馳萬里，匹夫匹婦，無不浸潯涵育，鼓舞德化而不能自已。當其時，誠所謂不識不知，順帝之則者耶。歷今二十餘年，遺澤餘烈，深入人心，固結而不可解。迴溯鼎成之初，謳思如一日夫！乃恍然曰：是所謂至仁如天，民無能名者也；無爲而治，恭己南面者也；孟子所謂王民皞皞者也。於戲！四海九州之民無得而名，予小子又烏能名之？憶自幼沖，蒙皇祖撫愛，日侍左右，用人行政，皆睹記所及。簡册紀載，政如杓衡規天，躔次測日，可見者迹象而已；於穆之運，重離之明，終無能言其所以然者。盥誦之次，稽首敬爲之序，以志紹庭繼序之忱於罔斁云。

世宗憲皇帝實録一部

雍正十三年十月，皇上命儒臣恭纂，次第進呈，親加恭定。書成，凡一百五十九卷。

皇上御製序　國家受天眷命，集慶垂光，承承繼繼。肆我皇考世宗憲皇帝荷三聖之洪庥，祗紹聖祖仁皇帝丕緒，宵衣旰食，底寰宇於和恒，以茂衍億萬年無疆之祉。厚德隆功，溢於簡牒。巍乎焕乎，治平之盛軌未有逾兹者也。皇考徇齊敦敏，仁孝性成，早歲承歡聖祖，友愛同氣。迨膺大統，一切禮儀隆備。廟號尊崇，莫不定自宸衷，符乎典則。仰惟聖祖仁皇帝臨御六十餘年，濊澤洽人心，醇化流方外，豐亨豫大之福，極盛無加。皇考承郅治之餘，因時制宜，以善繼而善述；惟是本之以誠，持之以敬，行之以中正，要之以寬仁，用能杜玩愒於熙時，綿昇平之泰運。大經大法，粲然爲後嗣子孫法焉。薦馨郊廟，必躬必親。旁秩祀典，懷柔百神。間遇水旱微愆，祈禱深宫，罔弗潛孚立應。聖學高深，探性命之精，操治平之要，天德王道，一以貫之。隆禮先師孔子，增祀先儒，右文重道之典，超越常制。猶復表章經術，廣勵士風，籲俊興賢，蔚有德造。辟雍鐘鼓，後先疏附之風殆無以過。念用人爲愛民之本，自公、孤、卿、尹下至庶司百執事，登明選公，咸稱任使。而守令之親民、暨封疆大吏之司董率者，尤廑聖心。重撫字之方，嚴貪墨之罰，明四目，達四聰。賜復、蠲租，農桑被野，遂躋斯民於衽席之安。刑罰者，所以佐政教之不逮也。皇考如天好生，既已刊布律令，俾愚氓重於犯法；復詳定貴賤服色，兵民婚喪禮制；更闡明聖祖諭旨十六條，細加訓註，家喻户曉，翕然從風。河防之關於運道民生也。萬里黄流，滙以百川之水，兗、徐而下，歲苦沮洳。皇考默運神謀，指示經畫，加長淮之石堰，闢三省之引河，涣發帑金，厥有成績。又吴越海塘，南北水利，凡可以惠此蒸黎者，悉因時而修舉之。先是，聖祖親統六師，平定沙漠。威靈所加，青海扎什巴圖兒等震讋承令，因沛殊恩，畀以爵秩，垂三十年。而羅卜藏丹津與吹拉克諾木齊等誕敢首造逆謀，擾犯邊域，皇考聲罪致討，密授方略於閫帥，戈鋋所指，電掃風驅，振旅獻俘，勒成功於太學。準噶爾蠢動西陲，數肆患於喀爾喀部落；南方苗蠻蔓延，行旅居民苦其侵掠，皇考爲藩服計久遠，爲遐陬圖寧謐，或命將興師，或諭文武諸臣，隨宜搜勦，至逆夷悔禍輸誠，傾心納土，則皆宥其前愆，而曲賜包容焉。德威並耀，無遠弗屆。賜安南之地，減朝鮮之貢。俄羅斯、南掌等國阻昧幽深，胥漸被於聲教。他若警怠荒、矯浮薄，求言納諫，教孝褒忠。宗室天潢之胄，多方造就；八旗根本之地，備予綢繆。頒訓諭於臣工，飭官常也；錫封侯於明裔，示殊典也。豐盈徧萬國而服御有經，見聖躬之儉焉；嘉應在庶徵而憂勤益懋，昭聖德之謙焉。蓋我皇考誠敬之心，中正之道，寬仁之恩，悉同符乎聖祖。以綏猷而立極，十三年中有如一日，宜其治功之盛，綱舉目張，蕩蕩平平，樂樂利利，傳之愈遠而可法可守也歟。予小子繼序之初，即命監修。總裁大學士等董率儒臣，稽歷年之紀載，敬謹纂修，次第進呈。齋肅披閱，迄今五載，恭成世宗憲皇帝實録一百五十九卷。在昔唐、虞、三代制治保邦之道備載於書。惟我皇考際重熙累洽之盛，勵精圖治，良法美意，歷久彌新。玉簡琅函，實與典謨訓誥相輝映。用是裝繕尊藏，朝夕循誦，以志繹思衣德之義。垂裕後昆，永永無極焉。謹序。

謹按：纂修實録告成，敬繕裝潢，尊藏皇史宬、大内、盛京各一部，又繕一部尊藏内閣。皇上特諭閣臣，以次呈覽。每日夙興，恭閱列聖實録一卷，聖祖仁皇帝實録一卷，始出涖政。周而復始，按日罔間。仰見我皇上紹庭繼序，聖治同揆，孝思維則云。

國朝宫史卷之二十三

書籍二

聖訓

太祖高皇帝聖訓一部

康熙十年四月，聖祖仁皇帝命儒臣恭輯。二十一年十月命重修。分類二十有六：曰敬天，曰聖孝，曰神武，曰智略，曰寬仁，曰論治道，曰訓諸王，曰訓羣臣，曰經國，曰任大臣，曰用人，曰求直言，曰興文治，曰崇教化，曰勤修省，曰節儉，曰慎刑，曰恤下，曰輯人心，曰通下情，曰明法令，曰鑒古，曰賞功，曰昭信，曰誡逸樂，曰謹嗜好。書成，凡四卷。乾隆四年奉旨校刊。

聖祖仁皇帝御製序　朕惟帝王創業垂統，傳之無窮，非獨世德茂也，蓋亦有典則之貽焉。其運之一心，播爲成憲，恒足以示道揆於子孫，昭法守於臣庶。旰衡千古，載籍具存，矧其爲大聖受命而興者乎？皇哉！何規模之宏遠也！我太祖承天廣運，聖德神功，肇紀立極，仁孝睿武，弘文定業。高皇帝靈承休命，誕受多方。經綸於天造草昧之年，締搆於王業艱難之日。除殘伐暴，度越漢、唐。順天應人，絜隆湯、武。所以茂宏風教，宣暢聲靈，振舉綱維，恢張疆宇者，勒諸蘭臺之上，布在方策之中。駿烈鴻猷，粲然明備矣。若其攄詞爲典，播告成經，建邦立國之模，戰勝攻取之略，化民成俗之務，用人行政之方，靡不道合樞機，理取體要。有非臣鄰所能悉覩，黎獻所能盡傳者。不有成書，何以彰聖謨而答光訓乎？朕紹庭繼緒，志切覲揚，因命儒臣分類編輯，爲目二十六，爲條九十二，總爲寶訓四卷。浩浩乎乾包坤負之大，皇之墳也；秩秩乎民彝物則之常，帝之典也。以紹心法至中也，以握化原至正也，以迓天眷至順也，以垂後昆至裕也。率而循之，欽承而無斁之，所以卜有道之靈長，緜無疆之歷服，胥於是焉在。奕世子孫，尚其克念祖武，永永勿替也哉。

皇上御製序　朕惟神聖首出，濟世覺民，立德、立功、立言，三者統而有之。蓋仁義中正之極，定於厥躬。布諸紀綱，爲巍巍之帝業。頒諸誥令，成洋洋之聖謨。文教彰明，覃被海宇，炳乎如日月之照臨。窮天地，亘古今，而莫不仰焉。於戲！盛哉！洪惟太祖承天廣運，聖德神功，肇紀立極，仁孝睿武，端毅欽安，弘文定業。高皇帝體肖二儀，量包六合，應期受命，肇建丕基。叶雲雷以展經綸，法四時而宣教化。六師順動，九有輸誠。拯生民於塗炭之中，轉宇宙爲平成之運。當是時，締造維新，規模盡善，武緯文經，萬物咸覩，亦既布在方策，傳信億年矣。乃若心通造化，道綜百王，吐辭成經，發聲爲律，闡貞一之旨，明至善之宗。論聖學則以正心修身爲先，辨君道則以求賢聽言爲要。昭晰乎上天降監之原，無念不將之以敬畏。申儆乎君臣契合之誼，每事必體之以公誠。以至班朝、治軍、明刑、制用，靡不敷陳至理，約而該，複而不厭，信乎有德者必有言也。我聖祖嘗命儒臣編輯聖訓四卷，類聚條分，燦然明備。朕紹膺統緒，追契徽猷，口誦心維，匪朝伊夕。仰見義藴之淵閎，典章之畫一，庶政之周詳，直與帝典、周官同其廣大。顧金匱石室之藏，廷臣無由得見，是用敬加剞劂，宣示萬方。俾我子孫、臣庶率而循之，世世罔斁。奉之莅政，可以致治保邦；準以淑躬，可以儆心寡過。蓋一時之制作，而萬古之世道人心胥賴焉。非甚盛德，其孰能及此乎？謹序。

太宗文皇帝聖訓一部

世祖章皇帝命儒臣恭輯，未及成書。康熙十年四月，聖祖仁皇帝命續輯。二十一年十月命重修。分類二十有三：曰論治道，曰訓諸王，曰訓羣臣，曰謙德，曰寬仁，曰智略，曰求賢，曰求言，曰輯人心，曰恤民，曰勸農，曰興文教，曰訓將，曰勵將士，曰懷遠人，曰訓諸藩，曰恤降，曰招降，曰恤舊勞，曰敦睦，曰節儉，曰謹嗜好，曰禁異端。書成，凡六卷。乾隆四年奉旨校刊。

聖祖仁皇帝御製序　朕惟帝王誕膺天眷，肇造丕基，功德懋隆，疆宇日闢。有紀綱以昭大法，卽有謨訓以啟後昆，方策具存，燦然可考也。若夫道兼作述，業裕創垂，以聖繼聖，而鉅烈鴻猷，煥乎宇宙間者，尤足冠百王而立極焉。欽惟太宗應天興國，弘德彰武，寬溫仁聖睿孝，隆道顯功。文皇帝躬上聖之資，承開天之運，神武不殺，寬和有制。萬國向化而賓從，庶績撫辰而就理，峻德宏勳，巍巍蕩蕩，稱極盛矣。至於命令誥誡，誕播弘詞，皆義切訓行，理歸體要，洪纖畢舉，本末咸周。而其大指之所存，則首在於重養生民，旁求俊乂，勑幾凝命，惇典明倫。大哉王言，誠治平之極則也。我皇考世祖章皇帝嘗命纂修，未竟厥緒。朕嗣膺歷服，念切纘承，爰命儒臣詳加編輯，計一百一十一條，分二十三類，定爲聖訓六卷。既成，因披陳莊誦，朝夕繹思。見夫旨原於精一，義著於典謨，上之可以正道揆焉，下之可以昭法守焉。書曰：「監于先王成憲，其永無愆。」詩曰：「不愆不忘，率由舊章。」自昔詩書所載，莫不以紹衣爲兢兢。矧夫義蘊精深，規模宏遠，嘉言彝訓，超踔古今。朕用是覲揚光烈，昭示來許。後之子孫，以此蘊之於心，則爲天德；敷之於政，則爲王道；範圍臣庶，則爲會歸之極；垂裕後昆，則爲貽燕之謀。尚其夙夜祇承，以爲致治保邦之本，而迓祈天永命之休也。是爲序。

皇上御製序 聖人之情，因辭以見。易曰：「修辭立其誠，所以居業也。」蓋以通天下之志，以成天下之務，本乎至誠，施諸命令，無意於辭，而理臻其極。歷觀堯、舜、禹、湯、文、武之世，典謨訓誥，釐然具存，後人奉之爲經，列在學宫，爲載籍首。矧夫運際開天，功存繼志，制作侔造化，教澤被生民，天下之文章孰有大於此者乎？欽惟太宗應天興國，弘德彰武，寬温仁聖，睿孝敬敏，昭定隆道顯功。文皇帝英姿挺出，聖武布昭，大智如神，淵衷若谷。及登寶位，疆宇日增。厚禄以養賢，勤身而率下。恩威所及，大畏小懷。政教所孚，遠來近悦。皇哉，何化理之神也。至若敷陳治道，誨諭臣民，不尚虚文，惟崇大體。謂行善所以事天，而遠利始能服衆。闡伊尹一德之訓，稱曾參三省之言。以勸農講武爲立國之大經，以考古讀書爲服官之要務。自立綱陳紀，以逮服飾器物之間，或卽事以宣猷，或因時而定制，洪纖咸備，張弛攸宜。蓋察理精，故見之也遠；更事久，故慮之也詳。用能承藉丕基，佑啓聖哲，是誠億萬年繼往開來之極軌也。順治中，嘗因記注舊文，纂修聖訓一書，未竟厥緒。聖祖仁皇帝特命儒臣詳加編輯，事以類分，凡二十有三；言以條舉，凡一百一十有一，彙爲六卷，體要著明。朕在宫中，蒙皇考恩勤教育，定省之時，備聞祖訓。嗣膺大統，志切纘承，晨夕披陳尋繹，仰見心符道要，語中機宜，旨蘊宏深，函蓋天地。文辭昭晰，彪炳日星；垂裕後昆，永昭法守。用是勒爲成書，敬授剞劂，頒示中外。書曰：「聖謨洋洋，嘉言孔彰。」又曰：「聖有謨訓，明徵定保。」我子孫、臣庶，其誦習遵循，永敬承於世世哉。謹序。

世祖章皇帝聖訓一部

康熙二十一年十月，聖祖仁皇帝命儒臣恭輯，分類三十有二：曰論治道，曰敬天，曰聖孝，曰聖學，曰謙德，曰節儉，曰儆戒，曰敦睦，曰諭羣臣，曰求言，曰納諫，曰任官，曰考績，曰選舉，曰誡飭臣下，曰理財，曰恤民，曰賑濟，曰重祀典，曰禮前代，曰褒忠節，曰興文教，曰諭將帥，曰招降，曰諭外藩，曰仁政，曰體羣情，曰安民，曰慎刑，曰懲貪佞，曰除弊，曰宥過。書成，凡六卷。乾隆四年奉旨校刊。

聖祖仁皇帝御製序　朕惟自古膺圖御歷之后，躬集大統，手致太平，懋烈豐功，光前翼後。行之爲政，斯發之爲言，義蘊固卓越乎百王，訓行尤昭示乎奕禩。惟聖有作，後人述焉，千載同揆也。我皇考世祖體天隆運，英睿欽文，大德弘功，至仁純孝。章皇帝神靈首出，智勇天授。秉英斷之姿而持以恭儉，擴寬仁之量而濟以憂勤。爰是沖齡定鼎，薄海歸心。救生民於水火之中，而庶政咸熙，萬邦作乂，德盛勳崇，夐哉莫尚矣。若夫宵旰圖維，宮庭訓勑，煌煌綸綍，嘉言孔彰。究聖學之高深，著王道之正直。凡所以凝天命、揚祖德、顧民喦、持國體者，叮嚀反覆，深切著明。而意旨所著，尤殷殷乎省躬克己，納誨親賢，綱紀畢張，淵衷若歉。及乎訓誡臣下，守正奉公，鼓勵激揚，至誠感發，靡不輸服而効忠，黽勉而奮績也。蓋自我太祖高皇帝肇造鴻基，太宗文皇帝式廓駿業，而我皇考心傳合一，丕顯丕承，宏闡經猷，布爲政教。所以卽事成謨，遇物爲誥，包羅典册，釐剔章程，美善畢臻，巨細咸備。堯咨舜儆，何以加兹。朕祗承遺緒，惕厲靡寧，瞻方策之方新，僾羹墻之如覩。因命儒臣分類編纂，朕復詳加披繹，計一百一十三條，統爲聖訓六卷。寶諸金匱，拱若球圖，俾後嗣子孫知我皇考之詒謀燕翼，百世無疆；開國經綸，萬年時敘。所以杜愆忘而遵典則者，心法於是乎在。書曰：「紹聞，衣德言。」詩曰：「紹庭上下，陟降厥家。」嗚呼！可不敬哉。

皇上御製序　古昔帝王應運而興。開物成務，有君天下之規模；凝命勑幾，有師天下之典則。故言出而成經，教思所被，率土歸仁。歷觀往代，紀載肇乎二典，彝倫敘於九疇，罔不播爲成憲，炳若日星。簡籍具存，可考而知也。欽惟我世祖體天隆運，定統建極，英睿欽文顯武，大德弘功，至仁純孝。章皇帝秉岐嶷首出之資，建永清大定之業。沖齡踐阼，統一車書。義問達乎梯航，仁聲徧於塗巷。盛德大業，富有日新。自唐、虞、三代以來，史册所傳，罕有及者。至若洋洋聖謨，包涵萬有。大之關倫教綱常之重，而間閻之日用飲食所弗遺；精之在身心性命之微，而宫府之制度典章所必飭。巨細畢該，綱維盡善，要惟本精一執中之奥藴，以成經世服物之鴻謨。誕告多方，嚴明愷摯；訓勅有位，深切周詳。意皆出乎至誠，理尤協於克一。用以光大前徽，開萬年有道之長，敻乎與天地爲昭矣。我聖祖仁皇帝躬承先訓，命儒臣分類編輯，計一百一十有三條，彙成聖訓六卷，以傳久遠。我皇考念切紹衣宫庭，宵旰追述先猷。朕從温凊之時，聞知維謹。嗣膺大統，志在覲揚，朝夕披陳，具見開國經綸，超越前古，詒謀燕翼，垂裕無窮。是用敬爲剞刻，昭示臣民，俾海隅出日之遠，咸覩光華。寶之如圖球，信之如蓍蔡。是訓是行，欽承勿替。庶幾道德一而風俗同。唐之政要，宋之寶訓，夫豈可同年而語者哉。謹序。

聖祖仁皇帝聖訓一部

雍正九年世宗憲皇帝命恭纂實録。諸臣并輯分類三十有二：曰聖孝，曰聖德，曰聖學，曰聖治，曰敬天，曰法祖，曰文教，曰武功，曰恤民，曰任官，曰廣言路，曰嚴法紀，曰理財，曰慎刑，曰重農桑，曰興禮樂，曰省方，曰治河，曰澄敘，曰賞賚，曰蠲賑，曰積貯，曰飭臣工，曰訓將士，曰褒忠節，曰卹舊勞，曰廣幅員，曰宏制度，曰弭盜，曰牧政，曰禮前代，曰柔遠人。書成，凡六十卷。乾隆六年奉旨校刊。

世宗憲皇帝御製序　朕荷皇考聖祖仁皇帝付託至重，兢兢業業，早作夜思，以期無負繼述。仰惟皇考留貽矩矱，朕得監於成憲；是則是傚，實天下萬世所當欽承觀法。爰命大學士等纂修聖祖仁皇帝實録，閲時九載，書成千卷。自古帝王功德之隆盛，記載之繁富，未有加於此者。顧實録乃編年之書。我皇考順時布化，若天道之流行，春秋冬夏，各協其宜。而其中條分縷析，飭綱振紀，精微所寓，隨舉一端皆爲法式。於是復令纂修諸臣分類恭輯聖訓六十卷。洋洋乎盛德大孝，敬天勤民，文教之誕敷，武功之赫濯，禮樂之明備，政刑之修舉，一經睿謨，千古莫易。夫六經諸史之傳，皆有經有緯。朕於皇考神功聖德，精心體察，以實録爲經，以聖訓爲緯，於編年見因時之宜，於分類見隨事之要。一敷施而有所循也，一話言而有所法也，一寤寐飲食而有所遵也。於戲！如天之仁，如日之照，如神之哲，萬類雖賾，莫不含宏并包於聖人之度内；而儆惕訓諭之辭，尤必凜凜於時幾，孜孜於熙績。勤勤於小民之恬養，亹亹於嘉師之祥刑。蓋聖心愈切而聖德愈崇。是以統乾坤之範圍而不過，發聖賢之閫奥而靡遺。以六十餘載之鴻規，爲千萬世後昆之垂裕。其所裨益，曷有涯量哉。此朕命官敬纂皇考實録，而又恭繕聖訓之深意。子子孫孫，其永寶諸。

皇上御製序　自古聖人誕受天命，爲下民君師，必亶聰明睿智之資，首出乘乾，以綏猷而立極。凡其經緯萬端、敷之彝訓者，罔不深切著明，炳日星而章雲漢。典謨所載，雅頌所陳，唐、虞、三代之隆，有如一轍。欽惟皇祖聖祖，合天弘運，文武睿哲，恭儉寬裕，孝敬誠信中和，功德大成。仁皇帝聖德廣運，久道化成，文治光昭，武功赫濯。薄海内外，深山窮谷之衆，總淪浹於仁心仁政之中。教思無窮，訓詞深厚。歷考熙明之運，未有際此崇隆者也。肆我皇考世宗憲皇帝，以聖繼聖，用人行政，一一仰法前徽。既纂修實録成書，復分類恭輯聖訓六十卷。俾皇祖六十餘年敬天尊祖，經國保民，農田、學校、禮樂、兵刑之盛蹟，見之都俞吁咈間者，燦然常新，釐然備具，永貽我後嗣子孫億萬年昇平矩範。蓋皇祖性本生安，道兼創守，實集千古聖帝明王之大成。是以聖謨洋洋，明徵定保，宏綱鉅目，有要有倫，精一之心傳，蕩平之王路，胥不外乎此也。予小子昔在髫齡，早荷聖慈，賜育宫庭，祇聆訓迪。兹膺基緒，紹聞衣德之志，兢兢業業，不懈益虔。昕夕尋繹，惟期懋遵祖訓，以無負皇考善繼善述之詒謀。顧金匱石室之藏，中外無得見者，爰命儒臣敬謹繕寫，授之剞劂，庶我皇祖聖祖仁皇帝建中表正、牖民覺世之言，昭垂寰宇。羣工士庶，咸得漸摩於聖訓之崇閎而率由無斁也，不亦庥歟。謹序。

世宗憲皇帝聖訓一部

乾隆五年二月，皇上命恭纂實録。諸臣并輯分類三十：曰聖德，曰聖孝，曰聖學，曰聖治，曰敬天，曰法祖，曰文教，曰武功，曰敦睦，曰用人，曰恤臣下，曰愛民，曰恤兵，曰察吏，曰訓臣工，曰勵將士，曰廣言路，曰理財，曰慎刑，曰重農桑，曰厚風俗，曰治河，曰蠲賑，曰積貯，曰謹制度，曰崇祀典，曰篤勳舊，曰褒忠節，曰綏藩服，曰弭盜。書成，凡三十六卷。乾隆六年奉旨校刊。

皇上御製序　自古人君有盛德大業者，其規畫周詳而詒謀悠遠，則必敷之彝訓，以明定保之徵；紀之簡編，以著經綸之跡。非徒爲一時事功計也，亦將以示後嗣昭法守焉。我皇考世宗憲皇帝亶聰明睿智之資，建中立極，茂登上理。御極十有三年，體聖祖之心以爲心，法聖祖之政以爲政。祗承郊廟，惇睦宗親，整飭官方，修明法度。正人心，厚風俗，文經武緯，禮序樂和。凡宏綱鉅目，罔不默運於深宮乾健之精神，以圖其乂安而計其久遠。聖謨洋洋，有典有則。或因人以立教，或隨事以敷言。存之淵然而有條理，發之涣然而無凝滯。其與二帝、三王都俞吁咈、咨警告誡之旨，曷以異焉。允矣彪炳之綸音，治平之模範也，可不謂至盛者歟。既命大學士等詳慎纂輯，恭成世宗憲皇帝實録一百五十九卷。復於編年繫日之中分類備録，恭成聖訓三十六卷。仰惟皇考德合天地，明並日月，序參四時。躬荷聖祖仁皇帝積厚之貽，善繼善述，故乃保泰持盈，誠民阜物。寓惇大於明作，劑整肅以寬仁；致治規條，炳如星日。豈第予小子朝乾夕惕之衷，期於謹凜，率由嗣守丕緒，繼自今億萬斯年，子孫、臣庶沾被熙洽之澤者，庶咸有以遵聖訓之光昭，而頌鴻猷之允塞也。謹序。

庭訓格言一部

世宗憲皇帝侍奉聖祖仁皇帝時，敬承庭訓，念篤不忘。御極之初，紀録薈編，以昭家法，展孝思。書成，凡二百四十二則。雍正八年，奉旨校刊。

世宗憲皇帝御製序　欽惟皇考聖祖仁皇帝性秉生安，道參化育，臨御悠久，宇宙清寧。六十載聖德神功，超越萬古。凡爲史臣所記注，黎獻所覩聞者，固已備編於實録、寶訓，珍藏於金匱、琅函。喬喬皇皇，盛矣！大矣！朕曩者偕諸昆弟侍奉宫庭，親承色笑。每當視膳問安之暇，天顔怡悦，倍切恩勤，提命諄詳，鉅細悉舉。其大者如對越天祖之精誠，侍養兩宫之純孝，主敬存誠之奥義，任人敷政之宏猷；慎刑、重穀之深仁，行師、治河之上略；圖書經史、禮樂文章之淵博，天象、地輿、曆律、步算之精深；以及治内、治外、養性、養身、射御、方藥、諸家百代之論説，莫不隨時示訓，遇事立言。字字切於身心，語語垂爲模範。蓋由我皇考質本生知，而加以好學，聖由天縱而益以多能，舉天地間萬事萬物之理融會貫通，以其得之於心者，宣爲至教。視聽言動，悉合經常；飲食起居，咸成矩度。而聖慈篤摯，啓迪周詳，涵育薰陶，循循善誘。朕四十年來祇聆默識，夙夜凛遵，仰荷纘承，益圖繼述。追思疇昔天倫之樂，緬懷丁寧告戒之言，既歷歷以在心，尚洋洋其盈耳。謹與諴親王允祕等記録各條，萃薈成編，恭名爲庭訓格言。於戲！聖謨宏遠，包涵無際。以今所紀，揆昔所聞，僅存什一於千百，闕略甚多，實深愧悚然。而是編也，文辭精要，意旨深長。苟能引伸而擴充之，則片語能涵衆義，隻字可括千言。雖卷帙簡約，而格致、誠正、修齊治平之道，罔弗兼該；堯、舜、禹、湯、文、武、周、孔之傳，一以貫之矣。爰奉祕集，壽之琬琰，以昭垂於億萬世。書曰：「監于先王成憲，其永無愆。」詩曰：「詒厥孫謀，以燕翼子。」勗哉後嗣，恪循祖訓，念兹罔斁，受益靡窮。世世子孫，尚其永久敬承哉。謹序。

聖諭廣訓一部

康熙九年十月，聖祖仁皇帝頒發聖諭十六條：曰敦孝弟以重人倫，曰篤宗族以昭雍睦，曰和鄉黨以息爭訟，曰重農桑以足衣食，曰尚節儉以足財用，曰隆學校以端士習，曰黜異端以崇正學，曰讀法令以儆愚頑，曰明禮讓以厚風俗，曰務本業以定民志，曰訓子弟以禁非爲，曰息誣告以全良善，曰誡窩匪以免株連，曰寬錢糧以省催科，曰聯保甲以弭盜賊，曰解讎忿以重身命。世宗憲皇帝復引伸推衍，各成一篇，爲廣訓萬言。雍正二年奉旨刊行直省州縣，朔望宣講，俾臣庶敬聽之下，共知勸儆率循，以臻一道同風之治。

世宗憲皇帝御製序　書曰：「每歲孟春，遒人以木鐸徇于路。」記曰：「司徒修六禮以節民性，明七教以興民德。」此皆以敦本崇實之道，爲牖民覺世之模，法莫良焉，意莫厚焉。我聖祖仁皇帝久道化成，德洋恩普，仁育萬物，義正萬民。六十年來，宵衣旰食，祇期薄海内外，興仁講讓，革薄從忠；共成親遜之風，永享昇平之治。故特頒上諭十六條，曉論八旗及直省兵民人等。自綱常名教之際，以至於耕桑作息之間，本末精粗，公私鉅細，凡民情之所習，皆睿慮之所周。視爾編氓，誠如赤子。聖有謨訓，明徵定保，萬世守之，莫能易也。朕纘承大統，臨御兆人，以聖祖之心爲心，以聖祖之政爲政，夙夜黽勉，率由舊章。惟恐小民遵信奉行久而或怠，用申告誡，以示提撕。謹將上諭十六條尋繹其義，推衍其文，共得萬言，名曰聖諭廣訓。旁徵遠引，往復周詳，意取顯明，語多直樸，無非奉先志以啓後人，使羣黎百姓家喻而户曉也。願爾兵民等仰體聖祖正德厚生之至意，勿視爲條教號令之虚文，共勉爲謹身節用之庶人，盡除夫浮薄囂凌之陋習，則風俗醇厚，家室和平。在朝廷德化，樂觀其成；爾後嗣子孫，並受其福。積善之家，必有餘慶。其理豈或爽哉。

世宗憲皇帝上諭一部

雍正七年，王大臣等議准侍讀學士康五瑞奏請刊布上諭，以裨人心政治。首列議覆諭旨，書用編年體，自康熙六十一年八月至雍正七年，凡二十四册，九年刊成。皇上御極後續編，自雍正八年至十三年八月，凡八册。乾隆六年刊成，頒布中外。前載世宗憲皇帝諭旨：年來内外大小臣工奏請刊布上諭者甚多，朕皆未允。今侍讀學士康五瑞又復陳請，怡親王、大學士、九卿、翰、詹、科道等衆議僉同，言詞懇切。朕自御極以來，時時以牖民覺世爲懷，是以誥誡臣工，訓誨士庶，化導兵弁者，周詳往復，不憚煩勞，無非欲其慕義向風，遷善改過，共由於蕩平正直之途也。凡此詔諭所頒，皆以皇考之心爲心，以皇考之政爲政，繼志述事，率由舊章。當時聖諭之所啓迪包涵者，朕則闡揚而詳發之。其中間有因革損益先後不同者，則因時制宜，化裁變通之道也。惟是歷年諭旨，或因一省而發，或因一事而發，有司等照例宣示於該管之處，其别省遠地豈能一一周知？且傳寫悉經書吏之手，字句之間，往往錯誤遺漏。夫欲使薄海之廣，臣民之衆，遵道遵路，易俗移風，必使天下之人，備聞朕訓，深知朕心。庶幾感發奮興，以爲進德修業之助。今王大臣等既稱上諭刊布有裨益於人心政治，著照所請行。朕亦不敢謂朕之諭旨可以有勞來匡直之功，惟冀億萬臣民共知朕提撕警戒之苦心耳。

世宗憲皇帝硃批諭旨一部

雍正十年三月，世宗憲皇帝檢發硃批臣工章奏諭旨，分人編次，刊布中外。乾隆三年奉旨續刊，共百有十二册，凡二百二十三人。

世宗憲皇帝御製序　朕向在藩邸，未諳政事，不識一人，毫無閱歷聞見。及受皇考聖祖仁皇帝付託之重，臨御寰區，惟日孜孜，勤求治理，以爲敷政寧人之本。然耳目不廣，見聞未周，何以宣達下情，洞悉庶務？而訓導未切，誥誡未詳，又何以使臣工共知朕心，相率而遵道遵路，以繼治平之政績？是以内外臣工皆令其具摺奏事，以廣諮諏。其中確有可採者，即見諸施行。而介在兩可者，則或勅交部議，或密諭督、撫，酌奪奏聞。其有應行指示開導及誡勉懲儆者，則因彼之敷陳，發朕之訓諭。每摺或手批數十言，或數百言，且有多至千言者，皆出一己之見，未敢言其必當。然而教人爲善，戒人爲非，示以安民察吏之方，訓以正德厚生之要，曉以福善禍淫之理，勉以存誠去僞之功，往復周詳，連篇累牘，其大旨不過如是，亦既殫竭苦心矣。至其中有兩人奏事，而朕之批示迥乎不同者，此則因人而施，量材而教。嚴急者導之以寬和，優柔者濟之以剛毅，過者裁之，不及者引之，並非逞一時之胸臆，信筆直書，前後矛盾，讀者當體朕之苦心也。此等奏摺皆本人封達朕前，朕親自覽閲，親筆批發，一字一句，皆出朕之心思，無一件假手於人，亦無一人贊襄於側。非如外廷宣布之諭旨，尚有閣臣等之撰擬也。雍正六年以前，晝則延接廷臣，引見官弁；傍晚觀覽本章，燈下批閲奏摺，每至二鼓三鼓，不覺稍倦。實六載如一日，此左右近侍及内直大臣所備知者。近年以來，天下庶政漸次就理，下情稍覺洞達，臣工之奏摺較前減少，而朕躬精力亦不如前，批答之事，始從簡便。此實情實事，可舉以告天下者。今檢内外諸臣繳回硃批之摺，不下萬餘件。因思自古帝王治天下之道，以勵精爲先，以怠荒爲戒。朕非敢以功德企及古先哲王，而惟此勤勉之心，自信可無忝於古訓，實未負我皇考付託之深恩也。又念此等批示之語，實出於朕之苦心，或可爲人心風俗之一助。但本人承旨之時，不敢宣露於外，他人無由知之。今將外任之大臣官員奏摺經朕手批酌量可以頒發者，檢出付之剞劂，計算實不過十分之二三。俾天下臣民展讀，咸知朕圖治之念，誨人之誠，庶幾將此不敢暇逸之心，仰報我皇考於萬一耳。或人人觀此而感動奮發，各自砥礪，共爲忠良，上下蒙福。朕心愉快，更當何如！

皇上御製後序　皇考世宗憲皇帝天縱聖神，精勤庶政，四方文武臣僚具摺言事者，日或數人，人或數事，緘封直達御前，手自批發，或立見施行，或諮詢廷議。善者温綸褒予，過者訓戒諄諄，隨宜指示，悉出睿裁，一字不假手於人。御極十有三年，常如一日。粤雍正十年，特檢歷年批發奏摺，命内廷詞臣繕録校理，付諸剞劂，彙成數帙，輒以頒賜在廷羣臣。工未告竣，奄遘上賓。予小子纘紹丕基，敬展遺篋，見所貯手批奏摺不下數萬，奎畫爛然，充溢巨簏。然以未經皇考檢定，不敢意爲增益。謹就檢録已定者，彙著爲目，前後凡二百二十三人，分一百一十二帙，統爲十八函。當時隨檢隨發，無先後倫次，兹亦不復排類。蓋摺奏浩繁，不勝編録，所刻僅十百中之一二，略見大凡，本非全覽故也。既告蕆事，謹綴序言於後。洪惟我皇考至仁如天，至明如日，至誠如神，簡拔賢才，任之以心膂股肱之寄。開誠布公，藹然家人父子，無不可盡之言。諸臣之才具大小短長，與性質之剛柔强弱，克知灼見，如權衡繩尺之不爽。片長足録，亟登而進之。有不及，則激厲而開導之。稍肆焉，則裁抑之。其陷於過，始則訓飭之，能改則已，不悛則戒儆之，使知悔艾；終於怙惡，則亦未嘗姑容。然哀矜惻怛之意，尚流溢於毫楮間也。同一事，而此或俞之，彼或咈之，非有所好惡於其間也。蓋俞之者必有可俞之道，而咈之者亦必有可咈之端。同一人，而始或予之，終或斥之，非有所喜怒於其間也。蓋始有可予則予之，終有可斥則斥之。明燭幾先，坐悉情僞，遠隔萬里，遲閲數年，睿鑒所周，範圍莫越。正人心，厚風俗，兢兢業業，儆戒無虞。雖屢豐見告，瑞應頻仍，而惟是憂勤惕厲之心，久而益篤。記有之曰：「天道至教，聖人至德，春秋冬夏，風雨霜露，無非教也。」我皇考之爲治，一天道之運行。教澤所被，百志維熙。即萬世而下，尚如日月之照臨，光景長新；春風之煦然被物，不自知其感動奮發而興起也。予小子寅承鴻業，自惟寡昧無能，企逮萬一，仰法皇考明目達聰、孜孜圖治之心，祇紹徽猷，夙夜黽勉，其服教畏神、警省弗怠之志，詎敢以歲月易耶？謹序。

世宗憲皇帝上諭八旗一部　上諭旗務議覆一部　諭行旗務奏議一部

世宗憲皇帝命編次旗務諭奏，依編年體。初編自康熙六十一年十一月至雍正五年十二月，各五卷。續編自雍正六年正月至十年十二月，卷數如前。統爲三十卷。

欽定訓飭州縣規條一部

世宗憲皇帝澄敍官常，嘉惠牧令，先後命大學士朱軾、總督田文鏡等各抒所見，條列進御，親加閲定。分類二十：曰到任，曰交盤，曰關防，曰宣講聖諭律條，曰放告，曰催科，曰借糶倉穀，曰弭盜，曰驗傷，曰聽斷，曰堂事，曰防胥吏，曰慎延幕賓，曰待紳士，曰免行户，曰謹差下鄉，曰勸農桑，曰嚴禁獄，曰講讀律令，曰操守。雍正八年書成校刊。奉旨頒賜直省知州、知縣各一部。

世宗憲皇帝御製序　牧令爲親民之官，一人之賢否，關係萬姓之休戚，故自古以來慎重其選。而朕之廣攬旁求，訓勉告誡，冀其奏循良之績以惠我烝黎者，亦備極苦心矣。惟是地方事務，皆發端於州縣，頭緒紛繁，情僞百出；而膺斯任者，類皆初登仕籍之人，未練習於平時，而欲措施於一旦，無怪乎徬徨瞻顧，心志茫然。卽採訪咨詢，而告之者未必其盡言無隱，此古人所以有學製美錦之嘆也。向以大學士朱軾、左都御史沈近思外任多年，周知地方利弊。雍正二年，曾令二臣商著規則，以爲州縣之南車。乃書未就緒，而沈近思物故。邇年以來，朱軾復時多病，此事遂至遲延。去年始降旨委諸總督田文鏡、李衛，令二臣各抒所見，繕録諸條以進。朕親加披覽，見其條理詳明，言辭愷在二臣各就其所閲歷者而言，繁簡同異之間不必一致；而慎守官方，勤恤民隱，興利除害，易俗移風，其大旨則一而已矣。爰就本文付之剞劂，頒賜州縣官各一帙，俾置之几案間，朝夕觀覽，省察提撕。治效未臻，必思所以勉之；弊端未革，必思所以去之。本之以實心，行之以實力；毋始勤而終怠，毋静言而庸違。如此，則不但國家得司牧之賢，草野有父母之頌；而爾等身膺顯擢，叨被榮光，福貽子孫，名標史册，豈不美歟。

國朝宮史卷之二十四

書籍三

御製

御製人臣儆心録一部

世祖章皇帝御製論八篇：曰植黨，曰好名，曰營私，曰徇利，曰驕志，曰作僞，曰附勢，曰曠官。引據漢以下史事足爲炯戒者，各加註釋，用垂儆戒，訓于有位。

世祖章皇帝御製序　朕惟人臣立身制行，本諸一心。心正則爲忠、爲直，衆美集焉；不正則爲奸、爲慝，羣惡歸焉。是故心者萬事之本，美惡之所由出也。顧事有殊塗，心惟一致，一於國則忘其家，一於君則忘其身。如此者不特名顯身榮，邦家亦允賴之矣。若夫姦邪之流，樹黨營私，怙權亂政，卒至身名俱喪，爲國厲階。蓋緣居恒無正心之功，一當勢利，遂昏迷眢亂，狂肆驕矜。上昧王章，下乖臣誼。或作威而聯羽翼，或比匪而效奔趨。如譚泰、石漢，以累世舊臣，久叨恩遇，不思圖報，逞臆横行，跋扈自恣，目無綱紀；陳名夏則一介豎儒，驟蒙顯拔，倚任深重，賜賚優隆，而乃背德植交，蔑法罔上。此皆自作罪孽，以致隕厥身家。朕歷稽往古，宵人誤國，代代有之。觀諸近事，復炯鑑昭然，足爲永戒。恐後之爲臣者，或仍蹈覆轍，負主恩而渝素志，至於身罹刑憲，悔悼無由，故推原情狀而論列之，録成一編，以爲人臣儆心之訓云。

聖祖仁皇帝御製文集一部

自康熙元年至二十二年十一月，御製文凡四十卷。内勅諭十四卷，奏書二卷，表、論、辨二卷，序一卷，記一卷，説、解一卷，碑二卷，頌一卷，贊、箴、銘一卷，雜著、祭文四卷，賦一卷，詩十卷。是爲一集。

聖祖仁皇帝御製文二集一部

自康熙二十二年十一月以後至三十九年，御製文凡五十卷。内勅諭三十八卷，表、奏書一卷，論、説、解一卷，序一卷，記一卷，碑一卷，頌、贊、箴、銘一卷，雜著五卷，祭文一卷，賦一卷，詩八卷。是爲二集。

聖祖仁皇帝御製文三集一部

自康熙四十年至五十年，御製文凡五十卷。内勅諭十八卷，論一卷，序、記三卷，碑記、碑文、文、頌、贊三卷，雜著十九卷，雜著、跋、祭文、賦合一卷，詩五卷。是爲三集。

聖祖仁皇帝御製文四集一部

聖祖仁皇帝御製文集、二集、三集俱於康熙五十年校刊。五十一年以後御製，未及輯録。雍正十年，世宗憲皇帝命編録校刊，凡三十六卷，内勅諭二十卷，論、序二卷，記、碑記、碑文一卷，銘、題、跋、文、頌一卷，雜著七卷，詩五卷。是爲四集。

御製避暑山莊三十六景詩并圖一部

聖祖仁皇帝歲舉秋獮，以肄武習勞。康熙四十五年始造避暑山莊於熱河，以爲先期駐蹕之所。御製記一篇，并標舉勝概爲三十六景，分繪成圖，各系以御製詩詞。掌院學士臣揆敍等恭注。康熙五十一年校刊。乾隆六年秋，皇上式循舊典，初莅山莊，恭和元韻各一首。大學士臣鄂爾泰等恭注。奉旨校刊。

御製千叟宴詩一部

康熙六十一年三月十八日，聖祖仁皇帝七旬萬壽。先期，正月一日戊子至四日辛卯，錫宴乾清宮。自滿、漢文武大臣官員及致仕、退休、老民凡六十五歲以上者咸預。命諸王、貝勒以下及宗室授爵勸飲，頒賜食品。御製千叟宴詩一首，預宴者皆和。卷首恭冠御製詩；次内廷諸臣恭和詩十三首。卷一，大學士馬齊以下至御史張令璜詩凡七十首。卷二至卷四不列名，每卷三百二十首。

御製耕織圖詩一部

聖祖仁皇帝敦重農桑，命繪耕織圖，以示勸相之意，臚事系詩，各爲一册。凡耕圖二十有三：曰浸種，曰耕，曰耙耨，曰耖，曰碌碡，曰布秧，曰初秧，曰淤蔭，曰拔秧，曰插秧，曰一耘，曰二耘，曰三耘，曰灌溉，曰收刈，曰登場，曰持穗，曰舂碓，曰籭，曰簸揚，曰礱，曰入倉，曰祭神。凡織圖二十有三：曰浴蠶，曰二眠，曰三眠，曰大起，曰捉織，曰分箔，曰採桑，曰上簇，曰炙箔，曰下簇，曰擇繭，曰窖繭，曰練絲，曰蠶蛾，曰祀謝，曰緯，曰織，曰絡絲，曰經，曰染色，曰攀華，曰剪帛，曰成衣。每幅七言絶句一首。皇上依次和韻，刊刻成書。

聖祖仁皇帝御製序　朕早夜勤毖，研求治理。念生民之本，以衣食爲天。嘗讀豳風、無逸諸篇，其言稼穡、蠶桑，纖悉具備。昔人以此被之管絃，列於典誥。有天下國家者，洵不可不留連三復於其際也。西漢詔令，最爲近古，其言曰：「農事傷，則饑之本也；女紅害，則寒之原也。」又曰：「老耆以壽終，幼孤得遂長。」欲臻斯理者，舍本務，其曷以哉！朕每巡省風謠，樂觀農事，於南北土疆之性，黍稌播種之宜，節候早晚之殊，蝗蝻捕治之法，素愛諮詢，知此甚晰。聽政時，恒與諸臣工言之。於豐澤園之側，治田數畦，環以溪水，阡陌井然在目，桔槔之聲盈耳。歲收嘉禾數十鍾。隴畔樹桑，傍列蠶舍，浴繭繅絲，恍然如茆簷蔀屋。因構知稼軒、秋雲亭以臨觀之。古人有言：「衣帛當思織女之寒，食粟當念農夫之苦。」朕惓惓於此，至深且切也。爰繪耕織圖各二十三幅，朕於每幅製詩一章，以吟咏其勤苦，而書之於圖。自始事迄終事，農人胼手胝足之勞，蠶女繭絲機杼之瘁，咸備極其情狀。復命鏤版流傳，用以示子孫、臣庶，俾知粒食維艱，授衣匪易。書曰：「惟土物愛，厥心臧。」庶於斯圖有所感發焉。且欲令寰宇之內，皆敦崇本業，勤以謀之，儉以積之，衣食豐饒，以共躋於安和富壽之域，斯則朕加惠元元之至意也夫。

世宗憲皇帝御製文集一部

乾隆三年，奉旨恭刊世宗憲皇帝御製文集。凡三十卷，内勅諭三卷，詔、册一卷，論、記一卷，序三卷，雜著二卷，題辭、贊一卷，題跋一卷，碑文五卷，祭文、誄三卷；潛邸所作詩曰雍邸集，七卷；御極後所作詩曰四宜堂集三卷。世宗憲皇帝御製題辭冠其端。

世宗憲皇帝御製序　朕昔在雍邸，自幸爲天下第一閒人。然所謂閒者，非若箕潁遺世、竹林肆志之類也。朕生當國家鼎盛之時，三逆蕩平，四方寧謐，仰蒙皇考鍾愛，承歡膝下，位列親藩，寢門定省之餘，無他事事，境之所處，閒矣；兼之賦性不樂浮華，既無庸皇皇於富貴，更不煩戚戚於貧賤，祇期消融機巧，遂覺隨處樂天，情之所寄，又閒矣。雖然，究其所以優游恬適，得四十餘年爲一閒人者，莫非我皇考教育深恩有以成就之也。朕素不嫻聲律，每於隨從塞北，扈蹕江南，偶遇皇考命題屬賦，勉强應制，一博天顔歡笑，初不計字句工拙。至於讌賞登臨，觸物寓感，有會而作，因詩紀事，借以陶寫性情而已，豈曰與文人墨客較論短長耶？歲月積久，裒焉成集。迨壬寅冬，恭承皇考付託之重，臨御寰宇，封章重疊，機務殷繁，旰食宵衣，猶虞叢脞，夙興夜寐，莫敢求安。向之優游恬適，今則易而爲惕厲憂勤；花朝月夕之吟，皆成祁寒暑雨之思矣。檢閲舊作，曷勝惘然。緬想曩日之閒境、閒情，奚啻邈若河漢也哉。爰序於雍邸集首，以示朕意云。

御製朋黨論一部

世宗憲皇帝御製論一篇，以大公至正爲歸，斥歐陽修之説，而正之以周易、論語之義，訓諭臣工，消除朋黨錮習。雍正三年刊成，頒示天下。

樂善堂全集定本一部

皇上青宮典學時所著詩文，彙爲樂善堂全集。乾隆二年刊刻成書，二十三年復親加刪訂，爲定本三十卷。内論説六卷，序一卷，記、跋一卷，雜著一卷，表、頌、贊、箴、銘一卷，賦三卷，古體詩九卷，今體詩八卷。奉旨校刊，頒賜中外。

皇上御製序　朕少讀尚書，見二帝、三王以及繼世之哲后，君臣咨儆，惟是身心性命之本原，其敷政命官，亦惟根柢道德，而不規規於事爲之末及考詩、易、四子之言。凡論政者，皆與書所稱同其指歸，互爲表裏。其後博涉諸史，則雖明盛之世所殫心竭慮者，大概詳於事功而略於本原。教化之升降，治象之崇卑，其分歧實判於此。用是日有孜孜求所以取道入德之門。蒙皇考示以明理立誠之大訓，而略得其統貫。又念修辭必本乎誠，故凡見於古文詩辭者，咸以是爲宗，而不敢有貳焉。往者歲庚戌，曾録數年中所作序、論、書、記、雜文、詩、賦，次爲十有四卷，置諸几案，時就所言以自檢其行。嗣是所作，蓋四倍於前。繼序以來，躬理萬幾，兢兢業業，惟恐一事失宜，負皇考付屬之重。思如曩時從容文墨之娱，不可復得。然少有餘閒，未嘗不考鏡經史，以自觀省。爰取庚戌文鈔所載，存十之三；續作未訂入者存十之七，總爲一编，共若干卷。非欲以文辭自表著，蓋是集乃朕夙昔稽古典學所心得，實不忍棄置。自今以後，雖有所著作，或出詞臣之手，真贋各半。且朕亦不欲與文人學士爭巧，以轉貽後世之譏。則是集之輯，有不得已者。記曰：「本諸身，徵諸庶民。」曩予自檢所行，以勉副所言者，乃日用酬酢之常。今兹所行，事無大小，莫非政教之平陂、生民之苦樂相倚，不可以中立者也。因此益自儆惕而克艱天位。顧畏民嵒，庶幾明理立誠之學，參前倚衡，永永勿替也夫。

皇上御製原序　予生九年始讀書，十有四歲學屬文，今年二十矣。其間朝夕從事者，四書、五經、性理綱目、大學衍義、古文淵鑑等書，講論至再至三。顧質魯識昧，日取先聖賢所言者，以內治其身心；又以身心所得者，措之於文，均之有未逮也。日課論一篇，間以詩歌、雜文，雖不敢爲奇辭詭論，以自外於經傳儒先之要旨，然古人所云「文以載道」者，內返竊深慚恧。每自思念受皇父深恩，時聆訓誨，至諄且詳。又爲之擇賢師傅以受業解惑，切磋琢磨，從容於藏修息游之中，得以厭飫詩書之味。而窮理之未至，克己之未力，性情涵養之未醇，中夜以思，惕然而懼。用是擇取庚戌秋九月以前七年所作者十之三、四，略次其先後，序、論、書、記、雜文、詩、賦，分爲十有四卷，置在案頭，便於改正。且孔子不云乎：「言顧行，行顧言。」書曰：「非知之艱，行之惟艱。」常取余所言者以自檢所行，倘有不能自省克，以至於言行不相顧，能知而不能行，余愧不滋甚乎哉。

皇上諭旨　近日偶閱樂善堂集，緣初刻所存，卷帙頗繁，其中多有不甚愜心之句。昔人云：「文章千古，得失寸心。」朕非悔其少作，博不吝情去留之名，政以隨時刪訂，則今昔詣力所到，端可藉以自驗。其令內廷諸臣，悉心校閱，分擬應存、應刪，簽貼進呈，候朕裁酌，重訂定本，以付剞劂。

御製詩初集一部

皇上萬幾餘暇，寄情六義，日以爲程。自乾隆元年丙辰迄十二年丁卯一紀中，爲古今體詩四千一百五十首。十三年，尚書臣蔣溥恭請同内廷諸臣校録刊刻，凡四十四卷，是爲初集。

皇上御製序　向序樂善堂集云：「夙昔典學所心得，不忍棄置，後雖有作，或出詞臣之手，真贋各半。且亦不欲與文人學士爭長。」故十數年來，臣工以編次詩文集爲請者，概弗許。然幾務之暇，無他可娛，往往作爲詩古文賦。文賦不敷十篇，詩則託興寄情，朝吟夕諷，其間天時農事之宜，莅朝將祀之典，以及時巡所至，山川名勝，風土淳漓，罔不形諸詠歌，紀其梗概。積至今以數千百首計矣。而較晴量雨，憫農疾苦之作爲多。觀其詩，可以知憂勞而驗今昔。使閱歲逾時，或致殘缺失次，其不忍棄置，較先爲甚。因取丙辰以迄丁卯所作，略加編定，都爲四十四卷，古今體計四千一百五十首有奇，命翰林中字畫端楷者分卷鈔録，裝爲一集。不付剞劂，猶初志也。

御製詩二集一部

皇上御製詩，自乾隆十一年戊辰迄二十四年己卯一紀中，天章美富，卷帙較前倍增，通計八千首有奇。二十五年，大學士臣蔣溥恭請同内廷諸臣校録刊刻。凡九十卷，是爲二集。

御製文初集一部

皇上勑幾之暇，作爲古文，諸體悉備。自乾隆元年丙辰迄二十八年癸未，積至五百餘首。侍郎臣于敏中恭請分類編次，並繕録刊刻。凡三十卷。内經筵御論二卷，論説、祝文一卷，記四卷，序五卷，序、跋、書後一卷，問辨一卷，碑文七卷，雜著一卷，賦二卷，連珠一卷，頌、箴一卷，銘一卷，贊三卷。是爲初集。

皇上御製序　于敏中排次數年來所爲御製文初集成，而以序爲請。夫序者，所以序陳經旨。故孔子作書序，子夏作詩序，未聞自序其文也。自序其文，蓋漢、唐以後之事乎？爲天子者，所以修己治人，必當以三代以上自勗，豈可以漢、唐以後自畫此正務也？至於文，乃其餘事耳，然亦豈可以漢、唐以後爲法哉？如是，則敏中之請序可以不允。既而思之，向之樂善堂全集及御製詩初集不既有序乎？於凡惕己敬天，本身徵民，憫農桑，驗今昔，蓋已言之悉矣。例以向不可以不序，而以向之言之悉，則又可以不必序矣。雖然不欲與文人學士争長，亦向之本意也。則今之裒然成集者，與向之言爲合乎？爲否乎？以之自問，抑又不能措一辭云。

御製日知薈說一部

皇上青宮典學時筆記偶録，合二百六十則，編爲日知薈說。凡四卷，乾隆元年校刊。

皇上御製序　日知薈說者，取予嚮日日課所爲文，删擇編次，合而録之，爰定之以名也。予稟承庭訓，懋學書齋，留連往復於六經、四子之書，求其義藴精微；旁搜諸史通鑑，考定得失，區明法戒。以至儒先緒論、詞苑菁華，莫不徧覽。雖究心探索，饜飫其中，然考之古聖賢躬行實踐之學，蓋恧焉而未逮。自十有四歲學屬文，至於今又一紀矣。其間日課詩論雜文，未嘗少輟，積成卷帙，瑕瑜各半。踐阼以來，萬幾待理，豈復得如曩時專志篤學，日與良師友敬業樂羣於翰墨之場哉？紬繹舊聞，念兹弗釋，因取其精，去其疵，録其正，棄其偏，合二百六十則，釐爲四卷。而舉凡道德性命之旨，學問政治之要，經傳之淵源，古今之事迹，莫不略見梗概。夫日知之説，出自子夏，繼以無忘所能，必所知者日新不失，而賡續以極於高明，乃爲學問竅要。若予嚮日所得，尚非空言而無濟實用；則今班朝莅政之間，豈不足自考其知行合一與否，以發抒聞見，遜敏敦修乎？

御製圓明園四十景詩一部

圓明園爲世宗憲皇帝藩邸所居賜園。迨纘承大統，命所司量加修葺，式具朝署之規，御製記備述緣始。皇上御極之初，所司以建園請，弗許。歲戊午即圓明園之舊而居之。既爲後記，復仿避暑山莊詩例，標舉勝景，分題作繪、序而詠之。凡四十篇，大學士臣鄂爾泰等恭注。乾隆十年奉旨校刊。

御製盛京賦一部

乾隆八年秋，皇上詣盛京，恭謁祖陵。御製盛京賦一篇并序，凡三千三百餘言。大學士臣鄂爾泰等恭注。乾隆八年校刊。

御製氷嬉賦一部

國俗舊有氷嬉，以肄武事。皇上率循舊典，爰於每歲氷堅之候，於太液池聚八旗武士陳之。御製氷嬉賦一篇，以敍其事。内廷諸臣恭注。乾隆十年校刊。

國朝宫史卷之二十五

書籍四

方略

親征平定朔漠方略一部

聖祖仁皇帝三駕朔漠，親征準噶爾，連破之。噶爾丹窮蹙自伏其辜，餘部悉定，振旅凱旋。爰允廷臣之請，纂輯方略。自康熙三十六年六月至三十七年十月，系日紀事，具載神謨，凡四十八卷。四十七年，奉旨校刊。

聖祖仁皇帝御製序　朕祇承天眷，懋紹祖宗丕基，爲億兆生民主。薄海内外，皆吾赤子。雖越在邊徼荒服之地，儻有一隅之弗寧，一夫之不獲，不忍恝然視也。西北塞外，喀爾喀七旗與厄魯特四部落並號雄藩，同奉職貢，非一日矣。不意有厄魯特噶爾丹者，賦性凶殘，中懷狡詐，戕害其兄弟，兼并四部，蠶食鄰封，其勢日張，其志益侈。

朕初聞厄魯特與喀爾喀交惡，隨遣親近大臣頒恩賚以和解之。迨其後興兵搆怨，又命大臣曉譬利害，諭令息争。乃噶爾丹抗旨狂逞，致喀爾喀爲所潰敗，叩關乞援。朕收撫之，置諸邊内，資給餼牽，始皆得所。而噶爾丹猶修郄如故，所在侵陵，忽闌入我烏蘭布通之地。朕授鉞親王大臣問罪聲討，大師克捷，未即殄除。時賊倉皇宵遁，深懼我軍之窮追，投牒指誓，因而釋之。假使噶爾丹能自此悔禍改圖，則雖至今存可也。夫何轉瞬渝盟，包藏不軌，窺伺我斥堠，摇惑我外藩，潛奪我納木札爾拖音，肆虐不止。朕深念此寇斷宜速滅，於是整飭士馬，備峙糧糗，决策親征。而賊之蹤跡飄忽無常，又慮其兵至遠颺，兵退復入，乃授密畫於科爾沁王沙律，令其遣使誘賊，約至近地，旋調發盛京諸路軍禦東路，分遣一軍截西路。朕躬統六師從中路入。比行近賊巢，噶爾丹不敢抗我顔行，聞風奔竄。朕遂親率前鋒軍併日追擊。賊窮蹙已極，盡棄其子女、輜重而遁。會與我西路師遇，大敗其軍。噶爾丹僅以數人逃身走。嗣是朕再駕而至鄂爾多斯，三駕而至狼居胥山麓，宣威布惠，兼用互施，招徠其黨羽，遏絶其歸路。其寨桑等接踵嚮附，其子復爲我擒。賊自料勢不能逭，遂爾仰藥授首，所親信丹濟喇等亦相繼乞降。二十餘年狡悍陸梁之勁寇，曾不二載，悉皆草薙禽獮，而大業克就矣。夫烈焰弗戢，必將燎原；積寇一日不除，則疆圉一日不靖。方親征之初舉也，在廷諸臣多持異議，狃於目前之計者，謂兇鋒挫衂，無足深憂；憚於征繕之煩者，謂大漠遊魂，難以就縛。不知除惡務盡，制勝在謀。歷觀漢、唐、宋之已事，往往罷敝中國之力，而不能成廓清邊塞之功，良由經理失宜，而殲鋤之不早也。朕既遠鑒前轍，復追維烏蘭布通之失，故不避寒暑艱辛，親莅窮邊，三勤薄伐。惟是逆行已著，然後徂征；怙惡不悛，然後搜討。身先士卒，則櫛風沐雨，而人皆忘勞；指畫軍儲，則轉饟饋師，而人爭用命。茂草茁於荒磧，流泉溢於沙陀，萬里經行，安如枕席，非徼神祐，曷繇臻此？易曰：「天之所助者順也，人之所助者信也。」朕仰憑天道，俯愜人情，以萬不得已而用兵之意，乘刻不容緩而滅寇之機，立拯邊境之毒痡，永底中原於清晏。昭告郊廟，適契成謀，使非慮出萬全，可輕言師旅哉？兹前後用兵本末具載卷中。覽是編者，尚克喻朕心焉。

治河方略一部

聖祖仁皇帝巡行，指示河防底績，恭紀方略，凡十二卷。自康熙元年至六十一年，治黃、運兩河諸事備紀焉。附録一卷，紀八年至四十年治渾河、清河、永定河；三十三年至三十九年治漳河、滏河、滹沱河、子牙河諸事。

平定金川方略一部

乾隆十四年二月，金川夷酋莎羅奔面縛詣軍門降，振旅凱旋，爰允廷臣之請，纂輯方略。自十一年十一月至十四年四月，廟謨勝算備載，成書凡二十六卷。十七年奉旨校刊。

皇上御製序　金川方略纂輯既竣，諸臣以聖祖平定朔漠方略御製序文之例爲請。夫所謂方略者，非遥執事權，掣其肘而矜自用，千里請戰之謂也。惟天子將將，將將之道無他，信賞必罰而已。夫以一隅之不靖，徵發士旅，飛輓芻糧，繹騷率及數省，舉億兆生靈之命委之一將，而攻守失據，險易弗知，怠公事而棄時日，失士心而張賊勢；甚或揜敗爲功，逋逃告捷，此而不誅，時乃失罰。至夫藎臣宣力，盡瘁馳驅，金石可孚，豚魚斯格。成勞卓越，則車服以庸之，旗常以紀之。稽績逮於行間，執秩陳於幕府。酬庸之典，孰大於是。此而不疇，時乃吝賞。且夫天討有罪，叛則誅而服則舍。兵革非快意之圖，慘殺違好生之道。然非其悔禍誠切，向化革心，顧以姑息爲包荒，旋撫旋叛，蔓延益熾。雖由司事者動乏成算，而廟堂之無策亦已甚矣。朕有鑒於大權之不容旁貸，有罪不赦，有功必録，既服不誅。命討一出於事理之當然，而實無容心焉。此兩年中，宵旰憂勤，始終勿懈，保大定功之本意，而編集之不可以已也。若乃指授機宜，視皇祖之親勤鑾馭，固無由仰企萬一；而金川夙隸職方，亦非噶爾丹絶漠狡寇可同日而語。要之，行師者，保邦之大事。爰允所請，弁言以示來許。

平定準噶爾方略一部

乾隆二十年五月，大師平準噶爾，俘達瓦齊以獻。越明年再定伊犂，阿睦爾撒納伏冥誅。二十四年平回部，逆酋波羅泥都霍集占獻馘闕下。西極耆定，大功告成。爰允廷臣之請，纂輯方略，分爲三編。自康熙三十九年至乾隆十八年爲前編，凡五十四卷。自乾隆十八年諸部内附至二十四年凱旋爲正編，凡八十五卷。平定後經理典制諸事宜爲續編，凡三十二卷。睿謨鴻業，具著於篇。

國朝宮史卷之二十六

書籍五

典則

幸魯盛典一部

康熙二十三年，聖祖仁皇帝躬詣闕里，親行釋奠。衍聖公孔毓圻請修幸魯盛典。首冠御製，次臚典禮，并紀恩遇，末附藝文。康熙四十年校刊。

聖祖仁皇帝御製序　朕惟自古帝王聲教翔洽，風俗茂美，莫不由於崇儒重道，典學右文，用能發詩書之潤澤，宣道德之閫奥。推厥淵源，皆本洙泗。以故追崇之典，歷代相仍。或躬詣闕里，修謁奠之儀。潔志肅容，盡誠備物。其間禮數，隨世損益。至於希風服教，百代式型，異世同揆，莫之或二。猗歟盛矣！朕臨御以來，垂三十載。溯危微之統緒，念生安之聖哲，恒慮涼薄，未克祗承，用是夙夜單心，孜孜不倦。惟我至聖先師孔子，配天地，參陰陽，模範百王，師表萬禩。朕每研搜至道，涵泳六經，覺憲章祖述，删定贊修之功，日星揭而江河流，私心嚮往，竊有願學之志焉。乃者東巡，踰泰岱，涉泗沂，遂詣闕里，親行釋奠，得瞻廟貌，仰聖容，以爲德盛功隆，欽崇宜極。凡厥典禮，有加前代。又親製文詞，手寫以勒之貞石，務用導揚至教，風示來兹。夫緬懷曩哲，繼躅前賢，猶思覩其物采，接其居處。况先師遺風餘烈，久而彌新。重以朕之寤寐羹牆，僾乎如見。及過杏壇相圃之間，山川儼然，檜楷如故，髣髴金石絃誦之聲聞於千載而上，流連往復，不能自已也。衍聖公孔毓圻上疏陳謝，且以禮儀隆重，非直一家榮遇，請修幸魯盛典一書。朕既可其奏；久之書成，復請敍言，以冠其端。朕萬幾餘暑，敦勉弗遑，實欲默契先師，尊聞行知，於以阜物諴民，風同道一，庶幾躋世運於唐、虞，登治術於三古。是書也，豈徒使天下後世知朕於先師欽慕無已如此，且愈以見聖人之道，覆幬羣倫，苞毓萬象。即凡車服禮器之遺，皆足令人感發而興起也。故賜之序。

萬壽盛典初集一部

康熙五十二年，聖祖仁皇帝六旬萬壽，臣工奏請纂輯盛典，釐爲六門：曰宸翰，曰聖德，曰典禮，曰恩賚，曰慶祝，曰歌頌。凡百二十卷。内廷翰林王原祁繪圖。康熙五十六年校刊。

大清會典一部

康熙二十三年，聖祖仁皇帝命纂修會典，起崇德元年，迄康熙二十五年。世宗憲皇帝復命重輯，自康熙二十六年迄雍正五年，凡二百五十卷。雍正十年校刊。

世宗憲皇帝御製序　自昔書契肇興，百官以治，是知上古之代，雖風氣樸略，始治文字，必垂典憲，以昭誡有位，用能允釐百工，咸熙庶績。觀虞書，舜命九官，具載訓辭，宏綱畢舉，則其節目之詳於簡册者，可想而知也。爰歷夏、殷，至周大備。孔子言：「周監於二代」，又言：「殷因夏禮，周因殷禮，所損益可知。」周禮一書，蓋承唐、虞、夏、殷之緒，而加以文、武制作之隆，上紹古先，下開來葉。自是厥後，漢、唐、宋、明膺運亨祚者，莫不著之章程，布在方策，設官分職，猶師虞、周之成憲焉。我太祖高皇帝受天景命，經綸草昧。太宗文皇帝肇基王迹，創制顯庸。世祖章皇帝混一寰瀛，禮明樂備。至我皇考聖祖仁皇帝載定泰平，功隆業茂。是則我朝之興，四聖相承，兼唐、虞之勳華，綜豐、鎬之謨烈。巍乎成功，焕乎文章之並盛者也。康熙二十三年，聖祖仁皇帝勅命閣臣纂修大清會典，起於崇德元年，迄於康熙二十五年，大經大猷，咸臚編載。

聖祖仁皇帝歷數緜長，又閱三紀，敬勤愈至，法制增修，憲古宜今，至精至備，可謂規型之盡善，儀典之大成。而散在卷牘，未及彙輯以蕆全書。朕纘承寶位，體皇考之心以爲心，法皇考之政以爲政。其有因時制宜，更加裁定者，無非繼志述事之意，紹聞衣德之思。爰允禮臣蔣廷錫所請，命閣臣開館纂修。自康熙二十六年至雍正五年所定各部院衙門禮儀條例，悉行檢閲，照衙門分類編輯。凡經九載，篇帙告竣。於是聖祖仁皇帝臨宇六十餘年立綱陳紀之端，命官敷政之要，首末完具，燦然如日星之炳照，與虞書、周禮並垂不刊。夫制度之有損益隨時，以處中之道也。書曰：「惟精惟一，允執厥中。」易曰：「變通者趨時也。中無定體，動惟厥時。」斯聖祖仁皇帝所以乾健日新，爲萬世立極也。朕兢兢業業，永懷紹庭陟降之義。爾在廷臣工，能恪遵而時繹之，上之可以程功，次亦不失爲寡過。然其所以行之者，必本於至誠，非徒緣飾虛文，奉行故事，以爲盡職也。其交相懋勉，忠勤不懈，以贊襄我國家悠久無疆之泰運，追邁二帝、三王之盛，朕於茲有厚望焉。

欽定大清會典一部

皇上以會典自雍正五年告成以後，閲歲既久，爰命開館重修，親定成書。以會典爲綱，則例爲目，各區部，分條理，畢貫會典。凡一百卷，則例凡一百八十卷。乾隆二十六年校刊。

皇上御製序　自郊廟朝廷放之千百國，徼荒服屬之倫而莫之背；自創業守文繩之億萬葉，矩矱訓行之久而勿之渝，非會典奚由哉。顧惟聖作明述，政府粲陳，其間有因者即不能無損與益。而要之悉損益以善厥因，則方策所麗，乃一成不易之書，非閱世遞輯之書也。國家膺大寶命，列聖肇興，禮樂明備。皇祖聖祖仁皇帝康熙二十三年始勑釐定會典，則以時當大業甫成，實永肩我太祖、太宗、世祖三朝之統緒，不可以無述，而述固兼作矣。皇考世宗憲皇帝雍正五年申諭閣臣，敬奉成編，攷衷條系，則以累洽重熙，更兼皇祖景祚延洪，化成久道，不可以無述，而述且未遑言作矣。暨朕寅紹丕基，祗祗翼翼，壹惟法祖宗之法，心祖宗之心，發册披圖，罔或偭偭尺寸。會西陲大功告蕆，幸纘承祖宗欲竟之志事，而凡職方、官制、郡縣、營戍、屯堡、覲饗、貢賦、錢幣諸大政，於六曹庶司之掌，無所不隸。且我皇考勵精圖治，十三年之間，立綱陳紀，復不可無紀以垂永世。爰咨館局，次第具草，乙夜手批是正，而諗之曰：嚮者，發凡排纂，率用原議舊儀，連篇並載，是典與例無辨也。夫例可通，典不可變。今將援典而傳例，後或摭例以淆典，其可乎？於是區會典則例各爲之部，而輔以行。諸臣皆謂若網在綱，咸正無缺；而朕弗敢專也。蓋此日所輯之會典，猶是我皇祖、皇考所輯之會典，而僉焉從事於茲者，豈直義取述而不作云爾哉。良以抱不得不述之深衷，更推明不容輕述之微指。稽典者當瞭然知宰世馭物所由來，無自疑每朝迭修爲故事耳。若夫治法心法，表裏兼賅，精之而貫徹天人，擴之而範圍今古，如往牒所稱，惟雎麟足以行官禮者，是又數典之原、嘉會之本也。朕其敢不懋諸？敢不與子孫、臣民交勗諸？

大清通禮一部

皇上命纂輯通禮，與會典相表裏，以吉、嘉、軍、賓、凶爲次。凡五十卷。乾隆二十四年校刊。

皇上御製序　伊古承天之道，治人之情，莫善乎禮。顧其爲用，往往詳於朝廟，略於鄉閭。及攷儀禮十七篇所記，獨多士禮。自后蒼有推而達之之説，儒者奉爲本經，其等差節度互見於周官戴記，然時有牴牾。朱子嘗建議請修通解，而未既厥業，信乎完書之難。而行典禮，觀會通章志，貞教經世者所宜重也。經禮三百，曲禮三千，會典蓋經禮之遺矩，而通禮亦曲禮之濫觴。朕臨御之初，勑儒臣蒐訂前聞，折衷令甲，準時會之宜，衡質文之紀，釐爲全帙，用詔方來。越歲己卯，排纂裁就，寧詎謂副在有司，執以莅事而已哉。蓋嘗深維大順、大同之化，初不越納身軌物，與天下共之焉耳。三代以下，漢稱近古，觀叔孫通之朝儀，公玉帶之明堂，不過椎輪椾具。後此如唐開元禮，宋太常因革禮，元通禮，明集禮，取足徵一朝掌故。迨承用日久，俗尚駸尋，精意遠而敝竝隨之。既苟簡慢易而無以稱其情，甚且改錯偭規，敢於侈汰而冒其上，故禮之通也，於是乎始難。六經之士，雖欲闡教正俗，然居下不獲。若考亭家禮，涑水書儀，黨塾間以爲兔園陳策，其事不關功令，故禮之通也，於是乎尤難。是編也，約而賅，詳而不縟。圭臬羣經，羽翼會典，使家誦而户習之，於以達之人倫日用之間，興孝悌而正風俗，則朕淑世牖民之意，或在斯乎？或在斯乎？因禮官之請，爰爲序以諗其端。

皇朝禮器圖式一部

皇上欽定諸禮器典章大備，爰命纂繪圖式，釐爲六門：曰祭器二卷，曰儀器一卷，曰冠服四卷，曰樂器三卷，曰鹵簿三卷，曰武備五卷。凡十八卷。乾隆二十八年校刊。

皇上御製序　五禮五器之文，始著虞書。若璣衡，若作繪絺繡，若笙鏞柷敔，粲乎具列。迨成周考工記，乃詳載廣圜尺度，與夫方色、鈞鋝、圜匡、縝疏、侈弇之差。説者謂：「器之有圖實，權輿是漢儒。」言禮圖者，首推鄭康成。自阮諶、梁正、夏侯伏明輩，均莫之逮。宋聶崇義彙輯禮圖，而陸佃禮象、陳祥道禮書，復踵而穿穴之，其書幾汗牛充棟。然嘗念前之作者，本精意以制器則器傳，後之述者，執器而不求精意則器敝。要其歸不出臆說、傅會二者而已。我朝聖聖相承，法物修明，折衷大備。維是敬天尊祖，頒朝詰戎之典，弗懈益虔。第所司展事具儀，間沿前代，舊式方名象數，時有未協。爰諏禮官，自郊壇祭器及鹵簿、儀仗、輦輅，以次釐正。至冠服以彰物采，樂器以備聲容，宜準彝章，允符定則。而觀象臺儀器，自皇祖親定，閱數紀於今，度次不免歲差。又武備器什，有舊會典未經臚載者，皆是範是程，進御審定。於以崇飭祀饗、朝會、軍旅諸大政，顧勿薈萃成帙，慮無以垂光策府。於是按器譜圖，系說左方，區爲八部，用付剞劂，俾永其傳。夫籩豆、簠簋，所以事神明也。前代以盌盤充數，朕則依古改之。至於衣冠，乃一代昭度，夏收殷冔，本不相襲。朕則依我朝之舊而不敢改焉。恐後之人執朕此舉而議及衣冠，則朕爲得罪祖宗之人矣，此大不可。且北魏、遼、金以及有元，凡改漢衣冠者，無不一再世而亡。後之子孫，能以朕志爲志者，必不惑於流言。於以綿國祚，承天祐，於萬斯年勿替，引之可不慎乎？可不戒乎？是爲序。

欽定宮中現行則例一部

皇上以内廷現行典禮事例，命敬事房條録，恭呈欽定，編爲則例刊行。釐爲十八門：上卷曰名號，曰御牒，曰禮儀，曰宴儀，曰册寶，曰典故，曰服色，曰宫規，曰宫分；下卷曰鋪宫，曰遇喜，曰安設，曰進春，曰謝恩，曰錢糧，曰歲修，曰處分，曰太監。乾隆七年校刊。

詞林典故一部

乾隆九年十月，皇上臨幸翰林院，賜宴賦詩，併允掌院大學士鄂爾泰、張廷玉所請，仿唐李肇翰林志，輯成詞林典故，釐爲八門：曰臨幸盛典，曰官制，曰職掌，曰恩遇，曰藝文，曰儀式，曰廨署，曰題名。凡八卷。乾隆十三年校刊。

皇上御製序　詞林典故書成，大學士張廷玉等以序請。朕惟六經之士，豈易言哉。而況躋玉堂而列芸署者，盡六經之彦也。木天故事，歷代沿革，具見於斯，則又何言。惟是國家重館閣之選，極優遇之隆，詎祇蜚其英聲，將以華國而已哉？如濂溪所謂文以載道者，舍是無他求。夫布衣韋帶之士，由立言以期不朽，足矣。若夫國家右文重道，將以淑世熙績，繼往聖之絶學，開萬世之太平，胥是賴焉。名之盛者實難副，任之大者責彌重，譬之來者毁亦隨，其尚思春華秋實之喻，而凜虚車觿楦之譏哉。

欽定吏部則例一部

雍正十二年，律例館修輯吏部則例告竣。乾隆四年，吏部以條例未能分晰，且多所更正，奏請重修。欽定成書，滿官品級考二卷，漢官品級考四卷，銓選滿官則例五卷，銓選漢官則例八卷，處分則例四十七卷。乾隆二十六年增修，校刊頒行。

欽定學政全書一部

乾隆五年，皇上特命禮部纂成學政全書，以便遵守。欽定成書，凡八卷。嗣後積年續增，凡四卷。俱校刊頒行。

欽定科場條例一部

乾隆六年，禮部編纂科場條例進呈，欽定成書，以昭遵守。凡四卷，又續增四卷，又續增上下二卷。嗣後隨時續纂，俱校刊頒行。

欽頒磨勘簡明條例一部

乾隆二十五年，禮部編纂磨勘簡明條例進呈，欽定成書，以昭遵守。凡二卷，又續增二卷。嗣後隨時續纂，俱校刊頒行。

欽定中樞政考一部

乾隆六年，兵部遵旨纂輯中樞政考告竣。凡八旗則例十四類，爲八卷，以八音爲次。緑旗則例十五類，爲十卷，以十干爲次。乾隆二十六年增修，校刊頒行。

八旗則例一部

乾隆六年，兵部遵旨將八旗都統所奏八旗則例歸併兵部纂修告成。凡十二類，爲四卷，以忠孝廉節爲次。乾隆二十六年增修，校刊頒行。

大清律例一部

乾隆五年，皇上以大清律例一書經列聖屢修，歸於至當，而隨時斟酌，尤期平允。

特命所司增輯，親加參定，爲律目一卷，圖一卷，服制一卷，名例二卷，吏律二卷，户律八卷，禮律二卷，兵律五卷，刑律十五卷，工律二卷，總類七卷，比引律條一卷。凡四百三十六門。刊布中外，以昭法守。

世祖章皇帝大清律原序　朕惟太祖、太宗創業東方，民淳法簡，大辟之外，惟有鞭笞。朕仰荷天休，撫臨中夏，人民既衆，情僞多端。每遇奏讞，輕重出入，頗煩擬議。律例未定，有司無所禀承。爰勅法司官廣集廷議，詳譯明律，參以國制，增損劑量，期於平允。書成奏進，朕再三覆閲，仍命内院諸臣較訂妥確，乃允刊布，名曰大清律集解附例。爾内外有司官吏，敬此成憲，勿得任意低昂。務使百官萬民畏名義而重犯法，冀幾刑措之風，以昭我祖宗好生之德。子孫臣民，其世世守之。

世宗憲皇帝大清律集解序　周禮：大小司寇之職，以三典詰四方，以五刑聽獄訟，正歲帥其屬而觀刑象；不用法者國有常刑，月吉始和，布刑於邦國都鄙，乃縣刑象之法於象魏，使萬民聚而觀之。是知先王立法定制，將以明示朝野，俾官習之而能斷，民知之而不犯，所由息争化俗，而致於刑措也。恭維我皇考聖祖仁皇帝大德如天，以至仁涵育羣生，法司上奏，率多全宥，停刑肆赦，屢沛恩綸。臨御六十一年，厚澤周浹乎宇内，血氣心知之倫，熙然安處於仁壽之域。朕紹守丕圖，深懷繼述。雍正元年十月，乃命諸臣將律例館舊所纂修未畢者，遴簡西曹，殫心蒐輯稿本進呈。朕以是書民命攸關，一句一字，必親加省覽。每與諸臣辨論商榷，折中裁定，或析異以歸同，或删繁而就約，務期求造律之意，輕重有權，盡讞獄之情，寬嚴得體。三年八月，編校告竣，刊布内外，永爲遵守。易曰：「先王以明罰勑法。」漢鄭昌言：「律令一定，愚民知所避，姦吏無所施。」一是書也，豈惟百爾有位，宜精思熟習，悉其聰明，以察小大之比。凡士之注名吏部，將膺民社之責者，講明有素，則臨民治事，不假於幕客胥吏，而判決有餘。若自通都大邑至僻壤窮鄉，所在州縣，仿周禮布憲讀法之制，時爲解説，令父老子弟遞相告戒，知畏法而重自愛。如此則聽斷明於上，牒訟息於下，風俗可正，禮讓可興。於以體皇考好生之德，而追虞廷從欲之治不難矣。朕實厚望焉。

皇上御製序　象刑有典，肇見虞書。其用之之道，則曰欽，曰恤，曰明，曰允。一篇之中，三致意焉。武王誥康叔以用其義刑義殺；而吕刑則曰：「士制百姓于刑之中，以教祗德。」古先哲王所爲設法飭刑，布之象魏，縣之門閭，自朝廷達於邦國，共知遵守者，惟是適於義，協於中，弼成教化，以洽其好生之德。非徒示之禁令，使知所畏懼而已。我列祖受天明命，撫綏萬邦，頒行大清律例，仁育義正，各得其宜。聖祖仁皇帝至仁如天，化成久道，德洋恩溥，涵浹羣生。皇考世宗憲皇帝際重熙累洽之運，振起而作新之，親定大清律集解，刊示中外，甄陶訓迪，刑期無刑，法外之仁，垂爲明訓。有曰：「寬嚴之用，必因乎其時。」洋洋聖謨，洵用法之權衡，制刑之準則也。朕寅紹丕基，恭承德意，深念因時之義，期以建中于民。簡命大臣取律文及遞年奏定成例，詳悉參定，重加編輯。揆諸天理，準諸人情，一本於至公，而歸於至當，折衷損益，爲四百三十六門，千有餘條，凡四十七卷。條分縷析，倫敍秩然。頒布宇內，用昭畫一之守。於戲！五刑五用，以彰天討而嚴天威，予一人恭天成命，監成憲以布於下，民敢有弗欽。雖然，有定者律令，無窮者情僞也。易曰：「君子以明愼用刑而不留獄。」書曰：「式敬爾由獄，以長我王國。」忠信之長，慈惠之師，尚其愼厥用；敬厥由，體欽恤明允之意，率乂于民，棐彝克協于中，以弼予祈天永命，允升于大猷。從事於斯者胥懋敬哉。是爲序。

大清律續纂條例一部　大清律續纂條例總類一部

律例全書告成後，條例歲有增減。乾隆二十五年，刑部奏請續纂，另編刊行，特允所請，爲大清律續纂條例一部，大清律續纂條例總類一部。各二卷。

督捕則例一部

世祖章皇帝特命纂成督捕則例，聖祖仁皇帝命重加酌定。乾隆八年，刑部奏請重修刊行。凡一百三條，爲二卷。

三流道里表一部

雍正十年，世宗憲皇帝特命纂成三流道里表。乾隆八年，刑部奏請重修刊行。凡四卷。

洗寃録一部

洗寃録向同律例頒行。乾隆五年，律例館校正重刊。凡四卷。

欽定工部則例一部　乘輿儀仗做法一部

乾隆十三年，工部奏請編纂工部則例，并乘輿、儀仗各項做法，以昭遵守。欽定成書。工部則例凡五十卷，乘輿儀仗做法二卷，俱乾隆十四年校刊。

工程做法一部　物料價值一部

雍正九年，工部奏請會同内務府詳定工程做法及物料價值，編纂條例進呈，欽定成書，以昭遵守。工程做法凡七十四卷，内廷工程做法凡八卷，簡明做法一册，物料價值凡四卷，俱校刊頒行。續經工部酌定平價，并將未經定擬各項爲物料價值四卷，恭呈欽定。乾隆元年校刊頒行。

欽定軍器則例一部

乾隆十六年，工部奏請開館纂輯軍器則例，繪圖係説進呈，欽定成書。爲旗幟七卷，涼篷帳房二卷，盔甲四卷，器械四卷，鎗礮一卷，各省物料匠工價值十八卷，凡三十六卷。乾隆二十一年校刊頒行。

國朝宮史卷之二十七

書籍六

經學

御纂周易折中一部

聖祖仁皇帝命儒臣採訂諸說，親定成書。卷首列綱領三篇，義例一篇，上下經十翼十八卷，啓蒙二卷，啓蒙附論一卷。序卦雜卦明義一卷。凡二十二卷。康熙五十四年校刊。

聖祖仁皇帝御製序　易學之廣大悉備。秦、漢而後，無復得其精微矣。至有宋以來，周、邵、程、張，闡發其奥。惟朱子兼象數天理，違衆而定之。五百餘年，無復同異。宋、元、明至於我朝，因先儒已發之微旨，或有妄參己見，漸至啓後人之疑。朕自弱齡留心經義，五十餘年未嘗少輟。但知諸書大全之駁雜，奈非專經之純熟。深知大學士李光地素學有本，易理精詳，特命修周易折中。上律河洛之本末，下及衆儒之考定，與持論之不可易者，折中而取之。越二寒暑，甲夜披覽，隻字片句，斟酌無遺。康熙五十四年春告成而傳之天下。後世能以正學爲事者，自有所見歟。

日講易經解義一部

聖祖仁皇帝命日講諸臣撰擬，依章解義，按日進講，親定成書。凡十八卷，康熙二十二年校刊。

聖祖仁皇帝御製序　朕惟帝王道法，載在六經，而極天人，窮性命，開物前民，通變盡利，則其理莫詳於易。易之爲書，合四聖人立象設卦繫辭焉，而廣大悉備。自昔包犧、神農、黄帝、堯、舜王天下之道，咸取諸此。蓋詩書之文，禮樂之具，春秋之行事，罔不於易會通焉。漢班固有言：「六藝具五常之道，而易爲之原。」詎不信歟？朕夙興夜寐，惟日孜孜，勤求治理。思古帝王立政之要，必本經學。嘗博綜簡編，玩索精藴，至於大易，尤極研求。特命儒臣參攷諸儒註疏傳義，撰爲解義一十八卷，日以進講，反復卦爻之辭，深探作易之旨。大抵造化功用，不外陰陽，而配諸人事，則有貞邪淑慝之别。運數所由盛衰，風俗所由治亂，君子小人所由進退消長，鮮不於奇偶二畫屈伸變易之間見之。若乃體諸躬行，措諸事業，有觀民設教之方，有通德類情之用，恐懼修省以治身，思患豫防以維世，引而伸之，觸類而長之，而治理備矣。於是刊刻成書，頒示天下。朕惟體乾四德，以容保兆民。且期庶司百執事矢于野，涣羣之公，成拔茅允升之美，則泰交媲於明良，而太和溢於宇宙，庶稱朕以經學爲治法之意也夫。

御纂周易述義一部

皇上命儒臣條次進呈，親定成書，闡繹聖祖仁皇帝周易折中之義。凡十卷，乾隆二十年校刊。

皇上御製序　詩義既竣，爰從事於周易。舉向所闡繹者，命詞臣條次其説，曰一二卦，如詩義之例，仍從朱子本義，用晁氏本，以應十翼之舊。編成，復爲之序。夫詩、書、春秋，皆孔子所删定，而於易獨爲之十翼，以發明藴奥。蓋卦、爻、彖、象，交易變易之道，非聖人莫能明，故繫之辭以詔萬世。而上承伏羲、文、周三聖之緒，則猶夫述而不作之意耳。學易者不深味乎聖人之辭，則無以探夫分爻立卦之本。然而體觀變翫占之實，用後儒之偏主一説以爲言者，非知易者也。我皇祖御纂周易折中，廣大精微，義無不備。綜括漢、唐以來諸説之全，而取其粹，言易者無能出其範圍。今是編也，異其體而宗其義，庶無忝乎祖述之旨云。

欽定書經傳說彙纂一部

聖祖仁皇帝命儒臣採訂諸説，親定成書。首列書傳圖綱領三篇，自虞書至周書二十一卷，附以書序。雍正八年校刊。

世宗憲皇帝御製序　朕思六經皆治世之書，而帝王之大經大法，昭垂萬古，惟尚書爲最備。蓋自繼天立極，精一執中，二帝、三王之心法遞相授受，而治法亦因之以傳。今觀書所載，成天平地，經國造邦，建官立教，禮、樂、兵、刑之弘綱大用，與夫賡揚都俞之休風，嘉謨嘉猷之陳告，凡所爲永膺天命而致時雍協和之效者，雖相去數千年，尚可於方策中想見其欽明寅畏之衷，敷布經綸之跡。後之君臣，得奉爲模楷，以追蹤於唐、虞、三代之隆，詎不於書是賴哉？我皇考聖祖仁皇帝聖學淵深，治功弘遠，存於中者二帝、三王之心，發於外者二帝、三王之治。而稽古好學，於典謨訓誥之篇沉潛研究，融會貫通。初命講官分日進講，著有解義一編，頒示海内。復指授儒臣，薈萃漢、唐、宋、元、明諸家之説，參攷折中，親加正定，廣大悉備。於地理山川，援今据古，靡不精核。爲書經傳説彙纂，凡二十有四卷。兹值刊校告竣，與易、詩、春秋諸經次第傳布，敬製序文，勒之卷首。夫後世之天下，唐、虞、三代之天下也。而治法之垂爲典章，心法之原於性命者，先後同揆，百世之聖君賢輔，未能易也。故爲君者，必思比德於堯、舜、禹、湯、文、武，而後無忝乎爲君。爲臣者，必思媲休於臯、夔、伊、傅、周、召，而後無忝乎爲臣。朕夙夜兢兢，冀克守主敬存誠之道，以遂覲光揚烈之懷。尤冀卿尹百執事共體元首股肱之誼，殫協恭勵翼之忱。寅亮天工，誠和民志，俾薄海内外，永底乂安，於以遠宗聖哲，而仰承皇考尊崇經學、啓牖萬世之盛心，顧不美歟！是爲序。

日講書經解義一部

聖祖仁皇帝命日講諸臣撰擬，依章解義，按日進講，親定成書。凡十三卷，康熙十九年校刊。

聖祖仁皇帝御製序　天生民而立之君，非特予以崇高富貴之具而已，固將副教養之責，使四海九州無一夫不獲其所也。是故古之帝王奉若天道，建都樹屏，以立其綱；設官置吏，以張其紀；經天緯地，以盡其才；親親尊賢，以弘其業。黎民阻饑而爲之教稼，五品不遜而爲之明倫。爲禮樂以導其中和，爲兵刑以息其争訟。事未然而豫爲之備，患已至而亟爲之驅。蓋治天下之法，見於虞、夏、商、周之書，其詳且密如此，宜其克享天心，而致時雍太和之效也。所以然者，蓋有心法以爲治法之本焉，所謂敬也，誠也，中也。敬則神明有主而物欲不能摇，誠則孚信在中而僞巧不能間，中則公正無偏而邪説不能移。凡書中曰欽明，曰寅恭，曰祗懼，曰迪畏，皆敬之屬也。曰允塞，曰至誠，曰一德，曰惇信，皆誠之屬也。曰義制事，禮制心；曰沉潛剛克，高明柔克；曰寬而有制，從容以和；皆中之屬也。性之者爲堯、舜、禹、文，身之者爲湯、武、高宗，困而學之者爲太甲、成王，悖而去之者爲太康、桀、紂。嗚呼！心法之存亡，治道之升降分焉，天命之去留繫焉，曷其奈何弗鑒。朕萬幾餘暇，讀四代之書，惕若恐懼。爰命儒臣取漢、宋以來諸家之説，薈萃折衷，著爲講義一十三卷，逐日進講。兹特加鋟梓，頒示臣民，俾知朕仰法前代聖王，志勤道遠。然夙夜兢兢，思體諸身心，措諸政治，以毋負上天立君之意，夫豈敢一日忘哉！是爲序。

繙譯書經一部

皇上命在館諸臣以國語繙譯，親定成書。凡六卷，乾隆二十五年校刊。

皇上御製序　尚書五十八篇，古帝王心法治法之全皆在焉。自精一著訓而後，一推降衷，再闡陰隲，莫不本天命原物。則上之人非是無以爲敷錫，下之人非是無以爲會歸，所由日星明而江河流，爲經世大訓也。我朝以國書繙譯，向有繕本。朕幾餘披覽，務益研精，雖隻字單言，抑揚抗墜間，期於比擬脗合，不留餘憾。爰命在館諸臣於四子書訖事，取是編重加參訂。每分帙進呈，丹毫塗乙，不憚往復者，積有歲時，完書始就。夫書之教以疏通知遠爲要，然揚雄稱唐、虞之書「渾渾噩噩」。韓愈亦云：「周誥、殷盤，詰屈聱牙。」朱子又謂：「今文多艱澁，不可句讀。」於此揣侔衡榷，索解乎銖纍苗髮，而莫之或爽，譬操黍律，求太古元音，非可以矜躁參矣。且古人以精義發爲微言，豈徒章句飣餖之謂；要使當日都俞吁咈、諄懇誥誡之聲情，千載下如相質對。然後神明默契，倍覺親切有味。而渾噩者約以達，聱牙者雅以馴，艱澁者明以鬯，於以折衷。夫天德王道監往憲，質方來，不啻登唐、虞之廷，親聆其搏拊戛擊，所以釋躁平矜，資疏通知遠之益者何如哉。尤望讀是編者，勿僅略記鏗鏘鼓舞，貽譏如魯制氏也可。

欽定詩經傳說彙纂一部

聖祖仁皇帝命儒臣採訂諸說，親定成書。卷首列詩傳圖、列國世次圖、作詩時世圖，綱領三篇，詩大序，詩經集解序，自周南至商頌附以小序。凡二十一卷，雍正五年校刊。

世宗憲皇帝御製序　朕惟詩之爲教，所以成孝敬，厚人倫，美教化，移風俗，其用遠矣。自説詩者各以其學行世，釋解紛紜，而經旨漸晦。朱子起而正之，集傳一書，參攷衆説，探求古始，獨得精意，而先王之詩教藉之以明。國家列在學官，著之功令，家有其書，人人傳習，四始六義，曉然知所宗尚。我皇考聖祖仁皇帝右文稽古，表章聖經。御纂周易折中，既一以本義爲正；於春秋、詩經，復命儒臣次第纂輯，皆以朱子之説爲宗。故是書首列集傳，而採漢、唐以來諸儒講解訓釋之。與傳合者存之，其義異而理長者别爲附録，折中同異，間出己見。乙夜披覽，親加正定，書成凡若干卷，名曰詩經傳説彙纂。朕惟詩三百篇，先王所以明勸懲而行黜陟，蓋治世之大經。而後世文人學士，乃以風雲月露之辭，自託風雅；學經者又溺於訓詁詞章之陋習，烏在其能明先王之道也。我皇考指授儒臣，勒爲是編，期以闡先王垂教之意，與孔子删詩之旨。學於是者，有得於興觀羣怨之微，而深明於事父事君之道，從政專對，無所不能，則經學之實用著；而所謂用之鄉人，用之邦國，以化天下者，亦於是乎行焉。刊校既竣，敬述聖意，序之簡端。

日講詩經解義一部

聖祖仁皇帝命日講諸臣撰擬，依章解義，按日進講，親定成書。

聖祖仁皇帝御製序　昔者虞廷命后夔爲典樂之官，以教胄子。首詔之曰：「詩言志」。則詩之爲教所從來遠矣。蓋人性情之發，不能無所寄託，而詩則兼備六藝，諷誦吟咏之間，足以觀感而興起者，莫善於此。故曰：温柔敦厚，詩教也。自夫子删定而後，三百篇之旨粲然。其採之里巷者則爲風，陳之朝廷者則爲雅，薦之郊廟者則爲頌。觀其美刺而善惡之鑒昭矣。觀其正變而隆替之治判矣。觀其升歌於廟，朱絃象管之所唱歎，而祖功宗德之具在矣。千載而下，猶得見江漢之遺風，豳岐之故俗。關睢、麟趾之化，矇瞍七月之箴，天保、鹿鳴，堂陛賡颺之盛，清廟、閟宫，歌雍舞勺之章，皆賴此三百篇之存，安可不沉酣優渥於其間哉？朕嘗思古人立訓之意，既有政教、典禮、紀綱、法度以維持之矣；而感通乎上下之間，鼓舞於隱微之地，使人從善遠惡而不知，優游順適而自得，則必賴乎詩。如天之生萬物也，日以暄之，雨以潤之，露以濡之，雷霆以肅之，而又必宣暢八風以疏通而條達之，然後萬類咸遂其生養，而無促迫矯强之弊。故教至於詩而微矣，治至於詩而極盛矣。朕志慕隆古淳穆之理，崇奬詩教，爰命儒臣輯成詩經講義，日進於座隅，朝夕觀覽。凡立説一準於考亭，而旁蒐義藴，兼及註疏，博綜名物，亦參爾雅。又思夫子平日雅言之教，稱引誦説，惟詩最多。如大學、中庸、孝經，篇末必引詩以咏歎之，亦以見古人之斯須不離乎此也。朕亦欲四海臣民謹思貞度，以揚風扢雅之學，偕進於温厚和平之教，故序而頒之。此則朕之所深望也夫。

御纂詩義折中一部

皇上命儒臣條次進呈，親定成書，取諸箋釋家之説折中之。凡二十卷，乾隆二十年校刊。

皇上御製序　詩之教大矣。古今言詩者衆矣。自小序而下，箋疏傳注，各名其家，各是其説，辨難糾紛，幾如聚訟。曩嘗肄業於此，流連諷詠，豁然有心所得。而考之昔人成説，往往拘牽扞格，不能相通。辛未秋間，與尚書孫嘉淦論及諸經，其所見平實近理，因先從事毛詩，授以大指，命之疏次其義。凡舊説之可從者從之，當更正者正之。一無成心，惟義之適。視事餘功，親爲釐定，以備葩經之一解。編既竣，在館諸臣以序請。夫詩之道何昉乎？其在虞書則曰：「詩言志」。志者，詩之本也，聲與律其後起者也。其在魯論則曰：「一言蔽之，思無邪。」無邪者，詩之教也。興觀羣怨，事父事君，其道不越乎此也。其在子輿氏則曰：「以意逆志，是爲得之。」此説詩者之宗也。逆志而得其志之所在，則詩之本得，而其爲教也正矣。傳曰：「衆言淆亂，折諸聖用。」中者聖學之大成也，雖不能至，心嚮往之。爰竊取皇祖周易命名之義，命曰詩義折中，而敍其概以爲弁。

欽定春秋傳說彙纂一部

聖祖仁皇帝命儒臣採訂諸說，親定成書。首列綱領三篇，王朝世表，列國年表，王朝列國世次，王朝列國興廢說，列國爵姓，列國地圖，王朝列國地名，自隱公至哀公三十八卷。康熙六十年校刊。

聖祖仁皇帝御製序　六經皆孔聖刪述，而孟子特言孔子作春秋。左氏、公羊、穀梁三家，各述所聞以爲傳，門弟子各衍其師說。末流益紛，以一字爲褒貶，以變例爲賞罰，微言既絶，大義弗彰。至於災祥讖緯之學興，而更趨於怪僻。程子所謂炳如日星者，不因此而反晦乎？迨宋胡安國進春秋解義，明代立於學官，用以貢舉取士，於是四傳並行，宗其說者率多穿鑿附會，去經義逾遠。朕於春秋獨服膺朱子之論，朱子曰：「春秋明道正誼，據實書事，使人觀之以爲鑒戒。書名書爵，亦無意義。」此言真有得者，而惜乎朱子未有成書也。朕恐世之學者牽於支離之說而莫能悟，特命大學士王掞纂輯是書，以四傳爲主，其有舛於經者删之。以集說爲輔，其有畔於傳者勿録。書成凡若干卷，名之曰傳說彙纂。夫春秋之作，以游、夏之賢不能贊一詞。司馬遷稱：「七十子之徒口授其傳指，而人人異端。」當時已無定論，後之諸儒，欲於千百年後懸斷聖人筆削之旨，不亦難乎？是書之輯，亦惟擇其言之當於理者，雖不敢謂深於春秋，而辨之詳，取之慎，於屬辭比事之教或有資焉。是爲序。

日講春秋解義一部

聖祖仁皇帝命日講諸臣撰擬，依章解義，按日進講，親定成書。世宗憲皇帝命詳加校正。凡六十四卷，乾隆三年校刊。

聖祖仁皇帝御製序　朕惟春秋者帝王經世之大法，史外傳心之要典也。大義炳若日星，而褒貶筆削，微顯婉章，非後世所能窺至。其立法謹嚴，宅心一本忠恕，因善惡是非而施予奪焉。有正例，有變例，有事同而辭異，有事異而辭同。一人之身，前後不相掩。一人之事，功過不妨殊。如化工之肖物，隨類付形，未嘗有所容心於其間。後之説經者，或穿鑿深文，或附會失實，固難悉當聖人之心。左氏親見聖人，公羊、穀梁、及門子夏，猶彼此牴牾，踳駮互見；何況去聖人日遠，紛紜探索，如漢、唐以下董仲舒、趙匡、啖助諸家乎？惟宋康侯胡氏潛心二十年，事本左氏，義取公、穀，萃諸家之長，勒成一家之書，雖持論過激，抉隱太嚴，未必當日聖人皆然；要其本三綱，奉九法，明王道，正人心，於春秋大指十常得其六七，較之漢、唐以後諸家優矣。朕萬幾之暇，研精六經，竊有慨於春秋經聖人手定，其衮鉞本乎王章，刑賞原於忠厚，義例雖繁，而其明白正大之旨，必不如後之説經者委折碎細若此。爰命儒臣撰集進講，大約以胡氏爲宗，而去其論之太甚者。無傳經文，則博採諸儒論注以補之。朕亦時有所折衷，期歸於一。編輯成書，朝夕省覽，亦欲俾學者有所遵守，其於經世大法、傳心要典未必無少助云爾。

皇上御製序　嘗考春秋經文不過萬有六千三百餘言，自三傳以後，羣儒義疏累數千萬言，而微辭隱義之難明者猶十有六七。蓋是經乃孔子所手定也，辭約而義深。聖心之所運用，每舉一事，其義必貫於全經。非若他經一章一節各指一事，雖有不通而不害其可通者。故程、朱二子深探力索久之，皆見爲難明而止。至明初胡氏安國之説遂獨列於學官，以朱子深病是經之難通，而教門人姑從胡氏之説也。然謂其以義理穿鑿，則非義理之真，而於聖人筆削之旨未能脗合明矣。故自明以來，雖著功令科舉之士稟爲程式，而終不足以服學者之心。我聖祖仁皇帝聰明天亶，自少時即篤好經書，及躬攬大政，辨色出視朝，裁決萬幾甫畢，即召儒臣講論經義，務抉其根源，參伍羣言，以求至當。經筵所進日講四書及尚書、周易解義，皆裁自聖心以爲無憾者，故即時刊布。及晚年，以明初五經大全收採討論、尚未精詳，口授指畫，成周易折中一書。詩、書、春秋，則命重臣開館編次，而親釐定之。惟三禮體大，未議纂修，蓋有待也。周易折中，成於康熙五十四年。春秋傳説彙纂，成於六十年，已經頒布。餘二經則至我皇考繼序之後，始次第告成。皇考大孝尊親，凡皇祖一言一動，莫不敬述，以昭示來兹。念欽定春秋於胡氏之説既多駁正，則廷臣當日所進講義，一遵胡氏之舊者，於聖心自多未洽，是以遲之又久，未嘗宣布，必將俟諸經備成，而後重加討論也。故再降諭旨，命果親王允禮、大學士張廷玉、内閣學士方苞詳細校訂，始事於雍正七年，恭呈御覽者再，而後告成。凡六十四卷。乾隆二年鋟板既訖，諸臣請製序文，頒示海内。朕反覆循覽，於胡氏穿鑿之説曠若發蒙，筆削之旨闡明者亦過半焉。夫解義之成，蓋數十年於兹矣。觀皇祖之久不宣布，可以徵望道未見之心。觀皇考之再三攷訂而後命刊，可以知善繼善述之義。豈惟是經之窔突將由是以開通哉，即兩朝聖人之心法治法，亦於斯可覿矣。

御纂春秋直解一部

皇上命儒臣條次進呈，親定成書，盡屏曲説，一依經文爲解。凡十二卷，乾隆二十三年校刊。

皇上御製序　中古之書，莫大於春秋，推其教不越乎屬辭比事。而原夫成書之始，即游、夏不能贊一辭。蓋辭不待贊也，彼南史、董狐，世稱古之遺直，矧以大聖人就魯史之舊，用筆削以正褒貶，不過據事直書，而義自爲比屬，其辭本非得已，贊且奚爲乎？厥後依經作傳，如左氏身非私淑，號爲素臣，猶或詳於事而失之誣。至公羊、穀梁去聖逾遠，乃有發墨守而起廢疾，儼然操入室之戈者。下此齗齗聚訟，人自爲師，經生家大抵以胡氏安國、張氏洽爲最著。及張氏廢，而胡氏直與三傳並行，其間傅會臆斷，往往不免，承學之士宜何所考衷也哉？我皇祖欽定傳説彙纂一書，鎔範羣言，去取精當，麟經之微言大義炳若日星。朕服習有年，紹聞志切。近因輯易、詩二書竣事，命在館諸臣條系是經，具解以進。一以彙纂爲指南，意在息諸説之紛歧以翼傳，融諸傳之同異以尊經，庶幾辭簡而事明。於范甯去其所滯，擇善而從之論，深有取焉。夫儒者猥云五經如法律，春秋如斷例。故啖助、趙匡、陸淳輩悉取經文、書法纂而爲例，一一引徽切墨以求之，動如鑿枘之不相入。譬諸叔孫通、蕭何增置傍章，以後例轉多而律轉晦，蓋曲説之離經甚於曲學之泥經也審矣。書既成，命之曰直解。匪不求甚解之謂，謂夫索解而過不直，則義不見爾，而豈獨春秋一經爲然哉？是所望乎天下之善讀經者。

欽定三禮義疏一部

聖祖仁皇帝欽定四經，次第頒布，惟三禮未就。皇上命儒臣採訂諸説，親定成書。周官首列聖制綱領二篇，總辨自天官冢宰至考工記四十四卷，附以周官圖四卷。儀禮首列綱領二篇，朱子儀禮釋宫自士冠禮至有司徹四十卷，附以禮器圖、禮節圖各四卷。禮記首列聖制綱領二篇，自曲禮至喪服四制七十七卷，附以禮記圖五卷。乾隆十九年校刊。

皇上御製序　三禮之傳遠矣。周禮六官，河間獻王上之儀禮十七篇，禮記四十九篇，高堂生、戴聖傳之。漢、唐以來，箋疏訓釋，無慮數十家。考其義或相牴牾，先儒嘗譏其聚訟。要其掇拾灰燼之餘，傳先王制作之舊，得什一於千百，好古者所爲鄭重而愛惜之也。我皇祖聖祖仁皇帝表章羣經，既御纂周易折中，而詩、書、春秋則以分授儒臣纂輯義疏，頒布海内。惟三禮未就。朕御極之初，儒臣上言，今當經學昌明，禮備樂和之會，宜纂輯三禮，以蕆五經之全。爰允其請，開館編校，越十有一年冬告竣。夫禮之所爲，本於天，殽於地，達之人倫日用，行於君臣、父子、兄弟、夫婦、朋友之間，斯須不可去者。天不變，道亦不變，此其本也。其制度、品節、服物、采章，隨時損益，屢變以適其宜者，禮之文也。三代去今數千年矣，修其教而教明，循其道而道行，謂三代至今存可也。何則？其本得也。若其用之朝廷、邦國，名物器數之具，周旋進退之儀，雖先王處此，必將變通以適其宜，而不泥於其迹。故言禮者，惟求其修道設教之由，以得夫禮之意而已。顧其教之不泯，道之所由傳，未嘗不賴於經。好學深思之士，讀其書有惜不能俯仰揖讓於其間者。先王制作之精意，尚可想見於抱殘守闕之餘，則經傳之爲功也大矣。鼎彝鈎劍之遺，篆籀之蹟，流傳有自，尚摩挲而寶護之；況制作之精意所賴以傳者，與獨其貿於衆説，無所取衷？爰命校纂諸臣芟煩截浮，約文申義，敷暢厥旨，至其説之不可强同者，稍爲辨正而仍其舊。蓋其承傳各異，必牽合附會，比而同之，則其惑也滋甚，故無取焉。刻既成，爲之敍論以發其端，俾隆禮有所考云。

日講禮記解義一部

聖祖仁皇帝命日講諸臣撰擬，依章解義，按日進講，親定成書。皇上命三禮館臣詳加校正，凡六十四卷，乾隆十四年校刊。

聖祖仁皇帝御製序　朕聞六經之道同歸，而禮樂之用爲急。孔子曰：「安上治民，莫善於禮。」又曰：「上好禮，則民莫敢不敬。」誠以禮者範身之具，而興行起化之原也。天之生人，品類紛綸，莫可紀極。聖人起而整齊之，法於天，則於地，順於人，達於時，協於鬼神，斟酌損益，以定其品節限制。俾天下化其好逸惡勞之心，而予以從善棄惡之道，蒸蒸焉日蹈履於中正而不敢越，蓋非有以强之也，率乎其理之所安而已。其綱有三百，其目有三千。大者在冠、婚、喪、祭、朝聘、射宴之規，小者在揖讓、進退、飲食、起居之節，循之則君臣上下賴以序，夫婦内外賴以辨，父子、兄弟、婚媾、姻婭賴以順而成。反是，則尊卑易位，等殺無章，家未有能齊而國未有能治者。故曰：「動容中禮而天德備矣，治定制禮而王道成矣。」嘗遐觀三代，禹、湯、文、武惇敍彝典，以倡導天下，而其時之諸侯秉禮以守其國，大夫士遵禮以保其家，下至工賈庶人，畏法循紀，以世其業。嗚呼！何風之隆哉！朕企慕至治，深惟天下歸仁，原於復禮，故法宫之中，日陳禮經，講習細繹，蓋不敢斯須去也。慨自嬴秦焚燒典籍，禮乃滅亡。漢興，崇尚儒學，禮經始顯，傳之者十三家，而戴德、戴聖爲尤著。聖所傳四十九篇，即所謂禮記者是已。迨程子、朱子出，表章學庸，遂開千古道學之統。其餘四十七篇雖雜出於漢儒，亦皆傳述聖門格言，有切身心要旨。朕熟之復之，靡間寒暑，積有講義，裒成全部，弁以敍言，用以無忘斯勤，然豈徒效儒生佔畢云爾哉！務佩服其訓辭，而實體諸躬修，措之邦國。使百爾懷恭敬遜讓之誠，兆庶凜撙節防閑之則，德化翔洽，上媲隆古，庶乃愜朕敦崇禮教之意也夫。

皇上御製序　皇祖聖祖仁皇帝稽古右文，命儒臣日直講筵，五經、通鑑以次進講。薈萃羣言，發明旨要，臚爲解義，積有成編，譯以國書，頒示中外。各製序言弁其端，而授諸梓。易、書、詩三經先竣，春秋若干卷刻於雍正年間；惟禮記卷帙浩繁，藁本存繙書房久之，未竟厥業。朕御極之初，允儒臣請纂修三禮義疏，因取日講禮記解義原本，參校異同，歸於一是，併命繙譯授梓，以備五經之全。敬刊皇祖御製原文於前，而略述大概，以誌成書歲月。惟禮記出自漢儒，然多本於七十子之所傳習。如大學、中庸二篇，既經有宋大儒定爲孔氏遺書，訓釋而列於學官，其他精言奧義，往往與易、詩、書、春秋相發明，非董仲舒、揚雄輩所及。蓋其來有自，去聖人之教固未遠也。雖月令、王制附益其間，有以啓後人疑義；而先王之制所傳各異，事之不可考、而説之不可强同者，亦已多矣。依文立訓，以存舊觀，説經之通例也。抑班固有言：「六經之道同歸，而禮樂之用爲急。」經禮三百，曲禮三千，豈惟其文而已？蓋將以章志貞，教大其坊，與天下臣民共之。仰惟聖祖序言所謂體諸躬修、措之邦國者，禮之實而明經之大用也。因言以求其義，因義以達其用，夫豈章句訓詁之足云，敢申言之，以闡至訓。

日講四書解義一部

聖祖仁皇帝命日講諸臣撰擬，依章解義，按日進呈，親定成書。凡二十六卷，康熙十六年校刊。

聖祖仁皇帝御製序　朕惟天生聖賢，作君作師，萬世道統之傳，即萬世治統之所繫也。自堯、舜、禹、湯、文、武之後，而有孔子、曾子、子思、孟子，自易、書、詩、禮、春秋而外，而有論語、大學、中庸、孟子之書，如日月之光照於天，岳瀆之流峙於地，猗歟盛哉！蓋有四子，而後二帝、三王之道傳；有四子之書，而後五經之道備。四子之書，得五經之精意而爲言者也。孔子以生民未有之聖，與列國君大夫及門弟子論政與學，天德王道之全，修己治人之要，具在論語一書。學、庸皆孔子之傳，而曾子、子思獨得其宗，明新止至善，家國天下之所以齊治平也；性教中和，天地萬物之所以位育，九經達道之所以行也。至於孟子，繼往聖而開來學，闢邪説以正人心，性善仁義之旨著明於天下，此聖賢訓辭詔後，皆爲萬世生民而作也。道統在是，治統亦在是矣。歷代賢哲之君，創業守成，莫不尊崇表章，講明斯道。朕紹祖宗丕基，孳孳求治，留心問學。命儒臣撰爲講義，務使闡發義理，裨益政治，同諸經史進講。經歷寒暑，罔敢輟間。兹已告竣，思與海内臣民共臻至治，特命校刊，用垂永久。爰製序言，弁之簡首。每念厚風俗必先正人心，正人心必先明學術。誠因此編之大義，究先聖之微言，則以此爲化民成俗之方，用期夫一道同風之治，庶幾進於唐、虞、三代文明之盛也夫。

御製繙譯四書一部

國語舊有繙譯四書，皇上命繙譯諸臣詳加校正，親定成書。凡六卷，乾隆二十年校刊。

皇上御製序　國家肇立，文書、六經、史籍次第繙譯，四子之書首先刊布傳習。朕於御極之初，命大學士鄂爾泰重加釐定。凡其文義之異同，意旨之深淺，語氣之輕重，稍有未協者，皆令更正之。然抑揚虚實之間，其别甚微，茍不能按節揣稱，求合於毫芒，而盡袪其疑，似於人心終有未慊然者。幾暇玩索，覆檢舊編，則文義、意旨、語氣之未能脗合者，仍不免焉。乃親指授繙譯諸臣，參考尋繹，單詞隻字，昭晰周到，無毫髮遺憾而後已。夫義藴淵深，名理無盡，文字爲人所共知共見，而一一歸於至當，尚必待功力專勤，至再至三，而始得之。可以知學問之道，功愈加則業亦愈進。況夫體備於躬行，發揮於事業，茍非俛焉日有孳孳，精益求精，而欲底於有成，難矣。學者慎毋以淺嘗自足，而憚於有爲也哉。是爲序。

經筵講章一部

國家制定，春秋二仲涓日，御文華殿行經筵禮。講官恭撰四書諸經講章各一道，至日進講，積久成帙。康熙十年至二十六年，聖祖仁皇帝命校刊，凡四次。共四卷。

聖祖仁皇帝御製序　朕嘗讀尚書説命之篇，其勸高宗以好學也，曰：「惟學遜志，務時敏。」又曰：「學於古訓乃有獲。」夫人君爲學，必稽古考憲。人臣勸學於其君，必援古昔，稱先王。凡以百家紛紜，折衷於聖；衆言淆亂，是正於經。其所孜孜汲汲者，將精其義以致用於天下也。豈佔畢口耳之爲勤，徒資聽説而娱覩聽乎？今夫師儒訓詁授受之學，託諸空言以明其道，而猶必守其一先王之説；而況人主爲學，將精其義以致用於天下者哉！朕自沖齡，性絶嬉玩，顧獨喜書。自經史之餘，苟其不謬於聖人之道，自成一家之言，未嘗不博求而縱覽焉。至於經筵進講，則專主於四子、五經。蓋書契既興，載籍浩繁，雖開卷有益，而有裨治道必以四子、五經爲歸極矣。上自天人性命，下及民情物理，以至二帝、三王以來所經營措施於政教者，其道甚明，而其事易行。神而明之，存乎其人而已。朕自臨御迄今，日講靡輟；經書解義，節次彙刊。其遇春秋二仲，則涓日經筵未嘗有間。閲時既久，篇帙漸多，因命儒臣彙爲一集，付之剞劂。昔大禹好善，昌言則拜；武王訪道，丹書是陳。至如昔聖昔賢之所誥誡，廣厦細旃之所敷論，其可忽諸？且令頒之四方，俾臣僚士庶誦其辭而服習其義，咸知遵道遵法，助登上理。豈僅謂小補者與？

清漢文孝經一部

世宗憲皇帝命繙譯諸臣用國語繙譯，親定成書。凡一卷，雍正五年校刊。

世宗憲皇帝御製序　孝經者，聖人所以彰明彝訓，覺悟生民。溯天地之性，則知人爲萬物之靈；敍家國之倫，則知孝爲百行之始。人能孝於其親，處稱惇實之士，出成忠順之臣；下以此爲立身之要，上以此爲立教之原，故謂之至德要道。自昔聖帝哲王，宰世經物，未有不以孝治爲先務者也。恭惟聖祖仁皇帝纘述世祖章皇帝遺緒，詔命儒臣編輯孝經衍義一百卷，刊行海内，垂示永久。顧以篇帙繁多，慮讀者未能周徧，朕乃命專譯經文，以備誦習。夫孝經一書，詞簡義暢，可不煩注解而自明。誠使内外臣庶，父以教其子，師以教其徒，口諷其文，心知其理，身踐其事。爲士大夫者能資孝作忠，揚名顯親。爲庶人者能謹身節用，竭力致養。家庭務敦於本行，閭里胥嚮於淳風。如此則親遜成化，和氣薰蒸，躋比户可封之俗，是朕之所厚望也夫。

御纂性理精義一部

聖祖仁皇帝命儒臣取性理大全詮釋精語，親定成書。凡十二卷，康熙五十四年校刊。

聖祖仁皇帝御製序　朕自沖齡至今，六十年來，未嘗少輟經書。唐、虞、三代以來，聖賢相傳授受，言性而已。宋儒始有性理之名，使人知盡性之學，不外循理也。故敦好典籍，於理道之言尤所加意。臨莅日久，玩味愈深，體之身心，驗之政事，而確然知其不可易。前明纂修性理大全一部，頗謂廣備矣。但取者太繁，相類者居多。凡性理諸書之行世者，不下數百，朕實病其矛盾也。爰命大學士李光地詮釋進覽，授以意指，省其品目，撮其體要，既使諸儒之闡發不雜於支蕪，復使學者之披尋不苦於繁重。至於圖象、律歷、性命、理氣之源，前人所未暢發者，朕亦時以己意折衷其間。名曰性理精義，頒示天下，讀是書者自有所知也已。

清漢文小學一部

聖祖仁皇帝命繙譯諸臣用國語繙譯，親定成書。凡一卷，雍正三年校刊。

世宗憲皇帝御製序　古有八歲而入小學，教之以灑掃、應對、進退之節，愛親敬長之義，俾童而習之，以養其德性。其説散見經傳，朱子採集爲小學一書，所以示人教學之方，而有以爲正心修身之本。其言約，其理該，蓋六經、四子性理諸書之階梯也。皇考聖祖仁皇帝嘗特頒諭旨，令有司兼以命題課士，海内士子固已咸知誦法矣。又命尚書顧八代一人繙譯清文，日進呈覽欽定，三年而後成，嘉惠後學之心，至深且厚。當日未經刊刻頒行。朕敬承皇考遺志，特命校對授梓，以資肄習。讀者宜知綱常倫紀之當崇，視聽言動之當謹，與夫嘉言懿行之當遵循慕效。修其職自在家廷日用之常經，而充其量可以成聖賢忠孝之大節。子弟之習於是而淳，教化之原於是而備。詩曰：「成人有德，小子有造。」朕蓋深有望焉。

御覽經史講義一部

乾隆二年，皇上允科臣奏，翰林、詹事、科道間日分班撰擬經史講義進呈，親加品隲，積久成帙。十四年，命南書房翰林選擇校刊。首列上諭一卷，則皆進經史諸臣或蒙召對面聆之御論也。其諸臣講義爲周易八卷，書經六卷，詩經五卷，春秋一卷，禮記四卷，周禮、論語、孟子、孝經二卷，史三卷，性理一卷。計七百一十六篇。

國朝宮史卷之二十八

書籍七

史學

欽定明史一部

聖祖仁皇帝特命開館修輯明史，乾隆四年告成。本紀二十四卷，志七十五卷，表十三卷，列傳二百二十卷，目録四卷。奉旨校刊。

御批資治通鑑綱目一部

聖祖仁皇帝萬幾餘暇，披覽朱子綱目及前編、續編，著御論百有餘首，用昭法戒。凡一百四卷，康熙四十六年校刊。

聖祖仁皇帝御製序　朕惟自古帝王言動必記，而史事以興。顧周禮外史所掌，卷帙寖繁，卽記傳亦異。千百年來，微言大義，昭揭天壤，必以尼山筆削爲斷，所從來尚矣。粤自龍門而降，累朝國乘，體制略同。涑水司馬氏易分類爲合編，蓋猶左氏法也。紫陽朱子特起而振舉之，綱以提要，目以備詳。歲時列於上而天統明，章程繫於下而人紀立。增損精切，予奪謹嚴，庶幾春秋大居正之宗指與。雖其間事例檃括，稍有脱誤，大都門人一時採輯之過，實非晦菴本意也。自時厥後，有前編，有外紀，有大紀、續編以及考證、集覽、發明、質實之類，諸家論著，不一而足。要皆商榷折衷，互相參訂。明儒陳仁錫裒集而刋劂之，不可謂非先哲之功臣也。朕幾務之暇，留神披閲，博稽詳考，纖悉靡遺。取義必抉其精，徵辭必搜其奥，析疑正陋，釐異闡幽，務期法戒昭彰，質文融貫。前後所著論斷，凡百有餘首。兹允諸臣請，並以付梓，頒布宇内，俾士子流傳誦習，開卷暸然。不特天人理欲之微，古今治忽之故，一一臚如指掌，卽子朱子祖述宣尼維持世教之苦衷，並可潛孚默契於數千載之下。是則朕敦崇古學、作新烝民之至意也。爰敍述以冠篇端，用昭示於無窮焉。

日講通鑑解義一部

聖祖仁皇帝命儒臣條系諸説，譔次爲文，排日進講，親定成書。

聖祖仁皇帝御製序　史之有傳，其體有二，紀事編辭，發凡起例。而褒貶之意寓於言外，俟觀者深思而自得，此左氏之傳也，涑水之資治通鑑宗之。據事以斷是非，原心以定功罪，予奪之不可假，如折獄然，此公、穀之傳也，崇安之春秋傳宗之。二者缺其一，則史學不備。朱子作通鑑綱目，綱倣春秋，目倣邱明，羅十七代紀載之文，治以二百四十年褒貶之法，論者謂接統春秋，不虛也。朕勤求治道，涵泳六經之餘，樂觀前代興衰得失之蹟，故通鑑一書，披覽未嘗去手。顧其間論斷者，人各置喙，間亦有當於作者之意，而未能折衷於中，而斷於一。乃命儒臣倣胡安國之體，法春秋之義，撰次爲文，依日進講，寒暑無間，積歲而成編。朕惟東周以前無史而有史，蓋古史之精意已大備於尚書，故春秋紀十二公之事，猶然二帝、三王之心法也。威、烈以下，無春秋而有春秋，蓋綱目之作，上接夫麟經，故雖班、范諸史之文，實魯史筆削之遺意也。而世道之升降，政治之隆污，於是乎在。夫危微治忽之介，判於毫芒而相懸，遂至於遼絶。當時或未及見，而後之觀者瞭然。此不可不審其幾，而深究其所以然也。是以論古人之行事，既貴其所見之至明，尤貴其居心之至公。蓋善論古者如水然，人毋鑑於流水而鑑於止水，水無成形於中，故妍蚩畢見於外。無成形者何？公而已矣。水之無成形，猶人之無成心也。無成心者何？公而已矣。夫公者，三代大道之行，而萬世法戒之權衡也。朕讀史嘗著緒論一編，實本至公之意，期於至當之歸。而於日講一書，又以此諄諄申命儒臣。既卒業，將以刊於祕府，頒之羣工，大經大法，或勸或懲，燦然畢具，其有裨於經世豈淺鮮也與！

御撰通鑑綱目三編一部

皇上命明史館諸臣仿朱子通鑑綱目義例，編纂明事爲通鑑綱目三編，親定成書。凡二十卷，乾隆十一年校刊。

皇上御製序　編年之書，奚啻數十百家，而必以朱子通鑑綱目爲準。通鑑綱目蓋祖述春秋之義，雖取裁於司馬氏之書，而明天統，正人紀，昭鑒戒，著幾微，得春秋大居正之意。雖司馬氏有不能窺其藩籬者，其他蓋不必指數矣。嘗謂讀書立言之士，論世爲難。非如朱子具格致誠正之功，明治亂興衰之故；其於筆削，鮮有不任予奪之私，失褒貶之公者。自綱目成，而義指正大，條理精密，後儒有所依據，踵而成之。由宋迄元，釐然方策。至明代，君臣事蹟編輯之難，更倍於諸書。蓋明史已成於百年之後，而世變風漓，記載失實，若復遲待，將何以繼續編而示來許？爰命儒臣法朱子通鑑綱目義例，增損編摩，大書以提要，分注以備言，每一卷成呈覽。朕於幾暇，亦時御丹鉛，爲之參定。雖於天人一貫之精微未之能盡，而惟是謹嚴之義守而弗失，簡正之旨志而必勉。書既成，羣臣舉唐太宗之事爲言，勉從其請，而爲之序云。

御定歷代年表一部

康熙四十四年，聖祖仁皇帝南巡，儒生龔士炯進所編歷代年表，上起陶唐，終於隋代，未爲全書。特命儒臣編續，自唐迄元，以帝紀爲綱，而王侯、宰輔、外藩附列於下，史傳所載事蹟皆系焉。親加裁定，復考正三元甲子編年一卷，冠諸簡端。凡一百卷，康熙五十一年校刊。

聖祖仁皇帝御製序　古者紀事之書，其體有二：專紀一事而具其始末者，尚書之體也；編年而通紀一時之事者，春秋之體也。自漢司馬遷作史記，盡變尚書、春秋之體，而後世爲史者皆師之。然其法實不外乎尚書、春秋，其本紀、世家，即春秋通紀時事之體；八書與列傳，即尚書專紀一事之體。而所謂年表者，又編年之變例也。歷代之史具矣，而表多缺焉。康熙四十四年春，朕南巡吴會，有儒生龔士炯進其所編歷代年表若干卷，起陶唐而終於隋。朕惜其用心之勤而業未竟也，乃命侍郎周清原、内閣學士王之樞續之，訖於元至正之末，凡一百卷。其體依倣諸史而微有别者，諸史之表各分一類，而是編則王侯、宰輔以及外藩層次附列於帝紀之下；諸史之表獨載廢置、朝會、征伐之大者，而是編則每事皆系焉，是其所以異也。代遠文繁，親加裁定，復考正三元甲子編年一卷，列諸簡端。昔宋袁樞爲紀事本末，朱子以爲與資治通鑑相表裏，亦猶左氏之於春秋，既依經以作傳，而復别爲國語，以相錯綜也。以是知紀事之書，不厭其類之廣。蓋以歷世久遠，事物紛賾，觀者易於遺忘，故别爲一體以提其要，而使致詳焉。是編之作，亦所以備史之一類云爾。

功臣傳初集一部　功臣傳二集一部

世宗憲皇帝命建昭忠祠，凡國家抒忠効命之臣，自王、公、大臣至兵丁，皆得入祀。纂輯其事蹟始末爲功臣傳。天命元年至雍正十三年爲初集，計八十六卷。乾隆元年至二十五年爲二集，計二十八卷。

繹史一部

康熙四十四年聖祖仁皇帝南巡，知縣馬驌以所撰繹史進呈，欽定取入内府。一曰太古三皇、五帝十篇，二曰三代夏禹、西周二十篇，三曰春秋十二公時事七十篇，四曰戰國、春秋以後至秦五十篇，五曰外録紀天官、地志、名物、制度十篇。凡百六十篇，篇爲一卷。

國朝宮史卷之二十九

書籍八

儀象

御製律曆淵源一部

聖祖仁皇帝指授臣工編纂，排日進呈，親定成書。區爲三部，互相表裏。一曰曆象考成，爲編二：曰揆天察紀，明時正度。二曰律吕正義，爲編三：曰正律審音，和聲定樂，協均度曲。三曰數理精藴，爲編二：曰立綱明體，分條致用。凡一百卷，雍正二年校刊。

世宗憲皇帝御製序　粤稽前古，堯有羲和之咨，舜有后夔之命，周有商高之訪。逮及歷代史書，莫不志律曆，備數度，用以敬天授民，格神和人，行於邦國而周於鄉閭，典至重也。皇考聖祖仁皇帝生知好學，天縱多能。萬幾之暇，留心律曆算法，積數十年博考繁賾，搜抉奥微，參伍錯綜，一以貫之。爰指授莊親王等，率同詞臣於大内蒙養齋編纂，每日進呈，親加改正，彙輯成書。總一百卷，名爲律曆淵源。凡爲三部，區其編次，一曰曆象考成，其編有二：上編曰揆天察紀，論本體之象，以明理也。下編曰明時正度，密致用之術，列立成之表，以著法也。一曰律吕正義，其編有三：上編曰正律審音，所以定尺考度，求律本也。下編曰和聲定樂，所以因律製器，審八音也。續編曰協均度曲，所以窮五聲二變，相和相應之源也。一曰數理精藴，其編有二：上編曰立綱明體，所以解周髀，探河洛，闡幾何，明比例。下編曰分條致用，以線面體括九章，極於借衰割圜，求體變化，于比例規、比例數、借根方諸法，蓋表數備矣。洪惟我國家聲靈遠屆，文軌大同，自極西歐羅巴諸國，專精世業，各獻其技於闔闔之下，典籍圖表，燦然畢具。我皇考兼綜而裁定之。故凡古法之歲久失傳，擇焉而不精，與西洋之侏𠍩詰屈、語焉而不詳者，咸皆條理分明，本末昭晰，其精當詳悉，雖專門名家莫能窺萬一。所謂惟聖者能之，豈不信歟！夫理與數合符而不離，得其數則理不外焉，此圖書所以開易、範之先也。以線體例絲管之别，以弧角求經緯之度，若此類者，皆數法之精，而律曆之要斯在。故三書相爲表裏，齊七政，正五音，而必通乎九章之義所由，試之而不忒，用之而有效也。書成，纂修諸臣請序而傳之。恭惟聖學高深，豈易鑽仰。顧朕夙承庭訓，於此書之大指微義，提命殷勤。歲月斯久，尊其所聞，敬效一詞之贊。蓋是書也，豈惟皇考手澤之存，實稽古準今，集其大成，高出前代，垂千萬世不易之法。將欲協時正日，同律度量衡，求之是書，則可以建天地而不悖，俟聖人而不惑也。

御定星曆考原一部

聖祖仁皇帝特命監臣纂輯，親定成書。曰象數本要，爲目二十有六。曰年神方位，爲目四十。曰月事吉神，爲目七十有四。曰月事凶神，爲目九十。曰時日總類，爲目五十有五。曰用事宜忌，爲目五十有七。

御纂歷代三元甲子編年萬年書一部

聖祖仁皇帝命監臣纂輯，親定成書。首列歷代三元甲子編年，始黄帝六十一年上元甲子。次爲萬年書，始大清天命九年甲子。次第續編，通爲一册。

欽定律吕正義後編一部

皇上考定大樂器數、音節，一遵聖祖仁皇帝欽定律吕正義之法。復命纂輯後編，親定成書。首列諸樂，凡五：曰祭祀，曰朝會，曰宴饗，曰導迎，曰行幸。次爲樂考，凡四：曰樂器，曰樂制，曰樂章，曰度量權衡。次爲樂問三十五篇，以申明其旨。凡一百二十卷。乾隆十一年校刊。迨西域底平，功成治定。鎛、鐘、特磬，大備宮懸；回樂、凱歌，聿彰偉績；並續登簡册，以垂永久。

皇上御製序　皇祖聖祖仁皇帝建中和之極，通聲氣之元，欽定律曆淵源一書。審推步以明象緯，研數理以備成法。至律呂正義，凡所以定尺考度，制器審音，與夫五聲二變，應和之原，析其精微，區其訛舛，古樂之大義明而千古有定論，今樂之至理具而千古有正聲，誠所謂惟聖人能之者。顧七政授時，九章布算，至今遵循罔斁，而律呂尚未暇施行。太常之司，和聲之署，習其器而不能究其所以然。遂并其所習者，而失之襲謬承訛，不協不度，篇章音節，非重爲釐正不可。和碩莊親王親承皇祖指授，貫徹樂義。尚書張照研窮律本，博習往訓，因命協同考正。朕親加釐定，爲器爲音，爲宮爲調，聲之高下，節奏之短長，分刌而節比之。合則仍其故，不合則易其辭，更其調。或出自臣工撰述，或出自幾暇親裁，必考義理之原，究制作之本。夫而後郊廟所陳，朝會、燕饗所奏，律呂各得其宜，歌奏不淆其序，八音克諧，無相奪倫矣。爰詮次成篇，俾垂永久。更參稽前代因革損益之異，爲樂器考、樂制考、樂章考、度量權衡考，以備律呂之條貫。復推闡爲樂問三十五篇，以申明其旨趣。於是而聖祖之所爲審音定樂、制器協均者，一一施諸實用。自漢、魏以迄元、明，是非得失之故，瞭然可述。名之曰後編者，實以徵皇祖天縱聖神，通極造化，千古作者無能出其範圍，亦無能窺其涯涘。至於繼述先緒，則在我後人，益亹焉而弗敢忘。

欽定儀象考成後編一部

聖祖仁皇帝用監臣南懷仁言，改造六儀，輯靈臺儀象志。乾隆九年，監臣戴進言等奏請重修，命廷臣編輯儀象考成，凡三十卷。以御製璣衡撫辰儀説冠於簡首。乾隆二十一年校刊。

皇上御製序 上古占天之事，詳於虞典。書稱：「在璇璣玉衡，以齊七政。」後世渾天諸儀，所爲權輿也。歷代以來，遞推迭究，益就精密。所傳六合、三辰、四遊儀之制，本朝初年猶用之。我皇祖聖祖仁皇帝奉若天道，研極理數。嘗用監臣南懷仁言，改造六儀，輯靈臺儀象志，所司奉以測驗，其用法簡當。如定周天度數爲三百六十，周日刻數爲九十有六，分黄赤道以備儀制，減地平環以清儀象，創制精密，尤有非前代所及者。顧星辰循黄道行，每七十年差一度，黄、赤二道之相距亦數十年差一分，所當隨時釐訂，以期脗合。而六儀之改創也，占候雖精，體制究未協於古。赤道一儀，又無游環以應合天度。志載星象亦間有漏略躐次者。我皇祖精明步天定時之道，使用六儀，度至今必早有以隨時更正矣。予小子法祖敬天，雖切於衷，而推測協紀之方實未夙習。兹因監臣之請，按六儀新法，參渾儀舊式，製爲璣衡撫辰儀，繪圖著説，以裨測候。并考天官家諸星紀數之闕者補之，序之紊者正之，勒爲一書，名曰儀象考成。縱予斯之未信，期允當之可循。由是儀器正，天象著，而推算之法大備。夫制器尚象，以前民用，莫不當求其至精至密，矧其爲授時所本，熙績所關，尤不容有秒忽差者。折衷損益，彰往察來，以要諸盡善，奉時修紀之道，敢弗慎諸。至乃基命宥密，所爲夙夜孜孜，監於成憲者，又自有在。是爲序。

御製協紀辨方書一部

皇上以陰陽選擇諸書，授時利用，宜有定則，特命正譌訂謬，編輯成書。釐爲十二門：曰本原二卷，曰義例六卷，曰立成、曰宜忌、曰用事各一卷，曰公規二卷，曰年表六卷，曰月表十二卷，曰日表一卷，曰利用二卷，曰附録、曰辨譌各一卷。凡三十六卷，乾隆六年校刊。

皇上御製序　粤昔帝堯命羲和敬授人時，厥民知析因夷隩之節。後聖有作，推而彌廣。至於外事用剛日，内事用柔日，此皆載之經典，百王不易者也。厥後濫觴，日以訛謬，術士以吉凶禍福之説震驚朕師，不可方物。如褚少孫補史記所稱，彼家云吉，此家云凶；彼家云小吉，此家云大凶；茫乎不知其畔岸。漢武以來，已如聚訟，而荀悦、王充輩斥爲理之所無，棄而勿論者也。雖然天以日月行四時，人奉天而時若，嚮明而治，嚮晦而息，后王君公所以奉若天道也。日出而作，日入而息，羣黎百姓所以奉若天道也。否則不能晨夜，不夙則莫，詩人譏焉，人人所知也。然則舉大事，動大衆，協乎五紀，辨乎五方，以順天地之性，豈無寸分節解，以推極其至精至微之理者歟？其支離蒙昧，拘牽謬悠之説，乃術士之過，而非可因噎而廢食者也。欽天監舊有選擇通書，刻於康熙二十二年，其書成於星官之手，因訛襲謬，見之施行，往往舉矛刺盾。皇祖聖祖仁皇帝知其荒率不可以訓，曾纂爲星曆考原一書，刊刻頒行，而未將監本改正。蓋以待夫後人，聖人之心慎而又慎如此也。以諭監臣，監臣曰：「通書之謬，允宜改正。」朕因其請，謂及今猶有莊親王等數人曾經皇祖指授，稍明此理，使此時不加訂正，恐後此益復無可任使。爰命編輯成書，頒布天下。較之舊本謬説少除；然俗所久沿，則亦不能盡去，便民用也。命名曰協紀辨方書。夫協紀辨方者，敬天之紀，敬地之方也。一作止，一語默，天地實式臨之，況其大乎？如曰如是則吉，如是則凶，如是則福，如是則禍，則明者所弗道也。雖然，敬不敬之間，吉凶禍福隨之矣。是爲序。

欽定天文正義一部

皇上以天文家推占舊説，率多附會，特簡儒臣編纂正義，親定成書。自天體、日月、星辰、象占、推步之道皆備，各系以圖。凡八十卷。

萬年書一部

萬年書爲時憲書之綱領。首列年神立成，次詳鋪註條例，以四時分册，以十二月分卷，前列月事公規，次以六十日甲子分列，日建吉神凶神，並列御書用事、民書用事及不宜用事於每日之下。凡十二卷。

國朝宮史卷之三十

書籍九

志乘

大清一統志一部

聖祖仁皇帝命纂大清一統志，以京師、各省、外藩蒙古、蒙古、屬國、朝貢諸國爲經，分類二十有六爲緯：曰圖，曰表，曰疆域，曰分野，曰建置沿革，曰形勢，曰風俗，曰城池，曰學校，曰户口，曰田賦，曰職官，曰山川，曰古蹟，曰關隘，曰津梁，曰隄堰，曰陵墓，曰祠廟，曰寺觀，曰名宦，曰人物，曰流寓，曰列女，曰仙釋，曰土産。凡三百五十六卷，乾隆九年告成校刊。

皇上御製序　惟上天眷顧我大清，全付所覆，海隅出日，罔不率俾。列祖列宗德豐澤溥，威鑠惠滂。禹跡所奄，蕃息殷阜。瀛壖炎島，大漠蠻陬，威隸版圖，置郡築邑。

聲教風馳，藩服星拱，禀朔内附，六合一家。遠至開闢之所未賓，梯航重譯，歷歲而始達者，慕義獻琛，圖於王會。幅員袤廣，古未有過焉。聖祖仁皇帝特命纂輯全書，以昭大一統之盛。卷帙繁重，久而未成。世宗憲皇帝御極之初，重加編纂，閱今十有餘載，次第告竣。自京畿達於四裔，爲省十有八，統府州縣千六百有奇。外藩屬國五十有七，朝貢之國三十有一。星野所占，坤輿所載，方策所紀，憲古證今，眉列掌示，圖以臚之，表以識之。書成，凡三百五十餘卷。夫肇十有二州，見於虞典。禹貢一篇，備列九州疆域，山川土田，貢賦物産，實爲方志之權輿。周禮：大司徒以天下土地之圖，周知地域廣輪之數，辨其山林、川澤、邱陵、墳衍、原隰之名物；土訓道地圖；誦訓道方志；職方氏掌天下之圖，辨其邦國、都、鄙、四夷、八蠻、七閩、九貉、五戎、六狄之人，與其財用九穀、六畜之數。漢郡國地志與計書，俱上太史。厥後寰宇志記，列於正史者，代數十家。蓋將以觀民設教，體國經野，表皇威之有截，明王道之無外，匪徒備掌故、徵博洽已也。撫疆宇則念肇造之艱，稽制置則念經畫之要，采謡俗則念化導之方，考循良人物而知治理之效，念所以振興而長育之。覈户口田賦而察登耗之故，念所以懷保而蕃殖之。書曰：「皇天既付中國民，越厥疆土，于先王肆。王惟德用，和懌先後迷民，用懌先王受命。」我祖宗克明峻德，以有九有之師，傳緒在予，敢不惟德之勤，篤前人成烈。其在我内外百執事，慎封固守，阜成兆民，懋相予修和有夏；亦越我後嗣子孫，咸敬厥德，以昭受丕基萬年，惟無斁。覽斯編也，其善體諸。

皇輿表一部

康熙十八年，聖祖仁皇帝命撰皇輿表，以直省府州縣爲經，以歷代因革建置爲緯。四十三年，復命增輯朝貢屬國。凡十六卷。

聖祖仁皇帝御製序　粵稽古皇統一海宇，畫疆經野，建立萬國，以作民極。故周禮：土地之圖掌於司徒，隸於小宰。而左傳稱，左史倚相能誦八索、九邱。孔安國曰：「九邱者，九州之志也。」一史記載：蕭何入關，收秦圖籍，高帝以故具知天下阸塞。是可見有國家者，封域之廣狹，郡邑之興廢，固不可不務遠稽而近考也。朕嘗博觀羣史，上溯源流，高辛創立九州，虞帝分爲十二，周初職方以統九服，保章以辨分星，胙土列爵，天下井如。秦兼幷六國，罷封建，置郡縣，先王之制至秦而一變矣。自是一統之盛，漢、隋、唐、宋、元、明，制度遞有更革。漢曰十三部，唐曰十五道，宋曰十五路，隋則改州爲郡，元則以路隸省，明則革省置司。其郡邑變遷，紛紜轇轕，或地存而名亡，或名同而地異，或地析而民散，莫可紀極。他若三國、六朝、五代，幅員既隘，升改寄置，尤爲煩冗矣。朕因是簡命儒臣倣史家年表法，以本朝府、州、縣之名爲經，弁於其首，自唐、虞以迄有明之地與郡國、州、縣爲緯，分列其下。朕復親加裁訂，以詳以覈。古今輿制，粲若星辰之羅於天，歷歷可數也。爰命曰皇輿表。若夫土宇之廣，北越沙漠，南踰滄溟，開闢以來未列版圖者，咸歸籍内附，以古無其名，故斯表亦不能悉載焉。雖然，是寧獨討論之助云爾哉。傳曰：「有德此有人，有人此有土。」詩曰：「聖敬日躋，昭格遲遲，上帝是祇，帝命式于九圍。」則撫斯表也，朕敢不益博大厥德，以膺兹孔厚之版章與！是爲序。

聖祖仁皇帝御製增修序　皇輿表一編，肇成於康熙己未，製序卷端，時置几案，歷有年所。顧原編紀載沿革，於郡縣特詳，其地列輿圖而未設有郡縣者，概未編入。朕惟國家統御方夏，覆載之内，視均一體。外藩蒙古諸屬國，自祖宗朝後先收服，次第歸誠。迨朕臨御以來，蕃王君長歲時貢琛，悉比内地。繡壤相錯，不啻萬有餘里。邇者喀爾喀青海部衆稱臣嚮附，土宇益廓。計其山川封域，斥堠之所屆，分野之所屬，皆按地而可考也。至於山陬海澨，新隸職方者，二十餘年間建州樹邑，往往而有。又若朝鮮、交阯諸國之奉職惟虔，邊徼土目之革心效順，亦從來志方輿者所宜備載。爰命儒臣更加增輯，共十有六卷。書成，特令刊梓，用示來兹。於戲！幅員延袤亦云廣矣，而蕃生息、厚風俗之道，則實資於廟堂之經理。朕開編循覽，深念高卑險易，形勢不齊，燥濕剛柔，風氣各異。然而秉彝恒性，遐邇皆同。朕以一身爲中外元元主，惟是張官置吏，以牧民生；禁暴設防，以禦民患。既鞠養之務徧，尤教化之宜周。早夜孳孳，無日不心通乎四海九州之隱。書不云乎：「自朝至于日中昃，不遑暇食，用咸和萬民。」凡我後人，覩是編者，知刱造之維艱，思懷柔之不易，則千百禩無疆之歷服，其庶克永荷天庥也夫！

八旗通志初集一部

雍正五年，世宗憲皇帝命纂八旗志書。首爲八志：曰旗分，曰土田，曰營建，曰兵制，曰職官，曰學校，曰典禮，曰藝文。次以八表：曰封爵，曰世職，曰宗人，曰八旗大臣，曰内閣大臣，曰部院大臣，曰直省大臣，曰選舉。次以列傳：曰宗室王公，曰名臣，曰勳臣，曰忠烈，曰循吏，曰儒，曰孝義，曰烈女。凡二百五十卷。乾隆四年校刊。

八旗滿洲氏族通譜一部

皇上以八旗氏族日繁，特命開館纂輯通譜。以姓氏爲綱，以地名、人名爲目，勳舊戚畹，庶姓支派，事實皆具。凡八十卷，乾隆九年校刊。

皇上御製序 我祖宗誕膺天命，勃興東土，德綏威讋，奄甸萬姓。維時龍從鳳附之衆，雲合響應，輻輳鱗集。强者率屬歸誠，弱者舉族内附。我祖宗建師設長以莅之，分旗隸屬以别之。厥有熊羆之士、不二心之臣効命疆埸，建謀帷幄。親以肺腑，重以婚姻，酬以爵命。迨入關定鼎，或聚居遼左，或散處燕畿，錫之土田，爰及苗裔。至於今百五、六十年，生聚蕃衍，時萬時億。累朝休養煦植，鞠保胥勤，越我嘉師，咸能永世以滋大。朕惟祖宗德澤之深，不可不繼修令緒，益綿延惇固於無疆。重慮物阜且博，代序日遠，族姓日繁，不爲之明章統系，俾知世德所自，將罔克念先人之勤，無以光昭前烈。爰發金匱石室之藏，徵載籍，稽圖譜，考其入我朝來得姓所始，表之以地，系之以名，官階勳績，綴爲小傳。勳舊戚畹以及庶姓，釐然備具，秩然有條，與國史相爲表裏。昔周小史定繫世，辨昭穆。左氏内外傳言：天子建德，因生賜姓，胙土命氏，而司商吹律以定姓名。蓋萬物本乎天，人本乎祖，木有根而枝附焉，水有源而流出焉。譜牒者，所以聯人情之涣，而維舊俗之漓，不可忽也。相昔先民遺風敦樸，不徒以族望相高。是書之作，非如魏、晉、隋、唐譜牒之學，炫博聞而廣附會，以膏粱閥閲爲尚也。書曰：「古我先王，暨乃祖乃父，胥及逸勤。」又曰：「惟乃祖乃父，世篤忠貞，服勞王家。纘乃舊服，無忝祖考。」前之人既以忠實勤勞覆幬其後嗣，凡茲食舊德而服先疇者，其何以無隳厥緒。書亦曰：「率乃祖考之攸行，昭乃辟之有乂。」是則朕所厚望也夫。

欽定盛京通志一部

乾隆九年皇上駕幸盛京，敬瞻列祖開創之績、陪京宏盛之規。而舊纂通志一書，未爲精覈，特命重修。釐爲三十五門：曰聖製，曰御製，曰京城，曰壇廟，曰宮殿，曰山陵，曰星土，曰建置沿革，曰疆域形勝，曰山川，曰城池，曰關郵，曰户口，曰田賦，曰職官，曰學校，曰公署，曰選舉，曰兵防，曰名宦，曰人物，曰忠節，曰孝義，曰文學，曰隱逸，曰流寓，曰方伎，曰仙釋，曰列女，曰祠祀，曰古蹟，曰風俗，曰物産，曰雜志，曰藝文。凡三十二卷，乾隆十二年校刊。

皇輿西域圖志一部

乾隆二十四年平定西域，天山迤北，西海之濱，咸隸版圖。皇上特命纂西域圖志，親定成書。釐爲十八門：曰天章，曰圖考，曰列表，曰分野，曰疆域，曰山，曰水，曰官制，曰兵防，曰屯田，曰貢賦，曰語言，曰字書，曰音樂，曰服物，曰風俗，曰土產，曰外藩。凡四十六卷。

皇上御製序語云：「耕當問僕，織當問婢。」志廣輿者，不稽之歷代建置沿革，將無從數典。而志西域則有不能盡稽之歷代者，實以幅員所限，言語不通。雖漢、唐盛時亦頗能威行天山迤南，建官設都，而天山迤北本不能至也。卽有一二羈縻之國，然叛服不常，征調弗應，又安能履其地而彊索之哉？且漢、唐之程督異域者，仍漢、唐人而已，其與準噶爾回部人語，奚啻粵問而燕答，則其所記魯魚亥豕之紛，不待言而可知。茲者叨天佑，藉羣力，湊時會，幸成是役。準噶爾回部之人皆在廷執事，而國語切音譯外藩語，又甚便且易。我諸臣馳驅往來，其間目覩身歷，非若耳聞口傳者比。俾司校勘而正其訛傳，其真較僕婢耕織之問爲尤詳。且厄魯特語及回語，朕亦因暇而習焉。時御丹槧，爲之改正。是西域圖志之書必應及是時成之，用開歷代羣疑，垂千秋之信録。間亦涉及諸史，以存述古。總計分部二十，分卷五十有二，繪圖系説，薈爲完書。若夫闢地蕆功，文臣或有過頌，朕所不取。惟是籌耕牧，計久長，圖所以永乾貺、奠丕基，思日孜孜，持盈益凜，予安得有功成無事之説哉。

清涼山新志一部

聖祖仁皇帝屢駐蹕清涼山，命纂山志。釐爲十門：曰化宇，曰原聖，曰靈蹟，曰伽藍，曰崇建，曰顯應，曰外護，曰高僧，曰緣感，曰題詠。凡十卷，康熙四十年校刊。

聖祖仁皇帝御製序　朕惟清涼山古稱文殊大士演教之區也。兹山聳峙於鴈門雲中之表，接恒嶽而俯滹沱，横臨朔塞，藩屏京畿。其地風勁而高寒，層冰結於陰巖，積雪留於炎夏，故名清涼。然地雖寒而嘉禾芳草蒙茸山谷，稱靈異焉。五峯竦立，上矗霄漢。日月之所迴環，煙霞之所虧蔽，蒼然深秀，其爲神皋奥區，蓋自昔而已然矣。是以自漢迄今，歷代皆有崇建，古刹精藍，遍滿巖岫。宇内稱靈山佛土最著者有三，峨嵋、普陀，而五臺爲尤盛焉。我世祖章皇帝上爲慈闈祝釐，下爲蒼生錫福，賜金遣使，屢沛恩施。朕數經駐蹕兹山，爲兩宫祈康寧福祉，因而登五峯，涉臺懷，各爲文勒石以紀之。琪樹靈葩，形於篇詠。蓋嘗念佛教以清浄慈惠爲本，以戒定智慧爲宗，亦有裨於勸善遠慝。兹山又密邇塞垣，遠離塵俗，當爲清修者之所棲泊，故於此每惓惓焉。山之有志，所以紀形勝，述建置，載藝文，俾後之人有所稽考，往蹟舊聞不致湮沒。兹編詳簡適中，不蕪不支，清涼勝境，可撫卷而得其梗概也。因敍於簡端。

盤山志一部

乾隆七年建静寄山莊於盤山之陽，十九年皇上纂山志。分爲十門：曰巡典，曰天章，曰圖考，曰名勝，曰寺宇，曰流寓，曰方外，曰藝文，曰物産，曰雜綴。凡十六卷，乾隆二十年校刊。

皇上御製序　向於雍正年間，奉命敬謁景陵，往來薊野田盤，山色宜人，蓄蓄於目且沃於心矣。而以程期惟謹，訖未登臨，因索智樸誌書讀之，嗤其意求博而辭失冗。夫耕問僕，織問婢，山經地志，文士之事，彼方外流，拘名象而濫碔砆者何爲哉？踐阼以後，勅幾勤政，日不暇給，閱七年而後一往遊焉。及一遊，則峯之秀，泉之清，松之蒼，石之詭，日往來於吾懷。是猶「未見君子，惄如調飢，亦既見止，我心則夷」矣。嗣是規地見園，施金葺寺。蹟之廢者日以舉，境之幽者日以出。上陵迴鑾，每憩止焉。夫山川顯晦，時有定數，而必待人以彰。不數年之間，使田盤改觀者，余也；而顧兹寰宇，風未臻乎唐虞，歲未餘乎三九，恧焉抱愧者，亦余也。誌盤山而請序者，其亦同余此心也耶？

國朝宮史卷之三十一

書籍十

字學

康熙字典一部

聖祖仁皇帝以六書音義繁賾，小學諸書鮮能精當，特命排纂字典。卷首列檢字、辨似、等韻、備考、補遺。自一畫以下部分班列爲十二集，凡四十册。康熙五十五年校刊。

聖祖仁皇帝御製序　易傳曰：「上古結繩而治，後世聖人易之以書契，百官以治，萬民以察。」周官外史掌達書名於四方；保民養國子，教以六書。而考文列於三重，蓋以其爲萬事百物之統記，而足以助流政教也。古文篆隸，隨世遞變，至漢許氏，始有説文，然重義而略於音；故世謂漢儒識文字而不識字母，江左之儒識四聲而不識七音。七音之傳，肇自西域，以三十六字爲母，從爲四聲，横爲七音，而後天下之聲總於是焉。嘗考管子之書所載，五方之民，其聲之清濁高下，各象其川原泉壤，淺深廣狹而生，故於五音必有所偏得，則能全備七音者鮮矣。此歷代相傳，取音者所以不能較若畫一也。自說文以後，字書善者，於梁則「玉篇」，於唐則「廣韻」，於宋則「集韻」，於金則「五音集韻」，於元則「韻會」，於明則「洪武正韻」，皆流通當世，衣被後學。其傳而未甚顯者，尚數十百家。當其編輯，皆自謂毫髮無憾，而後儒推論，輒多同異。或所收之字繁省失中，或所引之書濫疏無準，或字有數義而不詳，或音有數切而不備，曾無善兼美具，可奉爲典常而不易者。朕每念經傳至博，音義繁賾，據一人之見，守一家之說，未必能會通罔缺也。爰命儒臣，悉取舊籍，次第排纂，切音解義，一本「說文」、「玉篇」，兼用「廣韻」、「集韻」、「韻會」、「正韻」，其餘字書，一音一義之可採者，靡有遺逸。至諸書引證未備者，則自經、史、百子，以及漢、晉、唐、宋、元、明以來，詩人文士所述，莫不旁羅博證，使有依據。然後古今形體之辨，方言聲氣之殊，部分班列，開卷了然，無一義之不詳、一音之不備矣。凡五閱歲而其書始成，命曰「字典」。於以昭同文之治，俾承學稽古者，得以備知文字之源流，而官府吏民亦有所遵守焉。是爲序。

御定音韻闡微一部

康熙五十四年，聖祖仁皇帝命纂韻書，指授釐定，依一百七部之舊，而切以國書合聲之法。雍正二年告成。凡十八卷，六年校刊。

世宗憲皇帝御製序　聲音之道微矣。天地有自然之聲，人聲有自然之節。古之聖人，得其節之自然者而爲之，依永和聲。至於八音諧而神人和，胥是道也。文字之作，無不講求音韻。顧南北異其風土，古今殊其轉變，喉舌脣齒、清濁輕重之分，辨在毫釐，動多訛舛，樊然淆混，不可究極。自西域梵僧定字母爲三十六，分五音以總天下之聲，而翻切之學興。儒者若司馬光、鄭樵皆宗之。其法有音和、類隔、互用、借聲，類例不一。後人苦其委曲繁重，難以驟曉，往往以類隔、互用之切改從音和，而終莫能得其原也。我聖祖仁皇帝亶聰首出，天地萬物之奥，律歷象數之祕，靡弗心解神會，洞徹本原。以國書合聲之法出於自然，足以盡括漢文翻切之要妙也。於是指授大學士李光地擬定條例節目，俾諸生王蘭生纂輯之，後復以尚書徐元夢董其成。始自康熙五十四年，迄今十載奏竣，命之曰音韻闡微。蓋其爲法也，緩讀則成二字，急讀則成一音。在音和中尤極其和，總出於人聲之自然，而無所勉强，洵爲簡明易曉，從來翻切家所莫及。而講求音韻者習之，良甚便也。雖然，此特就切韻言之耳。嘗觀皇極經世書，律感呂而聲生，呂感律而音生，律呂倡和，相生不窮，以聲音統攝萬物之變。説者謂其以聲起數，以數合卦，而萬物之理備焉。我聖祖仁皇帝獨見音韻之本原，卽用以審音定律，作樂崇德，其道舉無所不貫。蓋睿知淵通，更有極乎至微者，夫豈羣下所能仰窺萬一哉！

欽定叶韻彙輯一部

皇上以叶韻古無專書，特命彙輯，幾暇指授，博攷依據，疏其自出，以叶韻列今韻之後。凡十卷，乾隆十五年校刊。

皇上御製序 叶韻非古也，而卽古也。有今韻而後有叶韻。叶韻者，以古韻而協之於今，故曰非古。然以今視之，則用叶以合異，以古視之，則非叶而本同，故曰卽古。朕幼習易、詩諸經，考其音多與今韻不合。長而泛覽百家，其用韻亦往往異於今讀。蓋韻書之行，權輿江左。至唐以聲律取士，部分較嚴。而今所循用，則出於宋、元人之分併，宜其與古不相契也。三代而上，言律呂，言諧聲，言書名，其於音韻，當必審清濁，別脣齒喉舌，有一定之部分，勒之簡策，與律度量衡象魏之法，同爲當世所遵守，而惜其世遠而不傳也。好古之士欲忖而求之，其道無由。宋吳棫本易、詩、史、漢諸書爲韻補，子朱子嘗取以釋毛詩、楚詞。明楊慎廣之爲古音，號稱淵博，及證之羣籍，其疏略不備者則已多矣。因於幾暇，指授儒臣，博考經、史、諸子以及唐、宋大家之文所用古韻，舉而列之，疏其所出，次於今韻之後。臨文索句就考焉，可以恢見聞，可以益思致。獨是四庫之編，浩如淵海，學士畢生不能窮其讀。區區掇拾而覼縷之，何異稽躔次而溯有虞氏之敬授；汎江、淮、河、漢而追禹功之疏鑿，其可指而數者幾何？然方之嘗鼎之一臠，則未始非汲古之助云爾。爰授之梓而行之。

清文鑑一部

國書本天地元音，宜有專書，垂示萬世。聖祖仁皇帝命分類排纂，親定成書，爲部三十有六，爲類一百八十。凡二十一卷，康熙四十七年校刊。

聖祖仁皇帝御製序　朕惟自昔聖人，易結繩以書契，用使天下之義理悉歸文字，天下之文字悉歸六書。六書備而義理無不畢具。苟不爲講習修明，則形聲點畫之制雖存，其義幾乎息矣。我太祖高皇帝創業垂訓，至仁合於天地。肇造清書，大文炳如日月。太宗文皇帝上聖之資，開天之運，繼志紹聞，丕宣文治。世祖章皇帝神靈首出，智勇天授。秉英斷之資，持以恭儉；擴寬仁之量，濟以憂勤。朕以凉德，膺祖宗之鴻圖，即位多年，未嘗晷刻不以法祖爲念。兢業自守，宵旰靡遑。萬幾之暇，惟以讀書窮理盡吾之志。凡五經、四書已經翻譯之外，如綱目、講義等有關於治道者，靡不譯盡。近來老成耆舊，漸就凋謝，因而微文奥旨久而弗彰，承譌襲舛，習而不察，字句偶有失落，語音或有不正。國書所關至鉅，政事文章皆由此出，非詳加釐定，何所折衷？非編輯成書，何以取法？爰詔儒臣，分類排纂，以繕藁進呈。朕親御丹黄，逐一審訂。解詁之疑似者，必晰同異於毫芒。引据之闕遺者，必援經史以互證。或博咨於故老，或參考於舊編。大而天文、地理，小而名物、象數，十二字母，五聲切音，具載集中，名曰清文鑑。用探音聲之本原，究字畫之詳盡。爲部三十有六，爲類二百八十，爲書二十一卷。清文得此而無餘藴，凡以明祖德之源流，敬本之深意也。易云：「觀乎人文，以化成天下。」朕仰承列祖創造之宏模，深惟國家同文之盛典，歲閲數周，彙成全帙。誦是編者，尚其體朕歷載之勤劬，因音韻以求字畫，因字畫以求文章。繼自今詔令之出納，章奏之敷陳，以及達於遐陬、勒諸琰琬者，大經大法，咸有據依；一話一言，式循典則。庶幾國書永貽於千百禩，而與日星河漢長垂天壤也夫。

清文合蒙古鑑一部

聖祖仁皇帝既定清文鑑，乃以蒙古字合譯成書。凡二十卷。又註三十卷，一并校刊。

欽定同文韻統一部

皇上以字母原本西番，而字不備音，爰命譯纂韻統：曰天竺字母譜，曰天竺音韻翻切配合字譜，曰西番字母配合字譜，曰天竺西番陰陽字譜，曰大藏經典字母同異考，曰華梵字母合璧譜。凡六卷，乾隆十五年校刊。

皇上御製序　粤自切韻字母之學興於西域，流傳中土，遂轉梵爲華。而中華之字，不特與西域音韻攸殊，即用切韻之法比類呼之，音亦不備。於是有反切，有轉注，甚至有音無字，則爲之空圈影附。其言浩若河漢，而其緒紛如亂絲。我國朝以十二字頭括宇宙之大文，用合聲切字，而字無遁音。華言之所未備者，合聲無不悉具，亦無不脗合。信乎同文之極則矣。間嘗流覽梵夾，華文筆授充牣支那，而咒語不繙，取存印度本音，以傳真諦。顧緇流持誦，迴非西僧梵韻，是豈説咒不譯之本意耶？和碩莊親王當皇祖時面承音韻闡微之要旨，精貫字母，博涉明辨。爰命率同儒臣咨之灌頂普善、廣慈、國師章嘉胡土克圖。考西番本音，溯其淵源，别其同異，爲之列以圖譜，系以圖説，辨陰陽清濁於希微杳渺之間，各得其元音之所在。至變而莫能淆，至賾而不可亂。既正貝葉流傳之訛謬，即研窮字母形聲之學者，亦可探婆羅門書之窔奥而破拘墟之曲見。書成名之曰同文韻統，而著其緣起如此云。

西域同文志一部

乾隆二十四年平定西域，纂修方略，各部語言文字，在館諸臣未能通曉。皇上指授臣工排纂同文志，示之綱領。分門四：曰地名，曰山名，曰水名，曰人名。分部四：曰天山北路準噶爾部，曰天山路南回部，曰青海，曰西番。每門則首冠國書，次漢字詳註，次三合切音，次蒙古字，次西番字，次托忒字，次回字。循環毗附，重譯相通。凡二十四卷。

皇上御製序　歲庚午，既定同文韻統序而行之，蓋以梵音合國書切韻，復以國書切韻叶華音字母，於是字無遁音，書皆備韻，微特支那咒語窔奥可探，而且寰寓方言拘墟盡釋。兹者西域既平，不可無方略之書。然準語、回文，非纂輯文臣所曉。是宜示之綱領，有所遵循，俾無踳駁舛訛之虞。因以天山北路、天山南路、準部、回部並西藏、青海等地名、人名諸門，舉凡提要，始以國書，繼以對音漢文，復繼以漢字三合切音，其蒙古、西番、托忒、回字，以次綴書。又於漢文下詳註其或爲準語，或爲回語。於是兀格𤦡自之言不須譯鞮象寄，而凡識漢字者莫不通其文，解其意，瞭若列眉，易若指掌。書既成，名之曰西域同文志。同文云者，仍闡韻統之義，而特加以各部方言，用明西域紀載之實，期家喻户曉而無魚魯亳釐之失焉。然嘗思之，天高地下，人位乎其中，是所謂實也。至於文，蓋其名耳。實無不同，文則或有殊矣。今以漢語指天則曰「天」，以國語指天則曰「阿卜喀」，以蒙古語、準語指天則曰「騰格里」，以西番語指天則曰「那木喀」，以回語指天則曰「阿思滿」。令回人指天以告漢人曰：「此阿思滿」，漢人必以爲非。漢人指天以告回人曰：「此天」，則回人亦必以爲非。此亦一非也，彼亦一非也。庸詎知孰之爲是乎？然仰首以望，昭昭之在上者，漢人以爲「天」而敬之，回人以爲「阿思滿」而敬之，是即其大同也。實既同，名亦無不同焉。達者契淵源於一是，昧者滯名象於紛殊。是志也，將以納方俗於會極，袪羣疑之分畛。舉一例凡，豹鼠易辨，即世道人心豈云無禆益哉。

御製盛京賦清漢三十六體篆字書一部

國書音韻體製，具詳清文鑑。惟舊有篆體未經詳備，寶璽印章尚用本字。皇上指授臣工肇制篆文，爰據古法，成三十六體清篆。諸臣恭請御製盛京賦，摹繕成帙，並漢篆三十六體，共爲七十二體。既廣國書，并傳古篆，各爲一册，校刊頒行，昭示萬世。

欽定篆文六經四書一部

聖祖仁皇帝命以小篆摹刻易、書、詩、春秋、周禮、儀禮、論語、大學、中庸、孟子，親定成書。凡十四册。

國朝宫史卷之三十二

書籍十一

類纂

御製資政要覽一部

世祖章皇帝採集經史子集中關於政事者爲三十章：曰君道，曰臣道，曰父道，曰子道，曰夫道，曰婦道，曰兄弟，曰體仁，曰弘義，曰敦禮，曰察微，曰昭信，曰知人，曰厚生，曰教化，曰儉德，曰遷善，曰務學，曰重農，曰睦親，曰積善，曰愛民，曰慈幼，曰養生，曰懲忿，曰窒慾，曰履謙，曰謹言，曰慎行，曰愛物。凡三卷，順治十二年校刊。

世祖章皇帝御製序　朕惟帝王爲政，賢哲修身，莫不本於德而成於學。如大匠以規矩而取方圓，樂師以六律而正五音。凡古人嘉言善行，載於典籍者，皆修己治人之方，可施於今者也。朕孜孜圖治，學於古訓，覽四書、五經、通鑑等編，得其梗概，推之十三經、二十一史及諸子之不悖於聖經者，莫不根極理道，成一家言。但卷帙浩繁，若以之教人，恐未能一時盡解其義，亦未能一時盡得其書。因思夫記事宜提其要，纂言必鉤其元。乃採集諸書中之關於政事者，爲三十篇。又慮其涣而無統，於是每篇貫以大義，聯以文詞，於忠臣、孝子、賢人、廉吏，略舉事迹。其奸貪、不肖、悖亂者，亦載其内，使法戒炯然。然加之訓詁，詳其證據，譬之萃衆白以爲裘，範六金而成鼎，旨約而易明，文簡而易閲，名曰資政要覽。觀是書者，熟思而體之，可以爲篤行之善人。推類而廣之，可以爲博雅之君子。毋徒求之語言文字之間，則朕諄諄教諭之心，庶乎其不虚矣。

御製勸善要言一册

世祖章皇帝採擇諸書中要語，輯爲一編，以示勸掖。順治十三年校刊。

世祖章皇帝御製序　朕惟天道至善，即以其善賦之下民，故人之生無有不善。其或有不善者，皆因内蔽於私欲，外染於污習，至不能守其初心，遂悖乎天矣。因人之存心行事不同，是以上天鑒察，降以災祥。其降祥者，固以顯佑善人，其不得已而降災者，亦以明戒下民，使之改過而遷於善也。從來報應昭昭不爽，詎不可畏哉！古人原天垂訓，以教天下，正論嘉言，不一而足。但文之深者，或不易通；言之簡者，又不能盡。

朕恭承天命，撫育萬方，深念上之教世，勸勉爲先；人之立身，爲善最樂。故取諸書之要者，輯爲一編，名曰勸善要言。語不欲文，期於明理。詞不厭詳，期於曉衆。欲使賢愚同喻，小大共知。讀此書者，當深思其義，體之於身，省之於心。善者則益當加勉而進於淳良，以求吉慶。其或無知而誤染於不善者，尤當速改而歸於無過，以免災戾。庶幾不負上天好生之心，而朕殷殷教化之意亦不虚矣。凡我人民，其敬勉之哉。

孝經衍義一部

世祖章皇帝命纂修孝經衍義，未及告成；聖祖仁皇帝詔儒臣續輯，親定成書。首列經旨總要二卷。所衍之義，曰至德，曰要道，曰教之所由生，曰天子之孝，曰諸侯之孝，曰卿大夫之孝，曰士之孝、庶人之孝，曰大順之徵。至德之目，曰仁，曰義，曰禮，曰智，曰信。要道之目，曰父子，曰君臣，曰兄弟，曰夫婦，曰朋友；師弟子附焉。教所由生之目，曰禮，曰樂，曰政，曰刑。天子之孝，一曰愛親。愛親之義，曰早諭教，曰均慈愛，曰敦友恭，曰親大族，曰體臣工，曰重守令，曰愛百姓，曰課農桑；耤田附焉。曰薄税斂，曰備凶荒，曰省刑罰，曰恤征戍。二曰敬親。敬親之義，曰事天地，曰法祖宗，曰隆郊配，曰嚴宗廟，曰重學校；養老附焉。曰崇聖學，曰教宫闈，曰論官材，曰優大臣，曰設諫官，曰正綱紀，曰別賢否，曰制國用，曰備風俗。諸侯之孝，曰愛親，曰敬親，曰不驕，曰不溢。卿大夫之孝，曰愛親，曰敬親，曰法言，曰德行。士之孝，曰愛親，曰敬親，曰事君忠，曰事長順。庶人之孝，曰愛親，曰敬親，曰用天道，曰分地利，曰謹身節用。因經有順天下之文，故以大順之徵終焉。凡百卷，康熙二十九年校刊。

聖祖仁皇帝御製序　朕緬維自昔聖人以孝治天下之義，而知其推之有本、操之有要也。夫孝者，百行之原，萬善之極。書言：「奉先思孝。」詩言：「孝思維則。」明乎爲天之經、地之義，人性所同。然振古而不易，故以之爲己，則順而祥；以之教人，則樂而易從。以之化民成俗，則德施溥而不匱。帝王奉此以宰世御物，躬行爲天下先。其事始於寢門視膳之節，而推之於配帝饗親，覲光揚烈，誠萬民而光四海，皆斯義也。孔子教孝之言，散見於册籍，而統會於孝經。曾子以純孝親承斯訓，其辭約，其旨遠，條貫終始，綜括羣論，言孝之義，於斯爲備。自顔芝藏本，出於漢初，考註箋釋，代有其人。如孔安國、鄭康成、皇侃、邢炳輩，無慮百餘家，大約皆訓詁章句，辨論古今文同異；而求其推擴義藴，達之於萬事萬物而皆莫出其範圍者，則尚未之備也。世祖章皇帝弘敷孝治，懋昭人紀，特命纂修孝經衍義，未及成書。朕纘承先志，詔儒臣蒐討編輯，仿宋儒真德秀大學衍義體列，徵引經史諸書，以旁通其說。竊以仲尼稱至德要道以順天下，又曰：「教之所由生」，而後詳列天子、諸侯、卿大夫、士、庶人之五孝。此則一經之大旨，亦猶大學之言明德、新民、格致、誠正、修齊、治平也。是故衍至德之義，則仁、義、禮、智、信之説備矣。衍要道之義，則父子、君臣、夫婦、昆弟、朋友之倫備矣。衍教所由生之義，則禮、樂、刑、政之屬備矣。衍五孝而皆以愛敬爲本，明貴賤之所同也。由天子之敬親推之，則郊社、宗廟典禮之義備矣。由天子之愛親推之，則仁民育物、撫綏愛養之義備矣。無非敬也，無非愛也，即無非孝也。遞而至於諸侯之不驕不溢，卿大夫之法服、法言、法行，士、庶人之忠順事上、謹身節用，何一非愛敬之義？推而極之，通於神明，貫乎天地，夫寧有涯際乎？書成，凡一百卷，鏤板頒行，並製序言冠於簡端。庶幾嘉與海内，共遵斯路。家修子弟之職，人奉親長之訓，協氣旁流，休風四達，以成一代敦厚鴻龐之治，斯則朕繼述先烈、尊經崇本之志也夫。

御製内則衍義一部

世祖章皇帝仰承慈訓，取禮記内則一編，闡義指事。所衍之目：曰孝，曰敬，曰教，曰禮，曰讓，曰慈，曰勤，曰學。凡十六卷，順治十三年校刊。

世祖章皇帝御製序　臣聞致治之道，有大經大法以儀型乎邦國，必有至精至粹以模楷乎宮闈。故關睢爲王化之端，乾坤居大易之首。聖人垂訓，未有不以門内爲兢兢者也。三代以前，上有聖后、賢妃，肇修内治，化行而俗美。後世宮壼之間修身立訓者，既不數見，而姆教亦寡。自非天佑至德，孰能集貞淑之大成，振古今之懿化哉！恭惟聖母皇太后佐我皇考，崇文圖治，徽音雍穆，慈訓周詳，有典有則，興仁興讓，允爲萬世壼教之主矣；乃猶懋勤道化，嗜古好學。臣受恩深厚，莫可報稱；惟有蒐輯古來嘉言美行，統成一編，上備披閱，冀展微忱於萬一焉。臣視政之暇，嘗讀禮記内則，首述后王命冢宰降德教於兆民，考其所載，皆父慈、子孝、夫義、婦聽之道。夫聖人言：欲治其國者，先齊其家。又言：家正而后天下定。齊之正之，其惟内則乎。正位乎外者，不明乎是書，何以總乾綱？正位乎内者，不明乎是書，何以修坤教？既又詳繹其義，於婦道女事尤無所不備，誠帷廧之要典，賢淑之永模也。乃世傳后妃紀、列女傳，家範、内訓諸書，雖著作不少，然未見原本内則而發明之，豈所以尊經立教與？夫天生烝民，有物有則。家則乎身，身則乎心，將起化於閨房。未有不合乎正心修身之道而能作則者。今觀是書，微而至於聲氣容色，顯而至於言動儀文，精而至於樂心養志，粗而至於中饋女工，所以端其心而檢其身者，施諸一家無不宜，放乎四海無不準。臣故謂隆母儀、敦婦順，斷不外乎是書。究其指歸，蓋有八要焉。孝者順親之要也，其類有二，事舅姑，事父母是也。敬者内助之要也，其類有五，事夫，勸學，佐忠，贊廉，重賢是也。教者昌後之要也，其類有三，教子，勉學，訓忠是也。禮者持己之要也，其類有九，敬祭祀，肅家政，定變，守貞，殉節，端好尚，崇儉約，謹言，慎儀是也。讓者睦戚之要也，其類有四，崇謙退，和妯娌，睦宗族，待外戚是也。慈者推恩之要也，其類有五，逮下，慈幼，敦仁，愛民，宥過是也。勤者修業之要也，其類有二，女工，飲食是也。學者取法之要也，其類有二，好學，著書是也。每舉一類，必證以聖賢經傳之言，實以古今淑順之行。所采事蹟，貴賤不同，而其道則同。所引文辭，深淺不一，而其理則一。闡明大指，詮釋微文，名曰内則衍義。恭進慈覽，以附乎養志之義。自禁壼達乎閭巷，咸於斯取則焉。必皆感發其性情，漸摩乎理義，廣教化而美風俗。宮闈之至精至粹者，與邦國之大經大法並垂不朽。聖母皇太后休聲盛德，炳於日星，是則臣惓惓之大願爾。臣謹序。

御纂朱子全書一部

聖祖仁皇帝指授儒臣，博採羣書，凡一句一字出於朱子者，彙集成編。其目曰小學，曰大學，曰論語，曰孟子，曰中庸，曰易，曰書，曰詩，曰春秋，曰禮，曰樂，曰性理，曰理氣，曰鬼神，曰道統，曰諸子，曰歷代，曰治道，曰論文、論詩、字學、科舉之學，曰賦、詞、琴操、詩、詩餘、贊、箴、銘。凡六十六卷，康熙五十三年校刊。

聖祖仁皇帝御製序　唐、虞、夏、商、周，聖賢迭作，未嘗不以文字爲重。文字之重，莫過五經，四書。每覽古今，凡傳於世者，代不乏人。秦、漢以下，文章議論，無非因時制宜，諷諫陳事，繩愆糾謬，補偏救敝之計耳。若夫文辭之雄，摛藻之麗，古人已有定論，予何敢言。但不偏於刑名，則偏於好尚；不偏於楊墨，則偏於釋道；不偏於詞章，則偏於怪誕；皆不近於王道之純。予少時頗好讀書，只以廣博華贍爲事，剛勇武備爲用。自康熙三十五年天山告警，朕親擐甲胄，統數萬子弟，深入不毛沙磧、乏水瀚海，指揮如意，破敵無存，未十旬而凱旋，可謂勝矣。後有所悟，而自問：兵可窮乎？武可黷乎？秦皇、漢武，英君也；因必欲勝而無令聞，或至不保者，豈非好大喜功、與亂同道之故耶？所以宵旰孜孜，思遠者何以柔，近者何以懷。非先王之法不可用，非先王之道不可爲。反之身心，求之經史，手不釋卷，數十年來，方得宋儒之實據。雖漢之董子，唐之韓子，亦得天人之理，未及孔、孟之淵源。至邵子而玩索河洛之理，性命之微，衍先天、後天之數，定先甲、後甲之考，雖書不盡傳，理亦顯然矣。周子闡無極而太極，復著通書，其所授受，有自來矣。如星辰繫乎天而各有其位，不能掩也。光風霽月之量，又不知其何似。二程之充養有道，經天緯地之德，聚百順以事君親，前儒已誦之矣。至於朱夫子，集大成而繼千百年絶傳之學，開愚蒙而立億萬世一定之規，窮理以致其知，反躬以踐其實，釋大學則有次第，由致知而平天下，自明德而止於至善，無不開發後人而教來者也。五章補之於斷簡殘篇之中，而一旦豁然貫通之爲要，雖聖人復起，必不能逾此。問中庸名篇之義，則不偏不倚，無過不及之名，未發已發之中，本之於時中之中，皆先賢所不能及也。若語、孟則逐篇討論，皆内聖外王之心傳，於世道人心之所關匪細。如五經則因經取義，理正言順，和平寬宏，非後世淺見而輕議者同日而語也。至於忠君愛國之誠，動静語默之敬，文章言談之中，全是天地之正氣，宇宙之大道。朕讀其書，察其理，非此不能知天人相與之奥，非此不能治萬邦於袵席，非此不能仁心仁政施於天下，非此不能外内爲一家。讀書五十載，只認得朱子一生居心行事。故不揣粗鄙無文，而集各書中凡屬朱子之一句一字，命大學士熊賜履、李光地素日留心於理學者，彙而成書，名之朱子全書，以備乙夜勤學。雖未能幾於寡過，亦自勉君親之責者。朕又思朱子之道，五百年未有辯論是非，凡有血氣，皆受其益。朕一生所學者爲治天下，非書生坐觀立論之易。朕集朱子之書，恐後世謂借朱子之書自爲名者，所以朕敬述而不作，未敢自有議論。往往見元、明至於我朝，著作講解，萬不及朱子，而各出己見，每有駮雜，反爲有玷宋儒之本意。況天下至大，兆民至衆，輿圖甚遠，闢地大廣，外國諸番風俗不同，好尚各異，防此失彼之患，不可不思。若以智謀要結人心，如挾泰山而超北海也；以中正、仁義、老成、寬信，似乎近之。凡讀是書者，諒吾志不在虛辭而在至理，不在責人而在責己。求之天道而盡人事，存吾之順，歿吾之寧，未知何如也。

欽定執中成憲一部

世宗憲皇帝命臣工採録羣籍精義粹語、深切治道者，爲執中成憲，次第進呈，親定成書。冠以御製論十五首。乾隆元年校刊。

皇上御製序　惟我皇考，法天行健，一日萬幾，宵旰不遑。猶以其間簡命儒臣採録經、史、子、集所載，自古帝王元德顯功，訏謨大訓，以及名臣奏章、先儒語類，深切治道者，次第進呈，皇考親爲删定，命曰執中成憲。始於雍正六年仲春，成於十三年仲夏，未及刊布，而我皇考遽遐棄臣民。予小子煢煢在疚，未之前見也。嗣統既月，勉從諸臣請，躬涖庶政，始發而讀之。既卒業，然後知聖心聖學實與堯、舜、孔子同揆，而汲汲於是編，則專以啓迪我後人，示之標準也。間嘗殫思大學一書，竊見仲尼祖述堯、舜之實義焉。其所謂明德者，即虞書所謂道心也。所謂明明德者，懼其爲人心所蔽也。所謂格物致知者，嚴辨人心道心之界，以盡萬事萬物之理，即書所謂惟精也。所謂正心誠意者，力祛人心之雜，以致道心之純，即書所謂惟一也。所謂修身、齊家、治國、平天下而止於至善者，即書所謂允執厥中也。然極乎執中之量，則惟堯、舜爲無歉。而中之散見於萬事萬物者，則不惟三代聖王，即秦，漢以後，仁厚英哲之君，下及中主，亦必有一事二事之合焉。不獨臯、夔、益、契、伊、傅、周、召、孔、曾、思、孟，即近代羣儒文士，亦必有一話一言之合焉。故中庸曰：「舜好問而好察邇言」，執其兩端用其中於民。蓋中之理，無事無物而不具，亦無人而不知，是即明德之根於性而不息者，而惟舜能察之，惟舜能執之，惟舜能用之。故善與人同，合德於天地。我皇考編定是書，自二帝、三王之事，古聖賢之言，下逮羣儒文士之可節取者，兼收而不遺。用是道也，皇考之治天下，無一事不審其則，無一物能匿其情，即書所謂惟精，大學所謂物格而知至。無一時之不敬，無一念之不誠，即書所謂惟一，大學所謂心正而意誠。故凡施於政教者，或予或奪，或寬或嚴，或抑揚遲速之稍有不同，而無不立乎大中，可爲民極，即書所謂執中，大學所謂身修、家齊、國治、天下平，而明德、新民，皆止於至善也。而所以立綱陳紀，更化善治，其大者皆斷自聖心，而細者亦博採於衆議。有其人不能皆入於善，而一言之中必不廢焉，即中庸所謂好問、好察、執兩用中也。然我皇考聰明睿智，夙具於聖性，而養成於聖學者，已數十年。故皇考之惟精乃不思而得，皇考之惟一乃不勉而中，皇考之執中而化成天下，乃從容中道，無爲而成，豈復有資於是書？所以親爲删定者，正恐在後之侗，懵然無見於執中立極之道，爰示之以成憲也。豈惟予小子奉以終身，惟日兢兢，無敢踰越哉？世世子孫，苟能服膺勿失，而溯其淵源，則於堯、舜、孔子之道一以貫之矣。豈惟君人者舍是無以建其有極，以消天下之偏陂反側哉？凡百有位，果能是訓是型，則上之可輔理成化，以著勳猷；而下亦可以謹身而寡過，於以謨明弼諧，共臻喜起明良之盛，無難矣。

國朝宮史卷之三十三

書籍十二

總集

淵鑒齋古文選一部

聖祖仁皇帝御選，自左傳、國語至宋人古文爲正集，六十四卷。康熙四十九年校刊。

聖祖仁皇帝御製序　夫經緯天地之謂文。文者，載道之器，所以彌綸宇宙，統括古今，化裁民物者也。是以乾苞坤絡，非文不宣。聖作賢述，非文不著。其爲用也大矣。書契以後，作者代興，載籍充盈，體製不一。約而論之，靡不根柢於羣經，權輿於六籍。如論説之類，以疏解爲主，始於易者也。奏啓之類，以宣述爲義，始於書者也。賦頌之類，以諷喻爲指，始於詩者也。傳敍之類，以紀載爲事，始於春秋者也。引而伸之，觸類而通之，雖流别各殊而鎔裁有體。於是能言之士，抒寫性情，賁飾辭理，同工異曲，以求合乎先程，皆足以立名當時，垂聲來葉，彬彬郁郁，稱極盛焉。然而代不乏人，人不一製，著作既富，篇什遂繁，不有所裒輯，慮無以觀其備也。不有以詮擇，慮無以得其精也。古來采獲之家，載在四部，名目滋多，類皆散佚。其流布人區者，自蕭統文選而外，唐有姚鉉之文粹，宋有吕祖謙之文鑑，皆限斷年代，各爲一編。夫典章法度，粲然一王之制，前不必相師，後不必相襲，此可限以年代者也。至於文章之事，則源流深長，今古錯綜，盛衰或通於千載，損益無關於一朝，此不可限以年代者也。諸家之選，雖足鳴一代之盛，豈所以窮文章之正變乎？朕留心典籍，因取古今之文，自春秋以迄於宋，擇其辭義精純可以鼓吹六經者，彙爲正集。即間有瑰麗之篇，要皆歸於古雅，其綺章繡製，弗能盡載者，則列之别集。旁採諸子，録其要論，以爲外集。煌煌乎！洵秉文之玉律，抽牘之金科矣。夫帝王之道，質文互用，而大化以成。聖賢之業，博約並施，而性功以備。是書也，雖未足以盡文章之勝，於聖人游藝之旨，亦庶乎其有當也夫。

悦心集一部

世宗憲皇帝在藩邸時，宸襟偶寄，披閲經史之餘，旁及百家小集。採集成書，凡四卷。雍正四年校刊。

世宗憲皇帝御製序　朕生平澹泊爲懷，恬靜自好，樂天知命，隨境養和。前居藩邸時，雖身處繁華，而寤寐之中，自覺清遠閒曠、超然塵俗之外；然不好放逸身心。披閲經史之餘，旁及百家小集，其有寄興蕭閒、寓懷超脱者，佳章好句，散見簡編，或如皓月當空，或如涼風解暑，或如時花照眼，或如好鳥鳴林，或如泉響空山，或如鐘清午夜，均足以消除結滯，浣滌煩囂，令人心曠神怡，天機暢適。因隨意採録若干則，置之几案間，以備觀覽。自總理萬幾以來，宵旰不遑，求如曩時之怡情悦目，不可復得。然寧靜之宰不因物動，恬澹之致豈爲境移？此乃可以自信者。爰取向所採録，彙爲一書，名之曰悦心集。夫心者，人之神明，所以爲萬化之原，萬事之本。而勞之則苦，擾之則煩，蔽之則昏，窒之則滯。故聖賢有存心洗心之明訓，佛祖有明心寂心之微言，無非涵養一心之沖虚靈妙，使無所累，與天地太和元氣渾然流行，無入而不自得也。如孔門之春風沂水，仙家之吸露餐霞，如來之慧雨香花，以及先儒之霽月光風，天根月窟，其理同，其旨趣何弗同耶？是編所録，有莊語，有逸語，有清語，有趣語，有淺近語，不名一體。人有仕，有隱，有儒，有釋，有高名，有無名，亦不專一家。總之，戒貪袪妄，屏慮釋思，寄清净心，遊歡喜地，言近指遠，辭簡味長，俯仰之間，隨時可會。然而喧寂在境，而不喧不寂者自在心。往往跡寄清廓之鄉，而神思縈擾；身處塵氛之地，而志氣安舒；則見道未見道之分也。昔朗禪師以書招永嘉禪師山居，師答曰：「未識道而先居山者，但見其山，不見其道。未居山而先識道者，但見其道，必忘其山。見道忘山者，人間亦寂也。見山忘道者，山中乃喧也。」旨哉斯言。知此義者，始可與讀悦心集。

御選唐宋文醇一部

皇上敕幾之暇，覽儲欣所選唐、宋十家文，擇其言之尤雅者，韓愈十卷，柳宗元八卷，李翱二卷，孫樵一卷，歐陽修十二卷，蘇洵四卷，蘇軾十三卷，蘇轍三卷，曾鞏四卷，王安石一卷，親加評點。簡端恭録聖祖仁皇帝御批，末附諸家評語。凡五十八卷，乾隆三年校刊。

皇上御製序　不朽有三，立言其一。言之無文，行而不遠。若是乎，言之文者，乃能立於後世也。文之體不一矣，語文者説亦多矣，羣言淆亂，衷諸聖當必以周、孔之語爲歸。周公曰：「言有序。」孔子曰：「辭達而已矣。」無序固不可以達，欲達其辭而失其序，則其爲言奚能雲粼波折，而與天地之文相似也。然使義則戔戔，而言有枝葉，妃青媲白，雕瑑曼辭，則所謂八代之衰，已其咎同歸於無序而不達。抑又有進焉，文所以足言，而言固以足志，其志已荒，文將奚附？是以孔子又曰：「言有物。」夫序而達，達而有物，斯固天下之至文也。已昌黎韓愈生周、漢之後幾五百年，遠紹古人立言之軌，則其文可謂有序而能達者；然必其言之又能有物，如布帛之可以煖人，菽粟之可以飽人。則李漢所編七百篇中，猶且十未三四，況昌黎而下乎？甚矣，文之至者不易得也。明茅坤舉唐、宋兩朝中昌黎、柳州、廬陵、三蘇、曾、王八大家，薈萃其文各若干首行世，迄今操觚者膾炙之。本朝儲欣謂茅坤之選，便於舉業，而弊即在是。乃復增損之，附以李習之、孫可之爲十大家，欲俾讀者興起於古，毋祇爲發策決科之用，意良美已。顧其説之未衷，而見之未當，則所去取，與茅坤亦未始逕庭。朕讀其書，嘉其意，而亦未嘗不懲其失也。夫十家者，謂其非八代駢體云爾。駢句固屬文體之病，然若唐之魏鄭公、陸宣公，其文亦多駢句，而辭達理諧，足爲世用，則駢又奚病？日月麗乎天，天之文也。百穀草木麗乎土，地之文也。化工之所爲，有定形乎哉？化工形形；而不形於形，而謂文可有定形乎哉？顧其言之所立者何如耳。勑幾之暇，偶取儲欣所選十家之文，録其言之尤雅者若干首，合而編之，以便觀覽。夫唐、宋以來，名儒碩士有序有物之嘉言，固不第十人已也。雖然嘗鼎一臠，亦足以知道腴之可味，況已斟其雉膏哉。

皇清文穎一部

聖祖仁皇帝命輯皇清文穎。世宗憲皇帝復命開館纂集，未及成書。皇上命自乾隆甲子以前先爲編次。卷首恭録聖祖仁皇帝御製詩文六卷，世宗憲皇帝御製詩文四卷，皇上御製詩文十四卷，臣工所作諸體：表二卷，論八卷，説一卷，解二卷，序四卷，記三卷，跋一卷，辨一卷，策問二卷，策對一卷，議二卷，疏一卷，碑一卷，贊銘一卷，對書考一卷，雜文一卷，頌六卷，賦十二卷，古今體詩五十卷。凡百卷，乾隆十二年校刊。

皇上御製序　我大清受命百有餘年，列祖德教涵濡，光被海宇，右文之盛，炳焉與三代同風。朕紹聞遜志，以是爲學，亦以是爲治，矢其文德，一紀於兹。易曰：「觀乎人文，以化成天下。」蓋自有天地，而人經緯乎其間，士君子之一言一行，國家之制度，文爲禮、樂、刑、政，布之爲教化，措之爲事功，無非文也。乃其菁英所萃，蔚爲國華，詞以殺之，聲以永之，律以和之，諧協六同，彰施五色，典謨作焉，雅頌興焉。詩不云乎？「追琢其章，金玉其相」，文之盛也。而賡之曰：「勉勉我王，綱紀四方。」則所謂其風自上也。曩我皇祖命大學士陳廷敬選輯皇清文頴，儲之延閣，未及刊布。皇考復允廷臣之請，開館編輯，隨時附益，久之未竣。朕因命自乾隆甲子以前先爲編次，凡御製詩文二十四卷，臣工賦、頌及諸體詩、文一百卷。録成，序其首簡。昔之論文以代爲次者，於漢則有西漢文類，唐則有文苑英華、唐文粹，宋則有文海、文鑑，元則有文類，明則有文衡，皆博綜一代著作之林，無體不備。今是編惟取經進之作，朝廷館閣之篇，與諸書小異。然以觀斯文風尚，當有取焉。在易涣之象曰：「風行水上」。善立言者，以爲天地自然之文，而序卦受之以節，言文之不可過也。繼之以中孚，言有實也。節而不流，徵之以信，有典有則，可久之道，其在斯乎。朕孜孜典學，求所以善持之者，因以爲摛文者鵠，俾共勉云。

欽定四書文一部

皇上命裒集有明及本朝諸名家制義，精選成編，俾閲者、作者具有楷模。計選明文四百八十六篇，國朝文二百九十七篇。乾隆五年校刊。卷首恭載皇上諭旨：國家以經義取士，將使士子沈潛於四子、五經之書，闡明義理，發其精蘊，因以覘學力之淺深與器識之淳薄。而風會所趨，卽有關於氣運，誠以人心士習之端倪呈露者甚微，而徵應者甚鉅也。顧時文之風尚屢變不一，苟非明示以準的，使海内學者於從違去取之介，曉然知所别擇，而不惑於歧趨，則大比之期，主司何所操以爲繩尺？士子何所守以爲矩矱？有明制義，諸體皆備，如王、唐、歸、胡、金、陳、章、黄諸大家，卓然可傳。本朝文運昌明，英才輩出，劉子壯、熊伯龍以後，作者接踵，莫不根柢經史，各抒杼軸。此皆足爲後學之津梁，制科之標準。自坊選冒濫，士子率多因陋就簡，剽竊陳言，雷同膚廓。間或以此倖獲科名，又輾轉流布，私相倣效。馴至先輩名家之法置而不講，經、史、子、集之書束而不觀，所係非淺鮮也。今朕欲裒集有明及本朝諸大家制義，精選數百篇，彙爲一集，頒布天下。學士方苞，於四書文義法，夙嘗究心，著司選文之事，務將入選之文發揮題義清切之處，逐一批抉，俾學者了然心目間，用爲模楷。又會試、鄉試墨卷，若必俟禮部刊發，勢必曠日持久，士子一時不得觀覽。可弛坊間刻文之禁，果有學問淹博，識見明通者，不拘鄉、會墨卷，房行試牘，准其照前選刻。但不得徇情冒濫，或狂言横議，以釀澆風。朕實嘉惠士子，其各精勤修業，以底大成，敬體朕意，共相黽勉。欽此。

御定歷代賦彙一部

聖祖仁皇帝命詞臣蒐集秦、漢以迄明代所傳諸賦，廣彙成書。首爲正集，分類三十：曰天象九卷，曰歲時四卷，曰地理十七卷，曰都邑十卷，曰治道六卷，曰典禮六卷，曰禎祥四卷，曰臨幸一卷，曰蒐狩二卷，曰文學四卷，曰武功二卷，曰性道四卷，曰農桑二卷，曰宫殿六卷，曰室宇七卷，曰器用四卷，曰舟車一卷，曰音樂六卷，曰玉帛三卷，曰服飾一卷，曰飲食一卷，曰書畫二卷，曰巧藝二卷，曰仙釋二卷，曰覽古六卷，曰寓言二卷，曰草木六卷，曰花果七卷，曰鳥獸九卷，曰鱗蟲四卷。次爲外集，分類八：曰言志六卷，曰懷思二卷，曰行旅二卷，曰曠達三卷，曰美麗二卷，曰諷喻一卷，曰情感二卷，曰人事二卷。又次爲補遺二十二卷。其有單詞、剩句散見諸書者，並採録爲逸句二卷。凡一百八十二卷，賦四千一百六十一篇。康熙四十五年校刊。

聖祖仁皇帝御製序　賦者，六義之一也。風、雅、頌、興、賦、比六者，而賦居興、比之中。蓋其敷陳事理，抒寫物情，興、比不得並焉。故賦之於詩功，尤爲獨多。由是以來，興、比不能單行，而賦遂繼詩之後，卓然自見於世。故曰：「賦者，古詩之流也。」班固又謂：「登高能賦，可以爲大夫。」言感物造端，材智深美，可以與國政事，故可以爲列大夫也。是則賦之於詩，具其一體。及其横肆漫衍，與詩並行，而其事可通於用人。書曰：「敷奏以言。」夫敷奏者，有近乎賦之義。使堯、舜而在今日，亦所不廢，則豈非文章之可貴者哉？朕嘗於幾務之暇，博觀典籍，見古者諸侯、卿大夫交接鄰國，時稱詩以喻志，不必其所自作，皆謂之賦。如晉公子重耳賦「六月」，魯文公賦「菁菁者莪」，鄭穆公賦「鴻雁」，魯穆叔賦「祈父」之類，皆取古詩歌之以喻其志。即咏吟之遺音，得心意之所存，使聞之者足以感發興起，而因以明其如相告語之情，猶之敷布其義而直陳之，故謂之賦也。春秋之後，聘問詠歌不行於列國，於是羈臣、志士自言其情，而賦乃作焉。其始創自荀況，宦遊於楚，作爲五賦。楚臣屈原，乃作離騷，後人尊之爲經。而班固以爲屈原作賦以諷喻，則已名其爲賦矣。其後宋玉、唐勒皆競爲之。漢興，賈誼、枚乘、司馬相如、揚雄、張衡之流，製作尤盛。三國、兩晉以逮六朝，變而爲俳。至於唐、宋，變而爲律，又變而爲文。而唐、宋則用以取士，其時名臣偉人，往往多出其中。迨及元而始不列於科目。朕以其不可盡廢也，間嘗以是求天下之才。故命詞臣考稽古昔，蒐采缺逸，都爲一集，親加鑒定，令校刊焉。爲敍其源流興罷之故，以示天下，使凡爲學者知朕意云。

御定全唐詩一部

聖祖仁皇帝發内府所藏全唐詩，命參校唐音統籤諸編，依代分人，各系小傳，一代所作，彙爲全書。目録十二卷，帝、后、宗室諸王、公主、宫嬪詩九卷，郊廟樂章七卷，樂府十三卷，臣工一千三百九十四人詩七百三卷，五代詩三十三卷，無爵里世次可考者二十一卷，聯句七卷，逸句二卷，名媛九卷，釋子四十六卷，道士四卷，神仙鬼怪十三卷，諧謔四卷，判歌、讖記、語、諺謎、謡、酒令、占詞、蒙求各一卷，補遺七卷，詞十二卷，凡九百卷。詩四萬八千九百餘首。康熙四十四年校刊。

聖祖仁皇帝御製序　詩，至唐而衆體悉備，亦諸法畢該，故稱詩者，必視唐人爲標準。如射之就彀率，治器之就規矩焉。蓋唐當開國之初，即用聲律取士，聚天下才智英傑之彦，悉從事於六義之學，以爲進身之階，則習之者固已專且勤矣。而又堂陛之賡和，友朋之贈處，與夫登臨讌賞之即事感懷，勞人遷客之觸物寓興，一舉而託之於詩，雖窮達殊途，悲愉異境，而以言乎攄寫性情，則其致一也。夫性情所寄，千載同符，安有運會之可區别。而論次唐人之詩者，輒執初、盛、中、晚，歧分疆陌，而抑揚軒輊之過甚，此皆後人强爲之名，非通論也。自昔唐人選唐詩，有殷璠、元結、令狐楚、姚合數家，卷帙未爲詳備。至宋初撰輯英華，收録唐篇什極盛。然詩以類從，仍多脱漏，未成一代鉅觀。朕兹發内府所有全唐詩，命諸詞臣合唐音統籤諸編，參互校勘，蒐補缺遺，略去初、盛、中、晚之名，一依時代分置次第。其人有通籍登朝歲月可考者，以歲月先後爲斷；無可考者，則援据詩中所詠之事，與所同時之人繫焉。得詩四萬八千九百餘首，凡二千二百餘人，釐爲九百卷。於是唐三百年詩人之菁華，咸采擷薈萃於一編之内，亦可云大備矣。夫詩盈數萬，格調各殊。溯其學問本原，雖悉有師承指授，而其精思獨悟，不屑爲苟同者，皆能殫其才力所至，沿尋風、雅，以卓然自成其家。又其甚者，寧爲幽僻奇譎，雜出於變風變雅之外，而絶不致有蹈襲剽竊之弊，是則唐人深造極詣之能事也。學者問途於此，探珠於淵海，選材於鄧林，博收約守，而不自失其性情之正，則真能善學唐人者矣。豈其漫無持擇，汎求優孟之形似者可以語詩也哉。是用製序卷首，以示刻全唐詩嘉與來學之旨。海内誦習者，尚其知朕意焉。

御定全唐詩録一部

聖祖仁皇帝南巡，在籍翰林侍讀徐倬編進，次序悉本全唐詩，凡一百卷。命進秩禮部侍郎，賜金校刊。

聖祖仁皇帝御製序　在昔詩教之興，本性情之微，導中和之旨，所以感人心而美謠俗，被金石而格神祇。故大舜以教胄子，樂正以造後秀，蓋自二帝三王之世固已然矣。自文、武、成、康之際，王澤洽，頌聲作，洋洋乎洵足以繼薰風之操，並卿雲之奏也。自時厥後，作者彌繁。孔子從而删定之，使六義彰明，一經燦列。録其忠厚悱惻之辭，以寓諷諭戒勉之意。天道人事，胥於是乎具焉。漢、魏以還，尤多新製，體例雖更，前徽未邈。至陳、隋之末，稍凌替矣。唐之太宗，致治幾於三代之隆，躬自撰著，一時文人、才士、將相、名臣，詠吟遞發，藻采繽紛，踵襲雅、騷之迹，光昭正始之音，而歌、行、律、絶，獨創兼能，自遐古以來未嘗有也。爰及盛唐，逮乎中、晚，或與運會爲高下。而凡緣時託志、觸物攄懷、形諸翰簡者，皆卓然成一家之言，弗可廢也。朕萬幾餘閒，迴環覽詠，尋其指歸，晰其正變，而三百年升降得失之故亦因以可考焉。於是論世觀人，即其章句，攬其菁英，勒爲成書，置諸几席，每勤披閲，加以精研，迄於今已歷有年所矣。頃以視河南巡，至於江浙，見比閭士庶有吹豳擊壤之風，獻詩頌者絡繹於途，雖其工拙淺深，各極其不齊之致，而衢謳巷舞，儼然省方之所採，列國之所陳，亦可見人情之愛戴。而先王以詩爲教之義，濡染而蒸陶之者，所關甚鉅也。翰林侍讀徐倬以全唐詩録進，展卷而讀之，與朕平時品第者蓋有合焉。嘉其耆老好學，遷秩禮部侍郎，以爲天下學者之勸。乃取兹集，親爲鑒定，賜以帑金，卽命校刊。俾誦習者由全唐之詩沿波討瀾，以上溯乎洙泗之傳，而游泳乎唐虞載賡之盛。其於化理人心，將大有裨益也矣。是爲序，以弁其端云。

御選唐詩一部

聖祖仁皇帝既刻全唐詩集，復取其尤者分體精選，命詞臣編注，親定成書，凡三十二卷。康熙五十二年校刊。

聖祖仁皇帝御製序　古者六藝之事，皆所以涵養性情而爲道德之助也。而從容諷詠，感人最深者，莫近於詩。故虞廷典樂，依永和聲，帝親命焉。成周時，六義領在樂官，而爲教學之先務。自三百篇降及漢、魏、六朝，體制遞增，至唐而大備。故言詩者，以唐爲法。其時選本如河岳英靈、中興間氣、御覽才調諸集，其所收擇，各有意指，而觀者每有不偏不該之嘆。朕萬幾餘暇，留意篇什，廣搜博採，已刻全唐詩集。而自曩昔披覽，嘗取其尤者，彙爲一編。古風、近體，各以類相從，計三十二卷。蓋索討貴於詳備，而用以吟詠性情，則當挹其精華而漱其芳潤。每當臨朝聽政、巡行獮狩之餘，展卷留連，未嘗不悠然而有得也。因命儒臣依次編注，朕親加考訂，一字一句，必溯其源流，條分縷析，其有徵引譌誤及脱漏者，隨諭改定。逾歲告成，因付開雕，以示後學。孔子曰：「温柔敦厚，詩教也。」是編所取，雖風格不一，而皆温柔敦厚爲宗，其憂思感憤、倩麗纖巧之作，雖工不録。使覽者得宣志達情，以範於和平。蓋亦用古人以正聲感人之義。記有之：「在車則聞鑾和之音，行則鳴佩玉。」是以非辟之心無自而入也。審此，而朕之寄意於詩，與刊布是編之旨，俱可得而見矣。是爲序。

御選四朝詩一部

聖祖仁皇帝命詞臣博採宋、金、元、明四朝之詩，分體編輯，親定成書。宋詩七十八卷，金詩三十四卷，元詩八十卷，明詩一百二十卷，凡三百一十二卷。康熙四十八年校刊。

聖祖仁皇帝御製序　生民之始，禀二儀之精，含五常之性，而其理具於一心。人心之靈，日出而不窮。詩大序謂：「在心爲志，發言爲詩。」其闡明虞廷言志之意而歸本於心者，其意深矣。蓋時運推移，質文屢變，其言之所發雖殊，而心之所存無異，則詩之爲道，安可謂古今人不相及哉？觀於宋、金、元、明之詩，而其義著焉。世之論詩者謂，唐以詩賦取士，故唐之詩爲獨盛。夫唐之詩誠盛矣。若夫宋之取士，始以詩賦，熙寧專主經義而罷詩賦，元祐初復詩賦，至紹聖而又罷之，其後又復於經義並行。金大略如宋制。元自仁宗罷詩而存賦。明則詩賦皆罷之。士於其時，以其餘力兼習有韻之言，專之則易美，兼之則難工。而其至者，亦往往媲北宋而追三唐，豈非人心之靈日出而不窮者歟？此又可見古今人不甚相遠也。朕夙興夜寐，永圖治安，念養士育才，國家盛典，考言詢事，曩代良規，亦既試之制藝，使通經術，兼以論表判策，俾達古今。而於科目之外，時以詩賦取人。每當省方觀民之會，士之所進詩賦古文，止輦受觀，停舟延問，親試而拔其尤者亦多矣。蓋舉斯世而措之禮陶樂淑之中，被以温柔敦厚之後，故所以獎勸之者，靡弗至焉。近得全唐詩，已命儒臣校訂，刊布海内。由唐以來千有餘年之久，流傳自昔未見之書，亦可謂斯文之厚幸矣。遂又博採宋、金、元、明之詩，每代分體各編，自名篇鉅集以及斷簡殘章，罔有缺遺，稍擇而録之，付之剞劂，用以標詩人之極致，擴後進之見聞。譬猶六代遞奏，八音之律無爽；九流並遡，一致之理同歸。然則唐以後之詩又自今而傳矣。夫詩之日遠而日新如此，而皆本於人之一心。孔子云：「詩三百，一言以蔽之，曰：思無邪。」子之言，詩法也，即心法也。子夏味絢素之章，子貢悟琢磨之句，二子者，一以文學列於四科，一以多識得聞一貫，朕於是有以見夫天之所以畀於人者，此心此理，隨在流通。願學者謹其所存，而審其所發，將以上達夫大本大原，而充廣乎萬事萬物。豈惟詩之爲道也哉。

御定全金詩一部

聖祖仁皇帝南巡，中書郭元釪以所編增補中州集恭進，命廣加增輯，爲全金詩。首載帝藻公族、金源樂歌二卷，諸家所作七十卷，凡七十二卷。康熙五十年校刊。

聖祖仁皇帝御製序　金有天下，武功文治，燦然昭明。人材之萃，多在大定、明昌之間，駸駸乎盛矣。然北元、南宋，終金之世，争伐聘問，殆無暇日。其典章名物湮沒於當時而不傳於後者，不知凡幾矣。太原元好問撰中州集，以人屬詩，以事屬人，後世有詩史之目。而渾源劉祁亦著歸潛志，可與中州集相參互證焉。蓋其人文之可考者，猶賴此兩書之存也。朕嘗覽金史，多採用好問中州集，益信所謂詩史不虚也。因是亦欲得金詩之全，以補金史之所未備，卓然成一代之書。會有全金詩之進，遂命更加搜輯，凡金人集之斷簡殘篇有可存者，皆令附以入。及諸山經、地志、川澤之紀聞，綴摭薈聚，鉅細不遺，使觀者弗厭其詳，而皆有以自擇焉。夫金世德久遠，涵濡蒸育，才俊輩出，迄今反覆斯編，可以見邦家之光與篤生之富矣。顧金去今垂六百年，其禮樂聲明，載在藝林之詠言者，若非中州、歸潛二書，後之人亦烏從而知之也。況夫兼二書之所未備，可不永其傳也哉。

佩文齋詠物詩一部

聖祖仁皇帝命儒臣蒐輯古逸及漢、魏、六朝、唐、宋、元、明人詠物詩，分類編録。凡四百八十六類，詩一萬四千五百五十首，爲六十四册。康熙四十六年校刊。

聖祖仁皇帝御製序　昔者，子夏序詩謂：「正得失，動天地，感鬼神，莫近於詩。先王以是經夫婦，成孝敬，厚人倫，美教化，移風俗。」若是乎，詩之道大矣哉。而周公纘述唐、虞，宗翼文、武，制禮以導天下，著爾雅一篇，後之序之者謂：「爾雅所以通詁訓之指歸，敍詩人之興詠。」疏之者曰：「爾雅所釋，徧解六經，而獨云敍詩人之興詠者，以爾雅之作多爲釋詩。」是則一物多名，片言殊訓。凡以蟲魚草木之微，發揮天地萬物之理，而六義四始之道，由是以明焉。故夫詩者，極其至，足以通天地、類萬物，而不越乎蟲魚草木之微。詩之詠物，自三百篇而已然矣。孔子曰：「邇之事父，遠之事君，多識於鳥獸草木之名。」夫事父事君，忠孝大節也。鳥獸草木，至微也。吾夫子並舉而極言之。然則詩之道，其稱名也小，其取類也大，卽一物之情而關乎忠孝之旨，繼自騷賦以來，未之有易也。此昔人詠物之詩所由作也歟。朕自經帷進御，覃精六籍，至於燕暇，未嘗廢書。於詩之道，時盡心焉。爰自古昔逸詩，漢、魏、六朝，洎乎有唐，訖於宋、元、明之作，博觀耽味，搴其蕭稂，掇其菁英。命大學士陳廷敬、尚書王鴻緒校理之，翰林蔡升元、楊瑄、陳元龍、查昇、陳壯履、勵廷儀、張廷玉、錢名世、汪灝、查慎行、蔣廷錫編録之，名曰佩文齋詠物詩選。蓋蒐采既多，義類咸備，又不僅如向者所云蟲魚鳥獸草木之屬而已也。若天經、地志、人事之可以物名者，罔弗列焉。於是鏤板行世，與天下學文之士共之，將使之由名物度數之中，求合乎温柔敦厚之指。充詩之量，如卜商氏之所言，而不負古聖諄復詁訓之心，其於詩教有裨益也夫。

御定歷代題畫詩類一部

南書房翰林陳邦彦輯唐、宋、元、明題畫諸詩成集，進呈，聖祖仁皇帝親爲閲定。分類三十：曰天文二卷，曰地理四卷，曰山水二十卷，曰名勝四卷，曰古蹟二卷，曰故實十二卷，曰閒適八卷，曰古像一卷，曰寫真一卷，曰行旅二卷，曰羽獵一卷，曰仕女三卷，曰仙佛五卷，曰神鬼一卷，曰漁樵二卷，曰耕織一卷，曰牧養一卷，曰樹石四卷，曰蘭竹八卷，曰花卉八卷，曰禾麥蔬果二卷，曰禽七卷，曰獸八卷，曰鱗介二卷，曰花鳥合景二卷，曰草蟲一卷，曰宫室三卷，曰器用一卷，曰人事二卷，曰雜題二卷。凡一百二十卷，詩八千九百餘首，康熙四十六年校刊。

聖祖仁皇帝御製序　粵考有虞氏施采作繪，而繪事以起。周禮冬官，爰有設色之工，典畫繪之職。傳所稱「火龍黼黻昭其文，三辰旂旗昭其明者」是也。至漢世圖寫功臣，用示褒異，則又人物之肖象粲然著見於史册者矣。嗣是工繪事者日衆，自天文、地輿，鳥獸、草木，以及宫室器用，與一切登臨遊覽之勝，皆假圖畫以傳於世。晉、宋而後，莫盛於唐，五代迄宋，作者輩出，金、元、明間，亦代有文人。方其詣精入理，足以體陰陽、含飛動，爲稽古博物者之所取證，不僅以丹青擅長而已。而能搜抉其義藴，發攄其旨趣者，則尤藉有題畫之詩。歷代各體題詠以萬計，散置諸集，無所統紀。翰林陳邦彦裒輯彙鈔，得八千九百餘首，分爲三十類，編次一百有二十卷，繕本呈覽。朕嘉其用意之勤，命授工鋟梓。兹刊成，裝潢來上，萬幾餘暇，時一披閲。凡兩間之名象，庶類之棼錯，無不該載於中。且不踰几席而得流觀山川險易之形，近在目前而可考鏡往代留遺之蹟，以至農耕蠶織，纖悉具陳；雞犬桑麻，宛然如覩。庶幾於昔人豳風、無逸之圖，有互相發明者焉。夫圖繪，藝事也，而近於道。題畫，詩之一類也，而通於治。杜甫詩謂：「繪事功殊絶，幽襟興激昂。」讀是編者，可以觸類而知所務矣。爰製序題於卷端，以識始末云。

御選唐宋詩醇一部

皇上命儒臣倣唐宋文醇之例，選唐、宋六家詩之尤精者，李白八卷，杜甫十卷，白居易八卷，韓愈五卷，蘇軾十卷，陸游六卷，親加評點。附録諸家詩話凡四十七卷。乾隆十五年校刊。

皇上御製序　文有唐、宋大家之目，而詩無稱焉者。宋之文足可以匹唐，而詩則實不足以匹唐也。既不足以匹，而必爲是選者，則以唐宋文醇之例，有文醇不可無詩醇。且以見二代盛衰之大凡，示千秋風雅之正則也。文醇之選，就向日書窗校閲所未畢，付張照所足成者。兹詩醇之選，則以二代風華，此六家爲最。時於幾暇，偶一涉獵。而去取評品，皆出於梁詩正等數儒臣之手。夫詩與文豈異道哉？昌黎有言，氣盛，則言之短長與聲之高下皆宜。然五、三、六經之所傳，其以言訓後世者，不以文而以詩，豈不以文尚有鋪張揚厲之跡，而詩則優游饜飫入人者深？是則有文醇尤不可無詩醇也。六家品格與時會所遭，各見於本集小序。是編彙成，梁詩正等請示其梗概，故爲之總序如此。

御選歷代詩餘一部

聖祖仁皇帝命詞臣選自唐迄明九百五十七人之詞尤雅正者，親加論定。以調之長短爲次，各分時代，自十六字至二百四十字，凡千五百四十調。凡百卷，詞九千九首。後附詞話十卷，七百六十三則。康熙四十六年校刊。

聖祖仁皇帝御製序　詩餘之作，蓋自昔樂府之遺音，而後人之審聲、選調所由以緣起也；而要皆昉於詩，則其本末源流之故，有可言者。古帝舜之命夔典樂，曰：「詩言志，歌永言，聲依永，律和聲。」可見唐、虞時卽有詩，而詩必諧於聲，是近代倚聲之詞，其理固已寓焉。降而殷、周，孔子删而爲三百五篇，樂正而雅、頌得所。考其時，郊廟明堂，升歌宴饗，以及鄉飲報賽，莫不有詩以叶於笙簫琴瑟之間。自詩變爲騷，騷衍爲賦，雖旨兼出乎六義，而聲弗拘於八音。至漢，而郊祀、房中、鐃歌、鼓吹、琴曲、雜詩，皆領於樂官，於是始有樂府名。迄於六代，操觚之家，按調屬題，徵辭赴節，日趨婉麗，以導宫商。唐興，古詩而外，創爲近體。而五七言絶句或傳於伶人；顧他詩不盡協於樂部，其間如李白之「清平調」、「憶秦娥」、「菩薩蠻」，劉禹錫之「浪淘沙」、「竹枝詞」，洎温庭筠、韋莊之徒，相繼有作，而新聲迭出，時皆被諸管絃，是詩之流而爲詞，已權輿於唐矣。宋初，其風漸廣，至周邦彦領大晟樂府，比切聲調，篇目頗繁。柳永復增置之，詞遂有專家，一時綺製，可謂極盛。雖體殊樂府，而句櫛字比，廉肉節奏，不爽寸黍。其於古者依永和聲之道，洵有合也。然則詞亦何可廢歟？朕萬幾清暇，博綜典籍，於經史諸書有關政教而裨益身心者，良已纂輯無遺。因流覽風雅，廣識名物，欲極賦學之全，而有賦彙，欲萃詩學之富，而有全唐詩刊本、宋金元明四代詩選。更以詞者，繼響夫詩者也，乃命詞臣輯其風華典麗、悉歸於正者，爲若干卷，而朕親裁定焉。夫詩之揚厲功德，鋪陳政事，固無論矣。至於桑中、蔓草諸什，而孔子以一言蔽之曰：「思無邪」。蓋蕙茝可以比賢者，嚶鳴可以喻友生，苟讀其詞而引伸之，觸類之，範其軼志，砥厥貞心，則是編之含英咀華、敲金戛玉者，何在不可以「思無邪」之一言該之也？若夫一唱三嘆，譜入絲竹，清濁高下，無相奪倫，殆宇宙之元音具是。推此，而沿流討源，由詞以溯之詩，由詩以溯之樂；即簫韶九成，其亦不外於本人心以求自然之聲也夫。

御定詞譜一部

聖祖仁皇帝既輯歷代詩餘，復命詞臣校勘詞譜一編，親加裁定。凡四十卷。康熙五十四年校刊。

聖祖仁皇帝御製序　詞之有圖譜，猶詩之有體格也。詩本於古歌謡，詞本於詩。詩三百篇皆可歌。凡散見於儀禮、禮記、春秋左氏傳者，班班可考也。漢初樂府，亦期協律。魏、晉迄唐，諸體雜出，而比於律者蓋寡。唐之中葉，始爲填詞，製調倚聲，歷五代、北宋而極盛。崇寧間，大晟樂府所集，有十二律、六十家、八十四調，後遂增至二百餘，換羽移商，品目詳是。逮南渡後，宫調失傳，而詞學亦漸紊矣。夫詞寄於調，字之多寡有定數，句之長短有定式，韻之平仄有定聲，杪忽無差，始能諧合。否則，音節乖舛，體製混淆，此圖譜之所以不可略也。間覽近代嘯餘、詞統、詞滙、詞律諸書，原本尊前、花間、草堂遺説，頗能發明，尚有未備。既命儒臣先輯歷代詩餘，親加裁定。復命校勘詞譜一編，詳次調體，剖析異同，中分句讀，旁列平仄，一字一韻，務正傳訛，按譜填詞，渢渢乎可赴節奏而諧管絃矣。樂記曰：「凡音者，生人心者也。」哀樂喜怒，感於心而傳於聲。詞之有調，亦各以類應，不可牽合。而起調畢曲，七聲一均，旋相爲宫，更於周禮大司樂三宫、漢志三統之制相準。故紫陽大儒而詩餘不廢。是編之集，不獨俾承學之士據情綴采，有所據依；從此討論宫商，審定調曲，庶幾古音樂章之遺響，亦可窺見於萬一云。

目録附

天禄琳瑯一部

皇上以内府藏書甚富，命内廷詞臣詳加簡閲，編爲書目。宋、元及明諸刻，各以經、史、子、集爲序。凡十二卷。

西清古鑑一部

皇上以内府所藏彝鼎之屬，多三代法物，命内廷詞臣詳加考證，繪圖系説，凡四十卷。復命排次歷代泉貨爲錢録十六卷，附於編後。乾隆二十年校刊。卷首恭載皇上諭旨：邃古法物流傳有自者，惟尊彝鼎鬲歷世恒遠。良以質堅而體厚，不爲燥濕所移，剥蝕所損。淵然之光，穆乎可見三代以上規模氣象。故嗜古之士，亟有取焉。宣和博古一圖，播在藝苑。繼之者有吕氏考古圖，而外此紀載寂寥，豈非力能致之而勿能聚，所見隘而無足紀歟？我朝家法，不事玩好。民間鑒賞，概弗之禁。而殿廷陳列，與夫内府儲藏者，未嘗不富。朕於幾務晏閒，間加題品，夷考舊圖，多所未載。因思古器顯晦有時，及今不爲之表章，載之簡牘，考索者其奚取徵焉。爰命尚書梁詩正、蔣溥、汪由敦率同内廷翰林，倣博古圖遺式，精繪形模，備摹款識，爲西清古鑑一編。以游藝之餘功，寄鑑古之遠思，亦足稱昇平雅尚云爾。

石渠寶笈一部

　　内府珍藏列朝御書、皇上宸翰，極爲美富。至唐、宋以來，名人書畫真蹟甚夥，爰命内廷詞臣編紀成書，分上、次等，詳載題跋、款識，各以分貯之所爲卷。其貯乾清宫者爲宸翰一卷，列朝暨國朝書畫七卷。貯養心殿者爲列朝暨國朝書畫八卷。貯重華宫者爲宸翰一卷，列朝及國朝書畫八卷。貯御書房者爲列朝暨國朝書畫十二卷。又附列朝書畫貯三希堂、長春書屋者一卷。貯隨安室、攸芋齋者一卷。貯靜怡軒、三友軒者一卷。貯畫禪室者一卷。首卷恭載皇上諭旨：三朝御筆藏之金匱者，焜煌典重，實爲超越前古。朕每一捧觀，輒增永慕，所當敬爲什襲，貽我後人。又内府所儲歷代書畫，積至萬有餘種，籤軸既繁，不無真贋。頃釋道二典，已編爲祕殿珠林一集。此外，並宜詳加别白，遴其佳者，薈萃成編。朕少年時，間涉獵書繪。登極後，每緣幾暇，結習未忘，弄翰抒毫，動成卷帙。應一並分類詮次，用誌歲月。至臣工先後經進書畫暨傳入御府者，往往有可觀覽，選擇排比，亦足標藝林之雅。且我列聖貽留墨寶，歷久逾新。即前賢斷紙零縑，用是有所稽考。朕於清讌之餘，偶一披閱，悦心研慮，左圖右史，古人豈其遠哉。

國朝宮史卷之三十四

書籍十三

類書

古今圖書集成一部

聖祖仁皇帝以載籍極博，浩如淵海，爰命廷臣倣古人左圖右史之義，統爲一書。卷帙繁富，久而未就。世宗憲皇帝繼承先志，特命詳加編校，列爲六篇，析爲三十二典。一曰歷象，彙編爲典四：曰乾象二十一部，曰歲功四十三部，曰歷法六部，曰庶徵五十部。二曰方輿，彙編爲典四：曰坤輿二十一部，曰職方二百二十三部，曰山川四百一部，曰邊裔五百四十二部。三曰明倫，彙編爲典八：曰皇極三十一部，曰宮闈十五部，曰官常六十五部，曰家範三十一部，曰交誼三十七部，曰氏族一千六百九十四部，曰人事九十七部，曰閨媛十七部。四曰博物，彙編爲典四：曰藝術四十三部，曰神異七十部，曰禽蟲三百十七部，曰草木七百部。五曰理學，彙編爲典四：曰經籍六十六部，曰學行九十六部，曰文學四十九部，曰字學二十四部。六曰經濟，彙編爲典八：曰選舉二十九部，曰銓衡十二部，曰食貨八十三部，曰禮儀七十部，曰樂律四十六部，曰戎政三十部，曰祥刑二十六部，曰考功一百五十四部。計爲部六千一百有九，凡一萬卷。雍正四年校刊。

世宗憲皇帝御製序　欽惟我皇考聖祖仁皇帝，聰明睿知，亶生知之質，而又好古敏求，孜孜不倦。萬幾之暇，置圖書於左右，披尋玩味，雖盛暑隆冬未嘗暫曠。積數十載之久，研綜古今，搜討殆遍。屢命儒臣宏開書局，若周易折中發四聖之微言，朱子全書會羣儒之奧義，皆稟自睿裁，復躬加校定。若律曆淵源推軒皇之神策，叶虞代之元聲，皆親行指授，以天縱之能而準於儀器。凡注經考史，選詩論文，以及博聞多識之資，所纂輯雕鐫，充溢於内府。删述之功，嘉惠無窮，稱極盛矣。而又以爲未攬其全，乃命廣羅羣籍，分門別類，統爲一書。成册府之鉅觀，極圖書之大備，而卷帙浩富，任事之臣弗克祇承，既多訛謬，每有闕遺，經歷歲時，久而未就。朕紹登大寶，思繼先志，特命尚書蔣廷錫等董司其事，督率在館諸臣重加編校。窮朝夕之力，閲三載之勤，凡釐定三千餘卷，增删數十萬言，圖繪精審，考定詳悉，書成進呈。朕覽其大凡，列爲六編，析爲三十二典，其部六千有餘，其卷一萬。始之以歷象，觀天文也。次之以方輿，察地理也。次之以明倫，立人極也。又次之以博物、理學、經濟，則格物、致知、誠意、正心、治國、平天下之道咸具於是矣。惟我皇考，法天行之剛健，協坤德之含宏，察於人倫，明於庶物，尊六經而禮先儒，釐六官以敷大政。故是書之成，貫三才之道而靡所不該，通萬方之略而靡所不究也。我皇考金聲玉振，集五帝、三王、孔子之大成；是書亦海涵地負，集經、史、諸子百家之大成。前乎此者，有所未備。後有作者，又何以加焉。敬藏石室，寶垂久遠。用敍其本末，綴於篇首，上以彰皇考好學之聖德，右文之盛治，并紀朕繼志述事，兢兢業業，罔敢不欽若於丕訓云爾。

淵鑑類函一部

聖祖仁皇帝以俞安期唐類函採輯間有脱漏，且不及宋以後書，命儒臣重加稽考，詳悉增補，以昭大備。首詳釋名、總論、沿革、緣起，次臚典故，次列對偶，次備摘句，次輯詩文。舊四十三部，今益以花部爲四十四：曰天部十一卷，曰歲時十一卷，曰地部十七卷，曰帝王十七卷，曰后妃二卷，曰儲宮、曰帝戚各一卷，曰設官五十七卷，曰封爵四卷，曰政術三十二卷，曰禮儀三十卷，曰樂部八卷，曰文學十四卷，曰武功二十四卷，曰邊塞十二卷，曰人部七十四卷，曰釋教、曰道、曰靈異、曰方術各二卷，曰巧藝八卷，曰京邑二卷，曰州郡六卷，曰居處十五卷，曰產業四卷，曰火部二卷，曰珍寶四卷，曰布帛二卷，曰儀飾三卷，曰服飾十二卷，曰器物四卷，曰舟部、曰車部各一卷，曰食物六卷，曰五穀、曰藥部各二卷，曰菜蔬一卷，曰果部六卷，曰花部三卷，曰草部四卷，曰木部六卷，曰鳥部十一卷，曰獸部、曰鱗介各八卷，曰蟲豸六卷。凡四百五十卷。康熙四十九年校刊。

聖祖仁皇帝御製序　朕幾務餘暇，博涉藝林，每覽一書，必盡其全帙，沉潛往復，既得其始終條理精義之所存，而文句英華，亦嘗讀之矣。嘗謂古人政事文章，雖出於二，然文章以言理，政事則理之發邇而見遠者也。豈僅以其區區文句之間，而可以自命爲學術乎？自六朝乃有類書，而尤盛於唐，此豈非求之文句之間者哉！雖然，理之所寓，於斯萃焉，弗可廢也。昔者孔子之繫易也，曰：「方以類聚。」又曰：「本乎天者，親上；本乎地者，親下。則各從其類也。」於諸卦則曰：「其稱名也小，其取類也大。」蓋以天下古今事物之理畢具於易，而易之爲書，因理象物，因物徵辭，以斷天下之疑，而成天下之務者，各從其類以明之。然則類書之作，其亦不違於聖人立言之意歟！書之最著者：藝文類聚、北堂書鈔、初學記、白帖、杜氏通典。宋、明以來，撰者寖廣，若博而不繁、簡而能覈者，抑亦鮮矣。獨俞安期唐類函頗稱詳括，大抵祖述歐陽詢之類聚，稍删存書鈔、初學記、白帖、通典而附益之。安期，明人也，而曰唐類函者，以其皆唐輯也，既缺宋以來書，而唐以前亦有脱漏者。爰命儒臣遂稽旁搜，泝洄往籍，網羅近代，增其所無，詳其所略，參伍錯綜，以擷其異，探賾索隱，以約其同。要之不離乎以類相從，而類始備焉。書成，計四百五十卷。夫自有類書迄於今，千有餘年，而集其大成，可不謂斯文之少補乎！學者或未能盡讀天下之書，觀於此而得其大凡，因以求盡其始終條理精義之所存，其於格物致知之功，修辭立誠之事，爲益匪淺尠矣。

佩文韻府一部

聖祖仁皇帝以韻府羣玉、五車韻瑞諸書引據未能詳確，命廷臣博考羣書增補，首標韻藻，自二字至六字，以經、史、子、集爲序，而列人名於後，次附對語摘句。親定成書。依韻分帙，凡一百六卷。康熙五十年校刊。

聖祖仁皇帝御製序　朕萬幾在御，日昃宵分，未遑自逸。時當燕閒，不輟問學，羣經子史，誦其文而晰其義矣。以至百家之書，凡可以裨世教、厲民風者，修明補正，罔使闕遺。嘗謂韻府羣玉、五車韻瑞諸書，事繫於字，字統於韻，稽古者近而取之，約而能博，是書之作，誠不爲無所見也。然其爲書，簡而不詳，略而不備，且引據多誤。朕每致意焉，欲博稽衆籍，著爲全書，爰於康熙四十三年夏六月，朕與内直翰林諸臣親加考訂，正其訛舛，增其脱漏，或有某經某史所載某字某事未備者，朕復時時面諭，一一增録，漸次成帙。猶以故實或未極博，於十月復命閣部大臣更加蒐採，以裒益之。既有原本、增本，又有内增、外增。將付剞劂矣，名曰佩文韻府。隨於十二月開局武英殿，集翰林諸臣合併詳勘，逐日進覽，旋授梓人，於五十年十月全書告成。共一百零六卷，一萬八千餘頁。囊括古今，網羅巨細，韻學之盛，未有過於此書者也。書成，諸臣請序。朕念自初至今八年矣，歷寒暑之久，積歲月之勤，朕於此書，政事之暇未嘗惜一日之勞也。朕又嘗諭諸臣：從來著一大書，非數十年之功不能成。今數年以來，所成大部書凡十有餘種，若非合衆人之力，豈能刻期告竣？故凡先後預事諸臣，皆命列名其中。兹序佩文韻府，因備記編撰之始末，遂及修集諸書之大指，以見成書之不易如此。

韻府拾遺一部

聖祖仁皇帝因佩文韻府既成，尚有遺漏，復命廷臣纂輯蒐録，增補二十之一卷，以韻鳌仍如其數。大學士王琰、王頊齡奉敕恭序。

御定月令輯要一部

聖祖仁皇帝以馮應京、戴任所輯月令廣義，采摭蕪累，令儒臣重加編輯，親定成書。首列圖説，次詳四時、十二月、閏月、晝夜時刻，凡二十四卷。康熙五十四年校刊。

聖祖仁皇帝御製序　古者於明堂之中，施十二月之令，本堯典授時之意而推廣之。今所傳大戴禮夏小正篇、小戴禮月令篇，三代之遺文大略可見矣。月令雖出吕覽，而蔡邕次其章句，孔穎達定其正義，推明周公品制，列之於經。漢晉而下，若四民月令、四時纂要，以及千金錦帶、歲華紀麗、歲時雜記諸書，代有撰述，未睹賅備。前明之季，馮應京、戴任始輯月令廣義二十四卷，爲士庶通用。觀其原本經訓推衍義類，用意亦云勤矣。顧其採摭既多，蕪累間出。爰命儒臣重加編輯，次第呈覽，親爲裁定，正譌芟複，一歸雅馴，别起義例，補所未備，博觀約取，務合於體要而切於實用，庶幾古者月令明堂之遺式矣。書成，名曰月令輯要。舊本圖説，并爲釐正，列諸簡端。因天時而課治功，察物候以盡人事，自國家政典，下逮氓庶作息，均可參驗，而閎覽博物之學，亦於是乎有取焉。由今而後，言紀時之書者，其必以此爲權輿也夫。

御定子史精華一部

聖祖仁皇帝命詞臣采掇子、史中精語，用資考古之助，未及成書。世宗憲皇帝復命校集，爲部三十：曰天部五卷，曰地部七卷，曰帝王八卷，曰皇親三卷，曰歲時四卷，曰禮儀九卷，曰設官八卷，曰政術二十卷，曰文學七卷，曰武功五卷，曰邊塞四卷，曰倫常六卷，曰品行十卷，曰人事八卷，曰樂部二卷，曰釋道四卷，曰靈異五卷，曰方術四卷，曰巧藝三卷，曰形色二卷，曰言語八卷，曰婦女二卷，曰動植八卷，曰儀飾、曰服飾、曰居處、曰産業、曰食饌、曰珍寶各二卷，曰器物六卷。計二百七十九類，凡一百六十卷。雍正五年校刊。

世宗憲皇帝御製序　恭惟皇考聖祖仁皇帝天縱聰明，秉上聖之姿，而垂意典籍，勤於稽古。御極六十餘年，萬幾之暇，披覽卷帙，不輟寒暑。巡幸所至，必以緗素自隨。逮於耄齡，精研不倦，延閣、廣内之藏，搜討無遺。所謂好古敏求，多學而一以貫之也。欲以編輯成書，嘉惠天下後世嗜學之士，特命開書局於武英殿，召集詞臣，歷歲修纂。每成數卷，即上呈御覽，親加指示。前後所成，充溢册府，而子史精華之纂爲最後。朕纘緒之初，尚未告竣，敬承先志，俾就厥功。綜觀大凡，其部三十，其目二百七十有九。自天文、地理、帝德、王功、禮、樂、兵、刑之大，人倫日用之常，以及九邊之殊域，二氏之異教，方術技藝之巧，草木鳥獸之蕃，門分類别，條理具備。而采掇子、史芟蕪擷秀，甚有裨於學者。蓋士之嚮學，通經爲先，而博及於子、史。固不能若窮經之專一，惟攬其精華而識之勿忘，俾考古者於兹尋其緒，則無慮於簡牘之繁。績文者於兹取其材，則有助於翰墨之富，用力甚簡而成功已多。是聖祖仁皇帝垂教無窮之至意也。剞劂既畢，展閲全編，敬爲敍引，昭示久遠，用綴於篇端。

駢字類編一部

聖祖仁皇帝命儒臣採經、史、子、集諸書中駢字之典雅者，以上一字爲統，依韻相從，薈爲類編，未及成書。世宗憲皇帝復命編輯，分十二門：曰天地二十一卷，曰時令十四卷，曰山水二十一卷，曰居處九卷，曰珍寶十二卷，曰數目三十五卷，曰方隅二十一卷，曰采色十四卷，曰器物、曰草木各二十八卷，曰鳥獸十四卷，曰蟲魚七卷；又補遺一門，曰人事十六卷。凡二百四十卷。雍正六年校刊。

世宗憲皇帝御製序　我皇考德秉生知，學深稽古，萬幾之暇，披覽簡編。自六經、諸史以逮諸子百家，莫不探其本源，窮其閫奧。又令詞臣纂輯羣言，廣稽博採，丹黄甲乙，薈萃成編。所就者非止一書，所録者動盈萬卷，咸秉宸衷之釐定，並爲祕府之珍藏。又以自古類書，或以事而相從，或以韻而相次，因循故轍，訛僞相沿。乃命儒臣纂修駢字類編一書。字從所統，若律吕之有元聲；類以字分，如百川之歸大壑。提綱挈領，義例燦然。首天地而時令次之。次山水、居處，而珍寶、數目又次之。次方隅、采色、器物，而草木、鳥獸、蟲魚、人事又次之。部分則簡而不繁，取材則博而能要。極詞壇之瑋麗，創類苑之奇觀。朕景仰前徽，欽承丕緒，如子史精華、圖書集成等書，悉遵先志，分命臣工夙夜校讐，並皆竣事；而駢字類編亦以今秋告成。記曰：「比事屬辭」，蓋駢之義也。易曰：「方以類聚」，則類之始也。今字則從駢，義雖不同而不妨於並列。編則從類，事雖互見而不至於混淆。於是乎乾坤之藴，民物之繁，大備於一書之中，而蔚然萃羣書之秀矣。洪惟我皇考，盛德際天地，大業昭古今，述作上繼夫聖明，文章悉歸於性道。是書之成，豈徒爲藝林之盛事而已哉。形而上者謂之道，形而下者謂之器。引而伸之，觸類而長之，無器之非道也。爰書大意，弁之簡端，庶幾以學務時敏之思，爲紹庭陟降之志云爾。

分類字錦一部

聖祖仁皇帝命儒臣採經、史、子、集，下至説部諸書，擇其字之雅麗者，自二字至四字，區爲成對、備用，薈萃成書。分四十門：曰天文、曰節令、曰地理各二卷，曰山水三卷，曰帝后二卷，曰藩戚一卷，曰倫常、曰肢體、曰人物各二卷，曰佩服一卷，曰飲饌、曰宮室各二卷，曰器用三卷，曰禮儀、曰音樂各二卷，曰職官三卷，曰政教四卷，曰文事、曰武備、曰技藝各二卷，曰境遇一卷，曰釋道二卷，曰菽粟、曰布帛、曰珍寶各一卷，曰果木、曰花卉各二卷，曰鳥獸三卷，曰蟲魚二卷，曰數目、曰干支合一卷，曰卦名、曰采色、曰巧對、曰借對、曰雙聲、曰疊韻合一卷，曰偶字、曰通用合一卷，曰祥瑞一卷。計六百一十八類，凡六十四卷。康熙六十一年校刊。

聖祖仁皇帝御製序　司馬相如云：「合纂組以成文，列錦繡而爲質。」蓋言詞賦雖雕蟲末技，亦必掞藻敷華，飾琢其章句，然後文質相宜也。朕山莊避暑，勅幾之暇，以翰墨自怡，而卷帙充積，廣博鮮要。爰命何焯、陳鵬年等薈萃經、史、子、集，下至説部諸書，採擇其字之麗雅者，釐别爲四十門，六百一十八類。每類又分成對、備用，共六十四卷，名曰分類字錦。閲三載編纂告成。朕惟日星輝耀，雲霞綺駮，天之錦也。山川峙流，草樹葱鬱，地之錦也。觀文察理，禮定樂興，帝王之錦也。若夫相如所云，乃錦之膚寸者耳。然對偶本於陰陽，音聲協於律吕，古文人駢織之功，又烏可廢哉？是書也，子夏所云：「雖小道必有可觀者焉。」

佩文齋廣羣芳譜一部

聖祖仁皇帝以王象晉所纂羣芳譜尚多踈漏，命儒臣廣加蒐擇，依類分載，首紀名狀，次臚集藻。恭録御製賦詠，分譜十一：曰天時六卷，曰穀譜四卷，曰桑麻二卷，曰蔬譜五卷，曰茶譜四卷，曰花譜三十二卷，曰果譜、曰木譜各十四卷，曰竹譜五卷，曰卉譜六卷，曰藥譜八卷。凡一百卷。康熙四十七年校刊。

聖祖仁皇帝御製序　粤自神農氏嘗草辨穀，民始知樹藝、醫藥。伊耆氏命羲和推步定歷以授時，民始知耕穫之不愆，而百工績熙。偉哉！開物成務，啟牖來兹，聖帝之功與天地並矣。朕聽政之暇，披閱典籍，留意農桑，繪耕織之圖，製永言之什。時巡所至，親歷田間，其稼穡之艱難，作勞之辛苦，既周知而洞悉矣。每思究百昌生殖之理，極萬變消長之情，著爲成編，以佑吾民。嘗謂爾雅具其名物，而郭璞、陸佃、孫炎之流，疏、注、埤、翼，又加詳焉。其明備者莫如草木，自本經以迄陶宏景、蘇頌而下數十種，凡採治之法，無不該核。他如齊民要術、月令廣義諸書，其蒔植之宜，爲更晰矣。遐稽往牘，擷其英華，歸於簡括，良匪易也。比見近人所纂羣芳譜，蒐輯衆長，義類可取，但惜尚多疎漏。因命儒臣卽祕府藏帙，捃摭薈萃，删其支冗，補其闕遺。上原六經，旁据子史，洎夫稗官野乘之言，才士之所歌吟，田夫之所傳述，皆著於篇。而奇花瑞草之産於名山，貢自遠徼絶塞，爲前代所未見聞者，亦咸列焉。復允廷臣之請，益以朕所賦詠，依類分載，總一百卷，命名曰佩文齋廣羣芳譜。冠以天時，尊歲令也。次穀，次桑麻，崇民事也。次蔬茶、果木、花卉，資厚生、溥利用也。終以藥物，重民命也。其諸天時早晚之候，人事種溉之方，地力彼此之殊，物性良楛之異，罔弗條舉縷晰，燦然可觀焉。是書也，攬品彙之蕃滋，想羣生之率育，一展卷間，化機洋溢，於兹畢呈，固不惟矜淹洽、侈藻麗也。以是刊布天下，垂之久遠，使吾民優游於農圃之中，家室盈寧，樂其業而不憚其勤。而大夫、士以及民之秀者，因以區别物宜，審其淑慝，凜嗜好之常，慎節宣之度，於以躋仁壽而享太平，亦不爲無所裨助也哉。

佩文齋書畫譜一部

聖祖仁皇帝以前代紀録書畫諸編散見往籍，漫無統紀，爰於萬幾之暇，指授儒臣，纂輯成書，俾各以類相從，有所資考。論書十卷，論畫八卷，歷代帝王書畫三卷，書家傳二十二卷，畫家傳十四卷，無名氏書畫八卷，聖祖仁皇帝御製書畫跋一卷，歷代帝王書畫跋一卷，名人書跋十一卷，名人畫跋七卷，書畫辨證三卷，歷代鑒藏十卷。凡一百卷。康熙四十六年校刊。

聖祖仁皇帝御製序　書者，六藝之一。昔柳公權言：「心正則筆正。」程子謂：「作字須敬，卽此是學。」蓋以紀事載言，行之天下，垂之久遠，書誠重矣。夫書以傳其意，而畫以肖其形，事若不相侔，其義有可連類而並論者焉。蒼頡、史皇以來，歷代載籍多能道之。而時數相推，材智間出，繁重者變而之簡易，樸拙者漸而之巧麗，亦天地自然之理也。其初古文，繼爲篆、隸，而今之所謂真書、行、草，三者實權輿於斯矣。然三者皆肇興於漢，逮夫魏、晉，去古未遠，多見古人篆、隸，故鍾繇書具有遺法，而王羲之踵美垂徽，祧前啓後，士林所稱，以爲歸極已。若圖畫之事，始自秦、漢，盛於六朝，其間作者輩出，曹、衛、顧、陸，擅能於前，董、展、孫、楊，流聲於後。隋有何、鄭，唐則閻、吴，大抵皆畫佛像人物，下筆輒依故事。迨氣韻之超，極於潑墨，寫生之精，窮於没骨，而畫之變盡焉。朕萬幾燕閒，披覽典册，間臨書家名蹟。每觀前代紀録書畫諸書，種類錯互，漫無統紀，遂卽佩文齋所有者編輯之，使各以類相從，爲一百卷。凡書畫之源流，古今工於此者之姓氏，以至聞人之題跋，歷代之鑒藏，悉備考而慎其擇，亦可謂詳且盡矣。昔唐太宗好書，親序王羲之傳，自以爲心慕手追，而當時内府之圖籍亦號最盛。迄於今日，流傳者日遠日少。晉、唐已爲隆古，而況前此者乎？然溯流者必窮其源，習今日之書而不推本於篆、隸，亦由齊末之觀也。故上自蒼頡、史皇，下暨近代，皆列焉。朕於書畫，偶有題跋，檢出數十則，以爲一卷，從諸臣之請也。要之，尚稽曩昔，用以攄適性情，詠陶清暇，附於古聖人游藝之意，並爲世之嗜古者樹毫楮之標準，宏考索之指趣，則牙籤萬卷之中，是編其亦可以永傳也夫。

欽定授時通考一部

皇上念切民依，懋昭勸相，特命詞臣詳稽書、傳、紀事、纂言有關於農桑者，彙萃成編，分爲八門：曰天時六卷，曰土宜十二卷，曰穀種十二卷，曰功作十一卷，曰勸課十二卷，曰蓄聚四卷，曰農餘十四卷，曰蠶桑七卷。凡七十八卷。乾隆七年校刊。

皇上御製序　孟子言：「不違農時，穀不可勝食。」蓋民之大事在農，農之所重惟時。「敬授人時」，載於堯典。周公「七月」一篇，於日星霜露之候，昆蟲草木之化，詳哉其言之。故先王之民，莫不震動恪恭於農，以修其事者，懼失時也。我聖祖仁皇帝勤咨民隱，首重農桑，率育蒸黎，涵濡德澤，六十餘載，户慶盈寧。皇考世宗憲皇帝歲舉耕耤之儀，率先天下。興水利，廣儲蓄，爲萬世規。凡兹薄海蒼生，得荷鋤饁餉、優游隴畝之間，樂生遂性，衣食滋豐者，何莫非我祖宗宵旰勤勞，以貽樂利於無疆耶！朕纘承基緒，鑒前代生深宮之中，長阿保之手，誠知稼穡艱難，日與中外臣工爲斯民籌食用，至計胼胝機杼之作苦，日廑於懷。因檢前人農桑通訣、農政全書諸編，嘉其用意勤而於民事切也。命內廷詞臣廣加蒐輯，舉物候早晚之宜，南北土壤之異，耕耘之節，儲偫之方，蠶織畜牧之利，自經、史、子、集以及農家者流，凡言之關於農者，彙萃成編，命之曰授時通考。夫天道廣運於上而四時行、萬彙生，地道發育於下而庶品蕃、百昌遂，人事參贊其中而六府修、三農殖，輔相裁成，固國家之大政也；趨事赴功，亦閭閻之本業也。貴穀劭農，服田力穡，上下交勉，弗懈於時，以副朕阜成海宇之至願。覽斯編者尚有取焉。

讀書紀數略一部

康熙四十六年，聖祖仁皇帝南巡，原任福建巡撫宮夢仁以所輯讀書紀數略進呈。欽定分爲四部，以數爲統。曰天部四類，曰地部十類，曰人部二十九類，曰物部十一類。類各一卷，凡五十四卷。康熙四十七年奉旨校刊。

國朝宮史卷之三十五

書籍十四

校刊

重刻十三經一部

皇上嘉惠士林，式彰文治。乾隆十一年，特命開經史館，選擇詞臣校正十三經注疏，刊爲善本。每卷各附考證。凡三百二卷。

皇上御製序　班固氏曰：「六學者，王教之典籍，先聖所以明天道，正人倫，致至治之成法也。」漢代以來，儒者傳授，或言五經，或言七經。暨唐分三禮、三傳，則稱九經已，又益孝經、論語、爾雅，刻石國子學。宋儒復進孟子，前明因之，而十三經之名始立。自宋易漢、唐石刻之舊五經，始有版本。及明南北監板行，而箋疏傳義，臚列具備，學士家有其書，傳習彌廣。顧訓詁繁則踳駁互見，卷帙重則豕亥易訛；或意晦於一言之舛，或理乖於一字之謬，校讐疎略，疑誤滋多，承學之士無所取正。我朝列祖相承，右文稽古。皇祖聖祖仁皇帝研精至道，尊崇聖學，五經具有成書，頒布海内。朕披覽十三經注疏，念其歲月經久，梨棗日就漫漶。爰勅詞臣重加校正，其於經文誤字以及傳注箋疏之未協者，參互以求其是，各爲考證，附於卷後，不紊舊觀，刊成善本，匪徒備金匱石室之藏而已。書曰：「學于古訓乃有獲。」傳曰：「經籍者，聖哲之能事，其教有適，其用無窮。」朕咨采勑幾，實無審定之暇，亦無鑒古之識。而惟是緝熙遜志，日就月將，則有志焉而不敢不勉繼。自今津逮既正，於以窮道德之閫奥，嘉與海内學者篤志研經，敦崇實學。庶幾經義明而儒術正，儒術正而人才昌，恢先王之道，以贊治化而宏遠猷，有厚望焉。

重刻二十二史一部

皇上以經史並重，既校刊十三經注疏，復命校刻二十二史。每卷各附考證。凡二千七百三十一卷。

皇上御製序　七録之目，首列經史，四庫因之。史者，輔經以垂訓者也。尚書、春秋内外傳尚矣。司馬遷創爲紀、表、書、傳之體以成史記，班固以下因之。累朝載筆之人，類皆嫻掌故，貫舊聞，旁羅博采，以成信史。後之述事考文者咸取徵焉。朕既命校刊十三經注疏定本，復念史爲經翼，監本亦日漸殘闕，併勑校讐，以廣刊布。其辨譌別異，是正爲多。卷末考證，一視諸經之例。明史先經告竣，合之爲二十二史，焕乎册府之大觀矣。夫史以示勸懲，昭法戒，上下數千年，治亂安危之故，忠賢奸佞之實，是非得失，具可考見。居今而知古，鑒往以察來。揚子雲曰：「多聞則守之以約，多見則守之以卓。」豈不在善讀者之能自得師也哉。

性理大全一部

康熙十二年，聖祖仁皇帝加意正學，命重刻性理大全，凡七十卷。

聖祖仁皇帝御製序　朕惟古昔聖王所以繼天立極而君師萬民者，不徒在乎治法之明備，而在乎心法道法之精微也。執中之訓，肇自唐、虞，帝王之學莫不由之。言心，則曰：「人心惟危，道心惟微。」言性，則曰：「若有恒性，克綏厥猷惟后。」蓋天性同然之理，人心固有之良，萬善所從出焉。本之以建皇極，則爲天德王道之純；以牖下民，則爲一道同風之治。欲修身而臻上理，舍斯道何由哉？朕荷太祖、太宗積累之休，纘承世祖章皇帝鴻業，夙夜祇懼，嘉與海内，期登隆平。每思二帝、三王之治本於道，二帝、三王之道本於心，辨析心性之理而羽翼六經、發揮聖道者，莫詳於有宋諸儒。迨明永樂間，命儒臣纂集性理大全一書，朕常加繙閱，見其窮天地陰陽之藴，明性命仁義之旨，揭主敬存誠之要，微而律數之精意，顯而道統之源流，以至君德、聖學、政教、紀綱，靡不大小兼該而表裏咸貫，洵道學之淵藪，致治之準繩也。歲月既久，版籍殘缺，特命禮臣重加補訂，以備觀覽，爰製序於卷端。朕方精思格言，探討緒論，以遐稽乎古帝王心法道法之微，亦欲天下臣民究心兹編，思降衷之理，安物則之恒，庶幾咸盡其性，以復臻乎唐、虞、三代熙皥之治云爾。

重刻通典一部

重刻通志一部

重刻文獻通考一部

乾隆十二年，皇上命經史館諸臣校刊杜佑通典凡二百卷，鄭樵通志凡二百卷，馬端臨文獻通考凡三百四十八卷。卷首恭載皇上諭旨：汲古者並稱三通，該學博聞之士所必資也。舊刻譌缺漫漶，且流布漸少，學者閔焉。今載籍既大備矣，十三經、二十二史工具告蕆，其於内府所藏通典、通志、文獻通考善本，命經史館翰林等詳校而付剞氏，一仿新刻經史成式，以廣册府之儲。欽此。

皇上御製通典序　稽古帝王治天下之大經大法，以及累者，則亦不能爲之諱也。夫博物洽聞之士，殫畢生之精力，從容几研，囊括貫串，勒爲成書，宜其援据精而條理密。顧紀事纂言，尚不免於紕繆若此，豈非所謂多而不能無失？朝名物制度因革損益之詳，紛綸浩博，散見典籍，未有統貫。唐宰相杜佑於爲淮南節度書記時，始出己意，搜討類次，勒成一書，名曰通典。爲類八，爲書二百卷。自唐肅、代間，上溯唐、虞，雖亦稍据劉秩政典及開元新禮諸書，要其網羅百代，兼綜而條貫之，斯已勤矣。厥後鄭樵廣之作通志，馬端臨續之作通考，三書並行於世。朕以其歷年久遠，頗有殘缺，特命重爲校正刊刻，以廣其傳。通典實先告竣。朕惟三書各有意義。鄭樵主於考訂，故旁及細微。馬端臨意在精詳，故間出論斷。此書則佑自言：「徵於人事，將施有政。故簡而有要，核而不文。」觀其分門起例，由食貨以及邊防，先養而後教，先禮而後刑，設官以治民，安內以馭外，本末次第，具有條理，亦恢恢乎經國之良模矣。書曰：「學于古訓乃有獲。」爲國家者立綱陳紀，斟酌古今，將期與治同道而不泥其迹，則是書實考鏡所必資，豈以供博覽而已哉！爰揭之以告讀是書者。

皇上御製通志序　宋鄭樵氏以宏通之學，思欲極古今之變，會通於一，仿歷代史例，采正史及百家雜録爲紀傳、爲譜、爲略。所撰二十略者，包羅天人，錯綜政典，該括名物，上下數千年，首尾相屬，用功亦良勤矣。觀其詆訶司馬遷、班固之失，高自稱許，謂足以盡學者之能事，豈不卓然雄視著作之林！而後人復歷舉其疎漏，如馬端臨通考之所議者，則亦不能爲之諱也。夫博物洽聞之士，殫畢生之精力，從容几研，囊括貫串，勒爲成書，宜其援据精而條理密。顧紀事纂言，尚不免紕繆若此，豈非所謂多而不能無失者歟？而况設局分曹，成於衆手，動淹歲序，舉後忘前，亥豕魯魚，觸目而是，任操觚者，其可不知所懼也乎？甚矣夫，著述之難也！好古者類矜三通，既重刻通典、通考工竣，爰出内府通志善本，校而付之剞劂，以廣考索之助。而序之如此。

皇上御製文獻通考序　朕允儒臣之請，校刊三通。通典既竣，即以文獻通考付之剞劂。是書曾蒙皇祖聖祖仁皇帝命禮臣補訂殘缺，御製序文，梓行宇内。顧簡帙繁重，年久不無漫漶。今悉仿十三經、二十二史成式刊訂。蓋於是家有其書矣。朕惟會通古今，該洽載籍，薈萃源流，綜統同異，莫善於通考之書。其考覈精審，持論平正，上下數千年，貫穿二十五代，於制度張弛之迹，是非得失之林，固已燦然具備矣。夫帝王之治天下也，有不敝之道，無不敝之法。綱常倫理，萬世相因者也；忠敬質文，隨時損益者也。法久則必變，所以通之者，必監於前代以爲之折衷。大哉我聖祖之序曰：「有治人無治法。師古者，師其意不師其跡。」誠體此意，而因其可因，損益其所當革，因時以制宜，理得而事舉。則是編也，誠考据之資，可以羽翼經史，裨益治道，豈淺鮮也哉。是爲序。

古香齋袖珍四書五經一部

古香齋袖珍史記一部

古香齋袖珍綱目三編一部

古香齋袖珍古文淵鑑一部

古香齋袖珍朱子全書一部

古香齋袖珍淵鑑類函一部

古香齋袖珍初學記一部

古香齋袖珍施註蘇詩一部

古香齋袖珍春明夢餘録一部

謹按：我朝文治覃敷，昌明正學，設書局於武英殿，凡纂修諸書告成，專司刊刻，頒行海内。乾隆十一年，皇上校鐫經史，卷帙浩繁，梨棗餘材，不令遺棄。爰仿古人巾箱之式，命刻古香齋袖珍諸書，凡四書五經十三册，史記一百三十卷，綱目三編、二十卷，古文淵鑑正集六十四卷，朱子全書六十六卷，淵鑑類函四百五十卷，徐堅初學記三十卷，施宿註蘇軾詩四十四卷，孫承澤春明夢餘録七十卷，謹類識於末。

國朝宮史卷之三十六

書籍十五

石刻

懋勤殿法帖一部

前列歷代帝王書，恭鐫世祖章皇帝、聖祖仁皇帝御書訓諭及御製各體詩文，聖祖仁皇帝御臨諸家名蹟，附見原帖，末附本朝諸臣經進書蹟，凡二十六卷。康熙二十九年勒石。

聖祖仁皇帝御製序　朕惟書契既興，歷代相傳，自篆籀變而爲隸楷行草，古人往往積歲月，殫學力，結體運思，以務臻其妙，所由來遠矣。嘗於機政之暇，游心翰藻，觀晉人所書，體尚圓潤，結構天然，風采流奕，斂鋒藏鍔而自能雄勁，故歷代重之。逮唐以後，或格法謹嚴，或筆勢軒翥，類皆神明。於昔人之矩矱而變化出之，以自成一家之書，亦代不乏人。在昔右文之君，得一名蹟，每使當世之能書者排類摹倣，鐫諸文石，以廣其流傳，爲策府藝林之所共寶。如聖教、蘭亭，以及淳化、淳熙諸墨刻，皆其最著者也。朕念古帖歲久漸湮，近時轉相摹刻者多失其真，因取內府所藏舊搨與名人墨蹟，遠自上古，以迄本朝，編次模刻，題曰懋勤殿法帖，凡二十有八卷。帝王法書，自漢以後，咸在簡牘。有明諸帝之善書者，亦搜輯其遺楮，以列於後。洪惟我世祖章皇帝，聰明天亶，深心典學，時灑宸翰，雄奇高古，體格渾成，神采炳煥，洵足卓越前代。謹以登諸琬琰，昭示子孫、臣民，垂諸不朽。朕自幼習書，豪素在側，寒暑靡間。歷年以來，手書敕諭、詩文、跋語，以及臨摹昔人名蹟，屢盈笥篋。每思字學淵微，雖精研日久，正欲然未敢自信。緣諸臣敦懇再四，勉從其請，用識嗜古之夙志云爾。皇太子、皇子亦晨夕侍朕習學，因並附焉，以策勵其志。夫書列六藝之中，兼八體之妙。唐太宗論筆法謂：「欲書之時，當收視返聽，絶慮凝神，心正氣和，則契於微妙。」昔人評右軍書樂毅論有忠臣烈士之象，曹娥碑有孝子順孫之象，逍遥篇有抱素拔俗之象，畫像贊有矜莊嚴肅之象。由是觀之，學書之道，亦非僅操觚染翰之爲，其通於學問性情，有如是哉。後之覽者，考源鏡流，由今溯古，臨池之學，其在斯帙矣。故於刻石既成而序之。

淵鑑齋法帖一部

聖祖仁皇帝御書各體御製詩文及御臨舊人名蹟，凡十卷。康熙三十三年勒石。

懋勤殿法帖一部

世祖章皇帝御書大學經典二册，聖祖仁皇帝御書各體御製詩文並御臨諸家名蹟六册，凡八卷。康熙四十三年勒石。

避暑山莊法帖一部

聖祖仁皇帝御書各體御製詩文及御臨舊人名蹟，凡五卷。康熙五十五年勒石。

乾清宮錫宴聯句詩帖一部

聖祖仁皇帝賜大學士、九卿、翰、詹、科道諸臣宴於乾清宮，用柏梁體聯句，御製序文，親書成帙，命詹事臣沈荃書詩。康熙二十一年勒石。

御製行殿讀書賦帖一部

聖祖仁皇帝巡幸之暇，典學不輟，御製行殿讀書賦，親書成帙。康熙二十三年勒石。

御製暢春園記帖一部

聖祖仁皇帝御製暢春園記，親書成帙。康熙二十七年勒石。

尊親帖一部

聖祖仁皇帝御製萬壽無疆賦，敬祝皇太后萬壽，親書成帙。康熙三十九年勒石。

靖邊帖一部

聖祖仁皇帝三征朔漠，蕩平厄魯特，勒銘紀績諸篇，御書彙爲一卷。康熙三十九年勒石。

寧壽宮上壽記帖一部

寧壽皇太后萬壽，聖祖仁皇帝備隆尊養，御製寧壽宮上壽記，親書成帙。康熙四十一年勒石。

御製朱子全書序帖一部

聖祖仁皇帝命輯朱子全書告成，御製序文，親書成帙。康熙五十二年勒石。

御選唐詩序帖一部

聖祖仁皇帝御選唐詩既成，御製序文，親書成帙。康熙五十二年勒石。

溥仁帖一部

聖祖仁皇帝歲巡幸塞外蒙古諸藩部，請建溥仁寺於山莊之東，以申虔祝。御製碑文，親書成帙。康熙五十三年勒石。

御製避暑山莊記帖一部

避暑山莊爲聖祖仁皇帝每歲巡幸駐蹕行宫，御製記一篇，親書成帙。康熙五十五年勒石。

御製佩文韻府序帖一部

聖祖仁皇帝命纂佩文韻府告成，御製序文，親書成帙。康熙五十九年勒石。

曹娥碑帖一部

聖祖仁皇帝御臨王羲之曹娥碑帖成帙，御製識語。康熙十六年勒石。

孝經帖一部

聖祖仁皇帝御書孝經，康熙二十四年勒石。

裴嶙上言帖一部

聖祖仁皇帝倣董其昌筆意，書唐裴嶙上言成帙。康熙二十八年勒石。

千字文帖一部

聖祖仁皇帝御書千字文成帙，凡三種，康熙二十八年勒石。

秋聲賦帖一部

聖祖仁皇帝御臨趙孟頫書歐陽修秋聲賦成帙。康熙二十九年勒石。

輞川詩帖一部

聖祖仁皇帝御臨趙孟頫書王維輞川詩二十章成帙。康熙二十九年勒石。

平泉圖記帖一部

聖祖仁皇帝御臨趙孟頫書平泉圖記成帙。康熙二十九年勒石。

百家姓帖一部

聖祖仁皇帝御書百家姓成帙。康熙三十一年勒石。

草訣百韻帖一部

聖祖仁皇帝御臨草訣百韻成帙。康熙三十三年勒石。

朗吟閣法帖一部

世宗憲皇帝潛邸時御書各體御製詩文，並御臨諸家名蹟，凡十六册。乾隆三年勒石。

皇上御製跋　敬惟我皇考世宗憲皇帝天縱聰明，文思光被，奎章寶翰，精詣入神。夙承皇祖聖祖仁皇帝指授，神運天隨，涉筆惟肖。居潛邸時，常以圖書翰墨自娱，雅好臨池，陶鎔晉、唐、宋、元以來名家墨妙，歷年所積，充牣琅函。繼登宸極，日理萬幾，手自裁答奏章，訓迪臣民，多至數千言，少或一二字，研硃灑翰，運腕若神，累牘連章，未嘗有一懈筆。至於名山祠宇，巨牓豐碑，耆舊臣僚柱聯堂額，寵頒殊錫，照耀寰區。而屏素箑頭，長箋横卷，題新篇摹古蹟者，復數千百種。蓋惟我皇祖集書聖之大成，超神入化，莫可名言。而我皇考以聖繼聖，事事善繼善述，作則垂憲，貽萬世規。盛德之至，形於心畫，是以變化隨宜，不名一體。雖一波一磔，莫不矩矱天成，神妙至於如此；即以書法而言，亦猶啓承夏后，武紹周文，羲獻專門，固不足道也。予小子日侍庭闈，仰瞻天藻，恭蒙慈誨，未涉津涘，手澤留貽，悲深弓劍。爰出内府所藏，仿皇祖淵鑑齋法帖排類編次，曰朗吟閣法帖者，潛邸所書，凡十有六卷。曰四宜堂法帖者，御極以後所書，凡八卷。通二十四卷。礱石選工，命莊親王、和親王董其事。雙鉤入石，毫髮逼真，摹勒既成，恭識卷末，以昭聖神立極，垂範墨池，琬琰球圖，永珍世寶云。

四宜堂法帖一部

世宗憲皇帝御書訓諭及各體御製詩文，凡八册。乾隆元年勒石。

御製得雨詩帖一卷

世宗憲皇帝御製得雨詩，親書成卷。雍正元年勒石。

御製朋黨論帖一卷

世宗憲皇帝御製朋黨論，親書成卷。雍正二年勒石。

御製重農諭帖一卷

世宗憲皇帝御製重農諭，親書成卷。雍正二年勒石。

乾清宮錫宴聯句詩帖一部

世宗憲皇帝賜大學士、九卿、翰、詹、科道諸臣宴於乾清宮，用柏梁體聯句，御製序文，親書成帙，命果郡王允禮書詩。雍正四年勒石。

御製懲遊惰諭帖一卷

世宗憲皇帝御製懲遊惰諭，親書成卷。雍正九年勒石。

御製惜穀諭帖一卷

世宗憲皇帝御製惜穀諭，親書成卷。雍正九年勒石。

十思疏帖一卷

世宗憲皇帝御書唐魏徵十思疏成帙。雍正四年勒石。

敬勝齋法帖一部

皇上各種御書，先曾勒爲敬勝齋法帖，久已示則書林。乾隆二十五年，内廷諸臣以宸翰日新富有，具詞敬懇壽諸豐珉，昭示天下，永爲程式。得旨俞允，仍以敬勝標名。諸臣敬謹鈎橅編次，凡御書御製詩文十册，御書經書及舊人詩文十册，御臨諸家名蹟二十册，統爲四十卷。乾隆二十六年勒石。

御製得雪詩帖一卷

皇上御製得雪詩，親書成卷。乾隆元年勒石。

乾清宫錫宴聯句詩帖一部

皇上賜大學士、九卿、翰、詹、科道諸臣宴於乾清宫，用柏梁體聯句，御製序文，親書成帙，命侍郎臣梁詩正書詩。乾隆三年勒石。

御製示大學士等詩帖一卷

皇上御製示大學士等詩，親書成卷。乾隆五年勒石。

翰林院錫宴聯句詩帖一部

皇上命重葺翰林院落成，車駕臨幸，賜大學士、翰林等宴，用柏梁體聯句，御製序文，親書成帙，命尚書臣梁詩正書詩。乾隆九年勒石。

御製幸翰林院分韻詩帖一部

重葺翰林院落成，駕臨錫宴，送大學士掌院事鄂爾泰、張廷玉進署，命以張説東壁圖書府五律爲韻賦詩。御製賦東字音字二首，諸臣以次各分一字，爲詩三十八首。臣張照奉敕敬書。乾隆九年勒石。

御製生秋詩帖一卷

皇上御製生秋詩二十章，親書成卷。乾隆十一年勒石。

惇敍殿錫宴聯句詩帖一部

皇上賜王公宗室宴於惇敍殿，用柏梁體聯句，御製序文，親書成帙，命莊親王允祿書詩。乾隆十一年勒石。

瀛臺錫宴聯句詩帖一部

皇上賜大學士、九卿、翰、詹、科道諸臣宴於瀛臺，用柏粱體聯句，御製序文，親書成帙，命尚書臣汪由敦書詩。乾隆十一年勒石。

御製落葉詩帖一部

皇上御製落葉詩六首，臣張照奉敕敬書，附録諸臣恭和詩於後。乾隆六年勒石。

御製柳絮詩帖一部

皇上御製柳絮詩五首，臣張照奉敕敬書，附録諸臣恭和詩於後。乾隆八年勒石。

各種聯句帖二十三部

皇上歲時召大學士、内廷翰林曲宴聯句，或巡幸名勝，召扈從諸臣錫宴聯句，俱命詞臣之工書者敬録成册，以次勒石：元宵聯句，癸亥燈夕錫宴聯句，澄海樓聯句，乙丑重華宮聯句，流杯亭聯句，爆竹聯句，庚午燈夕錫宴聯句，趙州柏林寺閱殿壁畫水聯句，辛未上元行幄觀燈聯句，並臣梁詩正敬書；詠雪聯句，雪獅聯句，並臣汪由敦敬書；再登澄海樓聯句，臣劉綸敬書；丙寅重華宮聯句，鼇山聯句，庚辰重華宮聯句，紫光閣落成錫宴聯句，觀回部繩技聯句，並臣于敏中敬書；冰燈聯句，立春日雪聯句，趙北口觀燈聯句，西山積雪聯句，燕九日聯句，並臣錢汝誠敬書；山莊燈夕聯句，臣王際華敬書。

御刻三希堂法帖一部

皇上以石渠寶笈舊藏王羲之快雪帖、王獻之中秋帖、王珣伯遠帖，實爲希世之珍，貯之三希堂，並命鈎橅上石。自三代以下迄於明代諸家，内府所藏真蹟，命内廷諸臣擇其尤者鈎臨編次諸帖内。御筆題識，敬謹恭摹，以示書學大成。凡三十二卷。乾隆十二年勒石。首冠皇上諭旨：書爲游藝之一。前代名蹟流傳，令人興懷珍慕。是以好古者恒鈎橅鐫刻，以垂諸奕禩。宋淳化閣帖其最著矣。厥後大觀、淳熙皆有續刻，其他名家摹本，至不可覼數。我朝祕府初不以廣購博收爲尚，而法書真蹟積久頗富，朕曾命儒臣詳慎審定，編爲石渠寶笈一書。因思文人學士得佳蹟數種，即鈎摹入石，矜爲珍玩。今取羣玉之祕，壽之貞珉，足爲墨寶大觀，以公天下。著梁詩正、汪由敦、蔣溥覆加校勘，擇其尤者編次橅勒，以昭書學之淵源，以示臨池之模範。特諭。

御刻墨妙軒法帖一部

三希堂法帖既成，皇上復取石渠寶笈續入名蹟，自唐褚遂良以下諸家，凡三十餘種，鉤橅編次，凡四卷。乾隆十九年勒石。首冠皇上諭旨：朕聽政之暇，翰墨自娛。内府所藏書家真蹟，無慮數十百種。展閲之餘，手自摹寫，品評題識，至於再三。丁卯歲有三希堂之刻，已駢羅其中，藝林墨寶，略爲大備。近復搜遺石渠，得唐賢褚遂良以上若而人凡三十餘則，彙爲四卷，顔曰墨妙。鐫之貞石，用廣流傳。古澤發於行間，新香流於字裏，不獨使前人遺墨矩度長昭，亦以畀後學臨池，津梁可逮。以是爲三希之續，固非與淳化、大觀争多角勝也。

欽定天瓶齋法帖一部

皇上以原任尚書張照書法特工，命内廷諸臣彙集所書御製詩文及臨摹舊蹟，擇其尤者，恭呈欽定。鉤摹編次，凡十卷，卽以其齋標名。乾隆二十二年勒石。

欽定時晴齋法帖一部

皇上以原任尚書張照書法特工，命內廷諸臣彙集所書御製詩文及臨摹舊蹟，擇其尤者，恭呈欽定。鈎摹編次，凡十卷，卽以其齋標名。乾隆二十二年勒石。